GIVE AND TAKE

기브앤테이크

GIVE AND TAKE
ⓒ 2013 by Adam Grant
All rights reserved.

Korean translation copyright ⓒ 2022 by HANALL M&C
Korean translation rights arranged with InkWell Management, LLC through EYA Co., Ltd.

이 책의 한국어판 저작권은 EYA Co., Ltd를 통해 InkWell Management와 독점 계약한 (주)한올엠앤씨가 소유합니다. 저작권법에 의하여 한국 내에서 보호를 받는 저작물이므로 무단 전재 및 복제를 금합니다.

GIVE AND TAKE

기브앤테이크

애덤 그랜트 지음 윤태준 옮김

생각연구소

옮긴이 윤태준
한양대학교에서 철학을 전공하고 카네기멜론 대학교에서 논리학을 공부했다. 지금까지 옮긴 책으로 《사회주의, 생동하는 유토피아》《유행의 시대》《역사를 기억하라》《단단한 공부》《법가, 절대 권력의 기술》《긍정 지능》《동양의 생각지도》《공부책》《공부해서 남 주다》 등이 있다.

기브 앤 테이크

초 판 1쇄 발행 | 2013년 6월 7일
개정판 55쇄 발행 | 2025년 8월 18일

지은이 | 애덤 그랜트
옮긴이 | 윤태준

발행인 | 홍은정

주 소 | 경기도 파주시 심학산로 12, 4층 401호
전 화 | 031-839-6800
팩 스 | 031-839-6828

발행처 | (주)한올엠앤씨
등 록 | 2011년 5월 14일
이메일 | booksonwed@gmail.com

* 책읽는수요일, 라이프맵, 비즈니스맵, 생각연구소, 지식갤러리, 스타일북스는
 ㈜한올엠앤씨의 브랜드입니다.

추천의 말

성공적인 양보는 순수한 방식의 이타주의가 아닌 이기적인 이타주의에서 온다는 색다른 통찰이 돋보인다.
| 〈워싱턴포스트〉

착한 사람이 언제나 꼴지가 된다는 일반적인 상식과 믿음을 말끔하게 깨뜨리는 책. 이타적인 사람이 성공할 수밖에 없는 이유를 심리학과 행동경제학 분야의 최신 연구를 끌어와 명쾌하게 증명한다.
| 〈퍼블리셔스위클리〉

과소평가된 사람들, 즉 자애롭고 부드럽고 온화한 인간들이 만만한 상대로 전락하기도 하지만 결국 성공 사다리의 맨 꼭대기에 오른다. 이 혁명적 아이디어는 유쾌하고 희망적이다.
| 〈커커스리뷰〉

말콤 글래드웰에 비견될 만큼 창의적인 분석력과 놀라운 흡인력을 선사하는 이 책은 경력을 어떻게 관리해야 할지, 친구나 동료와의 관계를 어떻게 만들어갈지, 아이를 어떻게 기를 것인지, 사회 시스템을 어떻게 설계할 것인지에 대해 엄청난 통찰을 안겨준다.
| 로버트 서튼, 스탠퍼드공과대학 경영과학 교수

정말 신나는 책이다. 세계의 작동방식에 대한 선입견을 산산이 깨뜨릴 수작!
| 대니얼 핑크, 《드라이브》 《새로운 미래가 온다》 저자

뛰어나고 현명하다. 새롭고 눈부신 세계관을 전해주는 이 놀라운 책은 분명 베스트셀러가 될 것이다!
| 수잔 케인, 《콰이어트》 저자

그동안 알고 있던 성공의 과학과 메커니즘을 뒤집고 새로운 관점을 제시한다. 받은 만큼 돌려준다는 호혜의 원칙에서 벗어나 타인과 조건 없이 협력하는 사람만이 좋은 성과를 낼 수 있다는 이론은 매우 독창적이다.
│ 윌리엄 로더, 에스티로더 회장

일과 삶에서의 개인적 성공을 거둔 혁신적인 방법에 대한 설득력 있는 증거들을 모았다. 책에 등장한 사례들은 '세상은 아직 살만한 곳이다'라는 희망을 증명한다.
│ 로버트 치알디니, 《설득의 심리학》 저자

착한 사람이 가장 먼저 성공의 골인지점에 도착한다. 이 책에는 그 이유가 가득하다. 결코 놓칠 수 없는 중대한 저작물이다. │ 대니얼 길버트, 하버드대학교 심리학과 교수

동료와의 관계, 고객과의 소통에 대한 본보기를 보여주며 성공으로 가는 길을 새롭게 정의한다.
│ 토니 셰이, 자포스 CEO

매력적인 책! 모든 사람과 연결되어 있는 오늘날의 일과 삶의 영역에 있어, '너그럽게' 사는 것의 중요성을 직설적으로 담았다. 무엇보다 '무조건' 남을 위해 착하게만 살라고 하지 않는 점이 마음에 든다. │ 세스 고딘, 《보랏빛 소가 온다》 저자

이 책은 당신의 인생을 반추하게 할 것이다. 먼저 읽어보고는, 자신이 세상에서 가장 중요하게 여기는 사람에게 선물하게 될 것이다. │ 마틴 셀리그만, 긍정심리학 창시자

경영분야의 고전이 될 이 책은 나와 우리 그리고 사회적 관계 모두를 바라보는 방식을 바꿔놓는다.
│ 제프 아슈비, NASA 우주왕복선 사령관

착한 사람은 꼴찌를 한다는 생각이 틀렸음을 충분한 근거를 들어 밝혀낸 훌륭한 책이다. 흥미로운 조사, 매력적인 실험, 실천적 지혜가 가득하다.
│ 데이비드 알렌, 《끝도 없는 일 깔끔하게 해치우기》 저자

우리가 생각하는 성공 방식을 근본적으로 바꿀 책. │ 레니 멘돈카, 맥킨지 임원

최첨단 연구, 구체적인 사례, 깊이 있는 분석으로 무장한 이 책은 인간의 상호작용이 어떻게 성공과 행복을 가져다주는지에 대한 놀라운 사실을 알려준다. 손에서 놓기 어려울 정도로 재미있는 이 책은 성공의 새로운 교과서가 될 것이다.
│ 그레첸 루빈, 《무조건 행복할 것》 저자

눈을 뗄 수 없는 책이다. 승자가 모든 것을 가져간다는 기존의 사회적 통념을 뒤집는 이 책은 커다란 성공 뒤에 숨은 새로운 원동력을 밝혀내고, 그것을 삶에 적용할 수 있는 방법을 제시한다.
│ 라즐로 보크, 구글 인력운용담당 부사장

나약한 사람과 강인한 사람, 만만한 사람과 그렇지 않은 사람, 성공하는 사람과 실패하는 사람에 대한 우리의 고정관념을 전복한다.
│ 댄 애리얼리, 《상식 밖의 경제학》 저자

충격적이고도 혁신적인 아이디어를 제시한다. 나보다 다른 사람의 이익을 먼저 생각하고 세상의 이로움을 우선으로 여기는 사람들의 시대가 올 것이다.
│ 베리 슈워츠, 《선택의 심리학》 저자

전염성이 가득한 아이디어로 가득한 이 책은 조금 더 나은 비즈니스 환경을 위한 새로운 행동양식과 역할모델을 제시한다. 단 한 사람의 위한 수익이 아닌, 모두를 위한 '윈윈'의 수익을 낼 수 있는 패러다임을 가져다주는 책.
│ 요헨 자이츠, 푸마 CEO

소설처럼 잘 쓰인 이야기, 정밀한 과학에서 길어 올린 놀라운 관점, 조직과 개인 모두 성공할 수 있는 유용한 조언.
│ 테레사 아마빌, 하버드대학교 경영대학원 교수

성공 사다리의 끝에 도달하는데 필요한 그동안의 믿음과 반대되는 놀라운 법칙을 제시하는 21세기형 성공 로드맵!
│ 마리아 아이텔, 나이키재단 대표

세상을 살기 좋은 곳으로 바꾸고 싶다면, 이 책을 읽어라. 좀 더 행복한 삶을 원한다면, 이 책을 읽어라.
│ 탈 벤 샤하르, 하버드대학교 심리학과 교수

GIVE

차례

추천의 말 . 5

1장 / 투자 회수
통념을 거스르는 성공

착한 사람은 꼴찌로 살 수밖에 없는가 . 15
재능, 노력, 운 뒤에 숨은 성공의 동력 . 19
성공 사다리의 꼭대기에 오르는 사람 . 23
승리의 전염 . 25
그들의 성공이 특별한 이유 . 28
병적으로 양보하는 사람이 정치판에서 일한다는 것 . 30
거의 완벽하지만 한 가지가 부족한 사람 . 33
희생, 성공의 부메랑 . 36
이기는 선택 . 40
우리 안에 존재하는 고결한 본능 . 45
나뿐 아니라 모두가 이로운 세상 . 49
주는 사람이 성공한다 . 52

2장 / 공작과 판다
충분히 베풀면서도 생산성을 유지하는 사람들의 비결

자비로운 사람으로 포장된 희대의 사기꾼 . 57
인맥이란 무엇인가 . 61
가면은 오래가지 못한다 . 64
기버와 테이커를 구분하는 결정적 단서 . 68
세계 최고의 인맥을 쌓은 사람은 누구인가 . 73

그가 최고의 인맥을 쌓을 수 있었던 비밀 · 78
받은 만큼 돌려준다는 원칙의 위험성 · 82
우연한 행운의 도미노 · 86
행복한 음모, 즐거운 망상 · 90
소원한 관계의 위력 · 93
5분의 친절 법칙 · 100
조건 없는 관용 · 103

3장 공유하는 성공
승리를 독차지하지 않는 행위의 놀라운 가치

천재를 만드는 사람들 · 111
창의성과 공동 작업의 상관관계 · 114
위대한 업적은 어떻게 탄생하는가 · 119
만들어진 스타 · 123
기버가 일하는 방식은 어떻게 다른가 · 127
양보하면 얻게 되는 것들 · 130
남들이 빛나야 나도 빛난다 · 133
승리를 독식한 죄 · 135
책임 편향 · 140
실패해도 괜찮은 분위기 · 144
인식의 공백 · 147
다른 사람의 눈으로 세상을 바라보는 능력 · 153

GIVE

4장 만들어진 재능
누가, 어떻게 잠재력을 이끌어내는가

어떻게 그들은 달인이 되었을까	. 161
잠재력을 간파하는 기술	. 164
인간은 누구나 다이아몬드로 태어난다	. 167
다이아몬드 원석을 제대로 다듬는 법	. 172
재능보다 중요한 것	. 177
비천한 재능에 대한 막대한 투자	. 181
자존심을 지키고 체면을 세우는 일의 어리석음	. 187
부정적인 피드백에 어떻게 반응하는가	. 191
흙 속의 진주를 찾으려는 순수한 열망	. 195
마이클 조던에게는 없는 것	. 201

5장 겸손한 승리
설득하지 않고도 설득에 성공한 사람들의 비밀 무기

말더듬이 변호사의 생존법	. 211
통념을 거스르는 의사소통의 힘	. 215
약점을 드러내는 태도의 가치	. 218
그는 어떻게 최고의 세일즈맨이 되었을까	. 224
설득하지 않고 설득하는 법	. 230
효과적으로 머뭇거리기 위한 5가지 화법	. 235
리더는 어떻게 말하는가	. 242
협상 없이 얻어낸 막대한 혜택의 비밀	. 245
조언을 구하는 행동의 4가지 장점	. 249

6장 이기적인 이타주의자
지쳐 떨어지는 사람과 계속해서 열정을 불태우는 사람의 차이

성공한 기버와 실패한 기버의 차이	257
헌신과 희생도 지나치면 독이 될까	262
얼마나 베푸느냐보다 중요한 것	267
일을 더 많이 하면서도 활력을 유지하는 이유	273
불 지피기와 정원에 물주기	278
마법의 숫자, 100시간 법칙	283
탈진에서 벗어나는 완벽한 해독제	286
돈을 포기했더니 돈이 내게로 왔다	291
돕는 사람의 희열	297

7장 호구 탈피
관대하게 행동하면서도 만만한 사람이 되지 않는 법

기버를 괴롭히는 3가지 함정	305
상냥한 악마와 무뚝뚝한 천사	310
행동이라는 껍데기	314
느낌이 아닌 생각에 감정이입하라	318
너그러운 앙갚음 전략	323
역할 체인지	329
타인의 이익을 위해 살면서도 협상에서 이기는 법	335
이기적으로 베풀기	340

8장 호혜의 고리
무엇이 인간을 베풀도록 만드는가

집단의 힘	353
인간은 순수하게 이타적일 수 있는가	359
적도 동지로 만드는 동질감의 위력	366
차별화, 같으면서 동시에 다른 사람이 되는 일	372
따라할 수 있을 정도의 역할모델	381
호혜의 고리	388
좋은 사람이라는 신호를 보내는 방법	392
어쨌거나 친절은 인간의 본성이다	397

9장 차원이 다른 성공
양보하고, 배려하고, 주는 사람이 최고에 오른다

현명한 행동의 조건	405
영리한 협상가는 지고도 이긴다	408
기버 독식 시대, 기버가 모든 것을 가져간다	413

기버로 거듭나기 위한 실행 도구	418
감사의 말	431
주석	437

1장

투자 회수
통념을 거스르는 성공

'상호관계의 원리'는 외교다.
하나를 주고 열을 받아라.¹

마크 트웨인
작가

착한 사람은 꼴찌로 살 수밖에 없는가

어느 화창한 토요일 오후의 실리콘 밸리. 두 아버지가 축구장 곁에 서서 어린 딸들이 공을 차는 모습을 흐뭇한 표정으로 지켜보고 있었다. 하지만 두 사람이 사업 이야기를 시작하는 것은 시간문제였다. 둘 중 키가 더 큰 대니 셰이더(Danny Shader)는 네스케이프, 모토로라, 아마존에서 일한 적이 있고 창업에 몰두해 여러 회사를 설립한 경험이 있는 사업가다.[2] 검은 머리에 강인한 인상을 주는 그는 스스로를 '인터넷의 아버지'라고 부르길 좋아했다. 그는 30대 후반에 첫 회사를 세운 뒤 이제 막 네 번째 회사를 창업하기 위해 준비 중이었는데, 사업에 대한 이야기라면 끝을 모르고 이어갈 수 있는 열정적인 인물이었다.

셰이더는 옆에 서 있는 데이비드 호닉(David Hornik)이 금세 마음에 들었다. 호닉은 직업 투자자로 검은 머리에 안경을 쓰고 염소수염을 기른 키 작은 사내였다. 그는 취미로 '이상한 나라의 앨리스' 책을 수집했고, 대학에서 컴퓨터 음악을 전공하는 한편 법학과 범죄학 석사학위를 취득했다. 대학을 졸업한 뒤 로펌에서 격무에 시달리던 호닉은 어느 날, 한 벤처 창업 투자 회사의 스카우트 제의를 받아들였다. 그 후 10년이 넘는 세월 동안, 그는 사업가들에게 새로운 아이디어를 듣고 그 일에 대한 투자 여부를 결정하는 일을 해왔다.

전반전이 끝나고 쉬는 시간이 되자 셰이더가 호닉에게 말했다.

"지금 추진하는 일이 한 가지 있습니다. 내 이야기를 들어보시겠습니까?"

셰이더의 관점에서 소프트웨어 분야에 전문적으로 투자하는 호닉은 이상적인 투자자였다. 호닉의 입장에서도 셰이더에게 투자하는 일은 좋은 기회였다. 투자를 유치하기 위해 아이디어를 홍보하는 사람들은 대개 성공 경험이 없는 신출내기 사업가지만, 셰이더는 이미 두 번이나 잭팟을 터트린 블루칩이었기 때문이다. 그가 1999년에 설립한 첫 번째 회사 어셉트닷컴(Accept.com)은 아마존이 1억 7,500만 달러에 인수했다. 2007년에는 모토로라가 그의 두 번째 회사 굿테크놀로지(Good Technology)를 5억 달러에 인수했다. 셰이더의 경력이 그만큼 화려했기 때문에 호닉은 그가 지금 무엇을 추진하고 있는지 꼭 알고 싶었다.

며칠 후 셰이더는 호닉의 사무실로 찾아가 구상 중인 사업 아이디어를 들려주었다. 그것은 전체 인구의 절반에 가까운 미국인이 은행 계좌나 신용카드가 없어서 온라인 구매에 불편을 겪는 문제를 해결해주는 혁신적인 아이디어였다. 이야기를 듣자마자 아이디어가 마음에 든 호닉은 그 주에 셰이더를 회사 파트너들에게 소개했고, 그 자리에서 투자 계약서를 내밀었다.

셰이더의 회사에 투자하고 싶었던 호닉은 발 빠르게 움직였지만 결과는 장담할 수 없었다. 셰이더의 명성이 자자하고 아이디어도 참신해 다른 투자자들 또한 눈에 불을 켜고 달려들 것이 뻔했기 때문이다. 호닉은 회사 파트너들에게 상황을 설명했다.

"그에게 투자를 제안하는 건 우리만이 아닐 겁니다. 우린 미국 최고의 벤처 투자 회사들과 경쟁해야 합니다. 따라서 다른 투자자의 돈이 아닌 우리 돈을 가져다 쓰도록 확신과 믿음을 줘야 해요."

투자에 성공하려면 셰이더에게 고민할 시간을 넉넉히 주지 않는 게 최선이었다. 셰이더가 다른 투자자들을 만나 아이디어를 홍보할 여유가 없도록 기한을 짧게 정하고 매력적인 제안을 하면 계약이 성사될 확률이 높았다. 그것은 대다수의 벤처 투자 회사들이 즐겨 사용하는 방법이었다.

그런데 호닉은 셰이더에게 빠른 기한 내에 대답해달라고 요구하지 않았다. 오히려 자신의 제안과 다른 투자자들의 제안을 충분히 비교하고 검토해보라고 권했다. 사업가에게는 여러 선택지를 비교하고 평가할 충분한 시간이 필요하다고 믿었기 때문이다. 호닉은 당장 결정하도록 급하게 재촉하지 않는 것을 일종의 원칙처럼 지키고 있었다.

"올바른 결정을 내리기 위해 충분히 생각해보십시오."

물론 호닉은 셰이더의 사업에 투자하고 싶은 마음이 간절했지만, 자신의 이익보다 셰이더의 입장을 우선시했고 셰이더가 다른 선택지들을 충분히 검토하도록 여유를 주었다.

셰이더는 몇 주 동안 여러 투자자를 만나 아이디어를 홍보했다. 그 사이 호닉은 자신이 여전히 강력한 후보임을 일깨워주기 위해 셰이더에게 중요한 자료를 보내주었다. 그것은 자신이 투자자로서 얼마나 뛰어난 역량을 갖추고 있는지 증명해주는 마흔 명의 추천인 명단이었다. 호닉은 투자자가 사업가에게 능력과 신용을 기대하듯, 사업가도 투자자에게 똑같은 것을 기대한다는 사실을 알고 있었다. 일단 사업가와 투자자가 계약을 하면 투자자는 이사회 임원이 되고, 사업가에게 전문적인 조언을 해준다. 호닉이 보낸 마흔 명의 추천인 명단은 그가 지난 10여 년간 벤처 사업가들을 위해 헌신하며 흘린 피땀과 눈물을 의미했다. 그는 그 명단이 자신의 역량과 인격을 보증해주리라고 확신했다.

몇 주 후, 셰이더는 자신의 결정을 알려주려 호닉에게 전화를 걸었다.

"미안합니다. 다른 투자자와 계약을 했습니다."

셰이더와 계약을 맺은 투자자가 제안한 내용은 재정적 조건에서 호닉의 제안과 큰 차이가 없었다. 둘 사이에 차이가 있다면 호닉이 보낸 마흔 명의 추천인 명단뿐이었다. 셰이더가 명단에 적힌 추천인들과 대화를 나눌수록 호닉이 훌륭한 사람이라는 사실은 더욱 분명해졌다. 그런데 흥미롭게도 호닉의 발목을 잡은 것은 바로 그의 성품이었다. 셰이더는 호닉이 객관적인 자세로 사업을 바라보고 문제점에 대해 이의를 제기하기보다 그저 너그러운 태도로 용기를 북돋우는 일에 골몰할까 봐 걱정스러웠다. 한마디로 호닉은 사업을 성공적으로 이끌 수 있도록 돕기에는 너무 나약해 보였다. 셰이더가 선택한 투자자는 사업가를 강하게 몰아붙이는 스타일의 총명한 조언자였다. 셰이더의 생각은 간단했다.

'나에게는 좀 더 도전적이고 객관적인 이사회 임원이 필요해. 호닉은 사람이 지나치게 착해서 정작 회의를 할 때 어떤 모습을 보여줄지 알 수 없단 말이야.'

그는 호닉에게 전화를 걸어 자기 입장을 설명했다.

"마음은 당신에게 끌리지만 머리는 그들과 함께 일하라고 하는군요. 나는 가슴이 아니라 머리를 따르기로 결정했습니다."

엄청난 충격을 받은 호닉은 뒤늦게 자책하기 시작했다.

"이런 얼간이 같으니라고! 투자 계약서에 빨리 서명하라고 재촉했다면 그가 받아들였을 텐데. 대체 어찌된 거지? 나는 지난 10년간 좋은 평판을 얻었고 투자 성과도 괜찮았어. 그런데 왜 이런 일이 벌어진 거야!"

이 일로 데이비드 호닉은 '착한 사람은 꼴찌가 된다'는 고통스러운 교훈을 얻었다. 과연 그럴까?

재능, 노력, 운 뒤에 숨은 성공의 동력

통념에 따르면 커다란 성공을 이룬 사람에게는 세 가지 공통점이 있다. 그것은 바로 능력, 성취동기, 기회다. 성공을 거두려면 재능을 타고나는 것은 물론 열심히 노력해야 하고 기회도 따라주어야 한다. 그런데 대니 셰이더와 데이비드 호닉의 이야기에는 대단히 중요하지만 흔히 간과하는 네 번째 요소가 등장한다. 그것은 '타인과의 상호작용'이 성공에 큰 영향을 미친다는 사실이다. 비즈니스 세계에서 누군가를 만날 때마다 우리는 보통 무언가 선택을 한다. 이때 상대에게 얻을 수 있는 것은 최대한 얻으려고 해야 할까, 아니면 되돌려 받을 것은 생각하지 않고 주는 쪽을 택해야 할까? 나는 조직심리학자이자 와튼스쿨 교수로서 10년 이상을 이 '선택' 연구에 집중해왔다. 그 연구 대상은 구글의 직원부터 미국 공군에 이르기까지 매우 광범위했고, 어느 쪽이 성공에 더 유리한지와 관련해 충격적인 결론을 얻었다.

지난 30여 년간 이루어진 획기적인 연구 활동을 통해 사회과학자들은 개인마다 선호하는 '호혜 원칙'이 다르다는 것, 즉 사람마다 주는 양과 받는 양에 대한 희망에 극적인 차이가 존재한다는 사실을 발견했다. 이 선호도를 보다 쉽게 이해하기 위해 직장에서 흔히 볼 수 있는 호혜 원칙의 양극단에 선 사람들을 생각해보자. 여기서는 그 둘을 각각 '기버(giver)'와 '테이커(taker)'로 부르겠다.[3]

테이커의 가장 두드러진 특징은 자신이 준 것보다 더 많이 받기를 바란다는 점이다. 이들은 상호관계를 입맛에 맞게 왜곡하고 다른 사람에게 꼭 필요한 것보다 자신의 이익을 우선시한다. 또한 세상을 '먼저 잡아먹지 않으면 잡아먹히는' 치열한 경쟁의 장으로 보고, 성공하려면 남들보다 뛰어나야 한다고 생각한다. 이런 까닭에 자신의 능력을 증명하기 위해 스스로 노력하고 그에 따른 대가를 많이 얻으려 한다.

사실 평범한 테이커는 잔인하거나 극악무도하지 않다. 그저 조심스럽고 자기방어적일 뿐이다. 그들은 이렇게 생각한다.

'내가 내 것을 챙기지 않으면 누가 챙겨주겠어?'

만약 데이비드 호닉이 테이커에 가까운 사람이었다면, 충분히 고려할 시간을 원하는 대니 셰이더의 입장보다 투자에 성공하겠다는 목표를 우선시해 계약 마감 기한을 정했을 것이다. 그러나 호닉은 테이커가 아니라 기버였다.

비즈니스 세계에서 기버는 상대적으로 드문 부류다. 그들은 상호관계에서 무게의 추를 상대방 쪽에 두고 자기가 받은 것보다 더 많이 주기를 좋아한다. 테이커는 자신에게 중점을 두고 다른 사람이 자기에게 무엇을 줄 수 있는지 가늠하는 성향이 있는 반면, 기버는 타인에게 중점을 두고 자기가 상대를 위해 해줄 수 있는 것이 무엇인지 주의 깊게 살핀다.

돈과 관련해서만 이러한 성향이 나타나는 것은 아니다. 기버와 테이커는 자선단체에 기부하는 돈의 많고 적음이나 고용주에게 요구하는 연봉의 액수에 따라 구별하는 개념이 아니다. 기버와 테이커는 행동에서 차이가 드러난다. 테이커는 노력 이상의 이익이 돌아올 경우에만 전략적으로 남을 돕는다. 기버의 손익 개념은 그 방식이 전혀 다르다. 기버는 자신이 들이는 노력이나 비용보다 타인의 이익이 더 클 때 남을 돕는다. 심지어 노력이나 비용을 아까워하지 않고 아무런 대가도 바라지 않은 채 남을 돕는다. 시간, 노력, 지식, 기술, 아이디어, 인간관계를 총동원해 누군가를 돕고자 애쓰는 사람이 같은 사무실 안에 있다면, 그가 바로 기버다.

혹시 테레사 수녀나 모한다스 간디 같은 위대한 성인만 기버가 될 수 있다고 생각하는가? 무언가 대단히 희생적인 행동을 해야 기버가 되는 건 아니다. 기버는 타인 돕기, 조언하기, 공적 나누기, 남을 위해 인간관계 맺기 등 타인의 이익을 위해 행동하는가에 초점을 맞춰 판단한다.

이런 유형의 행동은 일터 이외의 장소에서 꽤 일반적이다. 예일대학의 심리학자 마거릿 클라크(Margaret Clark)의 연구 결과에 따르면 친밀한 관계에서는 거의 모든 사람이 기버처럼 행동한다.[4] 예를 들어 우리는 결혼생활이나 교우관계에서 가급적 손익을 생각하지 않고 상대에게 봉사한다.

반면 직장에서는 상호관계가 좀 더 복잡하다. 직업적으로 철저하게 기버이거나 테이커인 사람은 거의 없고 대개는 세 번째 행동 유형을 선택한다. 그 유형은 바로 손해와 이익이 균형을 이루도록 애쓰는 '매처(matcher)'다. 공평함을 원칙으로 삼는 매처는 남을 도울 때 상부상조 원리를 내세워 자기 이익을 보호한다. 당신이 받은 만큼 되돌려준다는 원리를 믿고 인간관계란 호의를 주고받는 관계라고 생각한다면 당신은 매처다.

주는 것, 받는 것 그리고 균형을 이루는 것은 사회생활에 기본적으로 필요한 세 가지 행동양식이다. 하지만 그 구별은 명확하지 않다. 설령 한 가지 행동양식을 따랐더라도 직장에서 맡은 업무가 바뀌거나 관계가 달라지면 다른 양식으로 변할 수 있다.● 당신이 연봉 협상을 할 때는 테이커, 부하직원에게 조언을 해줄 때는 기버, 동료와 전문지식을 나눌 때는 매처처럼 행동해도 전혀 놀랄 것 없다.[5] 그

● UCLA의 인류학자 알란 피스크(Alan Fiske)는 북미와 남미·유럽·아프리카·오스트레일리아·아시아 등 모든 문명권에서 주고, 받고, 균형을 이루려는 성향이 혼합돼 있음을 확인했다. 피스크는 서아프리카 부르키나파소에서 모시족과 함께 생활하며 그들이 주고, 받고, 타협하는 태도가 바뀌는 모습을 목격했다. 피스크가 처음 그곳에 갔을 때 모시족은 기버였다. 만약 당신이 모시족 마을에서 살고 싶어 한다면 그들은 아무 대가도 바라지 않고 그 자리에서 허락할 것이다. 하지만 시장에서는 모시족도 테이커로 변모해 물건을 비싼 값에 팔려고 하며, 작물을 경작할 때는 매처가 되어 모든 사람이 공평하게 일하고 일한 만큼 수확물을 나눠 갖는다.

러나 사람들은 대개 일터에서 남을 대할 때 주로 한 가지 행동양식을 선택한다는 증거가 있다. 그 행동양식은 능력, 성취동기, 기회와 더불어 성공에 중요한 역할을 한다.

사실 행동양식에 따른 성공 패턴은 놀라울 정도로 명확하다. 만약 누가 성공 사다리의 밑바닥으로 추락하겠느냐고 묻는다면 당신은 뭐라고 대답하겠는가? 기버인가, 테이커인가 아니면 매처인가?

성공 사다리의 꼭대기에 오르는 사람

세 가지 행동유형에는 모두 장단점이 있지만, 그중에서도 특히 한 유형은 다른 두 유형보다 더 많은 대가를 치른다. 어쩌면 당신은 데이비드 호닉의 사례를 근거로 기버가 가장 나쁜 결과를 얻으리라고 예측할지도 모른다. 맞다. 기버가 성공 사다리의 밑바닥으로 추락한다는 사실은 연구 결과가 입증한다. 남을 이롭게 하고 그 과정에서 자신의 성공 기회를 희생하는 기버는 광범위한 직업군에서 불리한 입장에 놓인다.

가령 엔지니어 세계에서 가장 생산력이 떨어지고 비효율적인 기술자들은 기버였다.[6] 캘리포니아 주의 전문기술자 160명을 대상으로 한 연구에서, 다른 기술자에게 도움을 받은 것보다 더 많이 도와준 기술자들은 가장 성공적이지 못했다. 구체적으로 기버는 회사의 다양한 업무, 기술 보고서, 도면 제작 등을 객관적으로 평가한 점수에서 최저점을 기록했다. 그들은 실수를 하거나 마감 기한을 넘기거나 회사에 금전적 손실을 입히기도 했다. 남을 돕느라 정작 자기 일을 제대로 끝내지 못한 것이다.

벨기에의 의대생 600명을 대상으로 한 연구에서도 이와 유사한 결과가 나왔다.[7] 즉, 학점이 가장 낮은 학생들은 대체로 '나는 남을 돕는 걸 좋아한다'거나 '나는 남에게 무엇이 필요한지 미리 생각한다' 같은 문항에 더 많이 동의했다. 심지어 기버는 시험기간에 공부할 시간을 빼앗기면서까지 자신이 이미 아는 내용을 친구에게 가르쳐주었다.

영업사원들도 다르지 않다.[8] 나는 노스캐롤라이나 주의 영업사원들을 대상으로 한 조사에서 기버의 판매실적이 테이커나 매처에 비해 2.5배 더 낮다는 사실을 확인했다. 기버는 어떤 것이 소비자에게 가장 좋을지 걱정하느라 상품을 적극적으로 팔지 못했다.

어떤 직업군에서든 기버는 지나치게 배려하고 사람을 너무 쉽게 믿으며, 남을 이롭게 하려고 불이익을 감수하려는 경향이 있다. 기버는 테이커에 비해 수입이 평균 14퍼센트 적고,[9] 사기 등 범죄 피해자가 될 위험이 두 배 높으며,[10] 실력과 영향력을 22퍼센트 더 낮게 평가받는다[11]는 증거도 있다.

이처럼 성공 사다리에서 밑바닥을 차지할 가능성이 가장 큰 사람이 기버라면, 꼭대기에는 누가 있을까? 테이커일까, 아니면 매처일까? 둘 다 아니다. 자료를 다시 한 번 자세히 들여다본 나는 놀라운 패턴을 발견했다. 성공 사다리의 꼭대기에도 기버가 있었다.

앞서 말한 대로 생산성이 가장 낮은 기술자는 기버일 가능성이 크다. 그런데 생산성이 가장 뛰어난 기술자를 찾아보면 그 또한 기버임이 드러난다. 양적으로나 질적으로 가장 높은 점수를 기록한 캘리포니아 주 기술자는 항상 동료에게 받은 것보다 더 많이 주는 사람이었다. 최고의 기술자와 최악의 기술자는 모두 기버다. 테이커와 매처는 성공 사다리의 중간쯤에 자리할 가능성이 크다.

이러한 패턴은 어떤 직업군에서든 전반적으로 나타난다. 벨기에의 의대생 중 학점이 낮은 학생들은 대개 '기버 지수'가 높았고, 이는 학점이 높은 학생들도 마찬가지였다. 전 과목에서 기버의 학점은 11퍼센트 더 높았다. 영업 현장에서도 결과는 같았다. 실적이 나쁜 영업사원들의 기버 지수는 실적이 평균인 영업사원들보다 25퍼센트 더 높았는데, 실적이 좋은 영업사원의 기버 지수도 평균보다 높은 것은 마찬가지였다. 최고의 영업사원은 기버로 그들은 테이커와 매처보다 연간 50퍼센트 더 높은 실적을 올렸다.

다시 말해 기버는 성공 사다리의 꼭대기와 밑바닥을 모두 점령한다. 호혜 원칙과 성공의 상관관계를 살펴보면 어떤 직업군에서든 기버가 꼴찌뿐 아니라 최고가 될 가능성도 가장 크다. 그렇다면 데이비드 호닉의 이야기는 어느 쪽으로 판가름 났을까?

승리의 전염

다른 투자자와 계약한 대니 셰이더는 뭔가가 신경을 갉아먹는 듯한 기분이었다.

"우린 방금 큰일을 해냈어. 분명 축하할 일이야. 그런데 왜 이렇게 기분이 찜찜하지? 투자자는 아주 마음에 들어. 놀랄 만큼 총명하고 재능 있는 사람이야. 그렇지만 나를 배려한 호닉과 함께 일할 기회는 놓치고 말았어."

셰이더는 호닉을 끌어들일 방법을 찾고 싶었지만 여기에는 걸림돌이 있었다. 호닉을 합류시키려면 셰이더와 기존 투자자가 회사 소유권에 위협이 될 정도의 지분을 팔아야 했다. 고민 끝에 함께 일할 가치가 충분하다고 판단한 셰이더는 호닉에게 투자자로 참여해줄 것을 제안했다. 호닉은 제안을 받아들였고 회사 소유권 일부를 양도받는 조건으로 투자를 결정했다. 셰이더는 이사회 회의에 참석한 호닉이 새로운 방향을 고려하도록 강하게 주장하는 모습에 깊은 인상을 받았다. 훗날 셰이더는 이렇게 고백했다.

"함께 일하면서 나는 그의 또 다른 면을 보았습니다. 알고 보니 그의 능력은 따뜻한 성품에 완전히 가려져 있었더군요."

마침내 호닉의 조언을 어느 정도 반영한 셰이더의 새 회사 페이니어미(PayNearMe)가 출범했다. 이 회사는 은행계좌나 신용카드가 없는 회원이 바코드 혹은 회원카드로 온라인에서 물건을 구매하고 보증기관에 돈을 지불하게 하는 일을 처리했다. 의욕에 가득 찬 셰이더는 먼저 세븐일레븐, 고속버스 그레이하운드와 서비스 계약을 맺었다. 창업한 지 1년 6개월이 지나자 페이니어미는 매달 30퍼센트 이상의 성장세를 기록했고, 호닉은 투자자로서 성장으로 얻은 이익의 일부를 챙겼다.

호닉은 추천인 명단에 셰이더라는 이름을 추가했는데, 이는 그 거래 자체보다 더 값진 일이었다. 더구나 셰이더는 다른 사업가들이 조언을 구할 때마다 호닉을 칭찬하느라 바빴다.

"처음엔 그가 단지 마음 좋은 사람으로만 보일 수도 있습니다. 그러나 그에게는 훨씬 더 많은 게 있어요. 호닉은 엄청나게 열심히 일하고 대단히 용기 있는, 정말이지 대단한 사람입니다. 이의를 제기하는 동시에 용기를 북돋워줄 수 있는 사람이지요. 아, 투자자로서 그의 가장 큰 장점은 따로 있습니다. 그는 믿을 수 없을 정도로 즉각적인 반응을 보여줍니다. 어떤 문제에 대해서든 밤낮을 가리지 않고 즉시 연락을 해오지요."

호닉이 얻은 것은 셰이더와 체결한 하나의 거래로 끝나지 않았다. 호닉이 일하는 모습을 본 셰이더는 항상 사업가의 이익을 우선시하는 그를 깊이 존경했다. 당연히 그는 다른 투자 기회가 있을 때마다 가장 먼저 호닉을 찾았고 다른 사람에게도 열심히 추천했다. 한 예로 로켓 로이어라는 회사의 CEO와 만난 셰이더는 호닉을 투자자로 강력하게 추천했다. 그 CEO는 이미 다른 투자자에게 제안서를 받은 상태였으나 최종적인 승리는 호닉에게 돌아갔다.

데이비드 호닉은 간혹 반대급부를 의식한 적도 있지만, 그래도 기버로 살고자 애쓴 것이 자신의 성공을 이끈 숨은 원동력이라고 믿는다. 그는 벤처 투자자가 사업가에게 투자를 제안했을 때 거래가 성사될 확률을 약 50퍼센트로 추정한다.

"투자 제안 중 절반 정도가 성사된다면 꽤 잘해내고 있다고 봐도 무방합니다."

벤처 투자자로 일해 온 11년 동안 호닉은 스물여덟 건 중 무려 스물다섯 건을 성사시켰다. 호닉의 투자 제안을 거절한 세 명 중 한 명은 셰이더였다. 나머지 89퍼센트의 사업가는 호닉의 투자 제안을 받아들였고, 그의 자본과 노련한 조언 덕분에 많은 사업가가 신생기업을 성공적으로 이끌었다. 그중에는 2012년 처음 상장한 날, 30억 달러 이상의 가치를 인정받은 기업도 있다. 다른 기업들도 보통 구글, 오라클, 티켓마스터, 몬스터 등의 대기업에 인수되었다.

호닉의 재능과 노력에 더해 대니 셰이더와 나란히 서서 딸의 경기를 지켜볼 수 있었던 행운 또한 거래 성사에서 큰 부분을 차지했다. 그러나 뭐니 뭐니 해도 호닉에게 승리를 안겨준 것은 그만의 호혜 원칙이다. 더 훌륭한 점은 그가 승리를 독차지하지 않았다는 사실이다. 셰이더는 물론 그가 호닉을 투자자로 추천해준 다른 사업가들도 승자다. 호닉은 기버로 행동함으로써 이익을 창출했고 그것이 넘쳐 다른 사람들에게로 흘러갈 기회를 극대화했다.

그들의 성공이 특별한 이유

우리는 그동안 데이비드 호닉 같은 기버의 성공 가능성을 너무 과소평가해왔다. 기버에 대해 대개는 얼간이라거나 늘 당하기만 하는 사람이라는 선입견을 품고 있지만, 사실 그들은 놀라울 정도로 성공적이다. 기버가 어떻게, 왜 성공 사다리의 꼭대기를 점령하는지 이해하려면 베풂이 우리가 생각하는 것보다 얼마나 더 강력하고 덜 위험한 일인지 설명해주는 연구와 이야기를 살펴봐야 한다.

이 책에는 컨설턴트, 변호사, 의사, 기술자, 영업사원, 작가, 사업가, 교사, 투자 상담가, 스포츠팀 운영자 등 삶의 각 영역에서 성공을 거둔 기버가 등장한다. 흥미롭게도 그들은 먼저 성공을 거둔 다음 나중에 베푸는 일반적인 전략을 뒤집었다. 즉, 그들은 먼저 베풂으로써 훗날의 성공을 위해 좋은 위치를 차지할 확률을 높였다. 하지만 성공 사다리의 밑바닥에 있던 기술자와 영업사원들도 잊어서는 안 된다. 개중에는 귀가 얇아 늘 당하기만 하는 기버도 있다.

그들은 무엇 때문에 챔피언과 얼간이로 나뉘는 것일까? 그 답은 단순한 재능이나 적성보다 기버가 사용하는 전략과 그들의 선택에서 찾아야 한다. 나는 우선 기버는 반드시 친절하고 박애주의적일 거라는 믿음의 오류를 밝히고, 그들이 성공 사다리의 밑바닥으로 추락할 위험을 어떻게 피하는지 설명한다. 우리에게는 개인적으로 성취하고자 하는 어떤 목표가 있으며 성공한 기버도 테이커와 매처 못지않게 야심을 품고 있다. 다만 그들은 목표를 다른 방식으로 추구할 뿐이다.

기버의 성공에는 어떤 특별한 점이 있을까? 일단 기버든 테이커든 매처든 누구나 성공할 수 있다는 점을 분명히 해두자. 물론 기버의 성공은 폭포처럼 쏟아지며 멀리 퍼진다는 점에서 다른 두 유형과 뚜렷한 차이를 보인다. 테이커가 승리를 거둘 때는 그 반대쪽에 패자가 있게 마련이다. 연구 결과에 따르면 사람들은 테이커의 성공을 질투하며 그들을 때려눕혀 콧대를 꺾을 방법을 찾으려 하는 경향이 있다.[12] 반면 데이비드 호닉 같은 기버가 성공하면 사람들은 그에게 총구를 겨누기는커녕 오히려 응원하고 지지한다.

무엇보다 기버의 성공은 주변 사람들의 성공을 유도하는 파급 효과를 낸다. 단순히 기존의 가치를 차지하는 테이커의 성공과 새로운 가치를 창출해내는 기버의 성공에 어떤 차이가 있는지는 곧 알게 될 것이다. 벤처 투자자 랜디 코미사르(Randy Komisar)의 말처럼 "모두가 당신의 승리를 원할 경우 승리는 더 쉬워진다. 적을 만들지 않으면 성공은 더 쉽다."[13]

더러는 베풂이 얻기는커녕 많은 것을 빼앗아가는 것처럼 보일 때도 있다. 예를 들어 정치를 생각해보자. 이 장을 시작하면서 인용했듯 마크 트웨인은 '외교란 하나를 주고 열을 받는 것'이라고 했다. 전 대통령 빌 클린턴은 "정치란 '얻어내는' 일이다. 지지, 기부금, 표를 끊임없이 얻어내야 한다"고 말했다. 테이커는 로비활동과 권모술수로 선거에서 승리하는 데 능하다. 매처는 정치활동에 필요한 유권자의 호의를 얻어내는 데 소질이 있다. 그렇다면 정치에 뛰어든 기버는 어떠할까? 여기에서 샘슨이라는 이름으로 통하는 한 시골 청년의 정치적 분투기를 살펴보자.

병적으로 양보하는 사람이 정치판에서 일한다는 것

샘슨은 '일리노이의 클린턴'이 되겠다는 포부를 품고 먼저 상원의원이 되기로 마음먹었다. 젊은 시절을 농장에서 일하며 보낸 샘슨은 행정관청에서 일할 만한 사람이 아니었지만 그에게는 야망이 있었다. 그는 스물세 살에 처음으로 일리노이 주의회 의원 선거에 출마했는데, 당시 의석은 넷이었고 후보자는 열세 명이었다. 그때 샘슨은 투표율 8위에 그치며 인상적인 모습을 보여주지 못했다.

선거에서 패배한 샘슨은 사업으로 눈을 돌렸고 대출을 받아 친구와 함께 작은 가게를 열었다. 하지만 사업이 망하는 바람에 샘슨은 대출금을 상환하지 못해 법원에 압류를 당했다. 얼마 후에는 동업자가 재산을 한 푼도 남기지 않고 사망하면서 그의 채무까지 떠안았다. 샘슨은 농담 삼아 자기 빚을 개인의 빚이 아니라 '국가 부채'라고 불렀다. 그는 연수입의 열다섯 배에 달하는 빚을 지고 있었지만 오랫동안 노력한 끝에 모두 갚았다.

사업에 실패한 샘슨은 다시 주의회 의원 선거에 입후보했다. 아직 스물다섯 살에 불과한 그는 2위의 성적으로 당당히 의석을 차지했고, 간신히 돈을 빌려 첫 번째 입법심의회에서 입을 정장을 마련했다. 이후 8년간 주의회에서 일하며 법학 학위를 취득한 샘슨은 마흔다섯 살 무렵 전국 무대로 진출할 준비를 갖췄다. 마침내 그는 상원의원에 도전했다.

물론 힘겨운 싸움이 되리라는 건 알고 있었다. 그에게는 제임스 실즈(James Shields)와 라이먼 트럼블(Lyman Trumbull)이라는 두 명의 강력한 적수가 있었다. 둘 다 일리노이 주 대법관을 역임한데다 재선을 노리는 실즈는 하원의원의 조카였고, 예일대학 출신인 트럼블은 저명한 역사학자의 손자였다. 한마디로 그들은 샘슨과는 비교도 되지 않는 상류층 출신이었다. 샘슨에게는 그만한 정치적 영향력도 없었고 경험도 부족했다.

첫 번째 여론조사에서 샘슨은 44퍼센트의 지지를 얻어 깜짝 1위를 차지했다. 실즈가 41퍼센트로 바짝 뒤를 쫓았고 3위인 트럼블은 5퍼센트로 멀찌감치 떨어져 있었다. 지지 세력을 얻은 샘슨은 두 번째 여론조사에서 지지율이 47퍼센트로 상승했다. 그런데 현직 주지사 조엘 매트슨(Joel Matteson)이 새로운 후보로 경쟁에 뛰어들면서 국면이 바뀌기 시작했다. 매트슨은 대중에게 인기가 많은 사람으로 샘슨과 트럼블의 표를 빼앗아갈 만한 잠재력이 있었다.

치열한 경쟁 속에서 실즈가 후보를 사퇴하자 매트슨이 빠르게 치고 나가 선두주자가 되었다. 매트슨이 44퍼센트를 차지하면서 샘슨은 38퍼센트까지 떨어졌고 트럼블은 9퍼센트에 불과했다. 흥미로운 것은 시간이 지난 후 트럼블이 51퍼센트를 득표해 47퍼센트를 차지한 매트슨을 아슬아슬하게 누르고 상원의원에 당선되었다는 사실이다.

샘슨은 왜 그토록 곤두박질쳤고 트럼블은 어떻게 지지율을 빠르게 끌어올렸을까? 상황이 갑자기 뒤집힌 이유는 샘슨의 선택에 있었다. 그는 거의 병적으로 양보하는 사람으로 보일 정도였다. 매트슨이 입후보하자 샘슨은 자신이 선거에서 승리를 거둘 만큼 충분한 지지를 얻을 수 있을지 의심하기 시작했다. 트럼블의 지지자는 많지 않았지만 그들은 어떤 경우에도 트럼블을 포기하지 않을 만큼 열렬히 지지했다. 물론 단 9퍼센트로는 트럼블에게 승산이 없었다.

샘슨 진영에서는 트럼블 지지자들을 설득해 끌어와야 했지만, 샘슨의 일차적인 목표는 선거에서 승리하는 게 아니었다. 그는 매트슨이 이기지 못하게 하는 데 관심이 쏠려 있었다. 샘슨은 매트슨이 뭔가 수상한 일에 연루돼 있다고 믿었다. 매트슨이 유력한 유권자들에게 뇌물을 주었다는 혐의가 불거졌기 때문이다. 또한 샘슨은 매트슨이 자신의 핵심적인 지지자들에게 접근해왔다는 믿을 만한 정보도 입수했다. 매트슨은 샘슨의 지지자들에게 샘슨은 가능성이 없으니 마음을 바꿔 자신을 지지해달라고 설득했다.

매트슨의 불순한 동기와 설득 방법에 대한 샘슨의 의혹은 사실로 밝혀졌다. 1년 후 주지사 임기가 끝난 매트슨은 기한이 만료되었거나 이미 상환한 주정부 수표를 교환해 수십만 달러를 횡령한 사기죄로 기소되었다.

샘슨은 매트슨은 의심했지만 트럼블은 신뢰했다. 매트슨의 혐의가 이슈로 떠올랐을 당시 샘슨과 트럼블 사이에는 공통점이 있었다. 사회정책과 경제정책을 개혁해야 한다는 캠페인을 수년간 펼쳐온 샘슨은 그것이 일리노이 주의 미래를 위해 가장 중요한 일이라고 믿었다. 그 점에서 샘슨과 트럼블은 뜻을 같이했고, 샘슨은 트럼블의 지지자들을 설득하는 대신 스스로 칼을 내려놓기로 결심했다.

그는 선거 총책임자 스티븐 로건(Stephen Logan)에게 후보 사퇴 결심을 알리며 그동안 자신을 지지해준 사람들에게 트럼블을 지지해달라는 부탁을 하겠다고 말했다. 로건은 믿을 수가 없었다. 대체 왜 지지자가 더 많은 후보가 지지율이 낮은 후보에게 양보해야 하는가? 로건은 주저앉아 눈물을 흘리며 만류했지만 샘슨은 고집을 굽히지 않았다. 그는 끝내 후보에서 사퇴했고 지지자들에게 트럼블을 지지해줄 것을 호소했다. 샘슨의 희생은 트럼블이 선거에서 승리하는 데 결정적인 역할을 했다.

거의 완벽하지만 한 가지가 부족한 사람

샘슨이 자신의 이익보다 타인의 이익을 우선시한 것은 이번이 처음이 아니었다. 트럼블이 상원의원에 당선되도록 돕기 전에도 샘슨은 양심에 어긋나는 행동을 하지 못해 변호사로서 성공하는 데 큰 제약을 받았다. 주변에서 뭐라고 하든 그는 자기 의뢰인이 유죄라고 생각하면 변론을 하지 못했다. 한 동료 변호사는 샘슨의 의뢰인들이 "자신이 정당하면 재판에서 승리하고 그렇지 못하면 샘슨에게 사건을 의뢰해봤자 시간낭비일 뿐"이라는 사실을 알고 있었다고 말했다.

한번은 절도죄로 기소된 의뢰인의 변론을 맡은 샘슨이 판사에게 걸어가 말했다.

"제 의뢰인에 대해 하실 말씀이 있으면 하십시오. 저는 못하겠습니다. 제가 입을 열면 배심원단이 제가 제 의뢰인이 유죄라고 생각한다는 것을 알아채고 곧바로 유죄를 선고할 겁니다."

또 다른 형사사건 재판 중에 그는 동료에게 몸을 기대며 말했다.

"저 사람은 유죄야. 자네가 변호하게. 난 못하겠어."

샘슨은 거액의 수임료를 포기하고 그 사건을 동료에게 넘겼다.

상원의원 후보에서 사퇴함으로써 그는 존경을 얻었지만, 다른 한편으로 그가 어려운 정치적 결정을 내릴 수 있을 만큼 강인한 사람인지 의문이 제기되기도 했다. 샘슨의 정치적 맞수 중 한 명은 그에 대해 "거의 완벽한 사람이지만 한 가지가 부족하다"고 말했다. 타인에 대한 지나친 배려로 판단력이 흐려지는 탓에 권력을 맡기기에 부적합한 인물이라는 얘기였다.

정치판에서 기버로 행동하는 것은 샘슨에게 불리한 일이었다. 그가 상원의원 당선을 최우선으로 하지 않는 모습을 지켜본 사람들은 샘슨이 정치라는 무자비한 세계에 적합한 인물인지 의구심을 품었다. 그들이 볼 때 트럼블은 맹렬한 싸움꾼이었고 샘슨은 만만한 사람이었다.

"나도 내 패배를 유감스럽게 생각합니다."

샘슨은 자신의 한계를 솔직히 인정하는 한편 트럼블의 당선으로 그들이 공유한 이상에 한 걸음 더 다가서리라는 믿음을 고수했다. 선거 이후 지역 언론은 샘슨보다 트럼블이 '더 재능과 영향력이 있는 사람'이라고 보도했다.

하지만 샘슨이 완전히 물러선 것은 아니었다. 라이먼 트럼블이 상원의원에 당선되도록 도운 그는 4년 후 다시 한 번 상원의원에 도전했다. 비록 그는 패배를 맛보았지만 투표 일주일 전 샘슨을 가장 노골적으로 지지한 사람은 바로 라이먼 트럼블이었다. 샘슨의 희생은 호의로 돌아왔고 트럼블이 샘슨의 배려에 지지자가 되는 것으로 보답한 유일한 적수도 아니었다.

첫 번째 상원의원 선거에서 샘슨이 득표율 47퍼센트를 기록하며 승리에 바짝 다가설 당시, 변호사이자 정치가이던 노먼 저드(Norman Judd)는 트럼블의 지지자 5퍼센트를 이끌고 있었다. 그런데 저드는 두 번째 상원의원 선거에서 샘슨의 강력한 후원자로 활약했다.

상원의원 선거에서 패배하고 2년이 지난 뒤, 샘슨은 생애 최초로 전국 규모 선거에서 승리를 거두었다. 어느 저명한 평론가는 샘슨의 관대한 행동을 잊지 못한 저드가 샘슨이 승리하는 데 '누구보다' 많은 기여를 했다고 평가했다.

1999년 정치 전문 케이블TV 네트워크인 C-스팬(C-SPAN)이 저명인사 1,000명 이상을 대상으로 여론조사를 실시했다. 응답자들은 샘슨을 비롯해 비슷한 직책을 맡았던 다른 정치가 서른여섯 명의 능력을 평가했다. 그 결과 샘슨이 가장 높은 평가를 받으며 1위를 차지했다. 샘슨은 많은 것을 잃었음에도 명단에 있던 정치가 중 가장 인기 있는 사람으로 뽑혔다. 알고 있을지도 모르지만 '샘슨의 유령'은 이 시골뜨기가 편지에 쓰던 필명으로 그의 진짜 이름은 에이브러햄 링컨이다.

희생, 성공의 부메랑

1830년대, 링컨은 일리노이의 드윗 클린턴(DeWitt Clinton)이 되고자 분투했다. 클린턴은 뉴욕 주지사이자 상원의원을 지낸 인물로 이리 운하(Erie Canal)를 건설하는 데 앞장섰다. 링컨이 첫 번째 상원의원 선거에서 사퇴하고 라이먼 트럼블을 지지했을 때, 두 사람은 노예제도 폐지에 뜻을 함께하고 있었다. 노예 해방에서부터 대의를 위해 정치적 기회를 포기하는 것, 유죄로 보이는 의뢰인의 변호를 거부하는 것에 이르기까지 링컨은 한결같이 더 큰 선(善)을 위해 행동했다. 역사학, 정치학, 심리학 전문가들은 역대 대통령을 평가하며 링컨을 명백한 '기버'로 분류했다. 그중 두 전문가는 이렇게 설명했다.

"링컨은 양보하기가 쉽지 않은 상황에서도 타인을 위해 양보했다. 그의 관심사는 오로지 시민 각자의 행복에 있었다."

링컨이 역대 대통령 중에서 독선, 이기주의, 오만과 가장 거리가 먼 사람이었다는 점도 주목할 만하다. 역대 대통령 전기를 개별적으로 평가한 순위에서도 링컨은 신뢰성 있고 타인의 이익을 위해 최선을 다한 사람으로서 워싱턴(미국의 초대 대통령-역주), 필모어(미국의 13대 대통령-역주)와 함께 최고점을 기록했다. 링컨을 보필한 한 장군은 그를 두고 "누구보다 위대하고 선량한 사람"이라고 표현했다.

링컨은 백악관 집무실에서도 자신보다 나라의 이익을 먼저 생각한 사람이었다. 1869년 대통령으로 선출된 그는 경쟁자였던 세 사람을 각각 국무장관, 재무장관, 법무장관으로 임명했다. 역사학자 도리스 컨스 굿윈(Doris Kearns Goodwin)은 《권력의 조건(Team of Rivals)》에서 링컨의 내각이 얼마나 특이했는지 들려준다.[14]

"행정부 전원이 링컨보다 더 유명하고 교육 수준이 높았으며 공직 경험도 풍부했다. 그들이 내각에 있다는 사실만으로도 무명의 변호사는 가려질 위험이 있었다."

만약 테이커가 링컨의 입장이었다면 내각을 '예스맨'으로 구성해 자신의 이익과 권력을 지키려 했을 터다. 매처는 자신을 지지해준 동지들에게 한자리씩 내주었을 것이다. 하지만 링컨은 매서운 경쟁자들을 선택했다. 도무지 믿기 어렵다는 듯한 표정을 짓는 기자들 앞에서 링컨이 말했다.

"우리 내각에는 가장 강한 사람들이 필요합니다. 나에겐 우리나라가 그들의 능력을 활용할 기회를 빼앗을 권리가 없습니다."

경쟁자 중 몇몇은 링컨을 무시했고 나머지 사람들도 그를 무능한 사람으로 여겼다. 그러나 링컨은 그들 모두를 승리로 이끌었다. 컨스굿윈은 링컨이 "자존심 강한 관료들을 다루는 데 성공했다는 사실은 그에게 위대한 정치가가 지녀야 할 조건으로 알려진 친절함, 세심함, 동정심, 정직, 공감 등의 도덕성과 품위 그리고 인상적인 정치력이 있었음을 의미한다"고 평가했다.[15] 어쨌든 정치마저 비옥한 토지로 삼을 수 있는 기버는 다른 어떤 직업에서든 성공할 가능성이 크다.

베푸는 것이 효과적인지 아닌지는 특정 상황에서 무엇을 주고받는지에 달려 있다. 이 책에서 다룰 가장 중요한 내용이 바로 베풂의 이러한 측면이다. 어느 날 타인에게 무언가를 베풀지라도 그것이 성공과 아무 관계가 없을 수도 있다. 이기든 지든 쌍방이 아무것도 얻거나 잃지 않는 상황에서는 베풂이 무언가로 되돌아오는 일은 드물다. 에이브러햄 링컨은 자신의 이익을 포기하고 타인에게 무언가를 줄 때마다 그 사실을 배웠다. 링컨은 "내게 악덕이 하나 있다면 그것은 거절하는 법을 모른다는 점일 것"이라고 말했다.

하지만 우리 삶은 대부분 제로섬(한쪽이 이득을 보면 다른 쪽이 반드시 손해를 보는 상태–역주) 게임이 아니며, 모든 것을 고려할 때 기버는 결국 합당한 대가를 얻는다. 데이비드 호닉과 마찬가지로 자신을 희생한 링컨도 결국 이득을 보았다. 링컨과 호닉의 선택이 처음에 손해로 보인 이유는 우리가 시간의 지평선을 충분히 길게 잡고 내다보지 않았기 때문이다. 기버가 신뢰와 신용을 쌓는 데는 시간이 걸리지만 언젠가는 명성을 얻고 성공을 돕는 관계를 형성한다. 결국에는 기버가 유리한 위치를 차지한다는 사실은 의과대학과 영업현장에서도 그대로 나타난다.

베풂은 위험을 동반하지만 장기적으로는 강력한 힘을 발휘한다. 주아 드 비브르(Joie de Vivre) 호텔 창립자로 유명한 칩 콘리(Chip Conley)가 말했듯, "베풂은 100미터 달리기에는 쓸모가 없지만 마라톤 경주에서는 진가를 발휘한다."[16]

링컨의 시대에는 마라톤을 완주하는 데 오랜 시간이 걸렸다. 전화나 인터넷이 없고 교통수단도 지금처럼 빠르지 않던 시절이라 인맥을 쌓거나 명성을 얻는 과정은 더딜 수밖에 없었다. 콘리의 말처럼 "옛날에는 편지를 보냈다는 걸 아무도 모를 수도 있었다." 콘리는 사람들이 서로 긴밀하게 연결돼 인간관계와 평판이 쉽게 눈에 띄는 오늘날에는 기버가 더 빨리 궤도에 오를 수 있다고 믿는다. 도커스(Dockers, 미국의 바지 브랜드–역주)의 전 회장이자 현재 갭(Gap)에서 국제 사회 및 환경 책임 문제를 담당하는 바비 실튼은 "이젠 선택의 문제가 아니다. 그냥 기버가 된 다음 성공을 거두면 된다"고 말한다.

현대사회에서는 기버가 직업적으로 더 큰 성공을 거둘 수 있으며 여기에는 여러 가지 이유가 있다. 우선 이타적인 행동양식이 효과를 보는 데 걸리는 시간이 점점 짧아지고 있다. 또한 업무체계와 그 바탕이 되는 기술이 급변하면서 세상이 기버에게 더 유리해지고 있다. 현재 미국과 유럽 기업의 절반 이상이 팀을 중심으로 한 시스템으로 업무를 처리한다.[17] 우리는 자동차 제조, 집짓기, 외과수술, 비행기 조종, 전쟁, 교향곡 연주, 뉴스 기사 작성, 기업 회계 감사, 상담 업무 등 거의 모든 일을 팀에 의존한다. 팀은 정보를 공유하고 남들이 꺼리는 일을 자원해서 맡으며 타인을 돕는 기버가 없으면 제 역할을 하지 못한다.

링컨 정부에 합류한 링컨의 경쟁자들은 대통령이 국가와 국민을 위해 얼마나 많은 일을 하고 싶어 하는지 곁에서 지켜보았다. 링컨이 대통령에 당선되기 몇 년 전, 경쟁자이던 에드윈 스탠턴(Edwin Stanton)은 링컨을 "비쩍 마르고 팔만 긴 원숭이"라고 부르며 재판을 위해 함께 일하는 것조차 거부했다. 하지만 링컨 정부에서 함께 일한 뒤에는 링컨을 "인류 역사상 가장 완벽한 통치자"라고 칭했다.

오늘날에는 팀을 구성해 함께 일하는 사람이 늘고 있고, 덕분에 기버는 링컨처럼 자신의 진가를 드러낼 기회를 더 많이 얻고 있다. 우리의 할아버지들은 대부분 독립적으로 무언가를 생산하는 일에 종사했다. 따라서 늘 다른 사람과 협력할 필요는 없었고 이는 기버에게 불리하게 작용했다. 반면 현대인은 다른 사람에게 어떤 서비스를 제공하는 상호 연관된 직업에 종사하는 비율이 높다. 1980년대만 해도 서비스 부문은 전 세계 국민총생산(GDP)의 절반 정도를 차지했지만, 1995년에는 전 세계 GDP의 약 3분의 2로 늘어났다.[18] 현재 미국인의 80퍼센트 이상이 서비스 업종에 종사한다.

서비스 부문은 계속해서 성장하고 있고 더불어 인맥이 넓고 '이타적'이라는 평판을 얻은 인물을 높이 평가하는 경향이 강해지고 있다. 당신의 기본적인 행동양식이 이타적이든 이기적이든 이해타산적이든 당신은 분명 당신에게 중요한 서비스를 제공하는 사람이 이타적이길 바랄 것이다. 이는 당신이 만나는 의사, 변호사, 교사, 치과의사, 배관공, 부동산중개인들이 당신에게 얻을 이익이 아닌 당신의 이익에 초점을 맞추길 바란다는 얘기다.

데이비드 호닉의 계약 성공률이 89퍼센트에 이르는 이유는 그가 고객의 이러한 욕구를 충족시켰기 때문이다. 호닉이 투자를 제안하면 사업가들은 그가 진심으로 자신의 이익을 우선시한다는 사실을 알았다. 또한 대다수의 벤처 투자자가 이미 검증된 인물과 아이디어에만 시간을 쏟을 때, 호닉은 전혀 모르는 사람들의 사업 홍보에 일일이 이메일로 답장을 보냈다. 그는 자신에게 "경제적으로 얼마나 이익이 있는지와 관계없이 가급적 다른 사람을 돕고 싶다"고 말하며 이렇게 덧붙였다.

"뛰어난 벤처 투자자는 서비스 제공자입니다. 사업가는 벤처 투자자에게 봉사하고자 존재하는 사람이 아닙니다. 우리가 사업가에게 봉사하기 위해 존재하는 겁니다."

이기는 선택

서비스업의 부상은 의과대학에서 기버가 가장 좋은 학점과 가장 나쁜 학점을 모두 차지하는 이유도 설명해준다. 벨기에의 의과

대학생들을 대상으로 한 연구에 따르면 기버는 입학 첫해에 성적이 눈에 띄게 나빴다. 즉, 기버는 불리한 입장에서 출발했다. 이때 학점과 기버 지수의 부정적인 상관관계는 흡연과 암의 상관관계보다 더 컸다. 하지만 기버가 좋은 성적을 거두지 못하는 것은 1학년 때뿐이고, 2학년 때부터는 동기들을 약간 앞서 나가기 시작했다. 시간이 흘러 6년째가 되면 그들은 다른 학생보다 현저하게 좋은 성적을 거두었다.

'6년 전에' 측정한 이타적인 행동양식은 흡연과 폐암(또 니코틴 패치 사용과 금연)의 상관관계보다 더 정확하게 성적을 예측했다. 흥미롭게도 학생들이 의사가 되는 의대 7년차에는 기버가 더욱더 앞서 나갔다. 이처럼 이타적인 행동양식이 의대 졸업 성적에 미치는 영향은 흡연이 폐암에 미치는 영향보다 크고, 심지어 음주와 공격적인 행동의 상관관계보다 더 크다.

기버는 어떻게 자신의 단점을 그토록 강력한 장점으로 바꿔놓을까?

변화는 학과 과정에 있었을 뿐 기버가 변한 것이 아니다. 학년이 올라가고 실력이 쌓이면서 학과 과정은 개별 수업에서 회진, 인턴십, 환자 진료 등의 과정으로 바뀐다. 이는 앞으로 나아갈수록 점점 더 팀워크와 서비스가 성공을 좌우한다는 의미다. 학과활동 형태가 변하는 과정에서 기버는 본성에 따라 교수들과 더욱 효율적으로 협력하고 환자에게 보다 많은 관심을 기울인다.

기버의 본성이 지닌 장점은 의학에만 한정되지 않는다. 또 다른 사례를 살펴보자. 스티브 존스(Steve Jones)는 오스트레일리아에서 가장 큰 은행의 CEO로 재직할 당시, 투자자문가의 성공 비결을 찾기 위해 고심했다. 그의 팀은 전문적인 지식이나 노력 같은 핵심 요인을 연구했지만 존스의 생각은 달랐다.

"가장 큰 영향을 미치는 요소는 투자자문가가 회사나 자신의 이익보다 고객에게 가장 이익이 되는 게 무엇인가를 먼저 생각하는 일입니다. 고객을 그렇게 대하는 것이 모두에게 이익이라는 사실은 내가 특히 중요하다고 생각한 세 가지 요소 중 하나입니다. 나는 이것을 모든 사람에게 설명하고 깨우쳐주려 했습니다."

어깨가 넓고 머리를 길게 기른 투자자문가 피터 오데(Peter Audet)는 이타적인 행동양식을 극대화한 사람이다.[19] 본 조비의 음악을 좋아한다는 피터는 대형 보험 회사의 서비스센터에서 고객의 전화를 받는 일부터 시작했다. 취업한 지 1년 만에 가장 열성적으로 고객을 도와준 점을 인정받은 그는 수백 명의 직원을 제치고 '올해의 사원' 상을 받았고, 회사 내에서 최연소 부서장으로 승진했다.

몇 년 후 실무자 열다섯 명과 함께 참가한 상부상조 평가에서 피터는 다른 참가자가 평균 세 명을 돕는 동안 열다섯 명 전원을 도운 것으로 나타났다. 그는 자신이 고용하지 않은 입사 지원자가 다른 일을 원하면 일자리를 찾아주고자 시간을 들여 애쓸 정도로 대단한 기버였다.

2011년, 투자자문가로 일하던 피터는 어느 날 고객으로부터 전화 한 통을 받았다. 그 고객은 7만 달러 상당의 돈을 연금에 투자하고 싶어 했다. 사실 그 고객은 다른 직원이 맡아야 했지만 매처인 그 직원은 고객이 고철상에서 일하는 노동자라는 걸 알고 고객의 요구를 거절했다. 투자 규모가 그 고객의 1,000배 이상인 큰손 고객을 전담하고 있던 피터 역시 그 고객에게 시간을 들일 만한 가치는 없었다.

그에게는 투자 규모가 1억 달러에 이르는 고객도 있었다. 피터의 시간당 수익을 따져봤을 때 고철상 노동자의 투자 규모는 퇴근하고 집에 가는 동안 운전하는 시간만큼도 되지 않았다. 피터는 당시의 상황을 회상했다.

"그 고객이 제시한 금액은 보잘것없었고 아무도 그를 만나고 싶어 하지 않았습니다. 정말 아무도 쳐다보지 않았죠. 하지만 누군가를 그리 중요하지 않다고 생각하거나 무시하면 안 되는 법입니다."

피터는 투자 계획을 세워주기로 약속하고 고철상 노동자를 만나러 직접 차를 몰고 찾아갔다. 고객의 집에 도착한 그는 몇 달이나 사용하지 않은 듯 거미줄로 뒤덮인 대문을 보고 너무 놀라 입이 쩍 벌어졌다. 그가 차를 몰고 집 뒤로 돌아가자 자신을 서른네 살이라고 소개한 한 남성이 문을 열어주었다. 천장에 구멍이 난 그 집은 모든 것이 엉망이었고 거실에는 벌레가 들끓었다. 피터는 고객이 권한 접이식 의자에 앉아 연금 활용 계획을 상담했다. 한눈에도 성실하고 정직해 보이는 고객에게 동정심을 느낀 피터는 한 가지 제안을 했다.

"이왕 온 김에 당신의 이야기를 듣고 싶습니다. 그러면 제가 당신을 좀 더 효과적으로 도울 수 있을 텐데요."

고객은 자기가 자동차를 좋아한다며 피터를 어두컴컴한 창고로 안내했다. 피터는 또 다른 빈곤의 처참함에 놀랄까 봐 마음을 다잡고 녹슨 고철 덩어리를 상상하며 뒤를 따랐다. 이윽고 창고에 들어선 피터는 숨이 턱 막혔다. 티끌 하나 없이 깨끗한 1966년식 제1세대 시보레 카마로, 드래그 레이스(drag race, 400미터 직선 코스에서 순발력과 속도를 겨루는 자동차 경주—역주) 전용 1,000마력 엔진을 탑재한 오스트레일리아 구형 자동차 두 대, 성능을 개조한 쿠페와 영화 〈매드 맥스(Mad Max)〉에 나오는 포드 쿠페가 한 대씩 떡 버티고 있는 것이 아닌가!

고객은 고철상 노동자가 아니라 수익성 좋은 금속업체 소유주였다. 그 집은 산 지 얼마 되지 않아 곧 수리하려는 참이었고 면적이 11에이커(약 4만 4,500제곱미터)에다 값이 1,400만 달러에 달했다. 다음 해에 피터는 그 고객의 사업 리엔지니어링을 맡아 세금을 줄이고 새로 산 집을 수리하는 일을 도와주었다.

"내가 한 일은 모두 작은 친절에서 시작된 것입니다. 다음 날 출근해서 그 고객을 아예 만나주지도 않은 동료 직원을 놀려주었지요."

피터는 고객과 확고한 관계를 맺었고 다음 해에 그 고객이 지불한 수수료는 100배로 늘었다. 그는 앞으로도 수십 년 동안 그 고객과 함께 일하기를 기대하고 있다.

피터 오데가 직업 경력 내내 테이커와 매처가 놓친 기회를 잡을 수 있었던 것은 이타적인 행동양식 덕분이다. 하지만 그는 비싼 대가도 치렀다. 7장에서 보게 되겠지만 그는 두 명의 테이커에게 이용당해 거의 직장을 잃을 뻔했다. 그럼에도 피터는 성공 사다리의 밑바닥에서 꼭대기까지 차근차근 올라갔고 오스트레일리아에서 실적이 매우 뛰어난 투자자문가로 거듭났다. 그는 비용을 최소로 줄이고 베풂의 이점을 활용하는 법을 배운 것이 성공의 열쇠였다고 믿는다. 실제로 피터는 제너시스 웰스 어드바이저(Genesys Wealth Advisers)의 상무이사로서 파산 직전이던 회사를 구해내 업계 선두주자로 탈바꿈시켰다. 이타적인 행동양식으로 그러한 성공을 이뤄낸 피터는 다음과 같이 고백한다.

"내가 남을 돕는 자세로 성공했다는 것은 분명한 사실입니다. 그것은 내가 선택한 무기입니다. 다른 사람들도 그것이 내가 투자 자문 업계의 치열한 경쟁 속에서 성공한 이유라고 말합니다."

우리 안에 존재하는 고결한 본능

이타적인 행동양식에는 본래 시대를 초월하는 장점이 존재한다. 우리의 주위를 돌아보기만 해도 대다수가 이타적인 행동양식에 매력을 느낀다는 것을 알 수 있다.

저명한 심리학자 샬롬 슈바르츠(Shalom Schwartz)는 지난 30년 동안 전 세계의 다양한 문명권에서 사람들이 가장 중요하게 여기는 가치와 행동양식을 연구해왔다.[20] 그중에는 오스트레일리아, 칠레, 핀란드, 프랑스, 독일, 이스라엘, 말레이시아, 네덜란드, 스페인, 남아프리카, 스웨덴 그리고 미국 등에서 성인 수천 명을 대상으로 설문 조사한 연구도 있다. 그는 설문을 열두 개 언어로 번역해 조사에 응한 사람들에게 다양한 가치의 중요도에 점수를 매겨달라고 부탁했다. 아래는 그 몇 가지 예다.

목록 1
부(돈, 물질적 소유)
권력(지배력, 타인을 통제하는 힘)
쾌락(인생을 즐기는 것)
성취(남들보다 더 나아지는 것)

목록 2
유익함(타인의 행복을 위해 일하는 것)
책임(신뢰할 수 있는 사람이 되는 것)
사회적 정의(사회적 약자를 보살피는 것)
동정심(타인이 겪는 어려움에 반응하는 것)

테이커는 '목록 1'에 나열한 가치를 선호한 반면, 기버는 '목록 2'를 더 중요하게 여겼다. 슈바르츠는 사람들이 이타적인 행동양식의 가치를 가장 많이 지지한 곳이 어디인지 조사했다. 잠시 앞에 나열한 열두 개 나라를 다시 한 번 살펴보자. 이타적인 행동양식의 가치를 더 중요시한 국민이 많은 나라는 어디일까?

모든 나라다. 열두 개 나라의 국민은 대개 베푸는 것을 가장 중요한 가치로 여겼다. 그들은 권력, 성취, 오락, 자유, 전통, 순응, 안전, 쾌락보다 베푸는 것에 더 관심이 많다고 응답했다. 나아가 전 세계 일흔 개 나라 이상을 조사한 연구에서도 같은 결과가 나왔다. 아르헨티나에서 아르메니아, 벨기에, 브라질, 슬로바키아, 싱가포르에 이르기까지 전 세계 거의 모든 국가에서 대다수가 이타적인 행동양식의 가치를 삶의 가장 중요한 원칙으로 삼는다는 얘기다.

어찌 보면 이것은 그리 놀랄 일도 아니다. 부모는 자녀에게 셸 실버스타인(Shel Silverstein)의 《아낌없이 주는 나무》 같은 책을 읽어주며 나눔과 보살핌의 중요성을 강조한다. 그런데 우리는 일터에서는 베풂과 다른 가치를 구별하는 경향이 있다. 자녀에게는 셸 실버스타인의 책을 읽어주지만 직업 세계에서는 이타적인 가치 쪽으로 너무 기울지 말라고 말하는 책, 즉 《손자병법》이나 로버트 그린(Robert

Greene)이 쓴 《권력의 법칙(The 48 Laws of Power)》의 교훈을 따른다. 그 결과 직장에서 기버로 사는 사람들조차 종종 그 사실을 인정하길 두려워한다.

2011년 여름, 나는 대형 금융 회사에서 임원으로 일하는 셰리안 플레세이(Sherryann Plesse)를 만났다.[21] 그녀는 확실한 기버로 젊은 후배들에게 조언을 해주는 데 많은 시간을 할애했고, 여성의 리더십 교육과 회사 내 자선기금 모금활동을 이끌고 있었다. 그녀는 이렇게 말했다.

"베풂은 내가 살아가는 방식 중 하나입니다. 대가는 바라지 않아요. 그저 타인의 변화를 돕고 영향을 주고 싶을 뿐이에요. 누가 내 도움으로 가장 큰 이익을 얻는지에만 집중합니다."

셰리안은 사업 감각을 재충전하기 위해 전 세계 여러 기업의 중역 예순 명과 함께 6주간 리더십 교육 프로그램에 참가한 적이 있다. 참가자들은 먼저 자신의 강점을 확인하기 위해 종합적인 심리 평가를 받았는데, 셰리안은 자신의 가장 큰 직업적 능력이 친절과 동정심이라는 사실을 알고 충격을 받았다. 그 평가 결과가 강인하고 유능한 리더라는 명성에 해를 끼칠까 봐 셰리안은 그 사실을 조용히 덮어두기로 했다. 그녀는 나에게 솔직히 털어놓았다.

"약하게 보이고 싶지 않았어요. 사람들이 나를 예전과 다르게 볼까 봐 두려웠죠. 리더로서 무게감이 없다는 말을 들을 수도 있으니까요. 특히 그때는 인간적인 감정을 배제하고 승리에 집중해야 하는 시기였죠. 내 가장 큰 능력은 집념이 강하다거나 결과 지향적이라고 여기도록 하고 싶었어요. 친절이나 동정심 같은 게 아니고요. 일을 하다 보면 가끔은 가면을 써야 할 때도 있는 법이죠."

실제로 나약한 사람으로 보일지 모른다는 두려움 때문에 직장에서 기버가 되기를 꺼려하는 사람이 꽤 많다. 일상생활에서 이타적인 사람도 직장에서는 매처가 되어 주는 것과 받는 것이 균형을 이루도록 하려고 한다.

어느 연구에 따르면 직업적 관계에서 기버, 테이커, 매처 중 어떤 유형을 기본으로 취하는지 조사하자 고작 8퍼센트만 이타적으로 행동한다는 결과가 나왔다. 나머지 92퍼센트는 직장에서 받는 것보다 더 많이 줄 의향이 없다고 대답했다. 또 다른 연구에서는 직장에서 이해타산적인 사람이 이타적으로 행동하는 사람보다 세 배 더 많다는 결과가 나왔다.

일터를 제로섬 환경으로 인식하면 이타적 혹은 이해타산적으로 살고자 하는 사람도 종종 테이커에 가까운 쪽으로 기울도록 강요당하는 느낌을 받는다. 실적으로 순위를 매길 때, 회사 동료와 같은 고객을 두고 경쟁해야 할 때, 일자리가 한정된 상황에서 성적을 상대평가로 매길 때는 주는 것보다 더 많이 얻는 쪽으로 기우는 건 자연스런 일이다. 스탠퍼드대학의 심리학자 데일 밀러(Dale Miller)는 사람들은 "타인이 이기적으로 행동할 듯한 상황에서" 자신만 이타적으로 행동하면 이용당할 수 있다고 걱정하며, "경쟁 추구를 합리적이고 적절한 행동"으로 판단한다고 설명한다.[22] 심지어 정장을 입고 하버드 경영대학 사례 연구를 분석하기만 해도 타인의 이익과 인간관계에 주의를 덜 기울인다는 증거가 있다.[23] 코넬대학의 경제학자 로버트 프랭크(Robert Frank)는 테이커에게 이용당할 수도 있다는 두려움은 대단히 보편적이라고 설명한다.[24]

"사람들은 최악의 상황을 예상하고 그 예상이 결국 최악의 결과를 가져온다. 우리는 바보가 될지도 모른다는 두려움 때문에 자신의 고결한 본능에 귀 기울이길 꺼린다."

나쁜 아니라 모두가 이로운 세상

특히 기버는 테이커를 상대할 때 위험부담이 높다. 데이비드 호닉은 전 세계적으로 크게 성공한 벤처 투자자 중 상당수가 이기적으로 행동한다고 말한다. 그들은 균형에서 벗어날 정도로 신생기업에 많은 것을 요구하며 투자에서 성공하면 자신의 공을 지나치게 부풀린다. 호닉은 그러한 관행을 뒤집었다. 투자 설계사가 인생에서 이루고 싶은 게 무엇이냐고 물었을 때, 그는 "무엇보다 다른 사람을 희생시키지 않고도 성공할 수 있음을 증명하고 싶다"고 대답했다. 이를 위해 호닉은 벤처 업계에서 가장 신성시하는 원칙 두 가지를 깨버렸다.

첫째, 2004년 벤처 투자자로는 최초로 블로그를 개설해 그동안 일종의 블랙박스나 다름없던 벤처 투자 세계의 내부를 공개했다. 그가 온라인상에서 정보를 공유하자 사업가들은 벤처 투자자들의 사고방식을 더 깊이 이해하고 투자 유치 홍보활동을 개선해 나갔다. 호닉 회사의 이사회 임원과 법무 자문위원은 영업 비밀이 새어 나간다는 이유로 블로그 활동을 그만두라고 종용했다. 사실 다른 벤처 투자자가 그 블로그를 보면 공짜로 그들의 아이디어를 사용할 수도 있었다. 호닉은 당시를 회상했다.

"벤처 투자자가 현재 진행 중인 아이디어를 얘기한다면 그건 미친 짓일 겁니다. 내가 정말로 원한 것은 많은 사업가와 대화를 나누고 그들에게 도움을 주는 일이었습니다."

얼마 지나지 않아 호닉의 행동을 비판한 사람들이 옳았다는 것이 밝혀졌다.

"수많은 벤처 투자자가 내 블로그를 읽었습니다. 내가 몹시 들떠서 특정 회사에 대해 이야기하면 계약을 따내기가 더 어려워졌죠."

하지만 호닉은 그 정도 대가는 기꺼이 치를 각오가 되어 있었다.

"내 목적은 철저하게 사업가들을 위한 가치를 창출하는 데 있습니다."

호닉은 8년째 그 블로그를 계속 운영하고 있다.

둘째, 2007년 자신의 연례 콘퍼런스를 열었다. '로비(Lobby)'라는 이름으로 불리는 이 콘퍼런스의 목적은 사업가들이 모여 뉴 미디어에 관한 아이디어를 나누도록 하는 데 있다. 기존의 틀을 깨뜨리는 이 두 번째 행보는 호닉이 한 콘퍼런스에서 따분한 연설을 들으며 깊이 실망했던 경험에서 비롯되었다.

"어느 순간부터 내가 연설에 관심이 없다는 걸 깨달았습니다. 그저 로비에서 사람들을 만나 현재 추진 중인 일에 대한 이야기를 나누며 시간을 보냈죠. 콘퍼런스의 진짜 가치는 그러한 대화와 새로 맺은 인간관계에 있었습니다. 그렇다면 아예 연설을 생략하고 콘퍼런스를 대화와 인맥을 쌓기 위한 장으로 만드는 게 어떨까 싶었죠."

호닉이 콘퍼런스에 약 40만 달러를 투자하려 하자 사람들은 "회사 평판이 끝장날 수도 있다"며 그를 만류했다. 모두가 만약 콘퍼런스가 실패하면 호닉 자신의 경력마저 망쳐버릴 거라고 경고했다. 호닉은 그러한 경고에 아랑곳하지 않았다. 오히려 그는 사람들이 상상조차 하지 못한 일을 기획했다. 경쟁업체의 벤처 투자자들을 콘퍼런스에 초청한 것이다.

몇몇 동료는 무슨 미친 짓이냐며 호닉에게 "왜 하필이면 다른 벤처 투자자들을 콘퍼런스에 초대하느냐"고 물었다. '로비'에서 훌륭한 아이디어가 있는 사업자를 만나면 투자 계약을 체결할 수도 있는데, 그런 이점을 포기하고 경쟁자가 기회를 잡도록 돕는 이유가 무엇인가? 호닉은 이러한 의문을 무시했다.

"나뿐 아니라 모두가 이로운 경험을 하도록 해주고 싶었습니다."

'로비'에 참석한 경쟁업체의 한 투자자는 호닉이 만든 콘퍼런스 형식이 무척 마음에 들었던 모양이다. 얼마 후 그는 그와 유사한 콘퍼런스를 열었는데, 호닉을 비롯해 다른 어떤 벤처 투자자도 초대하지 않았다. 동료들의 반대가 극심했기 때문이다. 그럼에도 호닉은 계속해서 다른 벤처 투자자들을 '로비'에 초대했다. 물론 그는 이타적으로 행동할 때 치러야 하는 대가를 알고 있었다.

"내가 망상에 빠져 있다고 생각하는 사람들도 있습니다. 그들은 테이커가 되어야 무언가를 이룰 수 있다고 믿지요."

그가 만약 테이커처럼 굴었다면 어땠을까? 아마 예정에 없던 아이디어 홍보를 들어주거나 개인적으로 이메일 답장을 보내는 일은 없었을 것이다. 또 블로그를 운영해 경쟁자와 정보를 공유하지도 않고 경쟁업체 투자자들을 '로비'에 초대하지도 않았을 터다. 즉, 자기 시간을 아끼고 정보나 인맥을 더욱 조심스럽게 보호했을 게 분명하다. 만약 그가 매처에 가까웠다면 어땠을까? '로비'에는 참석하고도 호닉을 자신의 콘퍼런스에 초대하지 않은 벤처 투자자에게 보상을 요구했을지도 모른다.

호닉은 자신이 남에게 얻을 수 있는 것보다 그들에게 필요한 것에 더 주의를 기울였다. 오랫동안 그러한 가치관을 지켜온 그는 벤처 투자자로서 엄청난 성공을 거뒀고 도량이 넓은 사람으로 널리 존경받고 있다.

"콘퍼런스 '로비'는 윈윈의 결과를 낳습니다. 남에게 관계를 형성하고 거래를 성사시킬 환경을 만들어주고, 그 대가로 내가 살고 싶은 세상에서 살 수 있으니까요."

호닉의 사례는 이타적인 행동양식이 직업적으로 꼭 위험하기만 한 것은 아니며 보상이 돌아오기도 한다는 사실을 보여준다.

주는 사람이 성공한다

이 책은 이타적인 행동양식을 강력하게 혹은 위험하게 하는 것이 무엇인지 밝히는 데 초점을 두고 있다. 전반부에는 기버가 왜, 어떻게 정상에 오르는지 살펴봄으로써 기버의 성공 원리를 밝히고 있다. 여기에서는 성공한 기버의 대인관계 접근 방식이 얼마나 독특한가를 인맥 쌓기, 협력, 평가 및 영향력이라는 네 개의 범주로 나눠 설명한다.

인맥 쌓기 과정에서 우리는 기버가 새로운 관계를 맺고 오랜 관계를 돈독히 하는 신선한 접근 방식을 배울 수 있다. 협력 방식에는 동료와 함께 생산성을 높이고 존경을 받는 방법이 담겨 있다. 남을 평가하는 방법을 살펴보면 우리는 타인의 재능을 판단하고 육성해 최고의 결과를 내게 하는 놀라운 기술을 알 수 있다. 영향력에는 발표,

영업, 설득, 협상 등의 과정에서 자신의 아이디어나 관심을 남에게 설득력 있게 전하는 새로운 전략이 들어 있다. 이 네 개의 범주는 성공한 기버가 어떻게 다른지 일깨워주고 테이커와 매처가 무엇을 배워야 하는지 알려준다.

미국 최고의 인맥을 자랑하는 사람은 어떻게 그 자리에 올랐을까? 어느 천재 작가는 왜 TV 역사상 가장 인기가 있던 프로그램 뒤에서 몇 년간이나 이름이 알려지지 않은 채 고생했을까? 역사상 최악의 신인선수들을 선발한 책임을 져야 했던 프로농구팀 운영자는 어떻게 상황을 역전시켰을까? 말을 더듬는 변호사는 어떻게 확신에 찬 어조로 말하는 변호사를 상대로 재판에서 이겼을까? 우리는 이 모든 의문을 살펴보고 또 페이스북 프로필만으로 테이커를 가려내는 방법도 배울 것이다.

이 책의 후반부에서는 초점을 이타적인 행동양식으로 인해 치르는 대가로 옮겨, 그것에 어떻게 대처해야 하는가를 다룬다. 기버가 지쳐 쓰러지지 않도록 자신을 지키는 방법과 늘 당하기만 하는 만만한 사람이 되지 않는 방법도 검토한다. 교사가 학생들에게 더 많은 것을 주면서도 지치지 않는 법, 이타적인 행동양식으로 억만장자가 된 사람의 비결, 더 행복하고 오래 살고자 하는 사람들에게 이상적인 봉사시간도 알려준다.

왜 어떤 기버는 일찌감치 이사회 임원이 되는데 또 다른 기버는 늦게 승진하는 걸까? 왜 누가 기버이고 누가 테이커인지 구별하기 어려운 걸까? 기버는 협상 테이블에서 어떻게 처신할까? 우리는 이러한 의문에 대한 답을 찾고, 다른 사람을 테이커에서 기버로 변모시킴으로써 성공 사다리의 밑바닥이 아닌 꼭대기로 올라가는 방법을 배운다. 또 놀라운 방법으로 나눔을 유도하는 90분짜리 활동도 배운다. 흥미로운 이야기는 계속 이어진다. 사람들은 왜 벼룩시장에서 돈을 받고 팔 수 있는 물건을 공짜로 나눠주는 걸까? 실력이 점점 좋아지는 방사선 전문의와 점점 나빠지는 전문의가 있는 이유는 무엇일까? 슈퍼맨을 생각하면 자발적으로 행동하기가 어려워지는 이유는 무엇일까? 왜 이름이 '데니스'인 사람이 치과의사가 될 확률이 높을까? 우리는 책의 후반부에서 이 모든 의문의 답을 구할 수 있다.

이 책을 다 읽을 때쯤이면 성공에 대한 당신의 기본적인 가정을 재고할 게 분명하다. 만일 당신이 자기희생적인 기버라면 성공 사다리의 밑바닥에서 꼭대기까지 오르게 해주는 어떤 깨달음을 얻을 확률이 높다. 당신이 이타적인 행동양식의 가치를 인정하되 직장에서 매처로 행동할 경우, 성공에 방해를 받지 않으면서 내면의 가치를 드러내고 베풂에서 의미를 찾을 기회가 엄청나게 많다는 사실에 기분 좋게 놀랄 수도 있다. 당신은 먼저 성공한 다음 나중에 환원하려 하는 대신, 먼저 베푸는 것이 훗날의 성공을 약속하는 길이라고 생각할 가능성이 크다. 만약 당신이 현재 테이커에 가깝다면 남을 이롭게 함으로써 성공에 이르는, 즉 새롭게 떠오르는 기술을 습득해 기버에 가까운 쪽으로 변하고 싶을 것이다. 그러나 오로지 성공을 위해서만 그렇게 하려 하면 뜻대로 되지 않을지도 모른다.

2장

공작과 판다
충분히 베풀면서도 생산성을 유지하는 사람들의 비결

사람은 누구나
창조적인 박애주의의
빛 속을 걸을지, 아니면
파괴적인 이기주의의
어둠 속을 걸을지 선택해야 한다.[1]

마틴 루서 킹 주니어
시민운동가이자 노벨평화상 수상자

자비로운 사람으로 포장된 희대의 사기꾼

집 안에 화장실도 없는 미주리 주의 가난한 농장에서 태어나고 자란 그의 출발은 보잘것없었다. 젊은 시절, 그는 농장에서 장시간 일하고 새벽에는 신문을 배달하면서도 미주리대학을 우등생으로 졸업했고 경제학 석사와 박사학위를 받았다. 공공에 봉사하고자 했던 그는 해군에 입대해 미국 정부에서 중요한 역할을 한 덕분에 평화시 최고 훈장인 네이비 메달과 국방 종군 기장을 받았다.

이후 그는 한 회사를 설립해 15년 동안 그곳에서 회장과 CEO로 일했다. 그가 은퇴할 무렵 회사 가치는 1,100억 달러에 달했고, 전 세계 40여 개 국가에서 2만 명 이상의 직원이 그의 회사에서 일하고 있었다. 〈포천〉은 그의 회사를 5년 연속 '미국에서 가장 혁신적인 회사'로 뽑았으며 가장 일하기 좋은 회사 스물다섯 군데 중 하나로 선정했다. 누군가가 그에게 성공 비결을 묻자 그가 대답했다.

"존경심, 황금률 그리고 완전한 진실성. 내가 행동거지 하나하나에 엄격한 규범을 세우고 그것을 지키며 살아왔다는 사실을 모르는 사람은 내 주변에 없을 겁니다."

그는 자선재단을 설립해 250개가 넘는 단체에 250만 달러 이상을 지원하고, 연간 순이익의 1퍼센트를 자선단체에 기부했다. 그의 기부활동에 매료된 조지 부시 전 대통령도 그를 '좋은 사람', '자비로운 사람'이라고 칭했다. 하지만 가난한 환경에서 출발해 그가 이룬 아메리칸 드림은 여기에서 끝이 났다. 그가 기소되었기 때문이다. 그의 이름은 케네스 레이(Kenneth Lay)로 엔론 스캔들의 주범으로 알려진 사람이다.

엔론은 휴스턴에 본사를 둔 에너지, 원자재 회사로 뉴욕 증권거래소의 상장기업이었다. 그런데 2001년 10월, 엔론은 3/4분기 재무제표가 6억 1,800만 달러로 하향 수정되면서 회사 가치가 12억 달러나 떨어졌다. 6억 1,800만 달러는 미국 재무제표 수정 역사상 가장 큰 금액이다. 엔론은 그해 12월에 파산했고 2만 명에 달하는 직원은 회사의 추락으로 자신들의 일자리와 함께 노후 대비 계획이 사라지는 모습을 지켜봐야 했다.

수사 결과 엔론은 그동안 매출 기록을 조작해 투자자를 속이는 한편, 10억 달러 이상의 부채를 숨겨온 것으로 드러났다. 또 외국 정부에 뇌물을 주고 부당하게 국제거래를 해왔고, 캘리포니아와 텍사스의 에너지 시장을 조작한 것으로 밝혀졌다. 결국 레이는 여섯 건의 사기 혐의에서 유죄를 선고받았다.

물론 레이가 엔론의 불법 행위를 얼마나 정확히 알고 있었는가는 논란의 여지가 있을 수 있다. 그러나 그가 테이커라는 사실을 부인하기는 어렵다. 많은 사람이 레이를 기버로 여겼지만 사실 그는 정체를 숨긴 테이커 혹은 사기꾼이었다. 레이는 엔론의 자산을 개인적인 용도에 사용하기도 했다. 베서니 맥린(Bethany McLean)과 피터 엘킨드(Peter Elkind)가 공저한 《엔론 스캔들(The Smartest Guys in the Room)》[2]이 보여주듯, 레이는 회사에서 지나치게 많은 융자를 받았고 직원들을 사적인 일로 부려먹었다.

가령 비서가 회사 중역의 출장 문제로 엔론사 소유 비행기를 예약하려 했으나 레이의 가족이 개인적인 여행을 위해 회사 비행기를 세 대나 쓰는 바람에 공무에 사용하지 못한 적도 있다. 1997년부터 1998년까지 엔론 사는 레이의 여동생이 소유한 여행사에 450만 달러의 수수료를 지불했다. 기소 내용에 따르면 레이는 엔론이 파산하기 직전 7,000만 달러가 넘는 주식을 팔아 가라앉는 배에서 보물을 챙기려 했다. 이러한 행동의 전조는 1970년대에 레이가 엑손에서 일할 때부터 나타났다. 그의 상사는 추천장에서 레이를 높이 평가하면서도 "어쩌면 지나치게 야심이 클지도 모른다"고 경고했다.

이제 사람들은 레이가 1987년에 이미 엔론 정유에 유령 회사를 세워 380만 달러를 횡령하고, 엔론이 큰 손실을 입지 않도록 하는 계획을 승인한 뒤 사실 은폐에도 가담했다고 철썩 같이 믿는다. 손실을 발견했을 때 엔론 정유는 8,500만 달러의 손실액을 보고해야 했지만, 레이는 자신이 그 일을 전혀 몰랐고 아무 책임도 없다고 주장했다. 맥린과 엘킨드의 말에 따르면 레이가 "내가 그 사실을 알고 있었다고 말할 수 있는 사람이 있다면 일어나 보십시오"라고 말했을 때, 한 사람이 자리에서 일어서려는 것을 두 명의 동료가 억지로 막았다고 한다.

테이커가 어떻게 그토록 큰 성공을 거둘 수 있었을까? 그에겐 인맥이 있었는데, 그 인맥이라는 것이 정말이지 대단한 인맥이었다. 전통적인 방법으로 회사를 성장시킨 케네스 레이는 회사 자산을 마음대로 유용해 막대한 이익을 챙겼다. 더불어 영향력 있는 사람들과 인맥을 쌓아 자신에게 이로운 방향으로 이용했다. 레이는 이미 대학 시절에 경제학 교수 핑크니 워커(Pinkney Walker)라는 '거인의 어깨'에 오르려 애쓰기 시작했다. 이후 워커는 레이가 경제 전문가로서 국방부에 들어가도록 도와주었고, 닉슨 대통령 시절에는 백악관에서 참모로 일하도록 다리를 놓아주었다.

1980년대 중반, 레이는 회사를 합병해 휴스턴으로 본사를 옮기고 엔론의 대표가 되었다. 어느 정도 권력을 쥐자 그는 엔론의 이익에 도움이 될 만한 정치 브로커들과 어울렸다. 또한 레이는 핑크니 워커의 동생 찰스에게 엔론의 이사직을 주었고, 당시 대통령 후보로 출마한 조지 H. W. 부시와의 관계를 돈독히 했다. 1990년에는 휴스턴에서 열린 주요 선진국 정상회담에서 공동의장을 맡아 눈부신 활약을 펼치면서 영국 총리 마거릿 대처와 독일 총리 헬무트 콜, 프랑스 대통령 프랑수아 미테랑 등 참석자들의 주목을 받았다.

그런데 부시가 빌 클린턴에게 패해 재선에 실패하자 레이는 즉각 대통령 선거에서 클린턴의 핵심 보좌관으로 일한 친구에게 연락을 취했다. 그는 클린턴과 유치원을 함께 다닌 친구였고, 얼마 지나지 않아 레이는 새 대통령과 골프를 치는 사이가 되었다. 그로부터 몇 년 후, 조지 W. 부시가 권력을 쥐자 레이는 인맥을 총동원해 에너지 규제를 완화하고 측근들을 텍사스와 백악관 등의 정부 요직에 앉혀 엔론에 이로운 방향으로 정책을 이끌게 했다. 그는 변화를 맞이할 때마다 인맥을 적절히 동원함으로써 거의 언제나 자신과 회사의 전망을 극적으로 높였다.

인맥이란 무엇인가

지난 수 세기 동안 인맥은 우리에게 매우 중요한 요소로 작용해왔다. 노스웨스턴대학의 경영학과 브라이언 우지(Brian Uzzi) 교수는 인맥이 은밀한 정보, 다양한 기술, 권력이라는 세 가지 이점을 제공한다고 말한다.[3] 강력한 인맥을 쌓으면 정보, 전문기술, 영향력을 이용할 수 있는 귀중한 통로를 얻는다. 인맥이 넓은 사람이 더 높은 실적, 빠른 승진, 높은 수입을 누린다는 사실을 보여주는 폭넓은 연구 결과도 있다.

인맥은 상호작용과 관계에 바탕을 두기 때문에 행동양식이 성공에 미치는 영향을 이해하는 데 큰 도움을 준다. 당신은 대인관계에서 인맥을 어떻게 활용하는가? 당신이 인맥을 쌓는 목적은 무엇인가?

다른 한편으로 '인맥'은 부정적인 의미를 함축하고 있다. 열성적으로 친분을 맺으려는 사람을 만나면 우리는 그 관계가 양쪽 모두에게 이로워서 그러는 건지, 아니면 우리에게 뭔가 얻어내려고 그러는 건지 의심한다. 실제로 우리 주변에는 자신에게 도움이 될 때만 번지르르하게 말하며 친절하게 굴고, 원하는 바를 얻어낸 뒤에는 교묘하게 뒤통수를 치거나 무시해버리는 사람도 있다. 누구나 한번쯤은 이런 사람 때문에 화가 났던 적이 있을 것이다. 이 사기꾼 유형은 오로지 자신의 이익을 위해 관계를 맺는 철저한 마키아벨리주의자라고 할 수 있다. 반면 기버와 매처는 인맥 쌓기를 새로운 사람과 생각을 접하는 좋은 방법으로 이해한다.

우리는 일과 일상생활에서 많은 사람을 만난다. 그들 각자는 다른 지식과 자원을 소유하고 있으므로 서로 돕고 조언하며 이끌어주는 것이 이치에 맞다. 바로 여기에서 우리는 중요한 질문을 생각해봐야 한다. 행동양식이 서로 다른 사람들이 깊고 넓은 인맥을 쌓는 것이 가능할까? 혹시 같은 유형의 사람들끼리만 풍부한 인맥을 쌓을 수 있는 걸까?

이 장에서는 기버와 테이커, 매처 들이 각각 얼마나 다른 인맥을 쌓는지 살펴본다. 또한 인맥 속에서 그들의 상호작용이 왜 그토록 다른 특징을 보이며 다양한 결과를 낳는지 설명한다. 특히 기버와 테이커가 인맥을 쌓고 유지하는 방법이 얼마나 다른지 확인하고, 그들의 정체를 식별하는 단서를 찾아보자. 가령 우리는 엔론이 파산하기 4년 전에 그들의 이기적인 성향을 알아챌 수 있었다.

이 장에서 내가 궁극적으로 말하고자 하는 바는 기버와 테이커 모두 거대한 인맥을 쌓을 수 있지만, 기버가 훨씬 더 지속적인 가치를 창출한다는 점이다. 물론 그 방식은 겉으로 분명하게 드러나지 않을 수도 있다.

2011년 〈포천〉은 온라인 소셜 네트워크를 이용해 미국에서 가장 훌륭한 인맥을 갖춘 사람을 찾는 포괄적인 조사를 실시했다. 그들은 먼저 〈포천〉 선정 500대 기업 CEO와 기술 분야에서 가장 뛰어난 50인, 가장 영향력 있는 여성 50인 그리고 가장 화려하게 떠오르고 있는 마흔 살 이하 경영자 40인의 명단을 작성했다. 이어 그 유력인사 640인 명단을 세계 최대 비즈니스 전문 소셜 네트워크 서비스 '링크드인(LinkedIn)'의 데이터베이스 9,000만 명 이상과 서로 연관지어 보았다.

그 결과 〈포천〉이 선정한 유력인사 640인과 전 세계 그 누구보다 많이 연결된 사람이 밝혀졌다. 그는 링크드인에서만 네스케이프의 공동 창립자 마크 안드리슨(Marc Andreessen), 트위터 공동 창립자 에반 윌리엄스(Evan Williams), 사진 공유 커뮤니티 플리커(Flicker)의 공동 창립자 카트리나 페이크(Caterina Fake), 페이스북 공동 창립자 더스틴 모스코비츠(Dustin Moskovitz), 음악 공유 소프트웨어 서비스 냅스터의 공동 창립자 숀 파커(Sean Parker), 하프닷컴(Half.com)의 창업자 조시 코펠먼(Josh Kopelman), 심지어 록 밴드 그레이트풀 대드(Grateful Dead)의 전 요리사를 비롯해 3,000명이 넘는 사람과 관계를 맺고 있었다. 곧 알게 되겠지만 그는 탁월한 기버다. 링크드인 창업자 리드 호프먼(Reid Hoffman)은 다음과 같이 설명한다.

"상식과 반대되는 것처럼 보일 수도 있지만 이타적으로 행동할수록 관계에서는 더 많은 이익을 얻습니다. 다른 사람을 도와주면 금세 평판이 좋아지고 가능성의 세계가 더 넓어집니다."[4]

나는 이 현상이 관계 구축 방법 자체가 예전과 많이 달라졌고, 여전히 변화하고 있다는 사실과 관련되어 있음을 밝히려 한다. 인맥을 쌓는 동기가 인맥을 통해 에너지가 전달되는 방식만큼이나 관계를 더 풍부하고 강력하게 만든다는 점을 탐구하는 것이 내 연구의 초점이긴 하지만 말이다.

가면은 오래가지 못한다

누군가를 만났을 때, 상대에게 자기 잇속만 챙기려는 동기가 느껴지면 당신은 아마 경계심을 품을 것이다. 사람들은 테이커를 자기 인맥 안으로 들여놓지 않으려 하며 그를 신뢰하지도 도와주지도 않는다. 따라서 테이커는 쫓겨나지 않으려고 기버인 척 너그럽게 행동하며, 기버나 매처로 가장해 인맥 안으로 파고든다.

상황이 좋았던 지난 20여 년 동안 케네스 레이의 이러한 전술은 잘 먹혀들었다. 사람들은 그의 친절과 자선활동에 속아 우호관계의 문을 활짝 열고 지원을 아끼지 않았다. 그러나 테이커의 가면은 오래 지속되지 않는다. 케네스 레이는 워싱턴의 유력인사들과 어울릴 때는 매력적인 사람이었지만, 수많은 동료와 아랫사람은 그를 꿰뚫어보았다. 엔론 사에 근무했던 한 직원은 "레이가 모임에 참석하길 바란다면 누군가 중요한 사람을 초청해야 한다"고 말했다.

네덜란드 속담에 "윗사람에겐 아부하고 아랫사람은 짓밟는다(kissing up, kicking down)"는 것이 있는데, 이는 사람의 이중성을 표현하는 말이다. 테이커는 아랫사람은 지배하고 통제하려 하지만, 윗사람에겐 깜짝 놀랄 정도로 고분고분하고 공손한 태도를 보인다. 즉, 테이커는 힘이 있는 사람을 만났을 때는 그럴듯한 태도로 신뢰감을 준다. 영향력 있는 사람들에게 인정받고 싶어서 좋은 사람처럼 행동하며 아첨을 일삼는 것이다. 결과적으로 테이커는 유력인사들에게 좋은 첫인상을 남기는 경우가 많다. 독일의 심리학자 세 명[5]은 사람들이 낯선 이를 처음 만났을 때, "특권의식에 젖어 타인을 조종하고 착취하려는 성향이 있는 사람"을 가장 좋아한다는 사실을 발견했다.

테이커는 윗사람에게 아부할 때 기버인 척 가장한다. 1998년 월스트리트의 투자 분석가들이 엔론을 방문했다. 그때 레이는 직원 일흔 명에게 수많은 계약을 체결하느라 바쁜 척하도록 지시해 월스트리트 분석가들이 에너지 사업의 생산성이 뛰어나다고 착각하도록 만들었다. 그 직원들은 각기 다른 층에서 일했지만 그날만 특별히 뽑혀 개인사진까지 옮겨놓고 함께 일하는 것으로 연출했다. 레이가 투자 분석가들을 그곳으로 안내하자 직원들은 일부러 통화하는 척하는 등 에너지와 가스를 사고파는 일로 바쁜 것처럼 보이려 애썼다.

이것은 레이가 테이커라는 또 하나의 신호다. 그는 윗사람에게 좋은 인상을 주는 데만 몰두한 나머지 자신이 아랫사람들에게 어떻게 보일지는 거의 걱정하지 않았다. 영국의 시인이자 비평가인 새뮤얼 존슨(Samuel Johnson)이 한 것으로 알려진 말을 인용하자면, "인간의 진정한 가치는 그가 자신에게 아무런 도움도 되지 않을 사람을 어떻게 대하는가에서 드러난다."

테이커는 윗사람에게 아부함으로써 날아오르기도 하지만 아랫사람을 짓밟음으로써 추락하기도 한다. 레이가 직원들을 이용해 월스트리트 투자 분석가들의 환심을 사려 했을 때, 그는 직원들에게 진실을 버리고 그릇된 가면을 쓰도록 요구한 셈이다.

한 연구 결과에 따르면 사람들은 권력을 손에 쥐면 스스로 대단하고 영향력 있는 사람이 된 것처럼 느낀다고 한다. 이는 자신에게 더 자유롭게 행동하고 마음대로 본성을 드러낼 권리가 있다고 여긴다는 말이다. 권력을 쥐면 테이커는 친구나 아랫사람이 '자신을 어떻게 볼 것인가'에는 덜 신경 쓴다. 그들은 자신에게 자기 목적을 추구할 특권이 있다고 생각해 최대한 얻어내려 한다.[6] 하지만 동료와 아랫사람을 계속해서 함부로 대하면 관계가 삐걱거리고 평판도 나빠진다. 사람들은 대부분 공정성, 평등 그리고 주는 만큼 받는 것을 가장 중요한 가치로 여기는 매처다. 만약 테이커가 이러한 가치를 저버리면 그의 인맥 속에 있는 매처는 '눈에는 눈, 이에는 이' 하는 식으로 갚아줘야 한다고 믿는다. 한마디로 그들은 정의가 실현되기를 바란다.

예를 들어 당신이 심리학자이자 노벨상 수상자인 대니얼 카너먼(Daniel Kahneman)의 유명한 실험에 참가했다고 상상해보자. 당신은 테이블 앞에 앉아 '최후통첩 게임'[7]을 하고 있다. 맞은편에는 방금 10달러를 받은 낯선 사람이 앉아 있다. 그는 돈을 어떻게 나눌지 생각한 다음 당신에게 한 가지 제안을 해야 한다. 그것이 최후통첩이다. 당신이 제안을 받아들이면 상대가 말한 대로 돈을 나눌 수 있지만, 제안을 거절하면 둘 다 빈손으로 돌아가야 한다. 아마 당신은 상대를 다시는 만나지 않을 것이다. 만약 상대가 자기는 8달러를 갖고 당신에게는 2달러만 주겠다고 제안한다면 당신은 어떻게 할 것인가?

순수하게 이익만 따지면 제안을 받아들이는 것이 합리적이다. 어쨌든 2달러라도 얻는 게 빈손으로 돌아가는 것보다는 낫지 않은가. 그러나 당신이 다른 사람과 크게 다르지 않다면 당신은 그 제안을 거절할 가능성이 크다. 2달러를 희생해서라도 상대가 8달러를 가져가지 못하게 해서 테이커의 불공정한 행동을 응징하는 것이다. 실험에서는 상대가 80퍼센트 이상을 가져가려 했을 때, 대다수가 그 제안을 거절했다.*

우리는 왜 불공정한 행동을 하는 테이커를 응징하는 걸까? 그렇다고 앙심을 품고 그렇게 하는 건 아니다. 테이커가 내 것을 가져가려 했다고 보복을 하는 것도 아니다. 그것은 단지 정의의 문제일 뿐이다. 만약 당신이 매처라면 테이커가 당신이 아니라 '다른' 사람에게 불공정한 행동을 해도 그를 응징할 것이다.

카너먼이 이끈 또 다른 실험에서는 예전에 10달러를 불공평하게 나누려고 했던 테이커와 12달러를 공정하게 나눠가질지, 혹은 공정한 제안을 했던 매처와 10달러를 공정하게 나눠가질지 선택하게 했다. 이때 사람들은 테이커에게 6달러를 주느니 1달러를 포기하고 5달러를 갖는 쪽을 선택했다.

최근에 이뤄진 한 연구는 사람들이 테이커에게 피해를 봤을 때, 그들에 대한 정보를 공유함으로써 응징한다는 사실을 보여준다.[8] 사회과학자 매튜 파인버그(Matthew Feinberg), 조이 쳉(Joey Cheng), 로브 윌러(Robb Willer)는 "험담은 광범위하고 효과적이며 비용도 적게 드는 응징 방법"이라고 말한다. 어떤 사람에게 이기적인 성향이 있다는 정보를 얻은 사람은 그를 믿지 않기 때문에 이용당할 확률이 낮다. 테이커라는 평판이 널리 퍼질 경우 결국 기존의 관계가 끊기고 새로운 관계로 이어지는 잠재적인 다리마저 불타버린다.

레이의 이기적인 성향이 알려지면서 부시 일가를 포함한 상당수의 옛 지지자들이 그에게 거리를 두었다. 미시건대학의 사회학자이자 인적 정보망 구축 전문가인 웨인 베이커(Wayne Baker)는 다음과 같이 설명한다.[9]

● 흥미롭게도 '최후통첩 게임'에서 그처럼 한쪽으로 치우친 제안을 하는 사람은 매우 드물었다. 4분의 3 이상이 공정하게 나눌 것을 제안하는 매처의 모습을 보였다.

"단지 '무언가를 얻을 목적'으로 인맥을 쌓으면 성공하기 어렵다. 인맥이 주는 혜택은 의미 있는 활동과 관계를 투자한 결과로 따라오는 것이지, 그것 자체를 '추구'한다고 얻을 수 있는 게 아니다."

기버와 테이커를 구분하는 결정적 단서

우리는 인간관계에 투자하기 전에 먼저 일상생활에서 테이커를 가려내는 방법을 배워야 한다. 실제로 누군가를 만났을 때 상대의 동기나 의도를 파악하는 데 어려움을 겪는 사람이 꽤 많다. 특히 테이커는 무언가를 얻어낼 생각에 기버로 가장하는 데 능숙하기 때문에 더욱더 그렇다. 지금 당신 곁에 있는 사람은 당신과 진정한 관계를 맺고 싶어 하는가, 아니면 단지 개인적으로 무언가를 얻고자 하는가? 그 차이를 명확히 구분할 수 있는가?

다행히 테이커는 단서를 흘린다는 연구 결과가 있다. 보다 정확히 말하면 테이커는 '구애 행동'을 한다. 동물의 왕국에서 '구애 행동'이란 수컷이 짝을 찾고자 하는 열렬한 의식을 말한다. 번식기가 되면 수컷들은 무대에 올라 각자 정해진 자리에 선다. 그리고 암컷 관객들을 유혹하기 위해 깊은 인상을 줄 만한 과장된 몸짓을 보인다. 어떤 녀석은 짝짓기 춤을 추고 또 다른 녀석은 유혹의 노래를 부른다. 묘기를 부리는 녀석도 있다. 가령 수컷 공작은 꼿꼿하게 서서 깃털을 넓게 펼치고 빙글빙글 돌며 꼬리깃털을 과시한다.

CEO 왕국의 테이커도 놀랍도록 비슷한 춤을 춘다.

경영전략 교수 애리지트 채터지(Arijit Chatterjee)와 도널드 햄브리크(Donald Hambrick)는 컴퓨터 하드웨어와 소프트웨어 업계 CEO 111명을 대상으로 기념비적인 연구를 실시했다.[10] 그들은 흥미롭게도 각 회사의 지난 10년간 연례보고서를 분석해 구애 행동의 징후를 찾아보았다. 그들의 발견은 앞으로 회사 연례보고서에 CEO 사진을 싣는 방식에 큰 변화를 일으킬지도 모른다.

채터지와 햄브리크는 케네스 레이를 만나보기는커녕 얼굴조차 모를지라도 1997년에 이미 엔론의 몰락을 예측할 수 있었음을 밝혀냈다. 엔론의 종말을 경고하는 징후는 회사가 흔들리기 4년 전에 포착된 하나의 이미지에서 드러난다. 그러면 회사의 연례보고서에 실린 CEO 사진 두 장을 살펴보자. 두 사람 모두 가난한 집안에서 태어나 닉슨 정부에서 일했고, 자기 회사를 설립해 성공한 CEO가 되었으며 많은 돈을 자선단체에 기부했다. 두 사람의 얼굴 혹은 옷을 보고 누가 테이커인지 구별할 수 있겠는가?

왼쪽 사진은 6장에서 만날 기버, 존 헌츠먼 시니어(Jon Huntsman Sr.)로 2006년 회사의 연례보고서에 실린 사진이다. 오른쪽 사진은 케네스 레이다. 당시 수천 명의 전문가가 엔론의 재정 상태를 분석했지만 정작 중요한 사실은 놓치고 말았다. 사진 한 장이 천 마디 말보다 더 많은 것을 알려준다는 사실을 말이다. 엔론의 연례보고서를 자세히 들여다보면 테이커인 회사 책임자의 숨길 수 없는 구애 행동 징후를 확실히 알아챌 수 있다.

그 징후는 내가 예상한 얼굴이나 복장에서 드러난 것이 아니다. 채터지와 햄브리크는 혹시 이기적인 CEO는 자신을 자기 회사라는 태양계의 태양이라고 생각하지 않을까 싶어서 컴퓨터 업계 CEO들을 조사해보았다. 놀랍게도 그들은 이기적인 CEO가 보여주는 몇 가지 구애 행동 신호를 발견했다.

그중 하나는 CEO의 인터뷰에 고스란히 드러난다. 테이커는 자신에게만 몰두하는 경향이 강해 '우리는', '우리를', '우리의', '우리의 것', '우리 스스로' 등 일인칭 복수형 대명사 표현보다 '나는', '나를', '나의', '내 것', '나 스스로' 등 일인칭 단수형 대명사 표현을 즐겨 사용한다. 컴퓨터 업계 CEO들이 회사 이야기를 할 때 일인칭 단수형 대명사를 쓰는 경우는 평균 21퍼센트였다. 심한 테이커는 그 비율이 39퍼센트로 늘어난다. 자기 회사를 열 번 언급할 때 네 번은 자기 자신만 지칭하고 다른 사람은 무시해버리는 것이다.

또 다른 징후는 연봉에서 드러났다. 이기적인 CEO는 자기 회사의 중역보다 훨씬 더 많은 돈을 받아간다. 테이커는 자신이 뛰어나다고 생각하기 때문에 아무리 연봉 차이가 심해도 자신에게 원하는 만큼 가져갈 권한이 있다고 여긴다. 컴퓨터 업계의 어느 이기적인 CEO는 회사의 다른 사람보다 세 배가 넘는 연봉과 보너스를 챙겼다. 업계 전반적으로 CEO들이 받는 평균 연봉은 회사에서 두 번째로 많은 연봉을 받는 사람의 1.5배다. 이기적인 CEO는 스톡옵션을 비롯한 현금 이외의 보상에서도 회사에서 두 번째로 많이 받는 사람의 일곱 배 이상 가져가 업계 평균 2.5배와 큰 대조를 이루었다.●

가장 흥미로운 단서는 회사가 매년 주주들을 위해 발행하는 연례보고서에 나타난다. 다음은 앞서 보여준 케네스 레이와 존 헌츠먼 시니어의 사진이 실린 쪽 전체 모습이다.

왼쪽은 2006년 연례보고서에 실린 헌츠먼의 사진인데, 크기가 전체의 10퍼센트도 차지하지 않을 만큼 작다. 오른쪽은 엔론 사의 1997년 연례보고서로 레이의 사진이 전면을 차지하고 있다.

채터지와 햄브리크는 컴퓨터 업계 회사들의 연례보고서를 보고 CEO 사진을 다룬 정도에 엄청난 차이가 있음을 발견했다. 어떤 회사의 연례보고서에는 CEO 사진이 아예 실리지도 않았다. 또 어떤

● 이기적인 CEO가 경영할 경우, 주주 전체 배당금과 자산수익률을 기준으로 평가한 성과 변동폭이 크다는 것이 컴퓨터 업계 연구에서 밝혀졌다. 그들은 더 많이 벌기도 하지만 더 많이 잃기도 한다. 테이커는 자신의 도박에 엄청난 자신감을 보이기 때문에 늘 대박만 노린다. 또 그들은 대규모 합병을 추진하는 등 대담하고 거창하게 움직이며 회사 전략에 대변동을 일으킨다. 이러한 행보는 때로 성공하기도 하지만 장기적으로 볼 때 테이커는 흔히 회사에 위기를 불러일으킨다.

보고서는 한 쪽 전체를 CEO의 사진으로 채웠다. 이제 어느 쪽이 테이커인지 짐작할 수 있겠는가?

이기적인 CEO는 연례보고서에 자신의 이야기를 싣는 데 골몰한다. 전면을 차지하는 큰 사진은 자만심의 표현이며, '내가 이 회사의 중심인물'이라는 분명한 메시지를 전달한다. 그렇다면 이것은 정말로 테이커라는 신호일까? 채터지와 햄브리크는 이를 확인하기 위해 정보통신 업계의 CEO를 집중적으로 평가하는 증권 분석가를 초빙했다. 증권 분석가는 여러 CEO를 분석한 다음 그들이 "우월감, 특권의식, 관심과 존경 갈구, 관심의 중심에 서려는 욕구, 존경받고 있는 것처럼 보이고자 하는 열망, 과시 행위, 오만함 등 자아에 대한 부풀린 관념"을 얼마나 지니고 있는지 말해주었다. 증권 분석가의 평가는 보고서에 실린 CEO의 사진 크기와 거의 완벽하게 상관관계가 있었다.

케네스 레이에게 초점을 맞춘 엔론 사의 1997년 보고서는 이 연구 결과를 확실히 뒷받침한다. 흥미롭게도 연례보고서에서 레이와 당시 COO였던 제프 스킬링(Jeff Skilling)의 전면 사진이 2쪽을 차지했고, 그들에 대한 이야기를 9쪽이나 할애해 집중적으로 다루었다. 두 사람의 전면 사진이 실리는 형식은 1998년과 1999년에도 이어졌다. 2000년에는 레이와 스킬링의 사진이 조금 작아졌지만, 여전히 그들에 대한 이야기는 4~5쪽 분량을 차지했다. 두 사람의 사진이 마치 슬라이드처럼 각각 네 장씩이나 실린 것이다. 이는 그야말로 4컷 만화에나 어울릴 만한 편집이었다. 레이의 사진 중 세 장은 자신을 특별하게 여기는 경영자의 의기양양한 미소를 드러낸다는 점에서 사실상 똑같은 것이었다. 그러한 가식은 행복한 결말을 맺지 못했다.

그는 법정에서 선고를 받기도 전에 심장마비로 사망했다.

지금까지 테이커를 가려내는 두 가지 방법을 살펴보았다. 하나는 평판에 관한 정보를 수집해 그 사람이 주변 사람을 어떻게 대하는지 확인하는 일이다. 다른 하나는 그 사람의 행동을 관찰해 이기적인 흔적을 발견할 경우 구애 행동 징후가 있는지 찾아보는 것이다. 자만심이 드러나는 사진, 자기 얘기에만 신경 쓰는 대화 그리고 엄청난 연봉 차이는 그 사람이 테이커라는 믿을 만한 신호다. 2001년 이후 세상이 대폭 변화하면서 이러한 신호를 예전보다 더 쉽게 포착할 수 있게 되었다. 인적 정보망이 투명해지면서 다른 사람의 평판과 구애 행동을 들여다볼 새로운 창문이 열렸다는 말이다.

세계 최고의 인맥을 쌓은 사람은 누구인가

엔론이 무너지고 몇 달이 지난 2002년, 컴퓨터 과학자 조나단 아브람스(Jonathan Abrams)가 세계 최초로 온라인 소셜 네트워크인 프렌즈터를 창립했다. 프렌즈터는 사람들에게 온라인상에 자신의 프로필을 올리고 인맥을 널리 알릴 기회를 제공했다. 이후 약 2년에 걸쳐 링크드인, 마이스페이스, 페이스북 등이 등장했고 이를 통해 서로 모르던 사람들이 각자의 인간관계와 평판을 알게 되었다.

2012년 현재 전 세계 70억 인구 중 10억 명 정도가 페이스북을 이용한다. 이는 전 세계 인구의 10퍼센트 이상이 페이스북으로 서로 연결되어 있다는 의미다. 심리학자 벤저민 크로저(Benjamin Crosier), 그레고리 웹스터(Gregory Webster), 헤일리 딜런(Haley Dillon)은 소셜 네트워크에 대해 다음과 같이 설명한다.

"소셜 네트워크는 항상 존재해왔다. 그것이 폭발적으로 활성화하도록 인터넷이 가상공간을 제공한 것이 최근일 뿐이다. …… 일상적이고 지루한 대화를 떠나 일생의 사랑을 만나거나 정치적 혁명을 선동할 수도 있다. 소셜 네트워크는 정보와 자원을 널리 퍼트리는 전달자다."[11]

온라인 연결망은 옛 시대의 세부적인 특징을 모방한 산물이다. 기술 혁명이 일어나 전화나 이메일로 정보를 교환하고 자동차와 비행기로 여행하기 이전의 사교 모임은, 규모가 상대적으로 제한돼 유대가 긴밀했고 경계가 분명한 집단이었다. 그 닫힌 사회에서 사람들은 쉽게 평판에 관한 정보를 얻고 구애 행동을 발견했다.

그러다가 교통과 통신 수단이 발달하고 인구가 급증하면서 전보다 인간관계가 분산되고 익명성이 확대되었다. 동시에 평판과 구애 행동이 눈에 잘 띄지 않았다. 이것이 케네스 레이가 자신을 그토록 잘 감출 수 있었던 이유다. 그가 한 장소나 조직에서 다른 곳으로 옮길 때마다 늘 연락이 쉽게 닿았던 것은 아니다. 또 새로 만난 사람들이 그에 관해 풍부한 정보와 평판을 들을 수 있던 것도 아니다. 엔론 내부에서 그의 즉흥적인 행동을 유튜브에 올리거나 트위터로 전파할 수도 없었다. 구글에 쉽게 연동시킬 수도, 블로그 혹은 회사 인트라넷에 익명으로 정보를 누설할 수도 없었다.

하지만 이제는 테이커가 기버인 척하며 사람들을 속이기가 전보다 훨씬 어려워졌다. 지금은 누구를 만나든 인터넷 데이터베이스에 접속하거나 인간관계를 추적해 그에 관한 정보를 얻을 수 있다. 테이커를 찾아내는 데 반드시 회사 연례보고서가 필요한 것도 아니다.

구애 행동은 소셜 네트워크 프로필에 다양한 크기와 형태로 넘쳐흐른다. 사진은 물론 단어 같은 작은 단서도 그 사람에 대해 많은 것을 말해준다.

심리학자들의 연구 결과에 따르면 평범한 사람도 페이스북 프로필만 보고 테이커를 가려낼 수 있다고 한다.[12] 연구진은 실험 참가자들에게 그들이 모르는 사람들의 페이스북 주소를 알려주며 그중 어떤 사람이 이기적일 것 같은지 평가해달라고 부탁했다. 그 결과 실험 참가자들은 놀라울 정도로 정확하게 테이커를 가려냈다.

테이커가 올린 정보는 자화자찬에 자기중심적이고 자만심을 강하게 드러낸다는 평가를 받았다. 그들이 인용한 문구에서도 허세와 거만함이 드러난다. 또한 테이커에게는 페이스북 친구가 유난히 많다. 그들이 피상적인 관계를 구축해 자신의 성취를 과시하고 관심 속에 머물려 애쓰기 때문이다. 허영심에 가득 찬 그들은 사진도 자신을 더욱 돋보이게 하는 것으로 골라서 올린다.

이런 까닭에 소셜 미디어를 이용해 테이커를 찾아내는 사람이 점점 늘고 있다. 소셜 커머스 기업 그루폰의 중국 남부지역 대표였던 하워드 리(Howard Lee)도 그중 하나다.[13] 영업사원을 고용할 때, 그는 입사 지원자들이 모두 적극적이라 누가 정말로 사교적이고 의욕 넘치는 지원자인지 또 누가 테이커인지 가려내기가 쉽지 않았다. 리는 이력서와 추천서가 훌륭하고 면접에서도 가장 뛰어난 지원자 한 명이 몹시 마음에 들었다. 하지만 그가 자신의 진정한 모습을 감추고 있을 가능성도 있었다. 리는 고민했다.

'한 시간 정도의 대화로 그 사람을 제대로 알 수는 없지. 내가 본 건 빙산의 일각일 뿐이야. 추천서도 자기가 선별한 것일 수도 있어.'

테이커는 누가 자신을 크게 칭찬하는 추천서를 써줄지 가려낼 줄 안다. 리는 링크드인과 페이스북을 검색해 그의 인간관계를 알아보다가 당혹스러운 정보들을 얻었다.

"그 친구는 인색하고 이기적입니다. 그것도 정도가 상당히 심하더군요. 다른 회사에서 그처럼 인정사정없이 굴었던 친구와 함께 일할 필요가 있을까요?"

리는 온라인 소셜 네트워크가 그루폰의 채용 과정에 혁명을 불러왔다고 생각한다.

"요즘에는 누군가의 평판을 물으려고 그가 전에 다니던 회사에 전화를 걸 필요조차 없습니다. 모든 사람이 믿기 힘들 정도로 서로 긴밀하게 연결되어 있어요. 지원자들이 기술적인 절차를 통과하면 나는 링크드인이나 페이스북에서 그들의 정보를 확인하기만 하면 됩니다. 가끔은 내 친구의 친구일 때도 있고 학교 동문일 때도 있지요. 우리 회사 직원과 아는 사이이기도 합니다. 동료들 사이에서 어떤 평판을 받는 사람인지 빠르게 알아볼 수 있습니다."

자신의 인간관계와 평판을 어디에서나 쉽게 알아볼 수 있는 세상에서 테이커가 지속적으로 성공을 거두기는 어려운 일이다.

판다처럼 생긴 과묵한 남자, 애덤 포레스트 리프킨(Adam Forrest Rifkin)은 실리콘 밸리에서 자신의 투명한 인맥을 다음 단계로 끌어올리고 있다. 사람들은 그를 '프로그래밍하는 자이언트 판다'라고 부르지만, 리프킨은 자신을 두 가지 언어를 좋아하는 내향적인 컴퓨터광이라고 소개한다. 그가 좋아하는 언어는 컴퓨터 프로그래밍 언어인 자바스크립트와 〈스타 트렉(Star Trek)〉 시리즈에 나오는 외계 종족 클링곤(Klingon)*의 언어다.

리프킨은 단어의 철자 순서를 바꾸는 애너그램 매니어이기도 하다. 그는 자기 이름 철자를 재배열해 자신을 가장 잘 표현할 만한 단어를 찾는 데 엄청난 시간을 보냈다. 그렇게 해서 만든 것이 '환하고 능글맞게 웃어라(Offer Radiant Smirk)'와 '페미니스트 레이더 포크(Feminist Radar Fork)' 등이다. 리프킨은 컴퓨터 과학 분야 석사학위를 두 개나 취득했고 특허권을 하나 갖고 있으며, 미 항공우주국 슈퍼컴퓨터 응용프로그램과 마이크로소프트 인터넷 시스템 개발에 참여했다.

또한 리프킨은 2000년 무렵 로힛 케허와 함께 기업이 정보를 더 효과적이고 가치 있게 활용하도록 돕는 소프트웨어 회사 노나우(Know-Now)를 창립했다. 노나우는 5,000만 달러 이상의 벤처 투자금을 유치하며 10년 동안 크게 성공했고, 리프킨은 2009년 30대의 나이에 은퇴를 선언했다.

나는 1장에서 다룬 벤처 투자자 데이비드 호닉의 링크드인을 따라가다가 우연히 리프킨과 마주쳤다. 그의 프로필을 클릭하자 은퇴를 선언한 뒤 판다웨일(PandaWhale)이라는 서비스를 시작한다는 내용이 보였다. 판다웨일의 목표는 사람들이 교환한 정보를 영구적인 공개 기록으로 남기는 것이다. 나는 네트워크의 투명성을 확고하게 지지하는 리프킨의 인맥이 어떨지 궁금해졌다. 하나로 연결된 이 세상에서 내가 선택할 수 있는 가장 자연스러운 방법은 뭘까? 인터넷

● 이것은 패러디 제왕 "위어드 알" 얀코빅("Weird Al" Yankovic)이 부른 괴짜들에 관한 노래와 연관이 있는 이야기다. 가사 중에 "나는 클링곤만큼이나 자바스크립트에도 능통하지"라는 구절이 있다. 공개 기록으로 남도록 하는 말인데, 리프킨은 자기가 활자 한 개를 쓰는 대신 두 개를 쓰는 데 얼마나 많은 시간을 낭비했는지 진지하게 고민한다.

검색이다! 나는 구글 검색창에 그의 이름을 입력하고 검색 결과를 읽어 내려갔다. 그중 열여섯 번째 링크가 시선을 잡아끌었는데, 그것은 리프킨이 〈포천〉이 선정한 '최고의 인맥을 쌓은 사람'이라는 것이었다.

그가 최고의 인맥을 쌓을 수 있었던 비밀

리프킨은 2011년 〈포천〉이 선정한 전 세계의 유력인사 640인과 가장 많이 연관된 인물이다.[14] 델 컴퓨터의 억만장자 창립자 마이클 델, 링크드인의 CEO 제프 와이너(Jeff Weiner) 같은 유명인사도 리프킨의 상대가 되지 못했다.● 나는 〈스타 트렉〉을 사랑하고 철자 바꾸기에 집착하며 소프트웨어만 아는 그 수줍음 많은 괴짜가 페이스북, 네스케이프, 트위터, 플리커, 하프닷컴의 창업자들을 포함해 엄청난 인맥을 쌓았다는 사실에 적잖이 놀랐다.[15]

애덤 리프킨은 어떻게 그런 인맥을 쌓을 수 있었을까? 그는 진실한 기버로 행동했다.

"내 인맥은 천천히 구축되었습니다. 나와 관계가 있는 사람들이 보다 나은 인생을 살아가도록 돕고 싶다는 마음으로 일상생활의 소소한 부분에서 친절한 태도와 행동을 지속하다 보니 시간이 흐르면

● 엄밀히 말해 링크드인 직원들은 링크드인 이용자들과 접촉할 기회가 훨씬 많기 때문에 〈포천〉은 그들을 분석 대상에서 제외했다. 비공식적으로도 리프킨은 링크드인의 창업자 리드 호프먼과 개발자이자 이사인 데이비드 스제를 제외하고 나머지 링크드인 직원 모두보다 앞선다.

서 인맥이 구축된 겁니다."

1994년부터 다양한 온라인 커뮤니티를 관리해온 리프킨은 사람들과의 관계를 돈독히 하고 온라인상에서 빚어지는 충돌을 해결하려 부단히 노력했다. 예를 들어 그는 조이스 박(Joyce Park)과 함께 렌쿠(Renkoo)를 창립해 페이스북과 마이스페이스 이용자 3,600만 명 이상이 5억 회 이상 사용한 응용프로그램을 개발했다. 이것은 큰 인기를 끌었지만 리프킨은 여기에 만족하지 않았다.

"당신이 만든 프로그램을 수천만 명이 사용한다면 이제 뭔가 의미 있는 일, 즉 세상을 바꿀 만한 일을 할 차례입니다. 솔직히 말하면 나는 더 많은 사람이 남을 돕는 걸 보고 싶습니다."

그는 렌쿠를 그만두고 창업 노하우를 폭넓게 안내하거나 기술자와 사업가를 더 큰 회사 사업가와 연결해주는 등 봉사활동에 전념하기로 마음먹었다. 이를 위해 리프킨과 조이스 박은 2005년 사업가가 되고자 하는 기술자에게 교육적인 조언을 해주는 전문가 네트워크 '106마일'을 설립했다. 여기에는 5,000명 이상의 기업가가 참여하고 있으며 이들은 한 달에 두 번 만나 서로 배우며 성공을 돕는다. 리프킨은 솔직하게 말했다.

"다른 사업가에게 아무런 대가 없이 조언을 해준다고 유혹했습니다. 돈을 내고 조언을 받는 것보다 쓸모가 없을지도 모르지만 말입니다."

그는 잠시 생각에 잠겼다가 혼잣말처럼 덧붙였다.

"그래도 남을 돕는 건 내가 가장 좋아하는 일입니다."

이러한 접근 방식은 리프킨 자신뿐 아니라 그의 도움을 받은 사람들에게도 커다란 변화를 불러일으켰다. 2001년 당시 리프킨은 초기

블로그 서비스인 블로거(Blogger)의 열렬한 팬이었다. 그런데 블로거의 자금이 바닥나자 리프킨은 블로거 창업자에게 자신이 첫 번째로 설립한 노나우와 계약을 맺는 것이 어떻겠느냐고 제안했다.

"나는 블로거가 살아남기를 원했습니다. 우리는 그가 우리 회사를 위해 무언가를 만들어주도록 설득해 계약을 체결했고, 블로거는 계속 유지되었습니다."

블로거 창업자는 그때 번 돈으로 도산을 면했고 이후 트위터의 공동 설립자가 되었다. 리프킨은 이렇게 회상한다.

"당시 다른 사람들도 에반 윌리엄스와 계약을 체결했고 그는 회사를 계속 운영할 수 있었죠. 우리는 다른 누군가가 끝내 무엇을 이뤄낼지 결코 알 수 없습니다. 이건 단순히 평판을 쌓는 문제가 아닙니다. 다른 사람이 도움을 필요로 할 때 함께하는 것뿐입니다."

최고의 인맥을 쌓은 사람을 찾는 〈포천〉의 조사에서 리프킨이 승자로 떠올랐을 때, 그 이야기를 보도한 제시카 샘보라(Jessica Shambora)는 크게 웃으며 말했다.

"그건 놀랄 일이 아니었어요. 나는 한참 전부터 그와 알고 지냈는걸요. 가상 상품과 소셜 네트워크를 조사할 때 누군가가 내게 그 사람 얘기를 해주었죠."

현재 페이스북에서 일하는 샘보라는 리프킨을 이렇게 평가했다.

"그는 인맥을 완벽하게 활용하는 사람이에요. 그렇지만 출세 기회를 잡으려 하거나 계산적으로 행동하는 일은 결코 없어요. 사람들이 그에게 몰려드는 건 그의 마음이 맑다는 것을 알기 때문이에요."

실리콘 밸리에 첫발을 내디뎠을 때 리프킨은 베푸는 것이 곧 자신의 껍질을 깨는 자연스러운 길이라고 생각했다. 리프킨의 얘기를 들어보자.

"수줍음 많고 폐쇄적인 컴퓨터광이던 내게 사람들과 관계를 맺는다는 관념은 먼 별나라 이야기나 다름없었죠. 당신이 가진 게 아무것도 없다면 제일 먼저 무엇을 할 겁니까? 아마 사람들을 만나 인간관계를 맺고 다른 사람을 도울 기회를 찾을 겁니다."

리프킨의 링크드인 페이지에 적힌 그의 좌우명은 '세상이 더 나아지기를 바라며 그러는 동안 내가 좋은 향기를 냈으면 좋겠다'이다. 2012년 9월까지 마흔아홉 명이 링크드인에 리프킨을 추천하는 글을 올렸는데, 그들이 가장 자주 언급하는 장점은 리프킨이 무언가를 베푼다는 사실이다. 만약 리프킨이 매처였다면 마흔아홉 명에 대해 같은 추천사를 올리고 또 가끔은 중요한 주변 인물에 대한 추천사를 자발적으로 올린 뒤 보답을 기대할 것이다. 하지만 리프킨은 받은 것의 다섯 배 이상을 돌려준다. 그는 링크드인에 265명에 대한 상세한 추천사를 올렸다. 사업가 레이먼드 루프(Raymond Rouf)는 리프킨에 대해 이렇게 말한다.

"리프킨이 다른 사람을 얼마나 많이 돕는가는 상상을 초월합니다. 그는 받는 것보다 훨씬 더 많이 베풀지요. 특히 그는 자신이 남에게 도움이 되기를 늘 기도합니다."

리프킨의 인맥 쌓기 방식은 기버가 인간관계에 접근하는 전형적인 방식이다. 이는 테이커와 매처가 인간관계를 맺고 이익을 취하는 과정과 명확히 대조적이다. 핵심은 리프킨이 자기가 받는 것보다 훨씬 더 많이 베푼다는 점이다. 테이커와 매처도 네트워크의 맥락 속에서 무언가를 베풀지만 그들의 행동은 전략적이다. 그들은 베푼 만큼 혹은 그보다 더 많이 돌려받기를 기대한다. 테이커와 매처는 인맥을 쌓을 때 가까운 미래에 자신을 도와줄 만한 사람에게 집중하는 경향이 있다. 이것은 그들이 어디서 무엇을 어떻게 줄 것인가를 좌우한다.

받은 만큼 돌려준다는 원칙의 위험성

'네가 나를 해치면 나도 너를 해친다', '네가 나를 도우면 나는 네게 빚진 셈이며 보답할 의무를 느낀다'라는 호혜 원칙을 보편적으로 지지하는 거의 모든 사회에서, 테이커와 매처는 그런 일반적인 습관을 이용하려는 경향을 보인다. 심리학자 로버트 치알디니(Robert Cialdini)에 따르면, 누구나 자기가 받고 싶은 것을 먼저 줌으로써 호혜 원칙을 활용할 수 있다.[16] 테이커와 매처는 예전에 자신을 도와준 사람의 부탁을 수동적으로 들어주기도 하지만, 더러는 미래에 도움을 받고자 하는 사람에게 미리 호의를 베푼다. 인맥 쌓기의 권위자 키이스 페라지(Keith Ferrazzi)가 그의 저서 《혼자 밥 먹지 마라(Never Eat Alone)》에서 말했듯 "받기 전에 주는 것이 더 낫다."[17]

케네스 레이가 그 전형적인 사례다. 그는 상대가 요구하지 않았음에도 친절을 베풀어 주요 인사가 친절로 보답하게 만들었다. 그가 주요 인사에게 헌신한 것은 그들이 훗날 자신의 요구를 들어주도록 신뢰를 쌓기 위해서였다. 예를 들어보자.

● 테이커와 매처 모두 되돌려 받기 위해 베풀지라도 둘의 목적은 서로 다르다. 테이커는 가급적 많이 얻어내려 하고 매처는 자기가 준 만큼만 받으려고 한다.

조지 W. 부시는 1994년 텍사스 주지사 선거에 출마했다. 당시 부시는 고전했지만 레이는 만약을 대비해 부인과 함께 각각 1만 2,500달러씩 기부했다. 다행히 부시가 주지사로 당선되자 레이는 부시의 '문맹률 낮추기 운동'을 지지하며 로비 편지를 스물네 통이나 썼다. 한 시민감시단체장에 따르면 레이는 공익사업 규제 완화라는 '보상을 대가'로 부시를 도왔다. 레이는 부시에게 '내가 목표를 이루도록 도와준다면 나도 계속해서 당신을 돕겠다'는 의지를 암시하는 편지를 보내기도 했다.

"전력법 개정안이 통과되도록 엔론이 도울 방법뿐 아니라, 당신의 다른 정책들에도 엔론이 무언가 도움이 될 수 있다면 언제든 말씀해주십시오."

호혜 원칙은 강력한 규범이다. 하지만 여기에는 두 가지 위험이 있고 둘 다 우리가 인맥을 쌓을 때 주의해야 할 점이다. 첫 번째는 호의를 받은 사람은 결국 자신이 조종당했다고 느끼기 쉽다는 것이다. 전 국가대표 스피드 스케이트 선수이자 현재 리소스 시스템 그룹에서 마케팅 컨설턴트로 일하는 댄 웨인스타인(Dan Weinstein)은 다음과 같이 말한다.

"몇몇 대형 경영컨설팅 회사는 주요 경기장에 특별석을 소유하고 있습니다. 이들이 보스턴 레드 삭스 경기에 고객을 초대하면 고객은 그 이유를 압니다. 최소한 부분적으로는 그들이 무언가 대가를 기대한다는 뜻이지요."[18]

호의에 무언가 다른 의미가 함축돼 있으면 의미 있는 인간관계라기보다 일종의 거래처럼 느껴져 뒷맛이 쓰다. 진정으로 나를 돕고 싶어 하는 것인가, 아니면 그 대가로 나중에 무언가를 부탁하려고 이러는 것인가?

듣자 하니 케네스 레이도 조지 W. 부시에게 그런 인상을 준 모양이다. 부시는 주지사에 출마할 당시 레이에게 정치 모금 행사의 의장직을 부탁했다. 그때 부시에게 승산이 없다고 생각한 레이는 이미 민주당 후보 앤 리처드(Ann Richard)의 기업 자문회에서 일한다며 거절했다. 물론 그는 뒤탈이 없도록 슬쩍 1만 2,500달러를 기부했다. 선거가 막바지에 이르렀을 때 부시가 승리할 것처럼 보이자 레이는 재빨리 1만 2,500달러를 더 기부했다. 결과적으로 레이는 리처드보다 부시에게 더 많은 돈을 기부했지만 그것은 전략적인 결정에 불과했고, 이는 그들의 관계에 지울 수 없는 상처를 남겼다.

어느 저널리스트는 레이의 그 행동이 "그를 조지 W. 부시의 측근 세력 주변으로 밀쳐버렸다"고 지적했다. 또한 부시의 측근 10여 명의 말을 인용해 "레이가 둘 사이에 절대로 다리가 놓일 수 없는 거리를 만들었다"고 했다. 부시는 자기 아버지와 달리 단 한 번도 레이를 백악관에 초대하지 않았다. 엔론 스캔들이 터지고 레이가 유력 정치가들에게 도움을 청했을 때도 부시는 그 명단에 없었다. 그들의 관계는 그만큼 거리감이 있었다.

호혜 원칙을 이용할 때 발생하는 두 번째 위험은 특히 매처에게 치명적이다. 기버는 가급적 더 많은 사람을 도우려 하고 테이커는 이전에 깨진 관계를 보충하면서 인맥을 더 넓히려 애쓰는 반면, 매처는 그들보다 인맥을 더 좁게 구축하는 경향이 있기 때문이다. 링크드인 창업자 리드 호프먼은 매처가 '만일 당신이 나에게 무언가를 해주면 나도 당신에게 무언가를 해주겠다'는 원칙을 바탕으로 행동한다고 말한다.

"그들은 자신에게 돌아오는 이익이 상대에게 돌아가는 이익보다 클 때만 행동한다. 당신이 누군가를 도와줄 때마다 준 만큼 받는다는 원칙을 고집하면 인맥은 훨씬 더 좁아질 수밖에 없다."

보답을 기대하며 베푸는 매처는 자신을 도와줄 만한 사람만 도와준다. 그러나 베푼 만큼 정확히 돌려받는 것은 이익이라고 할 수 없다. 그런 의미에서 매처로 행동하는 것에 어떤 가치가 있는지 따져볼 필요가 있다.

호혜 원칙이 안고 있는 불리한 점이 누적되면 매처와 테이커의 인맥은 질적, 양적으로 제한적일 수밖에 없다. 호혜 원칙의 두 가지 위험은 모두 인맥을 근시안적으로 바라보는 데서 발생하지만, 테이커와 매처는 '어떤 사람과 주고받는 것이 가장 이익이 되는가'라는 전제를 엄격히 지키려 한다.

핵심은 기버의 접근 방식이 인맥을 더 넓고 풍부하게 하며, 잠재적인 대가의 범위도 넓다는 점이다. 대가를 얻는 것이 기버가 인맥을 쌓는 동기가 아님에도 말이다. 한때 애플의 전도사이자 실리콘밸리의 전설이던 가이 가와사키(Guy Kawasaki)는 상대가 어떤 사람이든 "일단 누군가를 만나면 '내가 이 사람을 어떻게 도울 수 있을지' 자문해보라"고 권한다.[19] 이것은 타인에게 과도하게 투자하라는 말처럼 들릴 수도 있다. 그러나 애덤 리프킨이 경험으로 배웠듯 우리는 앞으로 누가 우리를 도와줄지 예측할 수 없다.

우연한 행운의 도미노

1993년, 그레이엄 스펜서(Graham Spencer)라는 대학생이 친구 다섯 명과 함께 인터넷 회사를 차렸다. 커다란 안경을 쓴 스펜서는 수줍음 많고 내향적인 컴퓨터 기술자로 대머리가 진행 중이었고 만화책을 유난히 좋아했다. 그는 자신이 슈퍼맨에게 정의와 덕을 배웠고 X-맨 덕분에 억압당하는 사람들에게 관심을 가졌으며, 스파이더맨을 보고 희망을 얻었다고 말한다.

"슈퍼 히어로들도 학창시절을 힘겹게 보낼 수 있죠."

스펜서와 그의 친구들이 만든 초창기 웹 포털과 검색엔진 익사이트(Excite)는 금세 가장 인기 있는 사이트로 떠올랐다. 1998년 익사이트는 670억 달러에 팔렸고 스펜서는 최대 주주이자 기술 책임자가 되었다. 익사이트 매각 직후인 1999년 스펜서는 애덤 리프킨이 보낸 이메일 한 통을 받았다. 당시 리프킨은 한 번도 만난 적 없는 스펜서에게 회사 창업과 관련해 조언을 구했는데, 스펜서는 흔쾌히 만나서 이야기하자고 말했다. 리프킨을 만난 스펜서는 벤처 투자자를 소개했고 덕분에 리프킨은 창업에 성공했다. 리프킨은 어떻게 스펜서와 접촉할 수 있었을까? 또 스펜서는 왜 적극 나서서 리프킨을 도와준 것일까?

스펜서에게 도움을 청하기 5년 전인 1994년 초, 리프킨은 어느 신인 밴드에 흠뻑 빠져 있었다. 그 밴드가 인기를 얻도록 도와주고 싶었던 그는 컴퓨터를 다루는 실력을 발휘해 캘리포니아 공과대학 서버를 호스트로 해서 팬 사이트를 만들어 운영했다.

"그저 진정한 음악팬으로서 한 일입니다. 나는 음악을 사랑합니다."

팬 사이트는 대성공을 거뒀고 수많은 사람이 무명 밴드가 스타로 발돋움하는 과정을 지켜보았다. 그 밴드의 이름은 '그린데이(Green Day)'다.

상업용 인터넷이 급성장하던 1995년, 리프킨이 만든 팬 사이트가 어찌나 유명했던지 그린데이의 매니저가 그 사이트를 인수해 공식 홈페이지로 쓸 수 있겠느냐고 물어왔다.

"좋다고 했지요. 가지라고 했어요."

리프킨이 그때를 떠올리며 덧붙였다.

"그냥 줘버렸어요."

그로부터 1년 전이던 1994년 여름, 수백만 명이 리프킨의 팬 사이트를 방문했다. 그 방문자 중 열렬한 펑크록 팬이던 어떤 사람이 그린데이의 음악이 너무 대중적이라고 평가했다. 그는 사이트 운영자인 리프킨에게 이메일을 보내 '진정한' 펑크록에 대해 한 수 가르쳐주었다. 그가 바로 그레이엄 스펜서다. 스펜서는 사람들이 인터넷에서 펑크록을 찾아 들으려고 할 경우, 적어도 그린데이의 음악보다 나은 음악을 찾을 수 있어야 한다고 주장했다.

그의 이메일을 읽은 리프킨은 스펜서가 모호크(Mohawk)식 헤어스타일(머리 가운데만 띠 모양으로 모발을 남겨두는 헤어스타일-역주)을 한 전형적인 펑크록 팬일 거라고 예상했다. 리프킨은 훗날 스펜서가 자신을 도와주리라고는 상상도 하지 못했다. 아무튼 그것은 먼 훗날의 일이었고 스펜서는 이제 막 익사이트를 운영하기 시작한 참이었다.

만약 리프킨이 테이커나 매처였다면 스펜서의 이메일을 무시했을 것이다. 하지만 기버인 리프킨은 스펜서가 많은 이에게 펑크록을 제대로 알리도록, 또 노력하는 밴드들이 더 많은 팬을 확보하도록 돕고 싶었다. 리프킨은 그린데이 팬 사이트에 링크를 걸어 스펜서가 제안한 펑크록 밴드들을 소개하는 페이지를 만들었다.

애덤 리프킨과 그레이엄 스펜서의 사례에는 '선행은 보상받는다'는 교훈이 고스란히 담겨 있다. 이 사례를 좀 더 깊이 들여다보면 기버의 인맥을 강력하게 만드는 것이 무엇인지 발견할 수 있다. 그것은 5년이라는 시간이 흐르는 동안 그가 아무런 대가 없이 호의를 베푼 일과도 관련이 있다. 리프킨의 경험은 기버가 광범위한 인맥 전체에서 어떻게 이익을 취하는지 잘 보여준다.

리프킨의 명언 중에 "나는 약한 유대관계[20]의 힘을 믿는다"는 말이 있다. 스탠퍼드대학 사회학자 마크 그라노베터(Mark Granovetter)의 고전적인 연구에 경의를 표하는 말이다. 강한 유대관계는 정말로 신뢰할 수 있는 가까운 친구나 동료와의 관계를 일컫는다. 반면 약한 유대관계는 우연히 알게 돼 안면 정도만 있는 사람들과의 관계를 말한다. 그라노베터는 강한 유대관계에서 가장 큰 도움을 얻는다는 상식적인 전제를 검증하기 위해 직업을 바꾼 지 얼마 되지 않는 전문직, 기술직, 관리직 종사자들을 대상으로 설문 조사를 실시했다. 이때 응답자의 약 17퍼센트가 새 직장을 얻는 데 친구나 신뢰할 만한 동료가 많은 도움을 주었다고 대답했다. 그렇다면 약한 유대관계는 어떠할까? 놀랍게도 거의 28퍼센트에 달하는 응답자가 새 직장에 대한 정보를 약한 유대관계에 있는 사람에게 들었다고 응답했다.

강한 유대관계는 결속감을 주고, 약한 유대관계는 새로운 정보에 보다 효과적으로 접근하도록 다리가 되어준다. 강한 유대관계는 같은 사회적 테두리 속에서 맺어지는 경향이 있기 때문에 한 사람이 아는 기회는 이미 다른 사람도 알고 있을 확률이 높다. 반면 약한 유대관계는 그 범위가 넓어 다른 인적 정보와 접할 기회를 주거나 어떤 실마리를 발견하게 해준다.

문제는 약한 유대관계에 있는 사람에게 도움을 청하는 것이 심리적으로 쉽지 않다는 데 있다. 그들을 통해 새로운 인맥을 만드는 것이 지름길이지만 그냥 알고 지낼 뿐인 사람에게 연락하기엔 마음이 불편할 수도 있다. 둘 사이에 신뢰가 부족하면 심리적인 방어막이 생긴다. 물론 애덤 리프킨 같은 기버는 이런 상황에서도 돌파구를 찾아낸다. 그들에게는 신뢰로 묶인 강한 유대관계뿐 아니라 새로운 정보를 얻을 수 있는 약한 유대관계에서도 최고의 효과를 발휘하는 방식이 있다.

핵심은 그저 다시 연락하는 데 있다. 장기적으로 볼 때 그것은 기버가 성공을 거두는 가장 중요한 이유다.

리프킨이 스펜서를 위해 그린데이의 팬 사이트에 펑크록 링크를 건 1994년 이후, 익사이트는 전성기를 맞았고 리프킨은 대학원으로 돌아갔다. 이후 두 사람은 5년간 서로 연락을 주고받지 못했다. 그러다가 리프킨이 실리콘 밸리로 진출하게 되었을 때, 그는 옛 이메일 기록을 뒤지다가 스펜서를 찾아냈고 그에게 이메일을 보냈다.

"5년이나 지났으니 나를 기억하지 못할 수도 있겠군요. 나는 그린데이의 웹사이트를 수정했던 사람입니다. 이제 막 실리콘 밸리에 발을 들여놓은 참이라 이곳에 아는 사람이 별로 없습니다. 한 번 만나서 창업에 대해 조언을 좀 해주실 수 있을까요?"

리프킨은 매처가 아니었다. 그는 처음에 아무 조건 없이 스펜서에게 호의를 베풀었고 훗날 무언가를 부탁할 생각도 전혀 없었다. 그러나 5년이 지나 도움이 필요해지자 리프킨은 연락을 취해 정중하게 부탁했다. 스펜서는 기꺼이 도와주려 했고 두 사람은 함께 커피를 마시며 이야기를 나눴다. 리프킨은 그날을 이렇게 회상한다.

"나는 그때까지도 모호크식 헤어스타일에 덩치 큰 사내를 머릿속에 그리고 있었습니다. 그런데 직접 만나 보니 그는 거의 말이 없더군요. 세상에, 나보다 더 내향적인 사람이었습니다."

두 번째로 만났을 때, 스펜서는 리프킨에게 한 벤처 투자자를 소개해주었다.

"1994년에 일어난 우연한 일들의 연속이 1999년에 그에게 다시 이메일을 보내도록 이끌었습니다. 그리고 그 덕분에 2000년에 내 회사를 차릴 수 있었죠. 나누려는 사람에게는 행운이 찾아옵니다."

행복한 음모, 즐거운 망상

리프킨이 말하는 '행운'은 사람들이 기버를 대하는 방식에서 어느 정도 예측할 수 있다. 30년 전, 사회학자 프레드 골드너(Fred Goldner)는 '편집증(paranoia)'의 정반대 개념으로 '낙관적 믿음(pronoia)'[21]라는 개념을 제시했다. 저명한 심리학자 브라이언 리틀(Brian Little)은 낙관적 믿음이란 "다른 사람들이 당신의 행복을 위해 무언가 음모를 꾸미거나 뒤에서 당신을 칭찬하고 다닌다는 망상적인 믿음"[22]이라고 설명한다.

만약 당신이 기버라면 그러한 믿음은 망상이 아니라 현실이다. 다른 사람들이 애덤 리프킨 같은 기버의 성공을 위해 실제로 음모를 꾸미고 있다면 어떻겠는가?

리프킨과 조이스 박이 렌쿠를 처음 시작한 2005년 무렵, 그들은 사무실이 없어서 리프킨의 집 부엌에서 일을 했다. 그때 한 동료가 이제 막 링크드인을 창업한 리드 호프먼에게 리프킨을 소개했다. 링크드인도 아직 직원이 채 쉰 명이 되지 않을 때였다. 어느 일요일, 리프킨과 박을 만난 호프먼은 링크드인 사무실에 공짜로 책상을 내주겠다고 제안했다. 리프킨을 실리콘 밸리의 심장으로 초대한 것이다.

"2005년 여름 우리 건물 바로 옆에 유튜브가 있었습니다. 유튜브가 제대로 뜨기 전인 유아기 때부터 그들을 만난 거죠."

리프킨의 경험은 '뿌린 대로 거두는 법'이라는 말에 새로운 빛을 던져준다. 그 운명과도 같은 순간은 때로 매처가 자신에게 그 일을 할 사명이 있는 것처럼 행동함으로써 발생한다. 매처는 타인에게 이기적으로 행동하는 테이커를 응징하려고 자신의 이익을 희생하기도 하지만, 타인에게 관대하게 대하는 기버에게 상을 주려고 일부러 노력하기도 한다.

애덤 리프킨 같은 기버가 자기 인맥 속에서 사람들을 도와줄 때, 매처는 그를 위해 무언가를 해야 공평하다고 생각한다. 예상했겠지만 리프킨은 링크드인에 기술자들을 소개해주는 등 그곳에서 새로 찾은 인맥을 이용해 다른 사람을 도와주려 애썼다.

5월의 어느 수요일 저녁, 나는 그의 본모습을 직접 목격할 기회가 있었다. 리프킨은 샌프란시스코 자이언츠팀 저지를 입고 106마일 회원들이 모임을 여는 캘리포니아 레드우드 시티의 어느 바로 활짝 웃으며 들어왔다. 그가 들어서자마자 기술자와 사업가들이 부드럽고 친근한 태도로 그를 둘러쌌다. 리프킨은 몰려든 사람들 각자의 이야기를 나에게 들려주었다. 하루 평균 800통이 넘는 이메일을 받는 사람이 그렇게 하는 것은 결코 쉬운 일이 아니다. 그런데 그의 비결은 믿을 수 없을 정도로 간단했다. 그는 사려 깊게 질문하고 참을성 있게 이야기를 들어주었다.

초저녁 무렵 리프킨은 한 친한 사업가에게 회사가 잘나가고 있는지 물었다. 그 사업가가 이야기하는 14분 동안 리프킨은 한 번도 끼어들지 않았다. 아무리 호기심 넘치는 괴짜 기술자도 긴 대답에는 지치게 마련이지만 리프킨은 한순간도 그런 모습을 보이지 않았다. 리프킨이 "어느 부분을 도와드리면 될까요?"라고 묻자 사업가는 컴퓨터 언어에 능통한 프로그래머가 필요하다고 대답했다. 머릿속에서 인명록을 뒤진 리프킨은 만나볼 만한 후보자들을 추천해주었다. 저녁 늦게 리프킨이 추천한 후보 중 한 명이 직접 찾아왔고, 리프킨은 두 사람을 서로 소개해주었다.

사람이 아무리 늘어나도 리프킨은 그 자리에 있는 모든 사람과 일일이 사적인 대화를 나누었다. 그는 새로운 인물이 다가올 때마다 평균 15~20분 동안 이야기를 나누며 목적이 무엇인지, 어떤 도움이 필요한지 물었다. 대개는 낯선 사람이었지만 그는 18년 전에 두 번 생각하지도 않고 그레이엄 스펜서를 도왔던 것처럼 적극 일자리를 찾아주고, 잠재적인 동업자를 소개하고, 회사 내 문제에 조언을 해주었다. 그렇게 베풀 때마다 그에게는 새로운 인간관계가 생겼다. 그런데 그 많은 관계를 계속 유지하는 게 정말로 가능할까?

소원한 관계의 위력

애덤 리프킨은 인맥이 워낙 넓었기 때문에 한때 자주 만나거나 잘 알고 지냈지만 최근에 연락이 끊긴 사람도 점점 늘어났다. 경영학 교수 다니엘 레빈(Daniel Levin), 호르헤 발터(Jorge Walter), 키이스 머니건(Keith Murnighan)에 따르면 "인터넷 시대 이전에는 사람들이 평생 수천 명과 인간관계를 맺었지만, 그때도 100명이나 200명 이상을 한꺼번에 유지하지는 못했다." 이들은 지난 몇 년 동안 경영자들에게 그들이 꺼리는 일, 즉 소원한 관계를 개선하라고 요구해왔다.[23] 이 과제를 받은 한 경영자는 시큰둥하게 대답했다.

"글쎄요. 관계가 소원하다면 그럴 만한 이유가 있지 않을까요? 왜 그들과 다시 연락해야 하죠?"

그러나 전혀 그렇지 않다는 증거가 있다. 레빈과 동료들은 200명 이상의 경영자에게 최소한 3년 이상 소원한 관계를 개선하라고 요구했다. 경영자들은 각각 옛 동료 두 명에게 연락해 현재 진행 중인 프로젝트에 관해 조언을 구한 다음, 그 조언이 문제를 해결하고 유용한 소개를 받는 데 어느 정도 도움이 되었는지 평가했다. 또한 같은 프로젝트에 대해 지금 곁에 있는 사람 두 명에게도 조언을 구하게 해서 역시 도움이 된 정도를 평가하게 했다. 놀랍게도 경영자들은 소원한 관계에서 얻은 조언이 현재의 관계에서 얻은 조언보다 더 가치 있다고 평가했다. 이유가 무엇일까?

관계가 소원한 사람은 지금 곁에 있는 사람과 달리 새로운 정보를 제공한다. 지난 몇 년간 연락을 주고받지 않는 사이에 새로운 아이디어와 관점을 접해왔기 때문이다.

현재 연락을 주고받는 사람과는 같은 지식과 관점을 공유할 가능성이 크며, 그것은 대개 당신도 알고 있는 것들이다. 한 경영자가 나에게 자신의 경험을 털어놓았다.

"연락을 하기 전에는 그들이 내 생각을 크게 뛰어넘는 조언을 해주리라 예상치 못했습니다. 하지만 내가 틀렸다는 게 드러났죠. 그들의 신선한 아이디어에 깜짝 놀랐습니다."

소원한 관계는 약한 유대관계와 마찬가지로 새로운 정보를 제공하는 동시에 불편한 감정을 주지 않는다. 레빈과 그 동료들의 설명을 들어보자.

"관계가 소원해진 사람에게 다시 연락하는 것은 완전히 새로운 사람과 인간관계를 맺는 것과는 다릅니다. 오랜만에 연락해도 여전히 '신뢰감'이 느껴지지요."

실제로 한 경영자는 이렇게 고백했다.

"아주 편안했습니다. …… 상대의 의도가 무엇인지 짐작할 필요도 없었지요. …… 몇 년 전에 생긴 서로 간의 신뢰 덕분에 자연스럽게 대화할 수 있었습니다."

아는 사람은 이미 공유하는 것이 있기 때문에 몇 마디 말로도 소원한 관계를 충분히 개선할 수 있다. 약한 유대관계와 달리 소원한 관계를 개선하는 데는 인간관계를 다지기 위한 투자가 전혀 필요치 않다.

레빈 교수팀은 또 다른 경영자 100명 이상을 선정한 다음, 연락 없이 지내는 열 명을 골라 가장 유용한 도움을 줄 것 같은 순서대로 순위를 매겨보게 했다. 이어 열 명 모두에게 연락을 취하고 대화가 얼마나 도움이 되었는지 평가하게 했다. 경영자들은 열 명 모두에게 높은 점수를 주었고 순위는 매길 수 없다고 말했다. 연락 전에 1위로 꼽은 사람과 10위로 꼽은 사람이 똑같이 가치 있는 조언을 해주었다는 얘기다.

새로운 정보가 필요해서 연락을 하다 보면 물어볼 만한 사람은 금세 바닥이 난다. 그렇지만 우리에게는 연락이 뜸한 관계가 엄청나게 많으며 그들은 모두 큰 도움을 주는 것으로 나타났다. 나이가 들수록 그런 관계는 점점 더 늘어나는데 그들은 모두 값진 존재다. 레빈 교수팀은 30대보다 40~50대가 소원한 관계에서 더 많은 것을 얻는다는 사실을 발견했다. 옛 동료에게 다시 연락을 취하는 데 회의적이던 한 경영자는 놀라움을 표시했다.

"새롭게 눈을 뜬 기분입니다. …… 덕분에 내 인명록에 얼마나 큰 잠재력이 있는지 깨달았습니다."

소원한 관계는 인맥에서 제 가치를 인정받지 못하는 경우가 많다. 그러나 기버는 테이커와 매처를 압도할 만큼 이 가치를 활용하는 데 뛰어나다.

테이커는 소원한 관계를 개선하기가 대단히 어렵다. 가령 테이커가 오랫동안 소원하게 지낸 사람에게 연락했는데 상대가 같은 테이커라면, 그는 경계심을 품고 방어적으로 행동하며 새로운 정보를 전해주지 않는다. 테이커가 매처에게 오랜만에 연락할 경우에는 상대가 '최후통첩 게임'에서 본 것처럼 테이커를 응징하려 한다. 테이커가 소원해진 기버에게 연락해도 상대가 똑똑한 사람이라면 쉽게 도와주려 하지 않는다. 물론 테이커의 이기적인 행동으로 인해 사이가 멀어졌다면 관계를 개선하기란 애초에 불가능하다.

매처는 테이커보다 더 쉽게 관계를 개선한다. 그러나 매처는 호혜 원칙에 얽매여 도움을 청하려고 연락하는 걸 불편해할 수도 있다. 매처는 무언가를 부탁할 때 갚아야 할 빚이 하나 생겼다고 여긴다. 이미 신세를 진 적이 있고 아직 그 빚을 갚지 못했다면 부탁하기는 두 배로 어려워진다. 이것이 수많은 매처가 풍부한 신뢰의 보고(寶庫)를 활용하지 못하는 이유다. 의미 있는 인간관계보다 업무적인 거래 관계를 더 좋아하기 때문이다.

인적 정보망 구축 전문가들은 기버에게 관계 개선은 완전히 다른 경험이라고 말한다. 특히 오늘날처럼 많은 사람이 긴밀하게 연결된 세상에서는 더욱더 그렇다. 어떤 이익이 돌아올지 따지지 않으면서 지식을 나누고, 기술을 가르쳐주고, 일자리를 찾아준 기버는 상대방이 다시 연락을 해오면 기꺼이 그를 도와주려 한다. 애덤 리프킨은 요즘 새로운 사람을 만나 인맥을 쌓는 데 예전보다 시간을 덜 들이고, 대신 오랫동안 소원했던 사람들에게 초점을 맞춘다.

"이제는 한동안 이야기를 나누지 못한 사람들을 다시 찾는 데 시간을 보내고 있습니다."

그는 예전에 알던 사람과 오랜만에 연락이 닿아 대화를 나누면 무척 기쁘다고 한다. 그는 이미 아량과 친절로 사람들의 신뢰를 얻었고, 사람들은 리프킨의 도움에 감사하며 그가 아무런 대가를 바라지 않고 그렇게 해주었다는 것을 알고 있다. 그는 여전히 정보를 나누고 조언을 해주고 사람들을 소개하고 싶어 한다.

2006년, 리프킨은 106마일 모임에서 좋은 이야기를 들려줄 연사를 찾다가 에반 윌리엄스에게 다시 연락을 취했다. 이미 유명해진 윌리엄스는 트위터를 시작하느라 어마어마하게 바빴지만 언젠가 반드시 연설을 하겠다고 대답했다.

"5년 후에 우리가 연설을 부탁했을 때 그는 그 약속을 잊지 않고 있었습니다."

리프킨 같은 기버가 구축하는 인간관계는 매력적인 연구 주제다. 소셜 네트워크 연구자들은 대개 지식이 사람과 사람 사이로 전해지는 정보 교환 경로를 찾는다. 그러나 버지니아대학의 롭 크로스(Rob Cross) 교수, IBM의 앤드루 파커(Andrew Parker)와 함께 연구를 진행한 웨인 베이커는 네트워크를 통해 흐르는 에너지를 추적하는 것도 가능하다는 사실을 깨달았다.[24] 베이커는 IBM의 직원들에게 회사 내에서 다른 사람과 나눈 대화를 최하 '심하게 힘이 빠짐'에서 최고 '굉장히 힘이 솟음'이라는 잣대로 평가하게 했다. 연구진은 이 평가 자료를 바탕으로 마치 은하수 모형처럼 생긴 에너지 네트워크 지도를 완성했다.

테이커는 주변 사람들로부터 에너지를 빨아들이는 블랙홀이다. 기버는 빛을 발해 조직을 밝게 비추는 태양이다. 이들은 고과점수를 독점하거나 남의 아이디어를 도용하지 않고 동료들이 공을 세울 기회를 만들어낸다. 또 어떤 제안에 반대할 때도 발언자를 무시하지 않고 존중한다.

만약 애덤 리프킨의 에너지 네트워크 지도를 그린다면 아마 그는 수많은 태양계의 태양처럼 보일 것이다. 몇 년 전 리프킨은 한 주말 파티에서 자금난으로 고전하고 있던 사업가 레이먼드 루프를 만났다. 리프킨은 그 자리에서 몇 가지 조언을 해주었다. 6개월 후 루프는 새 회사를 차리고 리프킨에게 조언을 구했다. 그날 바로 답장을 보낸 리프킨은 다음 날 아침식사를 함께하면서 두 시간에 걸쳐 조언을 해주었다.

다시 몇 달이 지난 뒤 두 사람은 우연히 마주쳤다. 지난 2년간 수입이 한 푼도 없었던 루프는 집의 화장실 배관까지 고장 나는 바람에 헬스클럽 회원증을 빌려 샤워를 하다가 리프킨을 만난 것이었다. 리프킨은 사업의 진행 상황을 물었고 회사를 어떻게 개편해야 하는지 귀중한 조언을 해주었다. 그뿐 아니라 루프에게 한 벤처 투자자를 소개해주었다. 루프는 투자를 유치했고 투자자는 루프 회사의 이사가 되었다. 루프는 "그 두 사람은 아마 저를 어떻게 도와주어야 할지 의논하느라 이미 만났을 겁니다"라고 말했다. 그의 회사 '그래프 사이언스(Graph Science)'는 페이스북 이용자들의 성향을 분석하고 이를 활용해 마케팅 활동을 펼칠 수 있도록 돕는 세계적인 소셜 마케팅 기업으로 성장했는데, 루프는 리프킨의 도움이 아니었다면 그런 일은 불가능했을 거라고 믿는다.

심지어 리프킨은 할리우드 감독과 작가들에게도 빛을 던져주었다. 8장에서 다루고 있듯 그것은 리프킨이 자기 인맥에 관한 정보를 인터넷에 공개했기에 가능한 일이었다. 어느 날 우연히 알게 된 할리우드의 한 감독이 케이블 방송 '쇼타임'에 내보낼 시리즈를 막 끝냈다며 리프킨에게 도움을 요청했다. 감독은 그때의 일을 들려주었다.

"그는 자기 분야에서 꽤 성공한 사람이지만, 할리우드 홍보 담당자로서도 뛰어날지는 솔직히 회의적이었습니다. 그런데 내가 틀렸습니다!"

리프킨은 24시간이 지나기도 전에 만남을 주선하고 트위터와 유튜브의 최고 실무자들을 상대로 시사회를 열었다. 그 할리우드 감독은 다음과 같이 말했다.

이걸 꼭 강조해야겠습니다. 내가 성공할지라도 리프킨은 얻을 게 아무것도 없었습니다. 망하든 흥하든 그는 잃거나 얻을 것이 없었다는 말입니다. 그래도 그는 남을 돕는 걸 진심으로 즐거워하며 우리가 미디어와 접촉할 기회를 수없이 만들어주었습니다. 우리에게 쏟아진 수많은 매체의 긍정적인 찬사와 소셜 미디어의 폭발적인 관심은 순전히 리프킨 한 사람 덕분입니다. 우리가 들인 막대한 홍보비용보다 그의 친절이 훨씬 더 멀리까지 전해졌고 더 효과적이었죠.

남에게 호의를 베풀고 기쁨을 안겨주는 사람에게 소원한 관계를 개선하는 것은 매우 활기찬 경험이다. 리프킨이 링크드인에 추천사를 남긴 265명과 그가 106마일에서 도움을 준 수백 명의 사업가를 생각해보라. 그들 중에서 한동안 리프킨과 연락이 끊겼다가 오랜만에 리프킨의 연락을 받은 사람은 분명 열광적으로 그를 도와주려 애쓸 것이다.

물론 리프킨은 그들의 도움을 바라지 않는다. 적어도 자기 자신을 위해서는 말이다. 리프킨의 진정한 목표는 사람들이 인맥을 쌓고 누가 자신에게 이로운지 판단하는 방식을 근본적으로 변화시키는 일이다. 그는 인맥이란 우리 자신뿐 아니라 모두를 이롭게 하는 수단이라고 믿는다. 그리고 인맥에 대한 이타적인 접근 방식이 모든 사람을 이롭게 함으로써 전통적인 호혜 원칙을 뒤엎을 수 있다고 확신한다.

5분의 친절 법칙

2012년, 링크드인의 신입사원 채용 담당자 스테파니는 그녀의 경력에 가장 큰 영향을 준 사람을 세 명만 꼽아보라는 질문을 받았다. 그런데 그중 한 명이 애덤 리프킨이었다. 리프킨은 자신이 그 명단에 올랐다는 말을 듣고 깜짝 놀랐다. 그들은 몇 달 전에 딱 한 번 만났을 뿐이었기 때문이다. 당시 스테파니는 직장을 구하던 중 친구의 친구를 통해 리프킨을 만났다. 리프킨은 먼저 문자메시지로 조언을 해주고 그녀가 직장을 잡도록 도와주었다. 스테파니는 감사 이메일을 보내며 은혜에 보답하겠다고 말했다.

"우리가 직접 만난 게 한 번뿐이라는 건 저도 알아요. 대화도 어쩌다 한 번씩 나눌 뿐이죠. 하지만 당신은 제게 당신이 생각하는 것보다 훨씬 더 큰 도움을 주었답니다. …… 진심으로 당신의 도움에 보답이 될 만한 일을 하고 싶어요."

스테파니는 리프킨에게 도움이 될 만한 일을 찾는 대신, 실리콘밸리 사업가들이 모이는 106마일에 참석해 리프킨이 다른 사람을 돕는 걸 돕는다. 스테파니는 그 모임에서 사업가들의 이야기를 듣고 자기 의견을 들려준다. 또 그들의 상품 샘플을 테스트하고 잠재적인 동업자와 투자자가 서로 연결되도록 애쓴다. 그녀 이외에도 그런 식으로 리프킨을 돕는 사람이 꽤 많다. 레이먼드 루프도 종종 106마일에 들러 다른 사업가를 도와준다. 2009년 바에서 리프킨을 만난 기술자 밥도 마찬가지다. 리프킨은 대화를 하다가 밥이 일자리를 잃었다는 걸 알고 직장을 소개해주었다. 그 회사가 폐업하자 리프킨은 연줄을 동원해 밥을 한 신생업체에 소개했고, 그 회사는 6개월 후 구글에 인수되었다. 현재 구글에서 잘나가고 있는 밥은 자기가 받은 도움을 106마일에서 되돌려주고 있다.

이것은 호혜 원칙의 새로운 방향이다. 전통적인 호혜 원칙에서는 서로 대가를 주고받는 매처처럼 행동한다. 나를 도와준 사람만 돕고 내가 무언가를 되돌려 받고자 하는 사람에게만 손을 내민다는 얘기다. 그러나 오늘날에는 리프킨 같은 기버가 보여주는 형태의 호혜가 더 큰 힘을 발휘한다. 리프킨은 가치를 교환하는 게 아니라 그냥 가치를 더한다. 예를 들면 그는 '5분의 친절'이라는 단순한 규칙에 따라 행동한다.

"타인을 위해 단 5분 정도만 투자한다고 생각하는 겁니다."

리프킨은 도움을 받은 사람들이 언젠가 무언가를 되돌려줄 거라고 생각하지 않는다. 테이커는 중요하고 영향력 있는 사람들과의 연줄을 위해, 매처는 호의를 얻기 위해 인맥을 쌓지만 리프킨은 더 많이 베풀 기회를 찾기 위해 사람들을 만난다. 하버드대학 정치학자 로버트 퍼트넘(Robert Putnam)은 이렇게 말했다.

"아무 대가도 바라지 않고 그저 당신을 위해 그 일을 하겠습니다. 미래에 다른 누군가가 내가 당신에게 한 것처럼 내게 해주리라 확신하면서요."[25]

리프킨에게 고마움을 느낀 사람들은 스테파니처럼 다른 사람에게 봉사함으로써 받은 것을 되돌려주려 한다. 스테파니는 솔직히 털어놓았다.

"나는 항상 진실하고 친절하게 살고 싶었지만 그 마음을 숨기려고 애썼습니다. 더욱더 경쟁력을 키워야 앞으로 나아갈 수 있다고 생각했기 때문이지요. 그러다가 리프킨을 보고 중요한 걸 배웠지요.

진실하고 친절한 마음으로 베풀면서도 이 세상에서 얼마든지 잘해 나갈 수 있다는 것을요."

리프킨이 자기 능력이나 인맥을 사람들과 나눌 때마다 그는 사람들에게 기버처럼 행동하라고 독려하는 셈이다. 그가 사람들에게 도움을 청할 때는 대부분 다른 사람을 돕기 위해서다. 이때 그의 방대한 인맥 속에 있는 사람들은 가치를 거래하기보다 단순히 가치 하나를 더할 공산이 크다. 그들은 리프킨이나 자신을 돕기는커녕 한 번도 만난 적 없는 사람에게 무언가를 베푸는 것이다. 리프킨은 가치를 더한다는 규범을 창조함으로써 제로섬 게임을 윈윈 게임으로 바꿔놓았다.

테이커는 인맥을 쌓으며 정해진 크기의 파이에서 가급적 더 많은 몫을 가져가려 한다. 반면 리프킨 같은 기버는 파이를 키워 모두가 커다란 조각을 가져갈 수 있게 한다. 리프킨의 도움을 받은 적 있는 닉 설리번은 그 원리를 이해하고 있다.

"리프킨은 모두에게 똑같은 영향을 끼쳤습니다. 우리가 다른 사람들을 돕게 만들었죠."

루프 역시 자기 경험을 들려준다.

"리프킨은 자신이 누군가를 도와주면 그들도 다른 사람을 돕기를 바랍니다. 누군가가 그의 조언으로 이익을 봤을 경우 그들도 남을 돕기를 바라는 겁니다. 그것이 하나의 인맥을 만들어냅니다. 모두가 그 안에서 서로 돕고, 또 다른 사람을 돕는 인맥 말입니다."

조건 없는 관용

최근에 이루어진 한 연구는 리프킨이 어떻게 남과 나누도록 사람들을 자극하는지 설명한다. 나눔은 뚜렷하고 한결같을 때 더 좋은 모범이 되어 조직 구성원의 행동양식을 바꾼다. 이러한 나눔에는 전염성이 있다. 전염 전문가 제임스 파울러(James Fowler)와 니컬러스 크리스태키스(Nicholas Christakis)가 공동으로 진행한 연구[26]에서, 나눔은 소셜 네트워크 전역으로 빠르고 넓게 전파된다는 사실이 드러났다. 가령 여러 번에 걸쳐 자신을 희생해 조직을 이롭게 한 사람이 있으면, 조직 내 다른 구성원도 앞으로 그들처럼 행동할 가능성이 크다. 최초의 선행을 한 사람과 관계가 없는 사람도 마찬가지다. 파울러와 크리스태키스는 자신들의 발견을 다음과 같이 설명한다.

"이 영향력은 여러 단계에 걸쳐 유지되며 한 사람에게서 다른 사람, 또 다른 사람, 또 다른 사람으로 세 다리 건너까지 퍼져 나갑니다. 한 사람이 한 가지 공헌을 하면 그 결과로 다른 세 명이 영향을 받아 직접적으로든 간접적으로든 사회에 더 많이 공헌합니다."

새로운 환경을 접한 사람들은 어떻게 행동하는 것이 적절한지 파악하려고 다른 사람들을 관찰한다. 그때 누군가가 베풀기 시작하면 그것이 하나의 규범이 되고, 사람들은 다른 사람과 소통하며 그 규범을 실천한다. 예를 들어 한 가지 게임을 해보자. 당신이 네 명을 한 팀으로 하는 어느 팀에 배치되었는데, 나머지 세 명은 모두 처음 보는 사람이다. 당신은 그들과 이야기도 나눠보지 못한 채 모두 6라운드에 걸쳐 익명으로 어떤 결정을 내려야 한다. 라운드마다 3달러를 받아 그것을 당신이 가질지 아니면 다른 사람에게 나눠줄지 결정하는 것이다. 이때 당신이 갖기로 결정하면 3달러를 얻지만, 다른 사람에게 주면 당신을 포함해 네 명 모두가 2달러씩 받는다.

이 게임에서는 1라운드가 끝날 때마다 다른 사람이 어떤 결정을 했는지 알 수 있다. 네 명 모두 3달러를 남에게 주면 각자 8달러씩 받으므로 팀 전체적으로 가장 이익이 된다. 6라운드 전체로 보면 각자 최고 48달러까지 받을 수 있다. 그러나 당신만 나눠주고 다른 사람은 모두 자기가 가지면 당신은 6라운드 합계 12달러밖에 받지 못한다. 6라운드 모두 자신이 갖기로 하면 최소한 18달러가 보장된다. 이때 다른 사람과 의논할 수 없으므로 나눈다는 결정에는 위험이 따른다.

실험 결과 참가자 중 15퍼센트가 일관성 있게 나누는 쪽을 선택했다.[27] 6라운드 내내 팀원의 이익을 위해 자신을 희생함으로써 팀 전체에 기여한 것이다. 사실 그 선택은 예상보다 희생이 크지도 않았다. 놀랍게도 한결같이 자신을 희생한 사람이 거둔 성과는 꽤 괜찮았다. 그런 사람이 한 명도 없는 팀의 평균 수입보다 26퍼센트 더 많이 번 것이다. 어떻게 더 주고도 더 많이 얻을 수 있었을까?

팀에 한결같은 기버가 한 명 있으면 다른 사람도 더 많이 나눈다. 기버가 한 명만 존재해도 나눔을 규범으로 확립하기에 충분하다. 실험 참가자들은 자기 것을 나눠 가짐으로써 다른 팀원의 수입을 늘려주고, 그 과정에서 자신도 더 많이 얻었다. 물론 한 번 기부할 때마다 돈을 더 적게 받지만, 다른 사람도 같은 행동을 하도록 자극함으로써 결국 참가자 전원에게 더 많은 돈이 돌아갔다. 이처럼 기버는 기대치를 높이고 조직 전체를 위한 파이를 더 크게 키운다.

이 실험에서 한결같은 기버가 매번 자기 몫을 나눈 행동은 '5분의 친절'과 같은 원리라고 할 수 있다. 이는 작은 희생으로 구성원 전체를 이롭게 한다. 또 그 행동은 다른 구성원을 자극해 같은 행동을 하게 한다. 106마일에서도 사업가 4,000여 명 전체가 서로 돕는 것이 규범이다. 리프킨의 얘기를 들어보자.

"누군가가 호의를 되돌려줄 거라고 믿기 때문에 부탁을 들어주는 것이 아닙니다. 이 모임의 목적은 나눔의 가치를 심어주는 데 있습니다. 사업적으로 행동할 필요는 없습니다. 호의를 거래할 필요도 없습니다. 당신이 모임에 참가한 누군가를 도와준다면, 당신이 도움을 필요로 할 때 또 다른 누군가가 당신을 위해 무언가를 해줄 것입니다."

테이커와 매처의 눈에는 이처럼 조건 없는 나눔이 위험해 보일 것이다. 베풂이 자신에게 이익으로 돌아온다는 보장이 없는 상황에서 애덤 리프킨 같은 기버는 과연 생산성을 유지할 수 있을까? 이 질문에 대한 대답은 스탠퍼드대학의 프랭크 플린(Frank Flynn) 교수가 샌프란시스코 베이 에리어의 대형 통신 회사 기술자들을 대상으로 한 연구 결과가 해준다.[28] 먼저 기술자들은 자신과 주변 사람이 서로 얼마나 도움을 주고받았는지 그 정도를 평가했다. 이를 통해 플린은 누가 기버고 테이커인지 또 매처인지 알아보았다. 그런 다음 각자 다른 기술자 열 명을 제시하고 그들을 얼마나 존경하는지 물어 지위를 평가했다.

테이커는 가장 지위가 낮았다. 끊임없이 도움을 요청하기만 하고 되돌려주는 일이 드물어 스스로 다리를 불태웠기 때문이다. 동료들은 테이커를 자기만 생각하는 사람으로 보고 무시함으로써 응징했다. 기버는 지위가 테이커와 매처보다 압도적으로 높았다. 또한 도량이 깊을수록 동료들로부터 큰 존경과 명망을 얻었다. 기버는 받은 것보다 더 많이 베풂으로써 자신의 능력과 가치를 증명하고 선한 의도를 보여주었다.

비록 높은 찬사를 받았지만 기버에게도 문제는 있었다. 그들은 존경의 대가로 생산성을 지불한 것이다. 플린은 3개월 동안 기술자들이 해낸 일의 양과 질을 평가했다. 그 결과 기버가 테이커보다 더 생산적이었음이 드러났다. 기버는 더 열심히 일하고 더 많은 일을 끝냈다. 하지만 기버보다는 매처가 더 생산적이었다. 기버는 다른 동료를 돕느라 자기 작업, 보고서 작성, 설계 등에 쓸 시간을 빼앗겼으나 매처는 동료를 도와준 만큼 도움을 받아 자기 궤도를 유지했다. 언뜻 이것은 이타적인 행동양식에서 걸림돌로 작용하는 것처럼 보인다. 남을 돕느라 자신의 생산성이 떨어진다면 이타적으로 행동하는 게 무슨 소용이란 말인가?

그런데 애덤 리프킨은 이타적으로 행동하면서도 큰 성공을 거둔 회사를 몇 개나 공동으로 설립하는 등 높은 생산성을 유지했다. 그는 어떻게 기버의 삶과 생산성을 맞바꾸지 않을 수 있었을까? 그 비결은 더 많이 주는 데 있었다.

엔지니어를 대상으로 한 연구에서도 기버는 항상 생산성을 대가로 지불한 것이 아니었다. 플린은 더 많이 주는지, 주는 만큼 받는지, 더 많이 받는지에 대한 동료들의 평가를 바탕으로 엔지니어를 기버, 매처, 테이커로 나누었다. 이는 받은 만큼 되돌려달라고 요구하지만 않으면 남들을 자주 돕지 않아도 기버로 평가받을 수 있음을 의미한다. 얼마나 자주 돕고 도움을 받는지를 토대로 엔지니어를 평가할 때 생산성이 떨어지는 기버는 어쩌다 한 번씩 남을 돕는 사람들뿐이다. 전체 엔지니어 중에서 생산성이 가장 뛰어난 사람은 남을 자주 돕고 그보다 적게 도움을 받는 사람들이었다. 이들이야말로 진정한 기버로 지위는 물론 생산성이 가장 높았고 동료들의 깊은 존경을 받았다.

이것이 '5분의 친절'을 실천한 애덤 리프킨에게 일어난 일이다. 소셜 미디어 시대 이전에는 리프킨도 이름이 알려지지 않은 채 사라졌을지도 모른다. 세상이 긴밀하게 연결된 덕분에 그가 기버라는 평판은 소리보다 더 빠른 속도로 퍼져 나갔다. 루프는 놀라움을 감추지 못했다.

"그가 새 회사를 차리려고 하자 곧바로 자금이 마련되었습니다. 명성이 정말 대단하지요. 그가 얼마나 좋은 사람인지는 모두가 압니다. 자금을 쉽게 조달하는 건 리프킨이 그런 사람이기 때문에 얻는 대가지요."

리프킨은 기버가 어떻게 엄청난 인맥을 형성하고 그것을 이용하는지 잘 보여주는 사례다. 키이스 페라지는 "성공의 열쇠를 한 단어로 요약하면 '관용'"이라며, "당신이 관용이라는 규칙에 따라 다른 사람을 대하면 당신도 똑같은 보상을 얻을 것"이라고 말한다. 세계 최대의 비즈니스 네트워킹 조직 BNI(비즈니스 네트워크 인터내셔널)의 설립자이자 회장인 이반 마이스너(Ivan Misner)가 '주는 자가 얻는다(Givers gain)'는 짧은 한마디를 좌우명으로 삼은 것도 우연은 아닐 것이다.

오랜 세월 철자 바꾸기에 심취한 끝에 애덤 리프킨은 마침내 완벽한 문장을 만들어냈다.

'I Find Karma(나는 카르마[業, 인과응보―역주]를 깨달았다).'

3장

공유하는 성공
승리를 독차지하지 않는 행위의 놀라운 가치

사소한 예외를 하나 제외하면,
우주만물이
자기 이외의 다른 무언가에
의지한다는 사실을
잊지 말아야 한다. [1]

존 앤드루 홈스(John Andrew Holmes)
전직 미국 상·하원의원

/ 천재를 만드는 사람들

조지 메이어(George Meyer)라는 이름을 모르는 사람도 아마 그가 한 일은 알고 있을 것이다. 당신이나 당신과 가까운 누군가는 전 세계의 모든 세대를 사로잡은 그의 아이디어의 열렬한 팬일 가능성이 크다. 나 또한 그의 업적을 아홉 살 때부터 존경해왔지만 그것이 메이어의 작품이라는 건 최근에야 알았다. 메이어는 키가 크고 비쩍 마른 50대 중반의 사나이로, 치렁치렁한 머리에 염소수염을 길렀다. 길거리에서 그와 우연히 마주쳐도 얼굴을 알아보지는 못하겠지만, 그가 록밴드 그레이트풀 데드의 팬이라는 건 예상할 수 있을 터다. 그렇다. 메이어는 기타리스트 제리 가르시아(Jerry Garcia, 그레이트풀 데드의 리더-역주)가 죽기 전 5년 동안 그레이트풀 데드의 콘서트를 최소한 일흔 번 이상 보러 갔다.

메이어는 하버드대학 시절 신입생에게 냉장고를 팔기로 하고 돈까지 받은 다음, 물건을 가져다주지 않아 정학 직전까지 갔었다. 또 전자 기타로 기숙사 창문을 깨버려 정학을 당할 뻔하기도 했다. 대학 시절 그의 유일한 자랑거리는 하버드대학의 유머 잡지 〈하버드 램푼(Harvard Lampoon)〉의 회장으로 선출된 일이다. 하지만 그 영광도 곧바로 일어난 쿠데타 시도 때문에 금세 빛을 잃었다. 저널리스트 데이비드 오언(David Owen)에 따르면 메이어의 동료들은 "그가 믿을 만한 사람이 아니라며 격렬하게 반발해 메이어를 축출하려 했다."²

1978년 대학을 졸업한 메이어는 고향으로 돌아가 쉽게 돈을 벌 방법을 궁리했다. 대학 시절 보스턴 그레이하운드 트랙에서 열리는 경주견 도박에 빠져 지낸 메이어는 그것으로 돈을 벌 수 있을 거라고 생각했다. 그는 도서관에 틀어박혀 과학적인 전략을 분석했지만 아무 소용이 없었다. 그는 2주 만에 빈털터리가 되고 말았다.

그로부터 30여 년 후 메이어는 쇼 비즈니스 업계에서 성공적으로 입지를 다졌다. 그는 총 5억 2,700만 달러를 벌어들인 영화의 주요 인물로 에미상을 일곱 번이나 받았고, 그가 창안한 단어들이 영어사전에 등재되기도 했다. 그중에는 내가 대학에 다닐 때 룸메이트가 4년 내내 입에 달고 다닌 단어도 있다. 하지만 그를 가장 유명하게 만든 것은 세상을 바꾼 어느 TV 프로그램에서 그가 맡았던 역할이다. 관계자들은 한목소리로 〈타임〉이 '20세기 최고의 TV 시리즈'라고 칭한 그 프로그램의 성공을 메이어의 공로로 돌린다.

1981년 메이어는 두 친구의 추천을 받아 NBC 방송국 프로그램인 〈데이비드 레터맨 쇼(David Letterman Show)〉에 원고 샘플을 보냈다.

그 당시 원고를 받았던 레터맨이 오언에게 말했다.

"메이어의 원고는 세부적인 부분까지 아름답게 다듬어져 있었습니다. 그때 이후로 그렇게 뛰어난 사람을 아직 만나본 적이 없습니다."

메이어의 두 친구는 레터맨에게 메이어를 '미국에서 가장 웃긴 사람'이라고 소개했다. 이는 결코 가볍게 넘길 말이 아니다. 그들은 코미디 부문 에미상 수상자로 〈사인펠드(Seinfeld)〉(미국 NBC의 시트콤), 〈케빈은 열두 살(The Wonder Years)〉, 〈몽크(Monk)〉 등을 집필했기 때문이다.

결국 메이어는 레터맨의 대본을 비롯해 다른 여러 프로그램에 관여했지만, 1987년 레터맨 영화 대본을 쓰기 위해 방송 일을 그만두었다. 그러다가 1989년 그는 〈심슨 가족(The Simpsons)〉 프로그램에 합류했고 16시즌 동안 작가이자 제작자로 일하며 중추적인 역할을 했다. 만화영화의 위상을 완전히 바꿔놓은 〈심슨 가족〉은 황금시간대 에미상을 스물일곱 번이나 받았고 그중 여섯 번은 메이어에게 돌아갔다. 물론 메이어가 〈심슨 가족〉을 시작한 것은 아니다. 〈심슨 가족〉은 본래 만화가 맷 그레이닝(Matt Groening)의 작품으로 제임스 L. 브룩스(James L. Brooks, 영화감독이자 제작자)와 샘 사이먼(Sam Simon, TV 제작자)이 발전시켰다. 하지만 〈심슨 가족〉의 성공에서 가장 중요한 조력자는 메이어라는 데 널리 공감대가 형성돼 있다.

오언은 메이어가 "프로그램 전체의 윤곽을 잡았고 지금 〈심슨 가족〉에서 볼 수 있는 코미디 감성은 대부분 그의 것"이라고 말했다. 희극작가 마이크 색스(Mike Sacks)에 따르면 "메이어는 작가들 사이에서 최고의 장면과 농담을 만들어내는 무대 뒤의 천재 중 천재로 통한다." 〈심슨 가족〉 최초의 작가 중 한 명으로 수많은 초기 에피소드를 쓰고 훗날 〈더 오피스(The Office)〉의 프로듀서가 된 존 비티(Jon Vitti)는 메이어를 이렇게 평가했다.

"그는 누구보다 많은 것을 써내는 사람이었습니다. 거의 모든 장면마다 그의 지문이 찍혀 있지요. 그는 자신이 직접 창안하지 않았음에도 프로그램에 누구보다 많은 영향을 주었습니다."

메이어는 많은 사람이 서로 협조해야 하는 작업에서 어떻게 그처럼 성공을 거둘 수 있었을까? 팀에서 어떤 사람은 성공하고 또 어떤 사람은 실패하는 이유는 '상호관계를 대하는 행동양식'이 설득력 있게 설명해준다. 오라클의 중역이던 리즈 와이즈먼(Liz Wiseman)은 자신의 저서 《멀티플라이어(Multipliers)》[3]에서 천재와 천재를 만드는 사람을 구별한다. 천재는 이기적인 성향을 보이며 자신의 이익을 추구하고 다른 사람의 '두뇌와 에너지, 능력'을 빨아들인다. 반면 천재를 만드는 사람은 대체로 기버다. 그들은 '다른 사람의 두뇌와 능력을 강화해 사람들 머리 위에서 백열전구가 반짝이고 아이디어가 흐르며 문제가 해결되도록' 노력한다.

이 장에서는 기버와 테이커의 그 차이가 개인 및 조직의 성공에 어떤 영향을 미치는지 탐구해보려 한다.

창의성과 공동 작업의 상관관계

메이어 정도의 코미디 능력을 갖추려면 무엇이 필요할까? 창의력이 커다란 부분을 차지한다는 점에는 의문의 여지가 없을 것 같다. 오랫동안 〈심슨 가족〉의 작가이자 프로듀서로 일한 캐롤린 오마인(Carolyn Omine)은 메이어의 경우 "세상을 보는 시각이 남달랐고 대단히 독특했다"고 말한다. 제작책임자 마이크 스컬리(Mike Scully)도 처음 〈심슨 가족〉팀에 합류했을 때의 경험을 들려주었다.

"메이어는 내 마음을 완전히 사로잡았습니다. 나도 시트콤을 여러 편 만들어봤는데 메이어의 작품은 확 차이가 났죠. 너무 독창적이라 한동안 이게 내 능력 밖의 일은 아닌지 걱정했을 정도입니다."

어떻게 하면 그처럼 창의력을 발휘할 수 있을까? 그 비밀을 밝히기 위해 잠시 1958년으로 거슬러 올라가 버클리대학 심리학자 도널드 매키논(Donald MacKinnon)의 선구자적 연구[4]를 살펴보자. 매키논은 예술, 과학 그리고 사업 분야에서 뛰어난 창의력을 보인 사람들의 특징을 알아보기 위해 세 분야 모두와 얽힌 일을 하는 건축가들을 대상으로 연구를 시작했다.

우선 연구진은 서로 아무런 상관도 없는 건축가 다섯 명에게 미국에서 가장 창의적인 건축가 마흔 명의 명단을 작성해달라고 부탁했다. 그 건축가들은 서로 이야기를 나눈 적이 없었음에도 놀라울 정도로 의견이 일치했다. 다섯 명이 써낸 명단의 합은 200명이었지만 겹치는 사람을 빼면 여든여섯 명만 남았다. 여든여섯 명 중 절반 이상이 한 명 이상의 추천을 받았고 세 명 이상의 추천을 받은 사람이 3분의 1 그리고 다섯 명 모두가 추천한 사람도 15퍼센트나 됐다.

그렇게 해서 선정된 '미국에서 가장 창의적인 건축가 마흔 명'은 심리학적 분석에 동의했다. 매키논의 연구팀은 성공하긴 했지만 창의적이지 않은 다른 건축가 여든네 명과 이 마흔 명을 비교한 다음, 이들을 나이와 지리적인 위치에 따라 '창의적인' 그룹과 '평범한' 그룹으로 나눴다. 그들은 모두 버클리대학으로 찾아와 사흘 동안 매키논 연구팀이 제시하는 긴 인성검사 질문지에 응답하고 극심한 스트레스를 주는 사회 환경을 경험했다. 또한 난이도 높은 문제해결 테스트를 치렀으며 개인적인 삶에 대해 꼼꼼히 묻는 인터뷰에 응했다.

연구팀은 산더미 같은 자료를 조사할 때 선입견을 배제하고 객관성을 유지하기 위해 건축가들에게 가명을 붙여 치밀하게 분석했다. 분석 결과, 한 그룹이 다른 그룹보다 훨씬 더 '책임감 있고 진실하며 신뢰도가 높은' 것으로 나타났다. 그뿐 아니라 그들은 의지할 만하고 성격이 더 좋으며, 타인에게 잘 공감하고 배려심이 뛰어났다. 인과성을 염두에 둘 경우, 창의적인 그룹에서 그런 결과가 나왔을 것 같지만 사실은 그렇지 않았다. 그들은 평범한 건축가들이었다.

매키논은 창의적인 그룹이 평범한 그룹보다 눈에 띌 정도로 심하게 '요구사항이 많고 공격적이며 자기중심적'이라는 사실을 발견했다. 자부심이 대단한 창의적인 건축가들이 비판에 공격적이고 방어적으로 대응한 것이다.

창의적인 과학자와 평범한 과학자를 대상으로 한 후속 연구[5]에서도 같은 패턴이 나타났다. 창의적인 과학자는 권위, 적개심, 병적인 성향에서 매우 높은 점수를 기록했다. 연구진은 창의적인 과학자가 타인 의존도가 높고 남을 이용하려는 경향이 강하다고 평가했다. 심지어 창의적인 과학자들 스스로도 '나는 다른 사람의 공로를 무시하고 내 공로를 과대평가하는 경향이 있다'와 '나는 다른 학자들의 가치를 신랄하게 평가하고 얕보는 경향이 있다' 같은 항목에 동의했다.

자신의 창의적인 아이디어가 반대에 부딪혔을 때 테이커는 자기방어를 잘한다. 그들은 자신감이 넘쳐흐르기 때문에 상상력을 제한

하는 사회적 분위기의 제약을 받지 않는다. 바로 이것이 메이어식 코미디에 나타나는 뚜렷한 특징이다.

2002년 메이어는 연극 〈업 유어 지기(Up Your Giggy)〉의 각본을 쓰고 감독에다 주연까지 맡았다. 그는 독백 중에 신을 '겁에 질린 원시인이 고안한 터무니없는 미신'이라 칭한다. 또 결혼에 대해 "분노가 발효되어 고여 있는 가마솥, 두려움에 떨며 도덕적으로 강요당하는 순응, 아이들에 대한 과장된 관심, …… 그리고 옛 연인의 에로틱한 모습을 몰래 상상하며 배우자와 잠자리를 함께하는 절망적이고 가슴 아픈 시도. 그것도 가능할 때 얘기지만"이라고 말한다.

테이커가 되는 것이 창의성을 발휘하는 비결일까?

너무 서둘 것 없다. 메이어는 냉소적인 유머감각을 지녔고 기존 관념에 고질적으로 의심을 품었으며, 과거에 몇 번 엉뚱한 짓을 하기도 했다. 동시에 그는 테이커가 지배하는 할리우드 세계에서 오랫동안 기버로 살아왔다. 아니, 그는 어린 시절부터 그랬다. 메이어는 이글 스카우트(공훈 배지를 스물한 개 이상 받은 보이스카우트 단원-역주)였고 신부의 미사 집전을 돕는 복사(服事)이기도 했다.

청년기에는 하버드대학에서 생화학을 전공하고 의대 입학 허가를 받았지만 진학을 포기했다. 대학에서 만난 의학부 예과 학생들과 치열하게 경쟁해야 하는 현실이 마음에 들지 않았기 때문이다. 그의 말에 따르면 그들은 "서로 상대의 실험을 방해하는 게 일상인 변변치 않은 녀석들"이었다. 오언은 〈하버드 램푼〉 회장으로 선출된 메이어를 동료들이 축출하려 했을 때, 그가 "쿠데타에서 살아남았을 뿐 아니라 실로 그답게 쿠데타 주동자와 친한 친구"가 되었다고 지적한다. 내가 무엇이 당신을 코미디로 이끌었느냐고 묻자 메이어는 활기차게 대답했다.

"사람들을 웃기고 즐겁게 하고, 세상을 조금이나마 더 살기 좋은 곳으로 만드는 게 좋아서요."

방송 일을 그만두고 레터맨 영화 대본을 쓰고 있던 1988년, 그는 대본을 집필하는 틈틈이 〈군인(Army Man)〉이라는 유머잡지를 만들어 직접 출판했다. 유머작가 에릭 스피츠나겔(Eric Spitznagel)은 당시 메이어에게 들었던 말을 그대로 전해주었다.

"그냥 웃기는 게 목적인 출판물을 내보고 싶었어요. 웃기는 것 말고는 아무 목적도 없는 그런 것 말이죠."

〈군인〉의 첫 호는 단 8쪽이었다. 메이어는 직접 원고를 써서 교정하고 복사한 다음 그것을 친구 200명에게 공짜로 나눠주었다. 〈군인〉을 재미있게 읽은 친구들은 다시 자기 친구들에게 보여주었다. 잡지는 빠르게 숭배자들을 끌어 모았고 음악잡지 〈롤링스톤스(Rolling Stone)〉가 선정한 '올해 최고의 오락물'에 뽑히기도 했다. 그러자 메이어의 친구들이 다음 판에 실을 만한 원고를 보내오기 시작했다. 수요가 증가하자 메이어는 두 번째 호를 낼 때 1,000부를 복사했지만, 세 번째 호를 낸 다음 그 일을 그만두었다. 친구들의 원고를 다 실을 수도 없고 또 게재를 거절하기도 쉽지 않다는 것이 부분적인 이유였다.

그런데 공교롭게도 〈심슨 가족〉을 시작하기 위해 집필진을 꾸리던 책임 프로듀서 샘 사이먼(Sam Simon)의 손에 〈군인〉 첫 호가 한 부 들어갔다. 사이먼은 즉각 메이어와 〈군인〉에 원고를 실은 몇몇 사람을 고용했는데 그들은 〈심슨 가족〉을 대성공으로 이끌었다. 작가실에서 함께 일할 때 메이어는 철저하게 기버로 행동했다. 〈심슨 가족〉을 집필한 작가 중 하나이자 에미상을 다섯 차례나 수상한 팀 롱(Tim Long)은 내게 자신의 경험을 들려주었다.

"메이어는 내가 아는 모든 사람에게 최고의 찬사를 받는 친구입니다. 남을 돕고 누군가에게 베푸는 데 믿을 수 없을 정도로 관대한 사람이지요."

캐롤린 오마인도 비슷한 이야기로 놀라움을 드러냈다.

"메이어를 아는 사람이면 누구나 그가 정말로 좋은 사람이라는 걸 알아요. 그는 도리를 알고 그 도리를 지키지요. 거의 초자연적이라고 할 만큼 진실한 사람이에요."

메이어의 성공은 기버도 충분히 창의적일 수 있음을 증명한다. 우리는 그가 어떻게 남들과 협력했는지 연구함으로써 기버가 자신과 주변 사람들을 성공으로 이끄는 방법을 확실히 이해할 수 있다. 협업에서 기버가 무엇을 효과적으로 해내는지 완전히 이해하려면 먼저 그들과 테이커를 비교해보는 것이 중요하다.

창의적인 건축가들을 대상으로 한 연구는 우리의 고정관념과 달리 기버가 테이커를 뛰어넘는 참신한 아이디어를 내놓는 것은 물론, 어떻게 해서든 그 생각을 관철하는 데 소질이 있음을 보여준다. 그렇다면 그들은 그렇게 하면서 아무런 대가도 치르지 않을까?

위대한 업적은 어떻게 탄생하는가

프랭크 로이드 라이트(Frank Lloyd Wright)는 20세기 인물 중 '탁월한 창의력'의 상징과도 같은 존재다. 그는 1991년 미국 건축협회로부터 미국 역사상 가장 위대한 건축가로 인정받았다. 실제로 그의 업적은 대단히 화려하다. 그는 피츠버그 근처에 있는 유명한 폴링워터 하우스(Fallingwater house, 폭포 근처에 건물을 지은 게 아니라 폭포 위에 집을 얹어 자연과 조화를 이룬 걸작으로 유명하다-역주)와 구겐하임 박물관을 비롯해 1,000개 이상의 건축물을 설계했고, 그중 절반가량이 실제로 지어졌다. 70년간 현역으로 활동하며 10년마다 140개를 설계하고 70개의 건축물을 지은 셈이다.

20세기의 첫 25년 동안 많은 작품을 남긴 그는 1924년을 시작으로 9년간 침체기에 빠졌다. 사회학자 로저 프리드란드(Roger Friedland)와 건축가 해롤드 젤먼(Harold Zellman)은 "1925년에는 라이트의 작품이 LA에 지은 집 몇 채로 줄었다"[6]고 말한다. 라이트의 경력을 연구한 심리학자 에드 드 생토뱅(Ed de St. Aubin)은 그가 "1924년에서 1933년 사이에 프로젝트를 단 두 개밖에 완수하지 못하는 침체기를 겪었다"[7]고 했다. 그 9년 동안 라이트의 생산성은 평균보다 35배나 낮았다. 첫 2년 동안에는 의뢰가 단 한 건도 없었다. 건축 비평가 크리스토퍼 호손(Christopher Hawthorne)은 라이트가 "직업적으로 허우적거리고 있었다"[8]고 말한다. 전기작가 브렌단 길(Brendan Gill)은 "전 세계적으로 유명한 프랭크 로이드 라이트도 1932년까지는 단지 실업자였을 뿐"[9]이라고 기록했다. 그가 마지막으로 완수한 작업은 1929년 조카가 의뢰한 집이었고 "그는 계속 빚더미에 올라앉아 식료품 살 돈"을 마련하는 데 급급했다. 도대체 무엇 때문에 미국 역사상 최고의 건축가가 그 지경까지 몰락했을까?

라이트는 앞서 말한 '미국에서 가장 창의적인 건축가 마흔 명'에 선정돼 매키논의 창의력 연구에 참가해달라는 부탁을 받았다. 그는 참가를 거절했지만 매키논의 연구 결과가 보여주는 창의적인 건축가의 '초상화'는 라이트와 꼭 빼닮았다.

물론 라이트의 디자인은 그 자체만 보면 매우 인도주의적이다. 그는 건축계에 '유기적인 건축물'이라는 개념을 도입해 인간과 주거환경의 조화를 꾀했다. 그런데 그는 다른 사람들을 대할 때는 테이커로 변모했다. 전문가들은 라이트가 견습생 시절에 독립적으로 일하지 않겠다는 계약을 어기고 불법으로 설계한 집이 최소한 아홉 채는 된다고 믿는다. 라이트는 불법으로 일한 사실을 숨기려고 친구를 설득해 자신이 설계한 집 몇 채의 계약서에 자기 대신 서명하게 했다고 전해진다. 또한 그는 자기 아들 존에게 몇몇 프로젝트에서 조수로 일하면 임금을 주겠다고 약속했다. 일을 끝낸 존이 임금을 요구하자 라이트는 아들이 태어났을 때부터 지금까지 키우는 데 든 비용을 항목별로 정리해 총액을 청구하는 고지서를 보냈다.

저 유명한 폴링워터 하우스를 설계할 때 라이트는 일을 몇 달이나 지연시켰다. 참다못한 의뢰인 에드가 카우프만(Edgar Kaufmann)이 진척 상황을 확인하기 위해 직접 140마일이나 운전하고 가면서 전화를 걸자, 라이트는 이미 집을 다 지었다고 말했다. 그러나 카우프만이 도착했을 때 라이트는 집은 고사하고 아직 설계조차 끝내지 못하고 있었다. 결국 라이트는 카우프만의 따가운 눈총을 받으며 몇 시간 동안 작업해 세부적인 디자인까지 완성했다.

당시 카우프만은 라이트에게 주말에 머물 별장을 지어달라고 의뢰하며, 가족과 함께 즐겨 찾는 나들이 장소에 있는 폭포를 감상할 수 있게 해달라고 요청했다. 하지만 라이트의 생각은 달랐다. 그는 폭포 꼭대기에 있는 바위 위에 집을 지으려 했고, 그렇게 하면 집에서는 폭포를 볼 수 없었다. 그는 카우프만이 그 설계를 받아들이리라 확신하며 12만 5,000달러를 청구했다. 계약서에 명시된 3만 5,000달러의 세 배가 넘는 금액이었다. 그가 기버였다면 그처럼 고객의 기대를 마음대로 저버릴 수 있었을까? 또한 고객이 자신의 설계를 받아들이도록 열심히 설득하기는커녕 아무렇지도 않게 추가요금까지 청구할 수 있었을까? 완전히 새롭게 설계해 고객에게 팔려고 한 라이트의 뻔뻔함은 테이커의 사고방식에서 비롯된 것이다.

흥미로운 것은 라이트를 9년간이나 슬럼프에 빠뜨린 것 역시 폴링워터 하우스라는 걸작을 만들게 한 그 이기적인 성향이라는 점이다. 1911년까지 20여 년 동안 라이트는 일리노이 주 시카고와 오크파크에서 공예가와 조각가들의 도움을 받으며 건축가로 이름을 알렸다. 그런 다음 1911년에 그는 멀리 위스콘신 밸리의 사유지에 도제교육 캠프 탤리에신(Taliesin)을 설계했다. 그는 다른 사람의 도움 없이 혼자서도 잘해낼 수 있다고 믿었기에 그곳으로 이사했다. 그러나 브렌단 길은 시간이 흐르면서 라이트가 자신을 오랫동안 '피할 수 없는 게으름' 속으로 몰고 갔다고 말한다. 탤리에신에서는 재능 있는 견습생을 만날 수가 없었다. 드 생토뱅은 다음과 같이 말했다.

"탤리에신을 만들며 그가 스스로 선택한 고립은 그의 삶에 필수적인 요소들을 빼앗아버렸다. 설계를 완성하도록 도와줄 재능 있는 일꾼들과 건축 의뢰 말이다."

라이트의 작품 가뭄은 그가 독립을 포기하고 다시 뛰어난 협력자들과 함께 일하기 시작할 때까지 계속되었다. 그렇다고 라이트 스스로 고립을 포기한 것은 아니었다. 그의 아내 올기반나(Olgivanna)가 다시 견습생들과 함께 일하라고 설득한 덕분이다. 1932년 견습생들이 합류하자 생산력은 치솟았고, 그는 수많은 사람이 현대 건축사에서 최고의 작품으로 꼽는 폴링워터 하우스를 설계했다.

라이트는 약 25년 동안 도제 프로그램을 운영했지만 자신이 견습생들의 도움에 크게 의존하고 있다는 사실은 쉽게 인정하지 않았다. 심지어 그는 견습생들에게 임금도 주지 않고 요리와 청소, 현장 작업까지 시켰다. 라이트의 견습생이던 에드가 타펠(Edgar Tafel)은 당시의 일을 들려주었다.

"그는 위대한 건축가였습니다. 그러나 설계를 완성하려면 나 같은 사람들의 도움이 필요했지요. 아무도 그에게 그 사실을 말할 수는 없었지만 말입니다."

라이트의 사례는 창의적인 성취를 개인의 공로로 돌리는 우리의 성향과, 진정 위대한 업적은 공동 작업으로 탄생한다는 현실 사이에 간극이 있음을 보여준다. 이 간극이 꼭 창의적인 영역에만 나타나는 것은 아니다. 겉보기에 완전히 지적 능력에만 의존할 것 같은 작업에서도 우리가 생각하는 것 이상으로 주변 사람들이 성공을 좌우한다.

만들어진 스타

하버드대학 교수진은 지난 10년 동안 심장외과 전문의와 투자은행의 증권 분석가들을 대상으로 연구를 진행했다. 두 집단 모두 환자의 심장혈관을 잇고, 복잡한 정보를 정리해 증권투자 전략을 수립할 만큼 머리가 비상한 지식노동자다. 경영학의 대가 피터 드러커에 따르면 "지식노동자는 제조업에 종사하는 육체노동자와 달리 생산수단을 직접 보유한다. 즉, 머릿속에 지식을 넣어두고 필요할 때면 언제든 꺼내 쓸 수 있다." 그러나 그 지식을 머릿속에 넣는 것은 그리 쉬운 일이 아니다.

연구를 진행한 로버트 허크먼(Robert Huckman)과 개리 피사노(Gary Pisano) 교수는 외과 전문의가 수술 경험을 통해 더 나아질 수 있는지 조사했다.[10] 미국의 경우 외과의사는 보통 여러 병원에서 시술한다. 허크먼과 피사노는 심장외과 전문의 203명이 각기 다른 마흔세 개 병원에서 2년간 집도한 수술 3만 8,577건을 추적 조사했다. 이때 연구진은 환자 중 평균 3퍼센트가 수술 중에 사망하는 관상동맥우회로 이식술에 초점을 맞췄다.

자료를 분석한 허크먼과 피사노는 놀라운 패턴을 발견했다. 전체적으로 외과 전문의는 수술을 거듭해도 실력이 나아지지 않았고, 자신이 근무하는 '특정 병원'에서 시술할 때만 더 좋은 결과를 냈다. 자신이 근무하는 병원에서 시술하면 환자의 사망률이 1퍼센트 떨어졌지만, 다른 병원으로 옮기면 사망률이 원래대로 돌아갔다. 다른 병원에서는 의사들이 제 실력을 발휘하지 못했다는 얘기다. 그렇다고 자신이 근무하는 병원에서 의사들의 관상동맥우회로 이식술 실력이 나아지는 것은 아니다. 다만 자신의 강점과 약점, 습관 및 수술 방식을 잘 아는 간호사나 마취과 의사들과 함께할 때 더 익숙하게 솜씨를 발휘할 뿐이다. 환자의 생명을 구하는 그 익숙함은 다른 병원으로 가져갈 수 없다. 결론적으로 말해 환자의 사망률을 낮추려면 외과의사가 수술팀과 밀접한 관계를 맺어야 한다.

허크먼과 피사노가 병원 자료를 수집하는 동안 하버드대학의 한

편에서는 금융 분야에서 비슷한 연구를 진행했다.[11] 투자은행에서 일하는 증권 분석가는 수익을 예측하고 특정 회사의 주식 매수 전략을 금융 회사에 조언한다. 스타 분석가는 누구와 함께 일하느냐와 관계없이 자기 뜻대로 능력을 발휘할 만한 뛰어난 지식과 전문기술을 갖추고 있다는 것이 일반적인 생각이다. 투자연구소에서 임원으로 일하는 프레드 프렌켈(Fred Fraenkel)의 설명을 들어보자.

"투자 분석가는 월스트리트의 직장인 중에서 가장 이동이 자유롭습니다. 자신의 전문지식을 어디든 가져갈 수 있기 때문이지요. 고객층도 변하지 않습니다. 인명록과 자료만 있으면 어디서든 일할 수 있습니다."

보리스 그로이스버그(Boris Groysberg)는 이 가정을 확인하기 위해 9년 동안 서로 다른 일흔여덟 개 회사에서 일한 주식 및 고정수익증권 분석가 1,000명 이상을 조사했다. 이때 그는 투자자문기관 고객 1,000명의 예상 수입, 산업 부문에 대한 전문지식, 서면 보고서, 서비스 및 투자 상품 선택 그리고 고객의 요구에 얼마나 빨리 반응하는가를 토대로 투자 분석가의 능력을 평가했다. 여든 개 산업 부문에서 각각 스타 분석가로 뽑힌 상위 세 명의 수입은 200~500만 달러였다. 그로이스버그 연구팀은 분석가가 회사를 옮겼을 때 실적이 어떻게 변하는지 추적했다. 9년 동안 9퍼센트에 해당하는 366명이 회사를 옮겼고, 연구진은 그 자료를 토대로 스타 분석가가 새 직장에서도 계속 성공가도를 달렸는지 확인했다.

흔히 스타 분석가는 자신의 능력만으로 그 자리에 올랐다고 생각하지만, 연구 결과 실적은 갖고 다닐 수 있는 게 아니었다. 스타 분석가가 다른 회사로 옮기면 실적이 떨어지고 최소 5년 이상 그 상태에 머물렀다. 이직 첫해에 1위를 차지할 확률은 5퍼센트 줄었고, 2위를 차지할 확률은 6퍼센트 낮아졌으며 3위를 기록할 확률도 1퍼센트 떨어졌다. 반대로 순위에 들지 못할 확률은 6퍼센트 상승했다. 이직하고 5년이 지난 다음에도 스타 분석가가 1위를 차지할 확률은 5퍼센트 더 낮았고, 순위에 들지 못할 확률은 8퍼센트 더 높았다. 이에 따라 스타 분석가를 고용한 회사는 평균 2,400만 달러 정도 손해를 보았다. 그로이스버그 연구팀은 프렌켈이나 업계 관계자가 믿는 것과 달리 "스타 분석가를 고용하는 것은 분석가의 실적으로 보든 회사의 시장 가치로 보든 좋을 게 없다"는 결론을 내렸다.

단, 어떤 스타 분석가는 회사를 옮기고도 계속해서 성공가도를 달렸다. 그들은 자기 팀과 함께 회사를 옮겼다! 혼자 이직한 스타 분석가는 1위를 차지할 확률이 5퍼센트에 불과하지만, 팀과 함께 이직한 스타 분석가는 1위를 차지할 확률이 10퍼센트로 이직하기 전과 달라지지 않았다.

그로이스버그 연구팀이 진행한 또 다른 연구에서는 팀과 부서에 능력을 갖춘 동료들이 있을 때, 스타 분석가가 최고 실적을 유지할 가능성이 더 크다는 사실이 드러났다. 스타 분석가는 새로운 아이디어와 정보를 얻을 때 뛰어난 동료들에게 의존하고 있었다.

이처럼 스타 분석가와 심장외과 전문의는 자신을 잘 알거나 뛰어난 능력을 갖춘 동료들과의 협업에 크게 의존한다. 만약 프랭크 로이드 라이트가 테이커보다 기버에 더 가깝게 행동했다면, 수입과 평판이 바닥으로 곤두박질친 9년을 피할 수 있었을까? 메이어의 사례는 이 질문에 대한 답이 '그렇다'라고 알려준다.

기버가 일하는 방식은 어떻게 다른가

1987년, 레터맨 영화 대본을 쓰기 위해 방송 일을 그만둔 메이어는 홀로 뉴욕을 벗어나 콜로라도 주 볼더로 이사했다. 라이트와 마찬가지로 그도 스스로 고립되었지만, 다행히 그는 성공하려면 다른 사람의 도움이 필요하다는 사실을 인식하고 있었다. 그동안 거둔 성과가 혼자서 해낸 것이 아니라 남들과 상호의존적으로 일한 결과임을 깨닫고 있었던 것이다. 실제로 사람들을 웃게 하는 그의 능력은 동료 희극작가들과 함께하면서 발휘된 부분도 크다. 그는 〈군인〉 첫 호를 낼 때 친구 및 동료들에게 연락해 참여하게 했다. 메이어의 얘기를 들어보자.

"난 협업이 매우 아름다운 일이라고 생각합니다. 코미디에서는 더욱 그렇지요. 재미있는 사람들이 함께 모이면 보기 드문 시너지 효과가 나옵니다. 혼자서는 절대로 떠올릴 수 없었을 농담을 하게 되지요."

메이어와 라이트를 나란히 놓고 보면 기버와 테이커가 성공에 대해 얼마나 다르게 생각하는지 드러난다. 라이트는 시카고에서 숙련된 팀과 함께 발휘한 자신의 천재적인 건축 능력을 주위에 아무도 없는 위스콘신에서도 발휘할 수 있을 거라고 생각했다. 라이트 집안의 가훈은 '세상과 맞서는 진실'로 이는 서양 문화에서 아주 익숙한 주제다.

스탠퍼드대학의 심리학자 세 명의 연구[12]에 따르면 미국인은 독립성을 힘의 상징으로 보고, 상호의존성을 나약함의 신호로 받아들인다. 자신이 남보다 뛰어나며 완전히 다른 존재라고 여기는 테이커가 특히 그렇다. 테이커는 남에게 지나치게 의존하면 너무 약해져 상대를 능가할 수 없다고 믿는다. 라이트처럼 뛰어난 팀을 버려두고 혹은 새로 합류할 팀의 실력을 고려하지 않고 혼자 투자은행을 떠난 스타 분석가는 이런 함정에 빠진 셈이다.

반면 기버는 상호의존성이 나약함의 상징이라는 관념을 거부한다. 오히려 상호의존을 힘의 원천으로 보고 여러 사람의 능력을 이용해 더 훌륭한 결과를 낳는 방법으로 여긴다. 상호의존성에 대한 이러한 생각은 메이어가 사람들과 함께 일하는 방식에 막대한 영향을 끼쳤다. 그는 만약 자신이 조직 전체에 효과적으로 공헌할 경우 모두가 더 좋은 결과를 내리라는 것을 알고 자신을 희생해 동료들을 지원했다.

1980년 중반, 메이어는 여러 작가와 함께 〈새터데이 나이트 라이브(Saturday Night Live)〉 프로그램의 대본을 집필했는데, 그는 자기 대본을 무대에 올리려는 작가들의 치열한 경쟁이 '다원주의적'이었다고 말했다.

"프로그램 한 회당 열 꼭지의 대본이 필요한데 테이블 위에는 보통 마흔 꼭지 가까이 올라가 있었죠. 전쟁이나 다름없었습니다. 그래서 나는 그냥 좋은 협력자가 되려고 했지요."

마돈나 같은 대스타가 출연할 예정이면 그의 동료들은 닥치는 대로 아이디어를 짜내 제출했다. 메이어도 거기에 동참했지만 그는 상대적으로 덜 유명해 작가들의 관심을 끌지 못하는 출연자를 위해 더 많이 노력했다. 메이어는 화려하지 않은 초대손님을 위해 재미있는 대본을 짜는 것을 자신의 책무로 삼았다. 프로그램에서 그를 가장 필요로 할 때가 그런 순간이었기 때문이다.

"그저 좋은 병사가 되고 싶었을 뿐입니다. 사람들이 흥미를 느끼지 못하는 곳이 있다면, 그곳에서 내 게임을 시작해야 한다고 생각했습니다."

작가들 사이에서 가장 인기 있는 일은 전통적으로 이야기의 첫 대본을 쓰는 것이다. 자신의 창작품이라는 도장을 찍을 수 있기 때문이다. 메이어는 수많은 아이디어를 내놓긴 했지만 첫 대본을 집필하는 경우는 드물었다. 그는 자신의 능력을 다른 사람을 뒤치다꺼리하는 데 썼다. 다른 사람이 써낸 이야기를 수정하고 고쳐주는 궂은일을 도맡으며 여러 달을 보낸 것이다.

이것은 기버가 협업할 때 보이는 전형적인 모습이다. 그들은 자신의 이익이 아니라 조직 전체에 가장 큰 이익을 주는 일을 맡아서 한다. 덕분에 조직 전체의 형편이 더 좋아진다. 영업팀, 제지공장 직원, 레스토랑 등을 대상으로 한 수많은 연구에서 기버가 더 많은 조직의 상품 및 서비스가 양과 질에서 훨씬 뛰어나다는 사실이 밝혀졌다. 그렇다고 그 대가가 조직에만 돌아가는 것은 아니다. 애덤 리프킨과 마찬가지로 기버는 파이를 크게 키워 조직 전체와 함께 자신도 더 큰 이익을 얻는다.

넓게 보면 시간과 지식을 동원해 규칙적으로 동료를 돕는 사람이 더 많이 벌고 더 빨리 승진한다는 연구[13]는 은행에서 제조공장에 이르기까지 광범위한 영역에서 이뤄졌다. 팀 롱의 말을 들어보자.

"내가 볼 때 메이어는 〈심슨 가족〉이라는 작품을 위해 자신을 희생했습니다. 그는 프로그램을 위해 최선을 다하는 것이 자신을 위해서도 가장 좋다는 사실을 직관적으로 이해하고 있었습니다."

양보하면 얻게 되는 것들

등산 분야에서는 메이어의 행동을 '탐험 행동(expedition behavior)'[14]이라고 일컫는다. 이것은 미 항공우주국(NASA)의 우주비행사를 포함해 수많은 사람에게 자연 교육을 제공하는 '국립 야외 휴양 지도자 학교(NOLS)'가 만든 용어다. 탐험 행동이란 집단의 목적과 사명을 먼저 생각하고 자신과 타인에게 똑같은 정도로 관심을 쏟는 것을 말한다. 지구 궤도를 400번 넘게 비행한 NASA의 우주왕복선 조종사 제프 아슈비(Jeff Ashby)의 설명을 들어보자.

"탐험 행동이란 이기심을 버리고 넓은 마음으로 나보다 팀을 먼저 생각하는 것입니다. 우리가 우주 공간에서 임무를 완수하는 데 무엇보다 큰 역할을 하는 것이 탐험 행동입니다."

NOLS에서 리더십을 지도하는 존 카넨기터(John Kanengieter)는 탐험 행동에 대해 이렇게 덧붙인다.

"탐험 행동은 제로섬 게임이 아닙니다. 당신이 양보하면 더 많이 얻을 수 있습니다."

메이어의 성공은 부분적으로 파이를 더 크게 키움으로써 찾아왔다. 프로그램의 성공에 더 많이 기여할수록 팀 전체가 나눌 성공의 크기도 커졌다. 그뿐 아니라 메이어의 탐험 행동은 그를 바라보는 동료들의 시선도 바꿔놓았다.

기버는 자신의 이익보다 전체의 이익을 우선시하며 자신의 제1목표가 조직을 이롭게 하는 것임을 보여준다. 그 결과 함께 일하는 사람들의 존경을 얻는 것은 물론 테이커도 그와 경쟁할 필요를 느끼지 못한다. 매처는 그에게 빚을 졌다고 느끼고 기버는 그를 자신과 같은 사람으로 본다. 1998년부터 〈심슨 가족〉 작가팀에 합류한 돈 페인(Don Payne)의 얘기를 들어보자.

"누군가가 자기 원고를 뜯어고치거나 다시 쓰고 있으면 늘 메이어가 가서 도와주었습니다. 그는 언제나 원고를 더 좋게 만들어주었지요. 그게 사람들의 마음을 사로잡았습니다. 모두가 그를 존경하고 존중했지요."

메이어는 선의를 베풀고 사람들이 싫어하는 일을 자발적으로 도맡았으며 동료 작가들에게 조언을 아끼지 않았다. 덕분에 그는 아무도 불안에 빠트리지 않고도 코미디에 관한 자신의 재능을 마음껏 펼칠 기회를 얻었다.

미네소타대학의 연구자 김유진과 테레사 글롬(Theresa Glomb)은 재능이 뛰어난 사람은 스스로 반감을 사고 남을 화나게 해 배척당하며, 타인의 질투를 유발해 자기 기반을 약화시키는 경향이 있음을 발견했다.[15] 하지만 재능 있는 사람이 이타적일 경우에는 등 뒤에 적을 두는 일이 없다. 오히려 기버는 조직에 기여한 바를 인정받는다. 메이어는 동료들이 하기 싫어하는 일을 맡음으로써 질투심을 유발하지 않고도 특유의 재치와 유머감각으로 환하게 빛날 수 있었다. 그가 질투를 유발하지 않으면서도 자기 능력을 발휘하자, 동료들은 그의 천재적인 재능을 신뢰하고 존경하기 시작했다. 팀 롱은 이렇게 말한다.

"사람들은 그가 개인적인 목적을 위해서만 움직이지 않는다는 걸 깨닫기 시작했습니다. 누구도 그의 경쟁자가 될 수 없었죠. 그는 믿음이 가고 창의력이 뛰어난 다른 차원의 사람이었습니다."

심리학자 에드윈 홀랜더(Edwin Hollander)는 고전이 된 자신의 논문[16]에서, 사람들이 조직 내에서 너그럽게 행동하면 '이디어싱크러시 크레디트(idiosyncrasy credits, 개인 신용 점수)'를 얻는다고 주장한다. 이디어싱크러시 크레디트란 조직 구성원의 마음속에 누적되는 어느 한 개인의 긍정적인 인상을 말한다. 어떤 조직에든 매처의 사고방식을 지닌 사람이 가장 많다. 그들은 보통 마음속으로 구성원 각자와의 손익 대조표를 만든다. 그중 누군가가 호의를 베풀어 이디어싱크러시 크레디트를 얻으면 매처는 그에게 조직 규범이나 기대에서 일탈할 자격을 준다. 버클리대학의 사회학자 로브 윌러가 한마디로 요약했듯 "조직은 개인의 희생을 보상해준다."[17]

메이어는 〈심슨 가족〉 작가팀과 함께 일하며 엄청난 이디어싱크러시 크레디트를 쌓았다. 덕분에 그는 자유롭게 아이디어를 제시하고 프로그램을 창의적인 방향으로 전환할 권한을 얻었다. 메이어는 자신의 경험을 들려주었다.

"그런 신뢰를 쌓아서 좋았던 점 중 하나는 내가 완전히 낯선 무언가를 시도하고자 할 때 사람들이 최소한 한 번쯤은 진지하게 고려해준다는 점이었습니다. 나중에는 내 원고를 처음과 달리 많이 고치려고 하지도 않더군요. 내가 꽤 좋은 성적을 냈다는 걸 아니까요. 또 사람들이 내게 나쁜 의도가 없다는 것을 알아주었다고 생각합니다. 그게 효과가 컸습니다."

메이어의 경험과 별도로, 기버가 기존의 관념을 뒤집는 아이디어를 내놓았을 때 추가 점수를 얻는다는 사실을 보여주는 연구 결과도 있다.[18] 나는 샤론 파커(Sharon Parker), 캐서린 콜린스(Catherine Collins)와 함께 진행한 연구에서 테이커가 무언가 개선책을 내놓을 때 동료들은 그의 의도를 의심하며 자기 잇속만 챙기는 의견으로 평가절하한다는 사실을 발견했다. 반면 기버가 위험한 아이디어를 제시했을 때는 전체에 기여하고자 하는 진솔한 마음에서 나온 의견임을 알기에 동료들도 그 말을 경청하고 지지해주었다. 캐롤린 오마인이 웃으며 말했다.

"작가실에 있는 메이어는 그냥 '좋은 사람'이 아니에요. 좀 더 강렬한 표현이 필요해요. 하지만 가끔은 메이어도 강하게 밀고나갔죠. 그건 그가 상황을 바로잡으려고 그만큼 애쓰고 있다는 뜻이에요."

팀 롱도 메이어와 함께 일하던 시절을 회상하며 말했다.

"자신보다 남을 더 배려하는 사람이라는 명성을 얻으면 일종의 마법 같은 힘이 생깁니다. 그 혜택은 헤아릴 수 없이 다양한 방법으로 자신에게 되돌아가지요."

남들이 빛나야 나도 빛난다

메이어는 쇼 비즈니스 업계 내부에서는 대단한 명성을 얻었지만 바깥세상에는 그다지 이름이 알려지지 않았다. 할리우드에서는 이 문제를 손쉬운 방법으로 해결한다. 작가들은 가급적 많은 TV 프로그램 크레디트 타이틀(credit title, 프로그램 맨 앞이나 뒤에 제작자, 감독, 출연진, 작가 등의 이름을 나열한 자막-역주)에 이름을 올려 프로그램의 아이디어와 장면이 자신의 창조물임을 알린다.

메이어는 〈심슨 가족〉의 에피소드를 300개 이상이나 만들고 수정했지만 할리우드의 관행에 저항하는 뜻으로 단 열두 편에만 작가로서 이름을 올렸다. 메이어가 아이디어를 내고 농담을 만들어낸 나머지 수백 개의 에피소드에는 동료 작가들의 이름이 올라갔다. 팀 롱은 내게 말했다.

"메이어는 〈심슨 가족〉 크레디트 타이틀에 이름을 올리려 하지 않았습니다. 자기가 아이디어를 냈으면서도요. 사람들은 대개 어떤 아이디어를 내면 그걸 지키려고 애쓰는데 메이어는 자기 아이디어를 남에게 줘버리고 이름도 올리지 않았어요. 그는 아이디어 생산 기계였지만 10년간 단 한 번도 자기 이름을 올리지 않은 적도 있습니다. 그중 엄청난 양이 그의 머리에서 나왔는데도 말입니다."●

메이어는 명성을 얻을 기회를 포기함으로써 사람들의 눈에 띄지 않았다. 그렇다면 그는 자기 노력을 인정해달라고 요구해야 했을까? 프랭크 로이드 라이트에게는 인정을 독점하는 것이 확실히 어울린다. 라이트는 탤리에신에서 모든 서류에 자기 이름을 대표 건축가로 기재할 것을 고집했다. 견습생이 프로젝트를 이끌었을 때도 말이다. 그는 자기 이름을 맨 위에 올리고 모든 서류에 자신의 승인을 받지 않으면 사기죄로 고소하겠다고 견습생들을 위협했다.

메이어의 사례와 비교하면 라이트는 남들에게 인정을 요구하고 심지어 공적을 빼앗아 독차지했음에도 불구하고 건축가로서 성공했다는 결론에 도달한다. 메이어는 공적을 차지하지 않음으로써 단

● 여기서는 비록 메이어에게 초점을 맞추고 있지만, 〈심슨 가족〉 시리즈는 언제나 여러 사람의 협업으로 이뤄졌음을 밝히고자 한다. 메이어는 특히 〈심슨 가족〉 역사상 다른 작가들의 거의 두 배에 해당하는 60여 개의 에피소드를 집필한 존 슈바르츠벨더(Joh Swartzwelder)를 극찬했다. 조엘 코엔(Joel Cohen), 존 프린크(John Frink), 댄 그리니(Dan Greaney), 알 진(Al Jean), 팀 롱, 이안 맥스톤 그라함(Ian Maxtone-Graham), 캐롤린 오마인, 돈 페인(Don Payne), 맷 셀먼(Matt Selman) 그리고 존 비티 등 다른 공로자도 각자 여러 편을 집필했다. 메이어는 이들 외에도 많은 창작자, 작가, 프로듀서, 만화가 들이 〈심슨 가족〉 성공에 크게 기여했다고 지적한다.

기적으로 명성을 누릴 기회를 잃었지만 그는 조금도 개의치 않았다. 그래도 그는 책임 프로듀서에게 인정을 받아 〈심슨 가족〉 시리즈로 에미상을 여섯 개나 받았다. 메이어는 크레디트 타이틀에는 모두의 이름이 올라가도 남을 만큼 충분한 자리가 있다고 생각했다.

"대본에 너무 많은 이름이 적혀 있으면 권위가 떨어진다고 보는 사람이 많습니다. 모두가 밥그릇 하나에 달려들어 나눠 먹으려 한다고 느낀다는 거죠. 사실은 전혀 그렇지 않습니다. 크레디트 타이틀은 제로섬 게임이 아닙니다. 모두가 올라가도 충분한 자리가 있습니다. 그곳에서 남들이 빛난다면 당신도 빛나는 겁니다."

시간이 흐르자 메이어가 옳았음이 밝혀졌다. 그는 단기적으로는 희생했지만 결국 마땅한 인정을 받았다. 메이어는 데이비드 오언이 잡지 〈뉴요커〉에 '가장 웃기는 TV 프로그램 뒤에 숨은 가장 웃긴 사나이'라는 제목으로 메이어를 소개한 2000년까지, 할리우드 밖에는 사실상 전혀 알려지지 않았다. 오언이 인터뷰한 〈심슨 가족〉 시리즈의 주요 작가들은 하나같이 메이어를 찬양하기에 바빴다. 팀 롱의 말처럼 나도 "메이어는 난처해하겠지만 그의 미덕을 칭찬할 수 있어서 엄청나게 행복"하다.

승리를 독식한 죄

매처는 공동 작업에서 기버에게 보너스를 주는 만큼 테이커에게는 세금을 부과한다. 마테이 세르네(Matej Cerne)가 슬로베니아 기업들을 대상으로 진행한 연구[19]에서는 동료들에게 정보를 감추는 사람은 창의적인 아이디어를 내지 못하는 것으로 드러났다. 동료들이 그와 똑같이 정보를 공유하지 못했기 때문이다. 1948년에 소아마비 백신을 개발한 의학자 조너스 소크(Jonas Salk)의 사례를 살펴보자.

1949년 존 엔더스(John Enders), 프레더릭 로빈스(Frederick Robbins), 토머스 웰러(Thomas Weller)는 소아마비 바이러스를 성공적으로 배양해 살아 있는 바이러스를 기반으로 한 백신을 대량생산할 수 있게 했다. 그리고 1952년에는 피츠버그대학의 소크 연구실에서 효과가 있는 것으로 밝혀진 백신이 개발되었다. 바로 그해에 미국 역사상 소아마비가 가장 심하게 유행했다. 5만 7,000명 이상이 바이러스에 감염되었고 사망자가 3,000명을 넘어섰으며, 2만여 명이 마비 증세를 보였다.

이후 3년 동안 소크의 스승 토머스 프랜시스(Thomas Francis)는 소크의 백신 임상시험을 지휘하며, 자원봉사자 22만 명과 학교 관계자 6만 4,000명 그리고 의료 분야 전문가 2만 명의 도움을 받아 어린이 1,800만 명에게 백신을 투약했다. 마침내 1955년 4월 12일 프랜시스는 미시건 주 앤아버에서 나라 전체에 희망의 물결을 선사하는 선언을 했다. 소크의 백신은 "안전하고 효율적이며 효능이 있다!" 백신은 힘겨운 소아마비 구제 모금 운동을 통해 2년에 걸쳐 전국으로 퍼져 나갔고, 소아마비 발병률은 거의 90퍼센트나 급감했다. 1961년에는 미국 전역에서 소아마비 발생 건수가 161건에 지나지 않았다. 백신은 전 세계에서 똑같은 효과를 냈다.

조너스 소크는 전 세계적인 영웅이 되었지만, 역사적인 1955년의 기자회견을 통해 과학자들 사이에서 자신의 평판과 인간관계를 심각하게 위협하는 고별사를 하고 말았다. 그는 엔더스, 로빈스, 웰러가 한 중대한 공헌을 인정하지 않았다. 세 사람이 이미 1년 전에 소크의 연구진이 개발한 백신을 대량생산할 수 있는 길을 열어준 혁신적인 연구로 노벨상을 받았음에도 말이다. 더욱 어리둥절했던 것은 소크의 연구소에서 막대한 공헌을 한 연구자 바이런 베넷(Byron Bennett), 퍼시벌 바젤리(Percival Bazeley), L. 제임스 루이스(L. James Lewis), 줄리어스 영거(Julius Youngner), 엘시 워드(Elsie Ward) 그리고 프랜시스 유로치코(Francis Yurochko) 등 여섯 명의 공로에 대해 한마디도 하지 않았다는 점이었다.

소크의 연구팀은 눈물을 흘리며 기자회견장을 떠났다. 역사가 데이비드 오신스키(David Oshinsky)는 자신의 저서 《미국의 소아마비 이야기(Polio: An American Story)》에서 이렇게 말했다.[20]

"소크는 한 번도 자기 연구실의 동료들을 인정하지 않았다. 꽉 들어찬 객석에 자랑스럽게 앉아 있던 연구실의 동료들은 모욕감을 느끼며 고통스러웠을 것이다. …… 피츠버그에서 소크와 함께 일한 사람들은 …… 소크가 영광을 기려주기만 기다리고 있었다. 그것은 그들이 마땅히 받아야 할 찬사였지만 이미 한참이나 기한이 지나버렸다."

매처의 시선으로 볼 때 이는 옳은 이야기다. 소크의 동료 중 한 사람은 기자에게 토로했다.

"처음에 그는 아버지와 같은 모습이었습니다. 지금은 사악한 아버지의 모습입니다."[21]

훗날 줄리어스 영거가 특히 심한 모욕감을 느꼈음이 드러났다. 그는 오신스키에게 누구나 자신이 한 일을 인정받고 싶을 거라며 '엄청난 충격'이었다고 고백했다. 모욕감은 그들의 관계에 균열을 일으켰다. 1957년 소크의 연구실에서 나온 영거는 바이러스학과 면역학에 몇 가지 중요한 공헌을 했다. 1993년 그들은 마침내 피츠버그대학에서 마주쳤고 영거는 그동안 쌓인 감정을 털어놓았다.

"우리는 객석에 앉아 있었습니다. 당신의 가장 가까운 동료이자 헌신적인 조력자들 말입니다. 우리는 당신과 같은 목표를 꿈꾸며 열심히 충직하게 일했습니다. 당신이 당신의 동료들을 영원히 눈에 보이지 않는 사람으로 만들어버린 순간, 우리가 얼마나 큰 충격을 받았는지 아십니까?"

영거는 소크가 "당시의 기억을 떠올리고는 눈에 띄게 당황하며 제대로 대답하지도 못했다"고 회상했다. 조너스 소크가 공적을 독차지한 그 순간은 평생 그를 따라다니며 문제를 일으켰다. 그가 설립한 소크 생물학 연구재단에서는 계속해서 연구자 수백 명이 인도적 과학의 한계를 초월하려 애썼다. 하지만 훗날 에이즈 백신 개발에 실패하는 등 생산성이 시들해졌고 소크 자신은 동료들로부터 소외당했다. 그는 소아마비 예방에 큰 기여를 했음에도 불구하고 노벨상을 받지 못했고 명망 있는 미국 국립과학아카데미에도 뽑히지 못했다.● 오신스키에 따르면 "시간이 흐르면서 저명한 소아마비 연구자들은 거의 모두 국립과학아카데미에 입성했다. 하지만 조너스 소크는 예외였다. …… 누군가가 말했듯 소크는 과학계의 '불문율'을

● 많은 관계자가 그 '공적 독식' 사건과 관련된 소크의 대외적인 발언이 그가 미국 국립과학아카데미에 들어가지 못한 주된 이유라고 믿는다. 그러나 그가 왜 노벨상을 받지 못했는지에 대해서는 논란이 계속되고 있다. 몇몇 과학자는 비록 소아마비 백신이 인류의 건강에 말할 수 없는 공헌을 한 것은 사실이지만, 근본적인 과학 지식에 공헌한 바는 없기 때문이라고 주장한다.

깨트렸다." 그 불문율은 '누군가에게 공로를 돌려야 한다'는 것이다. 영거의 말을 빌리면 "사람들은 소크가 겉치레만 좋아하고 상상할 수 있는 최악의 배신을 했다며 그를 깊이 원망했다."

반면 소크는 동료들이 지나치게 질투심에 사로잡혀 있다고 생각했다. 그는 그 사건에 대해 극도로 말을 아꼈지만 다음과 같이 말한 적은 있다.

"누군가가 뭔가를 이뤄내 인정을 받으면 경쟁자들은 이런 식으로 반응하는 경향이 있다. 나는 앤아버에서 아무런 타격도 받지 않았다."22

소크는 끝내 동료들의 공로를 인정하지 않은 채 1995년 세상을 떠났다. 그로부터 10년이 지난 2005년, 피츠버그대학은 소아마비 백신 50주년을 기념하는 행사를 열었다. 영거가 참석한 가운데 에이즈 연구자이자 조너스 소크의 아들인 피터 소크(Peter Salk)는 마침내 기록을 바로잡았다.

"그것은 한 사람만의 업적이 아니었습니다. 그것은 숙련되고 헌신적인 팀이 이룬 성과입니다. 모두가 힘을 모아 노력한 결과였습니다."23

조너스 소크는 프랭크 로이드 라이트와 똑같은 실수를 범했다. 그는 자신이 상호의존적이지 않고 독립적인 사람이라고 생각했다. 그 결과 메이어처럼 신용 점수를 높이기는커녕 공적을 독식한 죄로 동료들로부터 벌을 받았다.

소크는 왜 소아마비 백신 개발에 동료들이 공헌한 바를 인정하지 않았을까? 테이커가 흔히 그렇듯 어쩌면 그는 자신의 성과를 빈틈없이 지키려 했던 것인지도 모른다. 사실은 그보다 더 설득력 있는 대답이 따로 있다. 그는 동료들에게 '인정받을 자격이 있다'는 생각을 미처 하지 못했다. 왜 그랬을까?

책임 편향

이 수수께끼를 이해하기 위해 잠시 캐나다로 떠나보자. 캐나다의 심리학자들이 부부의 기여도를 알아보기 위해 조사한 연구 결과를 보기 위해 말이다. 당신의 결혼생활이나 가장 최근의 연애를 떠올려보라. 저녁식사 준비, 데이트 계획, 쓰레기 버리기, 갈등 해결 등 관계를 유지하는 데 필요한 노력 중에서 당신은 몇 퍼센트를 책임졌는가?

예를 들어 당신이 55퍼센트를 책임진다고 해보자. 그렇다면 당신의 배우자는 45퍼센트를 책임진다고 해야 두 사람의 추정치 합계가 100퍼센트가 된다. 물론 현실은 그처럼 딱딱 맞아떨어지지 않는다. 심리학자 마이클 로스(Michael Ross)와 피오레 시콜리(Fiore Sicoly)는 부부 네 쌍 중 세 쌍의 부부관계 기여도 추정치 합이 100퍼센트를 훨씬 넘는다는 사실을 발견했다. 이러한 현상을 '책임 편향(responsibility bias)'[24]이라고 한다. 이는 관계에서 자신이 상대에게 공헌하는 정도를 부풀리는 것을 말한다. 이것은 특히 테이커가 범하기 쉬운 실수로, 자신을 긍정적으로 보거나 그렇게 보여주고자 하는 욕망이 부분적으로 원인을 제공한다.

이 관점에서 조너스 소크는 확실히 스포트라이트를 피하지 않았다. 오신스키의 말을 들어보자.

"소크의 가장 탁월한 재능은 자신이 명예에 정말로 관심이 없는 척 행동할 줄 알았다는 점이다. …… 기자와 사진기자들은 소크가 항상 투덜거리면서도 결국 인터뷰나 사진 촬영에 응한다는 걸 알았다. 그는 기자들에게 시간을 너무 빼앗으면 안 된다고 경고했을지도 모른다. 아마 그는 무언가 중요한 일을 하는데 기자들이 방해했다고 투덜대며 의례적인 항의를 한 다음, 충분한 편의를 제공했을 것이다."

'책임 편향'에는 보다 강력하고 설득력 있는 요인이 또 있다. 그것은 바로 정보의 불일치다. 우리는 남들의 공헌보다 자신의 공헌을 더 잘 알고 있다. 우리는 우리가 얼마나 노력했는지 확실히 알지만 배우자의 노력은 일부만 목격할 뿐이다. 누구에게 공로를 인정받을 자격이 있는지 생각할 때 우리는 자신에 대한 정보를 더 많이 갖고 있다. 실제로 자신과 배우자가 무엇을 했는지 목록을 작성하라고 하면, 자신이 한 일은 평균 열한 개를 쓰지만 배우자가 한 일은 여덟 개밖에 쓰지 못한다.

소크는 소아마비 백신을 연구하는 과정에서 자신이 흘린 피땀과 눈물은 똑똑히 기억했지만, 동료들이 무엇을 했는지는 상대적으로 잘 알지 못했다. 그는 정말로 영거를 비롯한 나머지 팀원들이 무엇을 했는지 몰랐다. 그리고 엔더스와 로빈스, 웰러가 노벨상을 안겨준 발견에 몰두할 때 소크는 그곳에 없었다.

링크드인의 창업자 리드 호프먼은 "사람들은 나쁜 의도가 아닐 때도 자기 공로를 지나치게 높이 평가하고 다른 사람의 공로를 낮추어보는 경향"이 있다고 말한다. 이러한 책임 편향은 공동 작업을 실패로 몰아가는 주된 요인이다. 사업적인 관계는 사업가, 개발자, 투자자 그리고 운영진이 자신이 합당하게 인정받지 못한다거나 수익을 공평하게 분배받지 못한다고 느낄 때 산산조각 난다. 할리우드에서는 1993년~1997년만 해도 400편 이상의 시나리오가 저작권 중재에 들어갔다. 사실 이것은 제출된 이의신청의 3분의 1 정도에 불과한 양이다.

만약 당신이 테이커라면 주는 것보다 더 많이 받는 것이 당신의 주된 동기일 것이다. 이는 당신이 공헌한 것을 하나하나 조심스럽게 헤아린다는 뜻이다. 테이커는 동료들이 한 일은 간단히 무시해버리고 자신이 최고의 공로자라고 믿는다.

하지만 메이어는 책임 편향을 극복했다. 〈심슨 가족〉은 수많은 단어를 영어사전에 등재했는데, 그중 가장 유명한 것은 호머 심슨이 정신적, 육체적으로 괴로운 일을 당했을 때 외치는 감탄사 'D'oh(아뿔싸)!'다. 메이어는 그 단어를 창안하지는 않았지만 〈심슨 가족〉의 등장인물이 남의 손에서 무언가를 낚아챌 때 내뱉는 'yoink(하하)'이라는 낱말을 만들어냈다.

유머잡지 〈크랙트(Cracked)〉는 2007년 〈심슨 가족〉 시리즈에 나왔던 최고의 단어를 특집으로 다뤘다.[25] 그때 최고의 단어로 뽑힌 것은 시리즈 여섯 번째 시즌에 처음 등장한 'meh(시시해)'로, 이는 철저한 무관심을 의미한다. 'meh'는 맥밀런('무슨 일이 일어나든 상관하지 않음 혹은 무언가에 특별한 관심이 없을 때 쓰는 표현'), 딕셔너리닷컴('지루함 또는 무관심의 표현'), 콜린스 영어사전('무관심이나 지루함을 나타내는 감탄사. 형용사로 쓰일 때는 무언가가 썩 좋지는 않다거나 어떤 사람이 그다지 인상적이지 않다는 의미') 등 수많은 사전에 등재되었다. 몇 년 전, 〈심슨 가족〉의 작가 중 한 명이 'meh'가 처음 등장할 때의 에피소드를 상기시켜주었을 때 메이어는 깜짝 놀랐다.

"그는 내가 그 에피소드를 만들었다고 말하며 'meh'는 내 작품이라고 했어요. 나는 당시의 일을 까맣게 잊고 있었는데요."

나는 팀 롱에게 'meh'를 만든 사람이 누구냐고 물어보았다. 그는 조금도 망설이지 않고 메이어라고 대답했다.

"메이어가 'meh'를 만들었다고 확신합니다. 지금은 어디에서나 쓰이죠. 그게 〈심슨 가족〉 대본에서 시작되었다는 걸 아는 사람은 별로 없지만 말입니다."

작가들과 이런저런 대화를 나눈 끝에 결국 메이어가 당시의 상황을 기억해냈다.

"가장 짧게 발음할 수 있는 쉬운 단어를 찾으려 애쓰고 있었지요. 호흡을 하듯 입술을 떼고 공기를 내뱉는 정도로요."

메이어는 왜 자신의 공헌을 제대로 기억해내지 못한 걸까? 기버인 그는 자신의 공로를 인정받는 것보다 사람들을 즐겁게 해준다는 공동의 목적을 달성하는 데 초점을 맞추고 있었다. 누가 더 많이 기여했는가를 따지는 게 아니라 대본의 전체적인 질을 높일 생각에만 몰두한 것이다.

"그런 것은 농구로 치면 어시스트라고 할 수 있습니다. 누군가 '조지 메이어, 그건 당신 거야'라고 말해도 나는 정말로 그런 줄을 모르고 있었지요. 나는 내가 무얼 했는지 잘 기억하지 못하는 경향이 있습니다. 그래서 '내'가 언제 이런저런 일을 했다는 말을 아예 하지 않습니다. 늘 '우리'가 이런저런 일을 했다고 말하지요. 나는 개인적으로 그런 습관을 들이는 게 좋다고 생각합니다."

실패해도 괜찮은 분위기

연구에 따르면[26] 테이커와 매처도 이 습관을 들이는 것이 그리 어렵지 않다. 우리가 남의 공보다 자신의 공을 더 잘 알기 때문에 책임 편향이 생긴다는 사실만 기억해도 한결 수월하다. 판단할 때 균형을 잡는 열쇠는 남이 어떤 공헌을 하는지 주의를 기울이는 데 있다. 자기가 어떤 기여를 하는지 추정하기 '전에' 상대방의 공로를 목록으로 작성해보기만 해도 좋다. 직장인의 경우 자신이 상사에게 얼마나 도움을 받았는지 생각하기 전에 자신이 그들을 위해 얼마나 공헌했는지 먼저 생각할 때, 자신의 공헌을 17퍼센트 이하에서 33퍼센트 이상으로 두 배 더 높게 추산한다고 한다. 또 다른 연구에서는 3~6명으로 구성된 팀원에게 자신이 전체 업무량의 몇 퍼센트를 해내는지 물어보았다. 그들의 대답을 모두 더하자 140퍼센트가 넘었다. 이번에는 같은 질문을 하기 전에 먼저 팀원 각각의 공헌도를 물어본 다음, 각자 자신의 공헌도라고 말한 것을 더하자 총합이 123퍼센트로 떨어졌다.

메이어 같은 기버는 다른 사람이 어떤 기여를 하는지 주의 깊게 살펴본다. 심리학자 마이클 맥콜(Michael McCall)은 설문지를 작성하게 해서 사람들이 기버인지 테이커인지 평가한 다음, 두 사람씩 짝을 지어 사막에서 살아남기 위해 꼭 필요한 물건을 고르게 했다.[27] 그리고 그들의 선택과 상관없이 무작위로 팀의 절반에게는 살아남는 데 실패했다고 하고, 나머지 절반에게는 무사히 살아남았다고 말했다. 그 결과 테이커는 실패는 상대 탓으로, 성공은 자기 공으로 돌렸다. 반면 기버는 실패의 책임은 자신이 지고, 성공의 공로는 상대에게 돌렸다.

여기서 기버의 행동이 바로 메이어의 작업 방식이다. 그는 일이 잘못되었을 때는 믿기 힘들 정도로 자신에게 엄격하고, 일이 잘 풀리면 즉시 다른 사람에게 축하를 전했다. 팀 롱은 작품이 시원치 않으면 메이어가 몸이 상할 정도로 괴로워했다고 말한다. 메이어는 농담 하나하나가 사람들을 웃게 하고 때론 생각하게 하기를 원했다. 그는 자신에게든 남에게든 똑같은 잣대를 들이댔지만 남들의 실수에는 훨씬 더 관대했다.

신인 시절, 메이어는 〈이것은 뉴스가 아닙니다(Not Necessarily the News)〉라는 프로그램에서 6주 만에 해고당했다. 그로부터 20년 후 그는 자신을 해고한 상사와 우연히 마주쳤다. 그녀는 그를 해고한 것은 명백한 실수였다고 사과하며 메이어가 화를 낼까 봐 잔뜩 긴장했다. 메이어는 기분 좋게 웃으며 그 일화를 들려주었다.

"그녀를 다시 만난 건 정말 재미있는 일이었습니다. 나는 '괜찮아요. 지금 우리를 보세요. 앙금은 남아 있지 않아요'라고 말했죠. 할리우드에는 적의 얼굴을 쓰레기더미에 처박는 걸 즐기는 사람들도 있지요. 그건 정말 공허한 짓이죠. 그런 사람들이 우리를 해치려고 드는 건 끔찍한 일입니다."

〈심슨 가족〉 원고를 수정할 때도 메이어는 자신보다 남에게 더 관대하게 대해 다른 작가들에게서 최고의 아이디어를 이끌어냈다.

"나는 모든 사람이 자신이 무언가 기여할 수 있다고 느끼도록 만들고 싶었습니다. 특히 여러 번, 자주 여러 번 실패해도 개의치 않을 만큼 부드러운 분위기를 만들려고 노력했지요."

메이어가 동료 작가들에게 주고자 한 것은 응징이나 처벌받을 걱정 없이 위험을 무릅써도 된다는 믿음으로, 이를 '심리적 안전감'이라고 한다. 하버드 경영대학 교수 에이미 에드먼슨(Amy Edmondson)의 연구[28]는 사람들이 심리적으로 안전한 환경에서 더 많이 배우고 혁신을 이룬다는 사실을 잘 보여준다.• 흔히 기버는 메이어처럼 그러한 환경을 조성한다.

자신의 아이디어를 아무런 대가도 기대하지 않고 다른 사람과 공유하는 기술자가 혁신을 이루는 데 중추적인 역할을 할 가능성이 더 크다는 연구 결과[29]도 있다. 그들이 아무렇지도 않게 정보를 교환함으로써 그것을 안전한 일로 여기는 분위기가 조성되기 때문이다. 돈 페인은 친구 존 프린크와 함께 〈심슨 가족〉 작가팀에 합류했을 때, 처음에는 뛰어난 전문가들 앞에서 주눅이 들었지만 메이어 덕분에 자유롭게 아이디어를 내놓을 수 있었다고 말한다.

"메이어는 믿을 수 없을 정도로 힘을 주는 사람입니다. 우리를 그의 날개 아래 거둬주었죠. 덕분에 팀에 참여하고 어울리기가 아주

● 심리적 안전감에 어두운 면도 있을까? 실수를 참아주면 얼마든지 실수를 해도 괜찮다는 메시지를 전하는 셈이라고 믿는 경영자가 많다. TV 시트콤에서는 그런 실수가 큰 재앙을 부르지는 않는다. 그러나 생사를 다투는 상황, 예를 들어 병원 같은 곳을 생각해보라. 에드먼슨은 병원의 여덟 개 부서 직원들에게 직장에서 얼마나 심리적 안전감을 느끼는지, 치료와 관련된 실수를 얼마나 자주 하는지 물어보았다. 그 결과 심리적 안전감이 클수록 실수 빈도가 확실히 더 높았다. 의료 분야에서는 자신의 실수를 용서받을 수 있다고 믿는 부서가 환자에게 약을 잘못 전달해 치료를 더디게 하거나 알레르기 반응을 일으킬 위험이 더 컸다. 그렇다면 실수를 참아줄 경우 사람들이 안이해져 실수를 더 자주 한다는 믿음은 직관적으로 일리가 있는 걸까? 에드먼슨은 심리적으로 안전할수록 사람들이 실수를 더 편안하게 보고하는 것일 뿐, 실수 자체가 늘어나는 것은 아니라고 봤다. 그녀가 의료진의 실수에 관한 자료를 좀 더 객관적으로 조사해본 결과, 심리적 안전감이 높은 부서가 실제로 더 많은 실수를 범하는 건 아니었다. 오히려 심리적 안전감이 높을수록 실수 빈도는 낮았다. 이것은 뭘 의미하는 걸까? 심리적 안전감이 부족한 부서의 의료 전문가는 처벌이 두려워 자신의 실수를 숨긴다는 얘기다. 결과적으로 그들은 자신의 실수로부터 무언가를 배우지 못한다. 반면 심리적 안전감이 높은 부서에서는 실수를 공유함으로써 같은 일이 반복되지 않게 한다.

쉬웠습니다. 그는 자유롭게 아이디어를 내놓도록 우리를 독려했고 깎아내리는 일은 전혀 없었습니다. 또한 그는 항상 경청하며 우리의 의견을 물어보았지요."

원고를 수정할 때 초고를 쓴 작가가 마음에 상처를 받거나 말거나 무자비하게 손을 대는 작가들도 많다. 그와 반대로 메이어는 다른 사람을 감정적으로 북돋워주는 데 전문가가 되려고 노력했다. 자기 원고가 대폭 잘려 나가는 걸 보고 마음 깊이 상처를 받는 작가가 있으면 메이어는 가서 위로를 해주고 마음을 진정시켜주었다.

"나는 언제나 곤경에 처한 사람들을 보살폈습니다. 공황 상태에 빠진 사람들을 자주 위로해주었죠. 그러면서 사람들의 마음을 다독이고 상황을 새로운 시각으로 바라보게 하는 데 능숙해졌습니다."

인식의 공백

책임 편향을 극복하면 다른 사람의 공헌도를 보다 분명하게 이해할 수 있다. 그럴 경우 감정이 격해져 비판을 모욕적으로 받아들일 수 있는 상황에서도 함께 일하는 동료를 지원해줄 수 있을까? 공적을 나누는 것은 성공적인 공동 작업의 한 부분일 뿐이다. 메이어는 동료 작가들의 기획이 채택되지 않았을 때, 그들이 심리적 안전감을 느끼도록 편안한 환경을 조성할 줄 알았다. 이러한 능력은 기버가 남과 함께 일할 때 보여주는 또 하나의 중요한 특징이다. 이는 바로 인식의 공백(The Perspective Gap)[30]을 극복하고 세상을 바라보는 능력이다.

노스웨스턴대학의 심리학자 로란 노드그렌(Loran Nordgren)이 이끈 실험에서 실험 참가자들은 다섯 시간 동안 냉동실에 앉아 있으면 얼마나 괴로울지 예측해보았다. 일부 참가자는 그 질문을 따뜻한 환경에서 받았고 또 다른 참가자들은 추운 환경에서 받았다. 다시 말해 한 그룹은 따뜻한 물이 가득 담긴 양동이를, 다른 그룹은 얼음물 양동이를 품에 안고 있었다. 냉동실이 더 고통스러우리라고 예측한 그룹은 어느 쪽일까? 이미 짐작했겠지만 얼음물 양동이를 안고 있던 쪽이었다. 얼음물 양동이를 안고 있던 그룹이 따뜻한 물이 담긴 양동이를 안고 있던 그룹보다 14퍼센트 더 많았다. 실제로 몇 분간 추위를 경험한 사람은 그 고통이 몇 시간이나 계속되면 얼마나 끔찍할지 잘 이해했다.

그런데 이 실험에는 전혀 다른 환경에서 추위를 체험한 뒤 질문에 응답한 세 번째 그룹이 있었다. 그들은 얼음물 양동이를 안고 있다가 내려놓고 10분간 실험과 상관없는 내용의 설문지를 작성했다. 이어 그들은 냉동실에 들어가면 얼마나 고통스러울지 예측해보라는 질문을 받았다. 연구진은 이들이 10분 전의 추위를 기억해내고 얼음물 양동이를 안고 있다가 대답한 그룹과 비슷한 대답을 하리라고 예상했다. 하지만 결과는 그렇지 않았다.

그들의 대답은 따뜻한 물이 담긴 양동이를 안고 있던 그룹과 일치했다. 불과 10분 전까지만 해도 추위에 떨었지만 일단 추위에서 벗어나자 그들은 그 고통을 더 상상하지 못했다. 이것이 바로 '인식의 공백'이라고 불리는 현상이다. 인간은 정신적이든 육체적이든 무언가 강렬한 상태를 당장 경험하고 있지 않으면, 그것이 자신에게 끼칠 영향을 엄청나게 과소평가한다. 예를 들면 의료진은 항상 자기 환자들이 겪는 고통을 훨씬 낮춰서 생각한다는 증거가 있다. 의료진이 직접 고통을 겪지 않는 한 환자가 어떤 상태에 있는지 완전히 이해하기란 불가능하다.

샌프란시스코의 한 병원에 환자를 몹시 걱정하는 존경받는 종양학과 전문의가 있다. 그 병원에 전이성 암을 앓는 어느 나이 많은 환자가 있었는데, 그 종양학과 전문의는 정확한 진단을 내려 환자의 생명을 연장시키겠다는 생각에 척추천자(뇌척수액 채취)를 실시하기로 했다.

"그 환자는 이제 예전처럼 정신이 맑지 못합니다. 뇌에 종기가 생겼거나 뇌막염에 걸렸을지도 모릅니다. 그건 치료할 수 있어요."

마침 당직 중이던 신경과 전문의 로버트 버튼(Robert Burton)[31]은 고개를 갸웃했다. 치료 전망이 어두운 환자에게 극도로 고통스러운 척추천자를 실시하는 게 의아했기 때문이다. 그러나 종양학과 전문의는 아직 포기할 마음이 없었다. 버튼이 척추천자 장비를 가지고 환자에게 다가가자 환자의 가족이 막아서며 더는 환자를 괴롭히지 말라고 말했다. 너무 쇠약해져 말할 기운조차 없는 불치병 말기 환자는 척추천자를 거부한다는 뜻으로 간신히 고개만 끄덕였다.

버튼은 종양학과 전문의를 호출해 환자의 가족이 척추천자에 반대한다고 설명했다. 종양학과 전문의는 물러서지 않았다. 마지막에는 환자의 부인이 버튼의 팔에 매달려 종양학과 전문의의 척추천자 계획을 말려달라고 애원했다.

"그건 우리가 원하는 게 아니에요."

종양학과 전문의는 여전히 환자를 구해내겠다는 결정을 굽히지 않았다. 그는 왜 척추천자를 꼭 해야 하는지 열심히 설명했고 환자와 가족은 끝내 항복하고 말았다. 버튼은 의사에게도 어렵고 환자에게는 대단히 고통스러운 척추천자를 시행했다. 환자는 엄청난 두통을 겪다가 의식불명에 빠졌고 사흘 후 암으로 사망했다. 종양학과 전문의는 자기 분야에서 매우 뛰어난 전문가였지만, 버튼은 그를 "자기가 '선한 행동'이라고 믿는 것을 무비판적으로 받아들이는 것의 위험성을 가르쳐준 사람"으로 기억한다고 했다.

"환자에게 물어보고 귀 기울여 듣지 않으면 무엇이 선한 행동인지 제대로 알 수 없습니다."

테이커는 공동 작업에서 이러한 인식의 공백을 여간해서는 뛰어넘지 못한다. 자신의 관점에만 지나치게 초점을 맞추는 그들은 다른 사람이 자신의 생각에 어떻게 반응하고 어떤 의견을 제시하는지 끝내 제대로 보지 못한다. 반면 짐 베리(Jim Berry)와 나는 창작 작업을 할 때 기버는 다른 사람을 이롭게 할 목적으로 상대의 관점에서 생각하려 애쓴다는 사실을 발견했다.[32]

메이어도 〈심슨 가족〉 만화가와 작가의 작품을 편집할 때 인식의 공백과 마주쳤다. 그는 동료들이 가장 좋아하는 장면과 농담을 잘라내고 자기 것은 남겨두었다. 그러다가 자신이 동료들이 느끼는 것을 똑같이 느끼지 못했다는 걸 깨닫고 해결책에 가까운 대안을 찾아냈다. 그는 상대의 입장에 서서 자기 작품에 대해 그런 피드백을 받고 그처럼 수정을 당하면 어떤 기분일지 느껴보려 애썼다.

1989년 〈심슨 가족〉 작가팀에 처음 합류한 메이어는 꿈이 연속적으로 이어지는 내용이 담긴 추수감사절 에피소드를 썼다. 그는 꿈이 연속되는 것이 재미있다고 생각했지만, 당시 프로그램 책임자이던 샘 사이먼은 그렇지 않았다. 사이먼이 대본에서 꿈과 관련된 장면을 잘라내자 메이어는 몹시 화가 났다.

"벌컥 화를 냈지요. 내가 어찌나 흥분했던지 사이먼은 나에게 다른 일을 시킬 수밖에 없었습니다. 방에서 나가라는 거였죠."

메이어는 만화가 혹은 작가의 작품을 비판하거나 고쳐야 할 때마다 그때의 경험을 떠올린다.

"다른 사람이 내 작품을 수정했을 때 느끼는 내장을 후벼 파내는 듯한 기분을 기억해내죠."

이러한 자세는 남에게 더욱 공감하고 사려 깊은 사람이 되게 해주었다. 사람들은 고통스러운 마음을 가라앉히고 메이어가 수정한 내용을 받아들였다.

메이어 같은 기버는 사고의 틀을 상대의 관점으로 전환한다. 물론 처음부터 자연스럽게 그러한 관점에서 생각할 수 있는 사람은 드물다. 결혼이나 출산 선물을 하려 할 때 흔히 경험하는 일반적인 딜레마를 한번 생각해보자. 받는 사람이 받고 싶은 선물 목록을 작성했을 경우 당신은 그 목록에서 하나를 고르겠는가, 아니면 자신만의 독특한 선물을 준비하겠는가?

어느 날 내 아내가 친구에게 줄 결혼 선물을 고르고 있었다. 아내는 친구가 작성한 '받고 싶은 선물 목록'에 없는 것을 주는 게 더 사려 깊고 배려하는 행동이라 생각해서 촛대를 선물로 보냈다. 친구가 예상치 않던 선물을 받으면 더 기뻐하리라 여긴 것이다. 솔직히 나는 혼란스러웠다. 몇 년 전 결혼 선물을 받았을 때 우리가 작성한 목록에 없는 독특한 선물들을 보고 실망한 기억이 있었기 때문이다. 사실 자신이 직접 고른 물건보다 더 마음에 드는 것을 다른 사람이 알아서 선물하는 일은 매우 드물다. 그럼에도 아내는 어떤 특정한 물건을 선물했다. 자기가 받는 입장일 때는 선물 목록에 있는 물건을 선호한 아내가 주는 입장이 되자 자기만의 독특한 선물을 고르려 한 이유는 무엇일까?

이 수수께끼를 풀기 위해 하버드대학의 프란체스카 지노(Francesca Gino)와 스탠퍼드대학의 프랭크 플린이 손을 잡고 연구를 진행했다.[33] 그들은 선물을 주는 사람과 받는 사람이 목록에 있는 선물과 독특한 선물에 어떻게 반응하는지 조사했다. 그 결과 주는 사람은 받는 사람이 목록에 있는 선물을 받고 기뻐하는 정도를 일관적으로 낮게 평가했다.

또 다른 실험에서는 아마존닷컴을 통해 선물을 받거나 남에게 선물할 사람 아흔 명을 선발했다.[34] 이때 받는 사람은 24시간 안에 20~30달러의 물건 열 개를 골라 받고 싶은 선물 목록을 작성해야 한다. 남에게 선물할 사람은 목록을 보고 거기서 하나를 고르거나 자기가 알아서 다른 물건을 선택해 보내줄 수 있다. 실험에서 남에게 선물하는 사람은 받는 사람이 예상치 못한 선물을 받았을 때 더 사려 깊고 인간적인 선물로 여길 것으로 기대했다. 그런데 결과는 정반대로 나타났다. 받는 사람은 목록에 있는 선물을 받았을 때 훨씬 더 기뻐하며 감사했던 것이다.

친구들끼리 결혼이나 출산 선물을 주고받을 때도 마찬가지다. 주는 사람은 독특한 선물을 하고 싶어 하지만, 받는 사람은 자신이 직접 목록에 올린 물건을 선호한다. 왜 그럴까? 연구 결과에 따르면 우리가 다른 사람의 입장에 서서 생각할 때도 '이런 상황이라면 나는 어떻게 느낄까?'라고 자문하며 자신의 틀로 사고하기 때문이다. 다시 말해 자신이 그 선물을 받았을 때 얼마나 기쁠지 상상한다는 얘기다. 받는 사람이 느끼는 기쁨은 당연히 우리의 상상과는 다르다. 그들에겐 그들의 선호도가 있기 때문이다. 선물을 하면서 내 아내는 자신이 고른 촛대를 무척 마음에 들어 했다. 그러나 아내의 친구가 그 촛대를 아내처럼 좋아했다면 진즉에 선물 목록에 올렸을 것이다.•

다른 사람의 눈으로 세상을 바라보는 능력

동료를 효과적으로 도와주려면 먼저 자신의 사고의 틀에서 한 걸음 벗어나야 한다. 메이어가 그랬던 것처럼 '이 상황에서 저 사람은 어떻게 느낄까?'라고 자문해볼 필요가 있다. 다른 사람의 눈으로 세상을 바라보는 능력은 어린 시절에 형성된다. 버클리대학의 심리학자 베티 레파츌리(Betty Repacholi)와 앨리슨 고프닉(Alison Gopnik)은 실험을 위해 14개월과 18개월 된 아기들 앞에 과자를 담은 접시와 브로콜리를 담은 접시를 하나씩 두었다.[35] 음식을 하나씩 맛본 아기들은 브로콜리보다 과자를 훨씬 더 좋아했다. 이번에는 연구진이 아기들 앞에서 음식을 맛보며 과자를 먹을 때는 역겹다는 표정을 짓고, 브로콜리는 아주 맛있게 먹었다. 그런 다음 연구진은 아기들에게 손을 내밀어 음식을 좀 나눠달라고 했다. 아기들은 과자를 주든 브로콜리를 주든 마음대로 선택할 수 있었다. 아기들은 자신의 관점에

● 아내의 친구가 그토록 아름답고 정교한 촛대가 있는 줄 몰랐다면, 아내는 친구가 선물을 받고 기뻐하는 모습을 볼 수도 있다. 만약 알았다면 선물 목록에 촛대를 넣었을지도 모른다. 결국 내 아내가 옳았다.

서 벗어나 연구자에게 자신이 싫어하는 브로콜리를 주었을까?

14개월 된 아기는 그러지 않았지만 18개월 된 아기는 연구자에게 브로콜리를 주었다. 14개월 된 아기들은 87퍼센트가 브로콜리 대신 과자를 주었다. 18개월 된 아기들은 단 31퍼센트만 그런 결정을 내렸다. 이처럼 한 살 반만 되면 69퍼센트가 상대의 기호를 이해하고 받아들일 수 있다. 상대가 자기와 다른 걸 좋아하더라도 말이다.

내 관점에 얽매이지 않고 다른 사람의 관점을 상상하는 능력은 기버가 협업에서 발휘하는 고유의 기술이다.● 흥미롭게도 처음 코미디 작가로 일을 시작했을 때 메이어는 공동 작업에서 동료들을 도와주려 애쓰면서도 상대의 관점에서 생각하는 능력은 발휘하지 않았다. 처음에 그는 동료 작가들을 경쟁자로 보았다.

"처음에는 다른 사람이 당신의 성공을 가로막는 걸림돌로 보일 겁니다. 그것은 그저 당신의 세계가 걸림돌로 가득 차 있다는 뜻일 뿐입니다. 그건 기분 좋은 일이 아니죠. 젊은 시절에는 내 동료나 친

● 장남으로 태어난 메이어는 자랄 때 상대의 관점에서 생각하는 훈련을 할 기회가 아주 많았다. 나이 어린 형제가 있는 사람은 동생을 가르치고 보살피고 먹이고 씻기는 등의 경험을 통해 기버의 능력을 계발한다는 사실을 보여주는 연구들[36]이 있다. 전문가들은 나이 많은 형제, 특히 장남이나 장녀는 동생들을 돌볼 책임을 떠맡는데 이때 동생들이 무엇을 원하고 필요로 하는지 그리고 그것이 자신이 원하는 것과 얼마나 다른지 세심하게 주의를 기울여야 한다는 사실을 오래 전부터 인식한다고 말한다. 그런데 프랭크 로이드 라이트와 조너스 소크도 장남이었다. 라이트에게는 여동생이 두 명 있었고, 소크에게는 남동생이 둘 있었다. 메이어의 가정환경에는 그를 기버의 방향으로 이끈 다른 무언가가 있었다. 네덜란드 심리학자 폴 반 랑게(Paul Van Lange)가 수행한 일련의 연구에서 기버는 테이커와 매처보다 동생이 더 많다는 사실이 드러났다. 기버에게는 평균 두 명의 동생이 있었고, 테이커와 매처의 동생은 평균 1.5명이었다. 동생이 더 많으면 기버가 되는 경향이 있다는 뜻이다. 메이어가 8남매 중 장남이라는 것도 우연은 아닐 것이다. 반 랑게의 자료는 단순히 동생이 몇 명 있는지 뿐 아니라 여동생이 있는지도 중요하다는 흥미로운 사실을 말해준다. 기버는 테이커와 매처보다 남동생이 더 많지는 않았지만 여동생이 있을 확률은 50퍼센트나 더 높았다. 메이어의 동생 일곱 명 중 다섯 명이 여동생이라는 점도 주목할 만하다.

구, 심지어 아주 가까운 친구라도 무언가 떠들썩한 성공을 이루면 견디기 어려웠습니다. 질투를 느꼈죠. 그들의 성공이 내게는 다소 상처가 되었습니다. 사회생활을 처음 시작할 때 자신이 앞으로 나아가고 승진하는 데 관심이 쏠리는 건 당연합니다."

그런데 방송작가로 일을 하다 보니 계속해서 같은 사람들과 마주쳤다. 방송작가 세계가 매우 좁고 서로 밀접하게 연결되어 있기 때문이다.

"난 이곳이 아주 작은 연못이라는 걸 깨달았습니다. TV 코미디 작가로 생계를 잇는 사람이 한 시기에 몇 백 명도 되지 않으니까요. 그들과 멀어지지 않기로 한 건 정말 좋은 생각이었습니다. 일자리는 대개 입소문으로 전해지고 또 추천을 통해 얻으니까요. 좋은 평판을 얻는 건 정말 중요합니다. 나는 다른 코미디 작가들을 동지로 보는 법을 재빨리 배웠습니다."

메이어는 다른 사람의 성공을 응원하기 시작했다.

"이건 제로섬 게임이 아닙니다. 누군가가 파일럿 프로그램에 채용되거나 그들 중 하나가 시리즈로 제작된다는 소문이 들리면 그건 어떤 의미에서 아주 좋은 일입니다. 코미디가 잘 팔린다는 뜻이니까요."

이것은 프랭크 로이드 라이트가 걸었던 길과는 거리가 멀다. 그는 의심의 여지가 없는 천재였지만, 천재를 만드는 사람은 아니었다. 라이트의 성공은 다른 건축가들의 성공에 도움을 주기는커녕 오히려 그들의 노력을 토대로 이룬 성공이 대부분이었다. 라이트의 아들 존이 돌이켜본 것처럼 라이트는 "자신의 이상을 고수하며 건물을 잘 지어냈다. 그러나 똑같은 성취를 이루고 싶어 하는 다른 사람들을 지원하지는 않았다." 드 생토뱅은 "라이트의 견습생 수백 명 중 독립적인 개업 건축가로 눈에 띄게 성공한 사람이 몇 안 된다는 건 놀라운 일"이라고 말한다.

메이어의 성공은 동료들에게 정반대의 효과를 가져왔다. 그가 거두는 성공은 주변 사람들에게 전해지고 널리 퍼졌으며 폭포처럼 쏟아져 내렸다. 메이어의 동료들은 그를 천재라고 부르지만 놀랍게도 그는 천재를 만드는 사람이기도 했다. 메이어는 〈심슨 가족〉 작가팀이 더욱 실력 있는 작가가 되도록 도와주어 팀 전체의 능률을 배가시켰다. 돈 페인은 그가 "틀을 깨는 생각을 하도록 영감을 주어 더 좋은 작가로 거듭나게 해주었다"고 말한다. 남들이 하기 싫어하는 일을 도맡고 동료들이 더 멋진 농담을 생각해내도록 도와주며, 전체적으로 작품 수준을 높이려 오랜 시간 열심히 일하는 메이어의 자세는 곧 동료들에게 전염되었다. 하버드대학 신문의 한 기자는 "메이어의 존재가 다른 〈심슨 가족〉 작가들이 더 재능을 발휘하는 원동력이 되었다"고 말하며 "주변 사람들이 더 훌륭해지도록 영감을 주는" 메이어의 재능을 극찬했다. 존 비티도 "그는 모든 사람이 더 열심히 노력하게 만든다"고 호응한다.

메이어는 2004년 〈심슨 가족〉 집필진을 떠났고, 현재 '나를 백만 번 발로 차주지 않으면 죽어버릴 테야'라는 가제로 자신의 첫 번째 소설을 집필 중이다. 그러나 그의 영향력은 여전히 〈심슨 가족〉 작가팀에 그대로 남아 있다. 돈 페인은 지금도 "심슨의 DNA에 메이어의 목소리가 진하게 흐른다"며 "그는 성공하려고 얼간이가 될 필요는 없다는 걸 보여주었다"고 말한다. 캐롤린 오마인도 한마디 보탠다.

"우리는 메이어의 유머 감각에 엄청난 영향을 받았습니다. 이제 그는 〈심슨 가족〉 작가팀에 없지만 우리는 종종 그의 방식으로 생각합니다."

비록 같은 공간에서 함께 작업하는 것은 아니어도 메이어는 여전히 자신의 동료들을 끌어올리고 있다. 가령 팀 롱은 에미상을 다섯 번이나 받았지만 평생의 꿈은 이루지 못하고 있었다. 〈뉴요커〉에 글을 싣는 게 꿈이던 롱은 원고 초안을 작성해 메이어에게 보냈다. 메이어는 신속하게 날카로운 피드백을 주었다.

"그는 한 줄 한 줄 꼼꼼히 평가해주었습니다. 믿을 수 없을 정도로 친절했지요. 그의 피드백 덕분에 영혼 밑바닥에서부터 나를 괴롭히는데도 말로 표현할 수 없던 것들을 바로잡을 수 있었습니다."

메이어는 거기서 한 걸음 더 나아가 〈뉴요커〉 편집자에게 연락해 팀 롱이 발을 들여놓을 수 있게 도와달라고 부탁했다. 2011년, 마침내 롱은 꿈을 이루었다. 그것도 두 번씩이나.

메이어가 배포한 〈군인〉 두 번째 호의 기고자는 서른 명이었는데, 이후 그들은 모두 커다란 성공을 거두었다. 메이어는 그들을 〈군인〉 집필진으로 초대함으로써 힘차게 날아오르도록 해준 셈이다. 그는 마이크 색스에게 "난 그저 제법 웃길 줄 안다고 생각하는 사람들에게 도와달라고 말한 것뿐"이라고 말했다.

"그 친구들이 그렇게 유명해질 줄은 몰랐죠."

4장

만들어진 재능
누가, 어떻게 잠재력을 이끌어내는가

어떤 사람의 현재 모습을
있는 그대로 받아들이는 것은
그를 망치는 길이다.
그 사람의 가능성이
이미 발현되었다고 믿고 그를 대하면
정말로 그렇게 된다.

요한 볼프강 폰 괴테
독일의 작가·물리학자·생물학자·예술가

어떻게 그들은 달인이 되었을까

버락 오바마가 백악관에 입성할 때, 한 기자가 가장 좋아하는 애플리케이션이 무엇인지 물었다. 오바마는 조금도 망설이지 않고 바로 대답했다.

"아이레지(iReggie)입니다. 책, 신문, 음악을 한꺼번에 해결해주거든요."

아이레지는 소프트웨어가 아니라 장차 오바마 대통령의 오른팔이 되리라고 그 누구도 짐작하지 못했던 사람, 레지 러브(Reggie Love)[1]를 가리키는 말이다. 러브는 듀크대학 시절 미식축구와 농구팀에서 두드러진 활약을 펼친 스타 운동선수였다. 그러나 졸업하고 2년이 지나도록 프로 미식축구팀에 선발되지 못하자 진로를 바꾸었다. 듀크대학에서 행정학과 공공정책을 공부한 그는 미국 의회에서 인턴

과정을 밟기로 결정했다. 러브는 운동선수라는 배경과 부족한 경험을 극복하고 오바마 상원의원 사무실의 우편물 취급 부서에 채용되었다. 그리고 채 1년이 지나기도 전에 스물여섯 살의 젊은 나이로 오바마의 수행비서가 되었다.

러브는 하루 18시간을 일했고 오바마와 함께 여행한 거리만 해도 140만 킬로미터에 달했다. 오바마의 한마디가 그의 일상을 잘 보여준다.

"잠도 거의 자지 않고 그토록 많은 일을 한꺼번에 처리하는 그의 능력은 보기만 해도 자극이 된다. 그는 자기 분야의 달인이다."

오바마가 대통령에 당선되었을 때, 한 보좌관은 러브가 대통령을 뒷바라지했다며 그를 추켜세웠다. 러브는 시간을 쪼개 사무실에 배달된 모든 편지에 답장을 썼다. 러브는 내게 말했다.

"나는 항상 사람들을 존중하고 내가 그들의 이야기를 듣고 있다는 확신을 주고 싶었습니다."

어떤 기자는 러브가 모든 사람에게 굉장히 친절하기로 유명하다고 말했다.

그로부터 수십 년 전, 러브의 고향 노스캐롤라이나 주에서 베스 트랜햄(Beth Traynham)이라는 여성이 회계학을 공부하러 다시 학교로 돌아가기로 결심했다. 당시 30대 초반이던 베스는 숫자에 그리 강하지 못했다. 그녀는 초등학교 3학년 때까지 아날로그 시계를 보는 법도 몰랐고, 고등학교 때는 남자친구 덕분에 간신히 수학과목 낙제를 면했다. 성인이 되어서도 그녀는 백분율을 잘 이해하지 못해 애를 먹었다.

어찌어찌해서 공인회계사 시험을 보게 된 베스는 낙방을 예상하고 있었다. 수학에 자신이 없기도 했지만 공부할 시간이 너무 부족하다는 것도 문제였다. 그녀는 직장에 다니며 세 아이를 보살펴야 했는데, 그중 둘은 아직 걸음마도 떼지 못한 아기들이었다. 설상가상으로 두 아기가 시험을 치르기 2주 전에 수두에 걸리고 말았다. 하필이면 연금회계를 이해해보려고 일주일 내내 안간힘을 쓰고 있던 그때 말이다.

정신없이 사흘을 보낸 베스는 자신의 이해 수준이 처음 시작할 때보다 오히려 더 떨어져 있음을 느꼈다. 마침내 공인회계사 시험장의 책상 앞에 앉아 선다형 문항을 마주한 그녀는 머릿속이 하얘졌다.

"그 시험을 치르느니 차라리 애를 하나 더 낳는 게 낫겠다고 생각했어요."

그녀는 낙방을 확신하며 실의에 빠졌다.

1992년 8월의 어느 월요일 아침, 베스의 전화기가 수신음을 알렸다. 전화를 받자 수화기 건너편에서 그녀가 노스캐롤라이나 주 공인회계사 시험에서 금메달을 차지했다는 얘기가 들려왔다. 친구가 장난 전화를 건 모양이라고 생각한 그녀는 다음 날에야 노스캐롤라이나 주 위원회에 전화를 걸어 사실을 확인했다. 맙소사, 장난 전화가 아니었다. 주 전체에서 최고 점수를 획득한 베스는 다른 응시자 13만 6,525명을 제치고 미 공인회계사 시험에서 최고점을 기록한 열 명에게 주는 우등 합격상을 받았다. 시상식장에서 그녀는 말문이 막혀 수상소감도 제대로 말하지 못했다. 베스는 현재 휴스(Hughes), 피트먼 앤 겁턴(Pittman & Gupton), LLC 등 여러 회계 법인에서 널리 존경받는 대표 회계사다. 그녀는 가장 영향력 있는 금융계 대표 25인에 이름을 올렸고, 노스캐롤라이나 주에 있는 리서치트라이앵글 연구단지의 여성 경영자 중 가장 뛰어난 25인의 한 사람으로 뽑히기도 했다.

베스 트랜햄과 레지 러브는 서로 정반대의 삶을 살았다. 직업적으로 성공을 거뒀다는 것과 노스캐롤라이나 출신이라는 것을 빼면 두 사람을 잇는 가느다란 실은 한 가닥밖에 남지 않는다. 그것은 두 사람 모두 살아 있는 전설로 불리는 C. J. 스켄더(C. J. Skender)[2]의 제자라는 사실이다.

잠재력을 간파하는 기술

스켄더는 회계학을 가르치지만 그를 단순히 회계학과 교수라고 칭하는 것은 공정치 못하다. 그의 트레이드마크는 나비넥타이였는데, 수천 곡의 노래 제목과 영화 대사를 물어보는 대로 대답하는 독특한 사람이었다. 백발에 피부색도 하얀 그는 쉰여덟 살로 연구실에 래퍼 '50센트(미국의 힙합 뮤지션-역주)'의 포스터를 붙여놓았다. 진정한 숫자의 달인, 스켄더가 강의실에서 학생들에게 미치는 영향력은 수량화하기가 불가능하다. 그는 듀크대학과 노스캐롤라이나대학이 경쟁 관계를 접고 서로 협력하게 한 몇 안 되는 교수 중 하나다. 또한 두 학교에서 동시에 강의를 할 정도로 인기가 높다.

외형적으로 드러난 그의 경력도 상당히 화려하다. 그는 노스캐롤라이나대학에서 열네 번, 듀크대학에서 여섯 번, 노스캐롤라이나 주립대학에서 다섯 번 등 교수상을 모두 스물다섯 번이나 받았다. 지금까지 그가 개설한 강의는 600개에 가까우며, 3만 5,000명에 달하는 학생을 가르쳤다. 그처럼 학생들과 오랫동안 함께해온 그는 학생들의 특별한 재능을 알아보는 안목을 갖추게 되었다.

2004년 레지 러브는 듀크대학에서 C. J. 스켄더의 회계학 강의를 들었다. 졸업을 하기 위해 러브가 꼭 들어야 하는 여름학기 강의였다. 당시 다른 교수들은 그를 운동밖에 모르는 학생으로 평가절하했지만, 스켄더는 러브가 지닌 운동선수 이상의 잠재력을 간파했다. 스켄더는 이렇게 설명한다.

"듀크대학 미식축구 선수들이 내 수업을 듣지 않는 데는 그만한 이유가 있지요. 하지만 나는 레지에게 충분히 해낼 만한 능력이 있음을 알았습니다."

스켄더는 러브가 수업에 적극 참여하도록 신경 썼다. 그에게 해낼 만한 능력이 있다고 본 스켄더의 직감은 옳았다. 러브의 얘기를 들어보자.

"스켄더의 수업을 듣기 전까지 나는 회계에 대해 아무것도 아는 게 없었습니다. 그 시간에 배운 지식이 나에게 백악관으로 가는 길을 안내해주었지요."

오바마의 우편물 취급실에서 일할 때, 러브는 스켄더의 수업에서 배운 물품 목록 관련 지식을 활용해 엄청나게 밀려 있는 우편물을 보다 효과적으로 조직화 및 전산화하는 과정을 개발했다. 그는 그것이 자신이 '한 일 중에서 가장 잘한 일'이라고 말한다. 그 일에서 깊은 인상을 받은 오바마의 참모는 러브를 눈여겨보기 시작했다.

2011년, 러브는 와튼스쿨에서 공부하기 위해 백악관을 떠났다. 그는 스켄더에게 다음과 같은 메모를 보냈다.

"MBA 과정에 들어가려고 필라델피아행 기차에 탔습니다. 첫 수업 중에 금융회계도 있네요. 제가 교수님 수업을 들을 때 늘 격려해주셔서 감사했다는 말을 전하고 싶습니다."

앞서 소개한 베스 트랜햄은 12년 전 공인회계사 시험을 치른 뒤, 스켄더를 찾아가 시험을 망친 것 같다며 결과에 실망하지 말라고 미리 언질을 주었다. 그녀는 전 과목에서 낙제점을 받았을 거라고 짐작했지만, 스켄더는 생각이 달랐다. 스켄더는 베스가 시험에 떨어지면 대출금을 대신 갚아주겠다고 약속했다. 스켄더의 직감은 옳았다. 그렇다고 그가 베스의 능력만 제대로 간파한 것은 아니다. 그해 봄, 노스캐롤라이나 주 공인회계사 시험에서 은메달과 동메달을 획득한 응시자도 그가 가르친 제자였다. 스켄더의 학생들이 가장 높은 점수를 획득해 1~3위를 휩쓴 것이다. 노스캐롤라이나 주 공인회계사 시험 역사상 한 학교에서 메달을 모두 가져간 것은 그때가 처음이었다. 더구나 회계학은 남성이 강세를 보이는 분야였음에도 스켄더가 가르친 메달 수상자는 모두 여성이었다. 스켄더의 학생 중 역대 공인회계사 시험에서 노스캐롤라이나 주 전체 3위 안에 들어 메달을 획득한 사람은 마흔 명이 넘는다.

스켄더에게는 미래의 교사를 알아보는 안목도 있다. 덕분에 서른여섯 명 이상의 학생이 스승의 발자취를 따라 대학에서 강의를 하고 있다. 그는 어떻게 학생의 재능을 알아보는 걸까? 언뜻 순수한 직감처럼 여겨질 수도 있지만, 잠재력을 알아보는 스켄더의 능력에는 사실 엄밀한 과학적 근거가 있다.

사람들의 재능을 파악하고 육성하는 것은 모든 산업계에 필수적인 일이다. 또한 주위를 재능 있는 사람으로 가득 채우는 것은 두말할 필요 없이 매우 가치 있는 일이다. 다른 사람의 잠재력을 효율적으로 발견하는 것 역시 인맥을 쌓거나 공동 작업을 할 때와 마찬가지로 호혜의 행동양식이 결정한다. 이 장에서는 기버가 어떻게 타인의 잠재력을 정확하게 파악하는지 다루고 있다. 구체적으로 말해 스켄더의 기술을 분석하고 스카우터가 어떻게 세계 최고 수준의 운동선수를 알아보는지, 때로 사람들은 왜 잠재력이 낮은 후보에게 지나치게 투자하는지 살펴본다. 또 최고의 음악가가 말하는 그들의 첫 번째 스승에 대한 이야기도 들어본다.

뭐니 뭐니 해도 가장 좋은 출발점은 군대다. 심리학자들은 가장 재능 있는 간부 후보생을 선별하기 위해 지난 30년간 연구를 계속해왔다.

인간은 누구나 다이아몬드로 태어난다

1980년대 초반, 심리학자 도브 에덴(Dov Eden)이 놀라운 연구 결과[3]를 발표했다. 그것은 이스라엘 방위군 병사들이 훈련을 받기 전에 미리 누가 가장 뛰어난 성과를 거둘지 예측하는 연구였다.

미국에서 성장한 에덴은 박사 과정을 마친 뒤 이스라엘로 이주했고, 이스라엘 방위군에서 연구를 진행했다. 먼저 에덴은 훈련을 받으러 이제 막 소대에 도착한 1,000여 명의 훈련병을 종합적으로 평가했다. 그에게 주어진 자료는 훈련병의 적성검사 점수, 기초 훈련 성적, 전임 지휘관의 추천 등이었다. 에덴은 이런 정보만으로 병사들이 훈련을 시작하기 전에 뛰어난 병사가 될 잠재력이 풍부한 훈련병을 가려냈다.

병사들은 11주 동안 훈련을 받은 다음 전투 전술, 독도법, 작전 규정 등에 관한 전문지식을 평가하는 시험을 치렀다. 훈련 교관이 직접 무기를 다루는 능력도 평가했다. 그 결과는 어땠을까? 처음에 에덴이 잠재력이 풍부한 병사로 지목한 훈련병들이 3개월 후 동료들보다 더 뛰어난 성과를 거뒀다. 그들은 전문지식 평가에서 9퍼센트, 무기 숙련도 평가에서 10퍼센트 더 높은 점수를 기록했다.

에덴이 잠재력이 풍부한 병사를 가려내는 데 이용한 정보는 무엇일까? 당신이 이스라엘 방위군의 훈련소장이라면 병사들의 어떤 특성에 가장 높은 가치를 두겠는가?

에덴이 하버드대학 심리학자 로버트 로젠탈(Robert Rosenthal)이 이끈 고전적인 연구⁶에서 영감을 얻었다는 것을 알면 대답은 한층 쉬워진다. 로젠탈은 샌프란시스코의 한 초등학교 교장이던 레노어 제이콥슨(Lenore Jacobson)과 팀을 이뤄 연구를 진행했다. 그들은 유치원부터 5학년 사이의 열여덟 개 학급 학생들에게 하버드대학 인지 능력 평가 시험을 치르게 했다. 학습과 문제 해결 능력을 좌우하는 어휘력, 추론 능력을 객관적으로 측정하는 시험이었다. 이때 시험을 치른 학생의 20퍼센트 정도가 뛰어난 지적 잠재력을 지닌 영재로 분류되었다. 로젠탈과 제이콥슨은 시험 결과를 교사들에게 알려주면서 영재들이 당장은 큰 차이를 보이지 않더라도 학년이 끝날 때쯤이면 '비범한 성취'를 이룰 거라는 암시를 주었다.

그로부터 1년 후, 다시 시험을 치렀을 때 잠재력이 뛰어나다고 평가받은 학생들의 점수가 다른 학생들보다 더 크게 향상되었다. 다른 학생들의 IQ가 평균 8점 오른 데 비해, 영재들은 평균 12점이 올랐다. 1학년 영재들은 IQ가 친구들보다 약 15점 높았고, 2학년 영재들은 10점 정도 더 높았다. 흥미롭게도 2년 후에는 그 차이가 더욱 벌어졌다.

IQ 검사는 학생들의 잠재력을 확인하는 데 매우 효과적이었다. 잠재력이 큰 학생은 학급의 다른 친구들보다 점점 더 그리고 더 빠른 속도로 똑똑해졌다. 이 결과만 놓고 보면 IQ가 잠재력이 큰 학생을 선별하는 핵심적 근거인 듯하지만 진실을 말하자면, 적어도 처음에는 그렇지 않다. 사실 처음에 잠재력이 큰 학생으로 분류된 학생들은 하버드의 인지 능력 시험에서 높은 점수를 얻은 게 아니다. 로젠탈은 순전히 무작위로 20퍼센트를 선발했다.

이것은 교사가 특정 학생에게 잠재력이 있다고 '믿으면' 어떤 일이 일어나는지 알아보고자 고안한 실험이다. 로젠탈은 각 학급에서 무작위로 학생 20퍼센트를 뽑아 잠재력이 큰 학생으로 분류했다. 나머지 80퍼센트는 실험 통제군이었다. 잠재력이 큰 학생으로 분류한 20퍼센트는 학급 친구들보다 더 똑똑한 학생들이 아니었다. 결국 차이는 학생의 머리가 아니라 '교사의 마음'에 있었던 셈이다.

교사의 신뢰는 자기 충족적 예언을 만들어낸다. 교사가 어떤 학생에게 잠재력이 있다고 믿을 경우, 교사는 그 학생이 높은 학업 성취를 이루리라고 크게 기대한다. 따라서 교사는 그 학생에게 더 큰 관심을 기울이고 격려해 자신감을 갖게 하며 학습과 발전을 이끈다. 나아가 더 따뜻하게 대화하고 더 어려운 과제를 내주며, 더 자주 지명하는 것은 물론 피드백을 꼼꼼히 해준다. 이러한 결과는 여러 실험에서 반복적으로 나타났다.

교사의 관심은 학업 성취도가 낮은 학생들과 소외계층으로 낙인찍힌 학생들의 성적과 IQ를 향상시키는 데 특히 중요한 역할을 하는 것으로 밝혀졌다. 심리학자 이주심과 켄트 하버(Kent Harber)는 여러 증거를 종합적으로 검토해 '교실에서는 자기 충족적 예언이 실현된다'[5]고 결론지었다.

지능 계발의 초기 단계에 있는 아이들이 외부의 영향에 크게 좌우된다는 것은 분명한 사실이다. 도브 에덴은 이스라엘 방위군에서 연구를 시작하며 이러한 유형의 자기 충족적 예언이 성인에게도 똑같이 실현될지 궁금했다. 그는 훈련병의 적성검사 점수, 기초 훈련 성적, 전임 지휘관의 추천 등을 검토한 결과 "이 소대 훈련병들의 평균 잠재력이 다른 소대 훈련병들보다 눈에 띄게 뛰어나므로 …… 그들이 놀라운 성취를 이루리라고 기대해도 좋다"고 몇몇 소대장에게 말했다. 물론 잠재력이 뛰어나다고 분류된 훈련병들은 초등학교 실험과 마찬가지로 무작위로 선택했다. 소대장이 자기 훈련병들의 잠재력이 크다고 믿을 때 어떤 효과가 나타나는지 알아보기 위해서였다.

놀랍게도 무작위로 뽑은 훈련병들은 전문지식 시험과 무기 숙련도에서 다른 훈련병들보다 월등히 뛰어난 성적을 거두었다. 교사와 마찬가지로 소대장들도 훈련병에게 잠재력이 있다고 믿으면 그것을 이끌어내기 위해 더 열심히 지도했다. 큰 기대를 품은 소대장은 훈련병을 더 많이 돕고 조언해주었으며 피드백도 꼼꼼히 해주었다. 설령 훈련병이 실수를 하더라도 능력이 부족하다고 생각하지 않고 그것을 가르침과 배움의 기회로 삼게 했다. 소대장의 지원을 받은 훈련병은 자신감을 갖고 실력을 쌓아 더 높은 성취를 이루었다.

지도자의 신뢰가 자기 충족적 예언을 촉진한다는 증거는 군대뿐 아니라 다른 여러 상황에서도 나타난다. 경영학자 브라이언 맥나트(Brian McNatt)는 금융업, 소매업, 제조업 등 광범위한 산업현장의 노동자 3,000여 명을 대상으로 한 열일곱 개의 독립적인 연구[6]를 종합적으로 분석했다. 전체적으로 볼 때 경영자가 특정 직원이 잠재력을 다 발휘하지 못했다고 믿게 하면 그 직원은 큰 발전을 이뤘다. 맥나트는 경영자의 개입이 '실적에 큰 영향을 끼친다'고 결론지었다. 그는 경영자가 "직원들의 잠재력을 믿고 진정으로 관심을 기울이면 …… 신뢰가 그들에게 동기를 부여하고 더 노력하게 하며 잠재력을 발휘하도록 돕는다고 믿고 지원하면 …… 강력한 영향력을 끼칠 수 있음"을 깨달아야 한다고 말한다.

모든 인간에게는 타고난 잠재력이 있음을 아는 경영자와 교사들은 이미 이러한 메시지를 마음에 품고 있다. 물론 타인을 잘 믿지 못하는 테이커 중에는 그런 사람이 드물다. 테이커는 남들도 대부분 이기적이라 가정하고, 동료와 아랫사람의 잠재력에 상대적으로 큰 기대를 걸지 않는다.

연구 결과에 따르면 테이커는 타인의 의도를 의심하고, 상대가 자신을 해칠지도 모른다고 잔뜩 경계하면서 사람들을 불신과 의혹으로 대한다. 낮은 기대치는 타인의 동기와 발전을 제한하는 악순환을 불러일으킨다.[7] 테이커는 다른 사람의 역량이나 동기에 깊은 인상을 받았을 때조차 상대를 위협적인 인물로 간주할 가능성이 크다. 이에 따라 상대가 발전하도록 도와줄 마음이 생기지 않는다. 결과적으로 테이커는 동료와 아랫사람에게 자신감을 심어주고 발전하도록 지원하는 데 실패하는 경우가 많다.

매처는 자기 충족적 예언을 더 잘 촉진한다. 이들은 호혜 원칙을 중요시하므로 동료나 아랫사람이 큰 잠재력을 보이면 친절한 태도로 지원과 격려를 아끼지 않는다. 덕분에 전도유망한 동료 혹은 직속 부하는 더욱 성장한다. 그런데 매처는 큰 잠재력의 징후가 보일 때까지 기다리는 실수를 저지른다. 안전 지향적이라 장래가 유망하다는 증거를 직접 확인할 때까지 지원을 유보하는 것이다. 따라서 처음부터 큰 잠재력이나 뛰어난 재능을 보여주지 못한 사람을 이끌어줄 기회를 놓친다.

기버는 큰 잠재력의 징후가 보일 때까지 기다리지 않는다. 그들은 타인의 의도를 신뢰하고 낙관적인 성향이 강하기 때문에 지도자, 경영자, 스승의 역할을 맡으면 모든 사람에게서 잠재력을 찾으려 한다. 기버는 기본적으로 모든 사람에게 잠재력이 있다고 본다. 이것이 바로 스켄더가 뛰어난 제자를 그토록 많이 길러낸 이유다. 그가 정말로 재능이 있는 사람을 척척 알아본 것이 아니다. 다만 모두를 재능 있는 사람으로 보는 것에서 출발해 그들이 최고의 능력을 이끌어내도록 노력했을 뿐이다. 스켄더는 모든 학생을 아직 가공하지 않은 다이아몬드로 여겼다. 그는 그 원석을 열심히 깎고 연마하면서 남들이 간과한 잠재력을 알아보고 거기서부터 일련의 자기 충족적 예언에 시동을 걸었다.

다이아몬드 원석을 제대로 다듬는 법

1985년 스켄더의 제자 마리 아큐리(Marie Arcuri)가 공인회계사 시험에 응시했다. 하지만 그녀는 표준화 검사에 약해 첫 번째 시험에 통과하지 못했다. 며칠 후 그녀는 스켄더가 보낸 편지 한 통을 받았다. 스켄더는 시험을 치른 모든 학생에게 일일이 편지를 써서 합격한 학생은 축하해주고 낙방한 학생은 격려해주었다. 마리는 지난 25년 동안 그 편지를 고이 간직해왔다.

> 자네의 남편, 가족, 친구들이 자네를 사랑하는 건 자네가 스스로 아름다운 인간으로 성장했기 때문이지, 시험 성적이 좋았기 때문이 아니라네. 그걸 기억하고 …… 11월 시험에 초점을 맞추게. 시험 준비에 집중하도록 해 …… 자네가 원하는 가장 좋은 결과를 얻기를 바라네. 마리, 자네는 '반드시' 해낼 거야. 나는 시험 문제를 낼 때 '이 시험의 진정한 목적은 당신이 시험 공부를 하는 동안 이미 이루어졌다'라는 문구를 써두지. …… 인간은 성공이 아니라 노력으로 평가받는 거라네.

이런 식의 격려를 받은 회계사가 잠재력을 발휘할 가능성이 더 크다는 연구 결과[8]도 있다. 몇 년 전, 회계 감사관 일흔두 명이 4대 회계 법인에 새로 합류했다. 그중에서 무작위로 절반을 뽑아 큰 잠재력을 지녔다고 말해주었다. 이 실험을 이끈 브라이언 맥나트는 박사 학위 하나와 회계학 관련 학위 둘, 공인회계사 자격증을 보유했고 회계사와 회계 감사관으로 5년간 일했다. 맥나트는 자신의 잠재력을 믿게 할 회계 감사관들을 무작위로 선발해 이력서를 읽어보았다. 그런 다음 한 사람씩 만나 그들이 치열한 경쟁을 뚫고 채용되었고 회사가 그들에게 큰 기대를 걸고 있으며, 성공을 거둘 역량을 지녔다고 말해주었다. 3주 후 맥나트는 다시 편지를 보내 그 메시지를 한층 강화했다. 메시지를 받은 회계 감사관들은 맥나트를 만나지도, 편지를 받지도 못한 통제군보다 한 달 내내 더 높은 실적을 올렸다. 회계 감사관들의 IQ와 대학 성적을 고려해 실험을 통제해도 결과는 같았다.

스켄더의 편지 역시 마리 아큐리에게 매우 효과적이었다. 스켄더는 마리가 자신의 잠재력을 믿도록 용기를 주고 성공에 대한 기대치를 높여주었다.

"그분은 학생이 닿을 수 있는 가장 높은 곳이 어딘지를 보셨어요. 지금도 보고 계시지요."

마리의 얘기다. 다시 시험을 치른 그녀는 두 과목을 통과했지만, 다른 두 과목은 결과가 좋지 않았다. 스켄더는 계속해서 그녀를 독려했다.

"그분은 내가 한순간도 게으름을 피우도록 내버려두지 않으셨어요. 전화를 걸어 얼마나 공부했는지 꼼꼼히 확인하셨죠."

1987년, 마리는 마침내 마지막 과목을 통과하고 공인회계사 자격을 취득했다.

"그분이 내 인생을 바꾸어놓았어요. 인생의 우선순위를 설정하고 그것을 순조롭게 따라가도록 도와주셨죠. 그리고 절대로 포기하지 않게 해주셨어요. 그분이 내게 얼마나 많은 투자를 하셨는지 잘 알아요. 실망시키고 싶지 않았답니다."

마리는 지금 렉서스 자동차 대리점 두 곳을 소유하고 있다.

"회계사라는 배경과 재정 상태를 읽는 능력도 값지지만, 그분이 내게 가르쳐준 것은 회계학 지식 이상이에요. 그분은 내 인격을 형성하고 열정과 투지를 심어주셨지요. 내게 해낼 수 있다는 확신을 주려고 헌신하신 그분 덕분에, 나를 규정하는 것은 시험에 합격했는지가 아니라 인내심이라는 사실을 깨달을 수 있었죠."

스켄더의 접근 방식은 리더십을 계발하려 할 때 거의 모든 기업이 따르는 기본적인 모델과 대비된다. 회사에서는 잠재력이 뛰어난 사람을 선별하고 그들이 능력을 최대한 발휘하도록 조언과 자원을 제공한다. 그들은 잠재력이 뛰어난 미래의 리더를 가려내기 위해 재능을 가늠하고 평가하는 데 매년 수십조 달러를 쓴다. 그러나 기버는 이런 모델이 안고 있는 치명적 결함, 즉 재능을 가늠해 선별하는 것은 제대로 된 출발점이 아니라는 사실을 알고 있다.

심리학자들은 오래 전부터 어느 분야에서든 성공을 좌우하는 것은 첫째가 재능이고 둘째가 동기라고 믿어왔다. 실제로 전문가들은 세계 최고 수준의 운동선수와 음악가를 발굴하려고 아직 재능을 꽃 피우지 못한 사람을 찾아 동기를 부여하려 애쓴다. 그들은 가령 덩크슛을 잘한 마이클 조던이나 피아노를 잘 친 베토벤 같은 사람을 발굴하기 위해 점프력과 음감이 뛰어난 후보자를 찾는다. 그런데 심리학자들은 얼마 전부터 이러한 접근 방식이 효과적이지 않다고 보고 있다.

1960년대에 지능투자이론을 고안한 레이먼드 카텔(Raymond Cattell)[9]은 흥미를 '특정 기술과 지식을 쌓기 위해 시간과 에너지를 투자하도록 이끄는 것'이라고 정의했다. 실제로 흥미가 재능 계발에 선행한다는 설득력 있는 증거가 꽤 많이 존재한다.

맨 처음 재능을 계발하도록 유도하는 것은 동기로 밝혀졌다. 1980년대에 심리학자 벤저민 블룸(Benjamin Bloom)은 세계 최고 수준의 음악가, 과학자, 운동선수 들을 대상으로 기념비적인 연구[10]를 이끌었다. 연구진은 먼저 주요 국제 콩쿠르에서 우승한 피아니스트 스무 명을 인터뷰했다. 뛰어난 피아니스트가 처음 음악을 접하게 된 계기를 조사한 연구진은 뜻밖에도 재능을 타고난 사람이 없다는 사실을 발견했다. 스타 피아니스트는 대부분 어린 시절에 '가족이나 이웃의 다른 아이에 비해 좀 특별한 정도'에 불과했다. 동네, 지역, 나라 전체에서 눈에 띄는 수준이 아니었고 어린 시절의 수상 경력도 많지 않았다.

또 다른 놀라운 사실은 그들에게 피아노를 처음 가르쳐준 사람이 전문가가 아니었다는 점이다. 이웃에 사는 선생님에게 처음으로 피아노 교습을 받은 경우가 가장 흔했다. 대니얼 코일(Daniel Coyle)은 저서 《탤런트 코드(The Talent Code)》[11]에서 "과학적인 관점에서 학자들은 세상에서 가장 아름다운 백조들의 혈통을 거슬러 올라가 농장에 풀어놓은 꾀죄죄한 닭 무리에 도달한 셈"이라고 말한다. 처음부터 뛰어난 스승에게 배우지 않았어도 그들은 세계에서 가장 뛰어난 음악가로 성장했다. 말콤 글래드웰(Malcolm Gladwell)이 《아웃라이어(Outliers)》[12]에서 지적하듯, 심리학자 앤더스 에릭슨(Anders Ericsson)이 이끈 연구[13]는 한 분야에서 전문적인 능력을 습득하려면 1만 시간 동안 열심히 연습해야 함을 보여주었다.

그러면 그들이 그토록 오랫동안 연습하도록 자극한 것은 무엇일까? 그 장면에는 흔히 기버가 등장한다. 피아니스트와 그 부모들은 첫 번째 피아노 선생을 얘기할 때 일관성 있게 하나의 주제에 초점을 맞췄다. 선생들이 세심하고 친절하며 참을성 있게 가르쳐주었다는 것이다. 처음 만난 선생이 재미있고 흥미롭게 음악을 전해준 덕분에 스타 피아니스트는 늘 피아노 교습시간을 고대했다. 블룸의 연구팀은 이를 두고 다음과 같이 설명한다.

"아이들은 첫 번째 교습에서 매우 긍정적인 경험을 했다. 따뜻하고 애정이 가득하며 그들을 지지해주는 어른을 집 밖에서 만난 것이다."

세계적인 피아니스트에게 처음으로 음악에 대한 관심의 불을 지펴준 교사들은 기버였다. 그들은 피아노를 즐겁게 가르칠 방법을 찾으려 애썼고, 이는 피아니스트가 어린 시절부터 강도 높은 연습을 마다하지 않고 뛰어난 실력을 쌓는 데 큰 역할을 했다. '가능성을 탐구하고 광범위하게 다양한 음악을 경험하는 것'은 '맞고 틀리고 좋고 나쁘다' 같은 다른 요인에 우선한다.

세계적인 테니스 선수도 같은 패턴을 보였다. 블룸의 연구팀은 세계 랭킹 10위 안에 든 적 있는 미국의 테니스 선수 열여덟 명을 인터뷰했다. 그 결과 첫 번째 코치가 '코치로서 매우 뛰어나지는 않았지만 아이들을 잘 다뤘다'는 것과 '선수들이 테니스에 흥미를 느끼고 열심히 연습하도록 동기를 부여했다'는 사실을 발견했다.

지도자와 스승의 역할을 맡은 기버는 먼저 재능을 찾으려는 유혹에 빠지지 않는다. 기버는 누구나 재능을 꽃피울 수 있음을 알고 동기를 부여하는 데 초점을 맞춘다. 블룸의 연구팀에 따르면 테니스 세계 랭킹 10위 안에 든 선수의 첫 번째 코치는 대체로 '그들에게 특별한 관심'을 쏟았다. 그 이유는 선수에게 특별한 신체적 능력이 있어서가 아니라, 동기를 부여하면 선수가 열심히 하리라는 걸 알았기 때문이다.

재능보다 중요한 것

스켄더는 회계학을 가르치면서 학생들의 지적 능력과 더불어 성실성과 동기를 발견하려 애썼다. 이는 그가 그토록 학생의 재능을 잘 알아본 부분적인 이유다. 베스 트랜햄이 회계학에 남다른 재능을 보여서 스켄더가 그녀의 합격을 예상한 것은 아니다. 단지 그는 베스가 학기마다 열심히 공부하는 모습을 지켜보았을 뿐이다. 다른 교수들이 레지 러브를 운동밖에 모르는 학생으로 평가절하할 때, 스켄더가 그의 장래성을 알아본 것도 러브가 부지런히 공부하고 수업 준비도 철저히 했던 까닭이다. 스켄더는 러브를 '열심히 배우고 스스로 더 나아지고자 애쓰던 학생'으로 기억한다. 그는 마리 아큐리에게 용기를 북돋워준 이유도 들려주었다.

"마리는 내가 만나본 사람 중에서 가장 열심히 했고 헌신적이었습니다. 끈기가 남달랐지요."

심리학자 안젤라 덕워스(Angela Duckworth)는 근성(grit)을 '장기적인 목표를 향해 열정과 끈기를 갖고 나아가는 것'으로 정의한다.[14] 그녀의 연구에 따르면 재능과 적성을 떠나 '근성 있는' 사람들은 흥미와 관심, 동기 덕분에 더 높은 성취를 이룬다. 미국 군사학교에서 12년 동안 행동과학과 리더십 관련 연구를 이끈 심리학자 톰 콜디츠(Tom Kolditz) 준장도 "끈기는 말할 수 없이 중요하다"고 말한다. 육군 장교가 핵심 지휘관으로 진급하는 비율은 평균 12퍼센트지만, 근성을 근거로 후보를 선택한 콜디츠의 전 부하들은 그 비율이 75퍼센트에 달했다. 조지 앤더스(George Anders)가《진귀한 발견(The Rare Find)》에서 말했듯 "동기를 대수롭지 않게 여겨서는 안 된다."[15]

물론 타고난 재능도 중요하다. 그러나 기본 요건을 갖춘 방대한 후보군이 있을 경우 그들이 자신의 잠재력을 발휘할 가능성을 예측하는 가장 중요한 요소는 근성이다. 기버가 근성 있는 사람에게 초점을 두는 이유가 여기에 있다. 예를 들어 스켄더 같은 기버는 근성 있는 사람에게 동기를 부여하기 위해 시간을 투자하고, 처음부터 근성을 심어주고자 온갖 노력을 기울인다. 스켄더의 얘기를 들어보자.

"기대치를 높이는 것은 매우 중요합니다. 학생들을 밀어붙여야 해요. 자기가 할 수 있다고 생각했던 것보다 더 많은 걸 해내고 더 멀리 뻗어 나가도록 말입니다. 나는 학생들이 내 수업에서 시험을 치른 다음 자기 인생에서 가장 힘든 시험이었다고 생각하길 바랍니다. 그렇게 해야 학습 능력이 더 좋아지거든요."

독특하게도 그는 노력을 독려하기 위해 지난 시험 6회분을 풀어보게 한다.

"시간과 노력을 의미 있는 곳에 투자해 성과를 올리는 것은 좋은 경험입니다. 지금까지 해온 것보다 더 열심히 노력하도록 채찍질하는 것은 장기적으로 볼 때 그들에게 아주 이롭지요."

근성을 심어주는 핵심적인 방법 중 하나는 당장 해야 할 일에 흥미를 더 느끼도록 동기를 유발하는 것이다. 블룸의 연구를 보면 재능 있는 음악가와 운동선수는 대체로 다음과 같은 기버를 첫 번째 스승으로 만났다.

그들은 아이들을 좋아했고 칭찬과 인정으로 보상해주었다. 아이들이 칭찬받을 만한 일을 하면 사탕을 주는 경우도 있었다. 자기 분야와 가르치는 일에 열정적인 그들은 아이들에게 엄청나게 용기를 북돋워주었다. 아이들을 가족이나 친구처럼 대한 사람도 많았다. 이들이 지닌 가장 중요한 자질은 아마도 배움의 첫 과정을 즐겁고 보람 있게 만들어주었다는 점일 것이다.

스캔더는 여기에 딱 들어맞는 사람이다. 그는 언뜻 전형적인 회계학의 달인처럼 보인다.● 그러나 그는 디스크자키, 음악가, 배우, 토크쇼 진행자, 스탠드업 코미디언이 되겠다는 열망을 품으며 성장했다. 강의실에 들어서는 그를 보면 그가 아직 꿈을 완전히 포기하지 않았음을 알 수 있다. 그는 다방면에 걸친 취향과 흥미진진한 천성에 맞게 노래 네 곡을 들려주고 가장 먼저 음악퀴즈의 정답을 외친 학생에게 초콜릿 캔디를 던져주는 등 반드시 모든 학생이 즐겁게 참여하도록 유도한 뒤 수업을 시작한다. 그의 연구실 벽에 래퍼 포스터가 붙어 있는 것도 어찌 보면 당연한 일이다.

"청중의 마음을 사로잡고 정말로 주의를 끌어당기고 싶다면, 그들이 어떤 세상에 살고 있는지 알아야 합니다. 어떤 음악을 듣고 어떤 영화를 보는지 말이죠. 그 꼬마들에게 회계학은 치과 치료나 다름없습니다. 그런데 내가 어셔(Usher)나 시 로 그린(Cee Lo Green) 같은 래퍼 이야기를 하면 녀석들은 '우와, 내가 지금 저 늙고 뚱뚱한 백발 아저씨가 한 말을 제대로 들은 게 맞아?'라고 생각하지요. 그러면 자연스럽게 내 말에 귀를 기울이기 시작합니다."

스캔더는 일단 학생들의 흥미를 유발하면 그들이 회계학의 원리를 이해하는 데 필요한 시간과 노력을 투자할 가능성이 크다고 믿는

● 대학교수는 보통 1년에 3~8개의 강의를 개설하므로 교직에 있는 동안 모두 100~300개의 강의를 한다. 스캔더의 강의는 그 두 배 정도다. 최근에 그는 학장에게 앞으로 35년 더 강단에 서겠다고 말했다. 2012년에만 2,000명 이상이 스캔더의 강의를 수강했다. 대학 측은 수요를 다 충당하기 위해 메인 캠퍼스에서 멀리 떨어진 곳에 초대형 강의실을 마련해주었다. 아침 일찍 강의를 시작해도 학생들은 가득 들어차며, 그보다 더 많은 학생이 수강신청을 하려고 기다린다. 아침 여덟 시에 시작하는 한 강의의 대기자 명단에 이름을 올린 학생만 190명이다.

다. 레지 러브는 자신의 경험담을 들려주었다.

"스켄더는 이해심 많은 사람의 완벽한 본보기입니다. 누구보다 음악을 잘 알고 학생들이 수업 내용과 음악을 연관짓도록 언제든 음악 이야기를 강의에 끼워 넣을 수 있는 분이죠. 재미없고 어렵기만 한 수업을 끝까지 따라가기란 매우 어려운 일입니다. 스켄더는 그걸 재미있게 만들어주셨어요. 그래서 나는 끝까지, 더 열심히 공부할 수 있었습니다."

러브는 스켄더의 수업에서 A학점을 받았다. 스켄더의 옛 학생으로 현재 구글에서 일하는 데이비드 몰츠(David Moltz)는 이렇게 말한다.

"그는 학생뿐 아니라 누구든 한 사람 한 사람을 최대한 도와줍니다. 개인 시간을 엄청나게 들여서 학생들의 삶에 영향을 주고 가능한 많은 사람을 가르치려고 하지요. 그와 만나는 모든 이가 자기 자신을 특별하게 여기도록 노력합니다."

비천한 재능에 대한 막대한 투자

기버는 주변 모든 사람의 잠재력을 보기 때문에 그들이 잠재력을 발휘하도록 격려하고 이끄는 데 많은 시간을 투자한다. 그런 투자가 항상 결실을 거두는 것은 아니다. 누군가는 재능이 부족하고 또 누군가는 열정을 오랫동안 유지하지 못하며, 또 다른 누군가는 근성이 충분치 못하다. 스켄더는 회계학이 아닌 다른 전공으로 대학원에 진학하려는 학생 한 명을 위해 추천서를 100통 넘게 써준 적이 있다. 그 학생은 첫해에 지원한 모든 학교에서 입학을 거절당하고 다시 도전하기로 마음먹었다. 스켄더는 충실하게 추천서를 다시 써주었다. 2년째에도 지원한 모든 학교에서 그 학생을 받아주지 않자 그는 3년째에 추천서를 수정해서 써주었다. 3년째에도 모두 실패하자 스켄더는 그제야 그 학생에게 다른 길을 찾아보라고 권했다.

만일 스켄더가 테이커나 매처 쪽으로 조금만 기울었다면 좀 더 일찍 포기하고 자신과 그 학생의 시간을 절약하지 않았을까? 기버는 특유의 열정으로 적성에 맞지 않는 분야를 선택한 사람에게 지나치게 많이 투자하는 건 아닐까? 장래성 있는 사람에게 더 초점을 맞추고 그렇지 않은 사람에게 조금 덜 투자하는 우선순위는 어떻게 설정할까?

매년 전 세계에서 재능 있는 신인을 발굴하는 드래프트를 시행하는 NBA는 이러한 질문의 답을 찾는 최적의 장소다. 고인이 된 스튜 인먼(Stu Inman)은 NBA 역사상 최악의 드래프트로 꼽히는 두 번의 지명에 참여한 사람으로, 여전히 사람들의 입에 오르내린다.[16] 1972년 포틀랜드 트레일 블레이저스팀은 드래프트 1번 지명권을 얻었고, 당시 선수단 인사부장이던 인먼은 센터 라루 마틴(LaRue Martin)을 뽑았다. 그런데 마틴은 트레일 블레이저스에서 뛴 4시즌 동안 게임당 평균 득점 5점에 리바운드 네 개라는 실망스러운 성적을 남겼다. 인먼은 마틴을 뽑으면서 NBA 역사에 남을 뛰어난 선수 두 명을 놓쳤다. 그중 한 명인 밥 매카두(Bob McAdoo)는 데뷔 시즌에만 마틴의 프로 통산 득점보다 더 많은 득점을 올렸다. 매카두는 올해의 신인상을 받았고 2년 후에는 리그 MVP에 선정되었다. 또 14년 동안 NBA에서 활약하며 리그 득점왕에 두 번 오르고, 팀을 두 번 우승으로 이끌었으며 올스타에도 다섯 번이나 뽑혔다. 인먼은 그 드래프트에서 닥터 J.로 더 잘 알려진 줄리어스 어빙(Julius Erving)도 그냥 지나쳤다. 열두 번째로 지명된 어빙은 팀을 세 번 우승으로 이끌고 네 번이나 MVP에 선정되었으며, 무려 열여섯 번이나 올스타에 뽑히는 등 NBA 사상 최고 공격수 다섯 명 중 한 명이 되었다. 매카두와 어빙 둘 다 NBA 명예의 전당에 이름을 올렸다.

그로부터 12년 후 블레이저스 단장으로 승진한 스튜 인먼은 명예회복의 기회를 맞았다. 1984년 드래프트에서 인먼에게 두 번째 지명권이 주어진 것이다. 그는 2미터 14센티미터가 넘으면서도 균형 잡힌 근육질 몸매를 자랑하는 센터 샘 보위(Sam Bowie)를 선택했다. 보위는 블록슛과 리바운드는 말할 것도 없고 슛, 패스, 가로채기에도 능한 선수였다. 하지만 보위는 끝내 잠재력을 다 발휘하지 못했다. ESPN(미국 스포츠 전문 방송)은 그가 은퇴할 때 북미 프로 스포츠 역사상 최악의 드래프트 선수라는 칭호를 붙여주었다. 10년 전 보위에게 표지모델이라는 영광을 안겨준 〈스포츠 일러스트레이티드(Sports Illustrated)〉는 그를 NBA 역사상 두 번째 드래프트 실패 사례로 뽑았다. 첫 번째는 라루 마틴이다.

인먼은 보위를 선택하며 노스캐롤라이나대학 출신의 슈팅가드 마이클 조던을 지나쳐버렸다. 세 번째 지명권을 가진 시카고 불스가 조던을 선택했고 이후의 얘기는 다들 잘 아는 그대로다. 조던은 올해의 신인상을 받은 이후 여섯 번 우승, 득점왕 열 번, MVP 일곱 번, 올스타 열네 번 그리고 역대 NBA 선수를 통틀어 게임당 평균 득점 1위라는 기록을 남겼다. ESPN은 그가 20세기 북미에서 가장 위대한 운동선수였다고 인정했다.

인먼도 조던의 잠재력을 알고 있었지만 블레이저스에는 이미 뛰어난 가드가 두 명이나 있었다. 팀에는 센터가 필요했고 그래서 샘 보위를 뽑은 것이다. 결코 마이클 조던을 깜빡했던 게 아니다. 그는 훗날 명예의 전당에 이름을 올린 찰스 바클리(Charles Barkley, 다섯 번째 지명)와 존 스탁턴(John Stockton, 열여섯 번째 지명)도 그냥 지나쳤다. 매카두와 어빙 대신 마틴을, 조던·바클리·스탁턴 대신 보위를 지명했으니 역대 최악의 지명이라 할 만했다. 그렇지만 프로농구에서 신인선수를 뽑는 일이 완전히 과학적일 수는 없다. 뛰어난 감독과 코치도 언제든 실수할 수 있는 법이다.

블레이저스가 저지른 더 큰 실수는 두 선수를 필요 이상으로 오래 데리고 있었다는 점이다. 4시즌 후 다른 팀으로 트레이드하기로 결정했을 때 라루 마틴은 사실상 선수로서 별로 가치가 없었다. 결국 블레이저스는 마틴을 실제 선수와 맞바꾸지 못했다. 그들은 마틴을 시애틀 슈퍼소닉스로 보내고 활용 가치가 있으면 그때 다시 구체적인 협상을 벌이기로 했다. 그러나 슈퍼소닉스는 시즌이 시작되기도 전에 마틴을 팀에서 내보냈고 그것으로 마틴의 농구 인생은 끝장나고 말았다. 인먼에게는 그야말로 당혹스러운 결과였다. 마틴이 마지막으로 뛰던 해에 블레이저스에서 코치를 맡았고, 지금은 ESPN 분석가로 일하는 잭 램지(Jack Ramsay)는 당시를 이렇게 회상한다.

"가슴 아픈 일이었습니다. 마틴은 경기를 뛸 수가 없었지요. 내가 팀에 합류했을 때 그는 주전 자리를 차지하려 애쓰고 있었습니다. 하지만 그가 들어설 자리는 없었죠. 그가 경기에서 득점을 많이 올린 적이 없었기 때문입니다. 키가 2미터 11센티나 되는데도 리바운드나 블록슛조차 하지 못했고요. 한마디로 실력이 없었어요."

블레이저스는 샘 보위 때도 비슷한 과정을 밟았다. 팀은 5시즌 동안 아무런 성과도 거두지 못하고 1989년에야 보위를 뉴저지 네츠로 트레이드하기로 결정했다. 블레이저스는 왜 그렇게 오랫동안 샘 보위와 라루 마틴을 데리고 있었을까?

스튜 인먼은 기버로 명성이 자자했다. 대학 시절에 농구선수로 뛴 그는 몇 년간 고등학교 농구팀 감독으로 있다가 대학팀 코치로 올라섰고, 나중에는 자신의 모교인 산호세 주립대학의 감독이 되었다. 인먼은 자신의 성공보다 선수들의 이익을 우선시했다. 산호세 주립대학에 입학한 토미 스미스(Tommie Smith)는 매우 뛰어난 운동선수로 육상, 미식축구, 농구 선수로 동시에 활약했다. 그는 신입생으로만 구성된 농구팀에서 가장 많은 득점과 리바운드를 기록했고, 2학년 때 인먼이 이끄는 대학 대표팀에 합류했다. 하루는 스미스가 인먼의 사무실에 들러 농구를 그만두고 육상에 전념하겠다고 선언했다. 스미스는 그때의 이야기를 들려주었다.

"크게 화를 낼 줄 알았는데 그는 그러지 않았습니다. 인먼 감독님은 그저 '그래, 톰. 이해한다'라고 하셨지요. 내게 악수를 청하며 자기를 만나고 싶으면 아무 때나 찾아오고, 마음이 바뀌면 언제든 팀에 돌아와도 좋다고 하셨습니다. 나에게는 세상에서 가장 멋진 경험이었죠."

인먼에게는 그다지 멋진 경험이 아니었다. 스미스의 빠른 발은 산호세 주립대학 농구팀에서도 중요한 역할을 해낼 터였다. 하지만 인먼은 스미스가 스스로 원하는 것을 하도록 배려했다. 몇 년 후의 얘기지만, 스미스는 1968년에 열린 멕시코 올림픽 200미터 달리기에서 세계 신기록을 세우며 금메달을 목에 걸었다.

어쨌든 인먼은 최고의 재능을 갖춘 선수를 떠나보내고, 재능은 좀 부족하더라도 근성이 있는 선수들에게 기회를 주었다. 테리 머피(Terry Murphy)라는 비쩍 마른 백인 선수가 대표팀에 지원했을 때, 인먼은 그가 열심히 노력한다는 점을 높이 사 팀에 받아주었다. 머피는 자신이 그때까지 인먼이 지도한 선수 중 가장 형편없는 선수였다고 회상한다.

"1년 동안 단 4점밖에 못 넣었으니까요."

성적은 형편없었지만 인먼은 머피를 격려했다.

"난 절대로 널 자르지 않을 거야. 너에겐 열정이 있고 열심히 뛰는 데다 좋은 녀석이니까 말이야."

인먼의 임기 중에 블레이저스 담당기자였던 웨인 톰슨(Wayne Thompson)은 인먼이 "농구광들에게 끊임없이 조언을 해주었다"고 말한다. 인먼은 톰슨에게 그 일을 도저히 멈출 수가 없다고 털어놓았다.

"무언가를 처음으로 이해했을 때 학생들의 얼굴에 떠오르는 표정을 보는 게 그저 좋을 뿐입니다. 재능을 꽃피우기 위해 배우려는 모습만 보면 서둘러 달려가게 되지요."

인먼은 긍정적인 인상을 받은 선수들을 가르치고 육성하는 데 지나칠 정도로 헌신한 것은 아닐까? 최소한의 재능도 없는 선수에게조차 동기를 부여하려고 너무 많은 시간을 투자한 건 아닐까? C. J. 스켄더는 한 학기에 많은 학생을 가르치고 이끌어줄 수도 있고, 수업시간에 학생들의 동기를 유발하고 관심을 불러일으키는 데 전념할 수도 있다. 반면 프로 농구팀을 비롯한 대부분의 조직에서는 어떤 한계에 마주친다. 한 사람의 잠재력에 베팅한다는 것은 곧 다른 사람을 포기해야 한다는 뜻이기 때문이다.

인먼은 라루 마틴과 샘 보위의 재능을 계발하는 데 전념했다. 인먼이 조금만 더 테이커에 가까웠다면 훨씬 더 빨리 다른 선수들에게로 관심을 돌려 손해를 줄였을 거라는 데는 의심의 여지가 없다. 그가 테이커였다면 마틴과 보위가 팀에 성공적으로 기여할 수 없다는 사실을 깨닫는 순간, 그들에게 아무런 책임감도 느끼지 않았을 것이다. 인먼이 약간만 매처에 가까웠어도 그들을 내보내려 하지 않았을까? 매처라면 마틴과 보위에게 투자해봤자 아무 보상도 얻을 수 없다는 사실에 더 좌절감이 컸을 터다.

그렇다면 기버에게는 포기가 더 어려운 걸까? 사실은 그 정반대다. 기버는 다른 사람에게 과도하게 투자하는 실수를 저지를 위험이 가장 '적은' 것으로 나타났다. 스튜 인먼은 기버였고 덕분에 더 큰 실수를 피할 수 있었다.

자존심을 지키고 체면을 세우는 일의 어리석음

UC 버클리의 배리 스토(Barry Staw) 교수는 조직행동의 세계적인 권위자다. 그는 사람들이 조직에서 왜 잘못된 결정을 내리는지 이해하는 데 평생을 바쳤다. 스토와 하 호앙(Ha Hoang)은 지명 순서가 선수 경력에 어떤 영향을 미치는지 알아보고자 1980년에서 1986년 사이에 NBA 신인 드래프트에서 상위 2라운드 안에 뽑힌 선수 240명 이상을 분석했다.[17] 그들은 득점(경기시간당 득점, 야투 성공률, 자유투 성공률), 강인함(경기시간당 리바운드, 블록슛), 기민성(경기시간당 어시스트, 가로채기) 등 다양한 지표로 선수들의 성적을 측정했다. 또한 선수가 부상을 당하거나 병을 앓았는지, 가드인지 포워드인지 센터인지 그리고 승패 기록을 바탕으로 소속팀의 전력까지 고려해 선수 개개인의 성적을 세심하게 조사했다. 그런 다음 선수들의 경기 출전 시간과 다른 팀으로 트레이드되기 전까지 팀에 남아 있던 기간을 비롯해, 단지 상위 라운드 지명 선수라는 이유만으로 팀이 그들에게 과도하게 투자하는 실수를 저지르지 않았는지 알아보았다.

결과는 대단히 충격적이었다. 구단들은 큰 기대를 걸었던 선수를 쉽게 포기하지 못했다. 그들은 상위 라운드 지명 선수에게 집착하며 경기에 더 오래 출전시키고, 성적이 형편없을 때도 다른 팀으로 트레이드하기를 거부했다. 상위 라운드 지명 선수들은 평균 이하의 경기를 해도 경기에 더 오래 출전했으며, 다른 팀으로 트레이드되는 일도 드물었다. 지명 순위가 한 단계 높아질 때마다 선수들은 두 번째 시즌에 평균 22분 더 오래 경기를 했다. 구단은 다섯 번째 시즌에도 지명 순위가 한 단계 높은 선수들을 평균 11분씩 더 출전시키는 등 여전히 그들에게 더 많이 투자했다. 그리고 지명 순위가 한 단계 올라갈 때마다 트레이드될 확률은 3퍼센트씩 낮아졌다.

이것은 스토가 '몰입 상승(escalation of commitment)'이라고 명명한 것으로 비효율적인 행동방침 사례 연구의 고전이다. 스토가 지난 40여 년간 주도한 대규모 연구에 따르면 사람들은 일단 시간과 에너지, 자원을 투자하면 일이 틀어져도 투자를 늘리는 위험을 감수하는 경향이 있다. 빚을 진 도박사는 포커를 한 게임만 더 하면 손해를 모두 만회하고 큰돈을 손에 쥘 수 있을 거라고 믿는다. 고전을 면치 못하는 사업가는 조금만 더 땀 흘려 노력하면 정상 궤도에 올라설 수 있다고 생각한다. 이런 까닭에 투자 금액을 회수하지 못할 경우 적자가 예상될 때조차 더 많이 투자한다.

경제학자들은 이 행동을 '매몰비용 오류(sunk cost fallacy)'라는 개념으로 설명한다. 우리는 미래의 투자 가치를 계산하면서 과거에 투자한 비용을 쉽게 무시하지 못한다. 물론 매몰비용도 중요하지만, 연구에 따르면 그보다 더 큰 영향을 미치는 요인이 존재한다.

미시건 주립대학 학자들은 몰입 상승이 언제, 왜 발생하는지 알아보고자 서로 독립적인 166개의 연구[18]를 분석했다. 그 결과를 보면 의사결정권자가 앞서 투자한 금액을 잊지 못해 잘못된 판단을 내리는 매몰비용 오류의 영향은 크지 않다. 그보다는 다음의 세 가지가 더 강력한 영향을 미친다.

하나는 '한 번 더 투자하지 않으면 후회하게 될 것' 같은 미련이다. 투자를 계속하면 결실을 맺을 수 있다고 생각하는 것이다. 다른 하나는 보다 강력한 것으로 '투자를 계속하지 않을 경우 남들 눈에도, 스스로 느끼기에도 어리석어 보일 것'이라고 여기는 자아 위협감이다.

사람들은 자아 위협감 때문에 더 많이 투자함으로써 자신이 옳았다는 것을 남과 자신에게 증명하려 한다. 스토가 이끈 한 연구[19]에서 대출을 상환하지 못하는 고객에게 처음 대출을 해준 캘리포니아의 한 은행 담당자는 선뜻 추가대출을 중지하고 손해를 줄이지 못했다. 연구진은 "불량 고객에게 대출해준 은행가는 그 대출이 낳을 위험과 채무불이행 가능성을 인정하길 몹시 어려워한다"고 지적했다. 조사 결과, 처음에 불량 대출을 해준 담당자가 은행을 떠나면 후임자는 대출금 회수를 포기하고 손해를 줄일 가능성이 큰 것으로 나타났다. 후임자는 문제의 대출에 개인적인 책임이 없으므로 자아가 위협받지 않기 때문이다. 그들은 최초의 결정이 어리석지 않았음을 증명할 필요가 없다.

학자들은 테이커는 자아 위협감에 매우 민감한 까닭에 기버보다 몰입 상승에 더 취약하다고 말한다. 예를 들어 당신이 항공기 회사 경영자라고 해보자. 당신은 레이더에 포착되지 않는 비행기 개발에 100만 달러를 투자해야 할지 결정해야 한다. 경쟁사가 이미 더 나은 모델을 개발했기 때문에 재정적으로 큰 도움이 되지 않을 프로젝트라는 건 알고 있다. 그런데 지금까지 18개월에 걸쳐 500만 달러라는 상당한 금액과 시간을 투자해 프로젝트가 50퍼센트 정도 진행되었다. 100만 달러를 추가로 투자할 용의가 있는가?

런던 정경대학의 헨리 문(Henry Moon)은 실험 참가자 360명에게 위의 질문을 던졌다.[20] 이때 투자 결정을 내리기 전에 '나는 약속을 지킨다' 같은 기버형 문장과, '나는 남들이 나를 위해 일하게 하려고 노력한다' 같은 테이커형 문장을 포함한 질문지에 응답하게 했다. 그 결과 테이커가 기버보다 100만 달러를 추가로 투자할 가능성이 훨씬 컸다. 테이커는 실패로 돌아간 투자에 책임감을 느꼈으며 자존심을 지키고 체면을 세우는 데 심하게 매달렸다. 사우스캐롤라이나 대학 경영학과의 브루스 메글리노(Bruce Meglino)와 오드리 코스가드(Audrey Korsgaard) 교수는 이렇게 설명한다.[21]

"조직을 위해서는 결정을 취소하는 것이 낫지만 결정을 내린 사람의 입장에서는 명예가 실추되고 경력에 흠집이 생기는 등 개인적인 손해를 감수해야 한다. 그런데 몰입 상승이 실패 가능성으로부터 계속해서 눈을 돌리게 해주기 때문에 테이커의 시각으로 보는 의사 결정권자에게는 그런 행동이 합리적으로 여겨진다."

반면 기버는 다른 사람과 조직 보호를 일차적인 목표로 삼으므로 처음에 저지른 실수를 인정하고 몰입 상승을 피할 확률이 높다.

다른 사람 대신 선택해줄 때 더 정확하고 창의적인 결정을 내린다는 사실을 보여주는 또 다른 연구도 있다.[22] 자기 자신에게만 집중한 상태에서 결정을 내리면 자아 위협감을 느껴 흔들릴 가능성이 크고, 또한 가급적 이상적인 선택을 찾으려고 끊임없이 고뇌하기 십상이다. 그러나 기버처럼 다른 사람에게 초점을 맞추고 결정을 내리면 자아 위협감이나 다른 사소한 것을 염려하는 일이 줄어든다. 더불어 전체를 바라보고 다른 사람에게 중요한 일을 우선시한다.

부정적인 피드백에 어떻게 반응하는가

이러한 이해를 바탕으로 스튜 인먼의 이야기로 돌아가 보자. 기버인 그는 처음 신인 지명 때 잘못 투자했음을 깨닫는 순간, 팀에 대한 책임감을 더 강하게 느꼈다. 웨인 톰슨의 얘기를 들어보자.

"스튜는 다른 사람들의 마음을 사려 깊게 배려하는 친절한 사람이었습니다. 그렇지만 그는 어떤 선택을 하든 정에 이끌려 결정하진 않았습니다. 어떤 선수가 제대로 뛸 수 없다고 생각하면 그를 끌어안고 다른 곳에 가서도 잘 지내길 기원했지요."

샘 보위를 팀에 계속 데리고 있었던 것은 인먼의 책임이 아니다. 그는 보위를 지명하고 나서 2년 후에 블레이저스를 떠났다. 테이커라면 잘못된 결정을 계속해서 숨기려고 했겠지만, 인먼은 조던 대신 보위를 선택한 건 실수였다고 인정했다.

"나를 포함해 많은 스카우터가 우리 팀이 안고 있는 문제를 보위가 해결해줄 거라고 생각했습니다. 하지만 그건 실수였어요."●

인먼은 라루 마틴 때도 몰입 상승 효과에 휘둘리지 않았다. 블레이저스는 마틴을 4시즌 동안이나 팀에 데리고 있었지만 인먼과 그 동료들은 마틴의 부족한 실력에 대해 진작부터 조치를 취하고 있었다. 만약 테이커였다면 마틴이 허둥댄다는 신호를 분명히 감지한 첫 번째 시즌에 출장시간을 늘려 밥 매카두와 줄리어스 어빙 대신 그를 뽑은 선택을 정당화하려 했을 것이다. 그러나 그런 일은 일어나지 않았다. 블레이저스는 키가 2미터에 불과하지만 항상 열심히 노력하는 로이드 닐에게 주전 센터 자리를 내주고 마틴에게 그를 보좌하게 했다.

첫 번째 시즌에 매카두가 게임당 평균 32분, 어빙이 42분 동안 출전한 데 비해 마틴은 평균 13분도 코트에 나서지 못했다. 마틴은 두 번째 시즌에도 신통치 않았다. 블레이저스는 몰입 상승 효과에 빠져 그에게 더 많은 출전시간을 보장한 것이 아니라 오히려 출전시간을

● 공정을 기하자면 보위의 성적 부진은 부상 탓도 있었다. 대학 시절 그는 정강이 부상으로 2시즌 전체를 쉬었다. 인먼은 신인 지명 전에 보위가 완전히 건강해졌는지 확인하려고 보위에게 일곱 시간짜리 신체검사를 받게 했다. 보위는 첫 시즌에는 아무 이상이 없었지만 곧 부상이 재발해 이후 4시즌 동안 81퍼센트에 달하는 경기에 나설 수 없었고, 그중 2시즌 전체를 재활에만 매달렸다. 인먼의 스카우트팀만 조던 대신 보위에게 기대를 건 것도 아니다. 신인 지명이 끝난 1984년 6월 〈시카고 트리뷴〉은 '조던에게 집착한 것을 사과하는 불스'라는 표제의 머리기사를 실었다. 불스의 단장 로드 손(Rod Thorn)은 몹시 실망스러워하며 탄식했다. "그가 2미터 10센티미터였으면 좋겠지만 안타깝게도 그렇지 못하다. 그러나 남은 선수 중에는 쓸 만한 센터가 없었다. 달리 무슨 수가 있었겠는가? 조던은 이 팀에 별로 기여하지 못할 것이다. …… 그는 훌륭한 득점원이지만 압도적인 선수는 아니다." 심지어 조던조차 보위를 선택한 걸 지지한 듯하다. 그는 신인 시절 "포틀랜드에는 키 큰 가드와 스몰 포워드가 남아돌 만큼 많으니 나보다는 보위가 더 적절한 선택"이라고 말했다. 1984년 휴스턴 로키츠를 운영하며 첫 번째 지명권으로 보위와 조던 대신 하킴 올라주원(Hakeem Olajuwon)을 선택한 레이 패터슨(Ray Patterson)이 인먼의 선택을 가장 설득력 있게 변호한다. "자기라면 보위 대신 조던을 뽑았을 것이라고 말하는 사람들은 모두 허세를 부리는 것이다. 당시 조던은 그렇게까지 좋은 선수가 아니었다."

줄여 게임당 평균 11분밖에 기용하지 않았다. 반면 매카두는 43분, 어빙도 40분 이상 출전했다. 인먼과 그의 동료들은 마틴에게 계속 도박을 걸고 싶은 유혹을 이겨냈다.

기버가 테이커보다 몰입 상승에 덜 취약한 가장 중요한 이유는 그들이 피드백에 어떻게 반응하는가로 설명할 수 있다. 오드리 코스가드, 부르스 메글리노, 스콧 레스터(Scott Lester)는 기버와 테이커가 자신이 거둔 성과에 관한 정보에 어떻게 반응하는지 실험으로 입증했다. 실험 참가자들은 우선 기버인지 테이커인지를 가리는 설문지에 응답하고 열 가지 결정을 내려 문제해결 능력을 평가받았다. 이어 연구진은 실험 참가자 전원에게 평가점수를 알려주고 그다음 결정을 내리기 전에 선택권을 다른 사람에게 더 자주 위임하는 게 좋다고 말해주었다. 사실 평가점수는 무작위로 할당한 것이라 실험 참가자 중 절반은 평균 이상, 나머지 절반은 평균 이하의 점수를 받았다. 그런 상황에서 참가자 전원에게 다시 열 가지 결정을 더 내리게 했다. 과연 실험 참가자들은 자기 판단을 다른 사람에게 더 자주 위임했을까?

평균보다 높은 판단력 점수를 받은 테이커는 제안을 받아들여 30퍼센트 더 자주 판단을 위임했다. 반면 낮은 점수를 받은 테이커는 그보다 낮은 15퍼센트만 자주 위임했다. 자신이 비판을 받았다고 생각해 개선을 위한 조언을 받아들이길 꺼려한 것이다. 이처럼 테이커는 부정적인 피드백을 무시하고 자신이 어리석은 결정을 내렸다고 믿기를 거부함으로써 자존심을 지켰다.

한편 기버는 비판을 받아들이고 충고를 따랐다. 그들은 판단력이 평균을 밑돈다는 부정적인 피드백을 받았을 때도 30퍼센트 더 자주 판단을 위임했다.

테이커는 몰입 상승 상황에서 처음의 선택이 잘못되었음을 쉽게 받아들이지 못한다. 메글리노와 코스가드는 "테이커는 성과에 대한 피드백과 사회적 정보가 마음에 들지 않으면 무시하는 경향이 있지만, 기버는 개인적 가치를 깊이 따지지 않고 사회적 정보를 순순히 받아들여 행동한다"고 말한다. 기버는 설령 일시적으로 자존심과 평판에 타격을 입을지라도 장기적인 관점에서 대인관계와 조직에 더 나은 결과를 가져올 결정에 집중한다.

스튜 인먼은 부정적인 피드백을 수용하는 자세 덕분에 곧 자신이 잘못 투자했음을 깨달았다. 이처럼 비판에 열린 자세를 보인 인먼은 리그 전체에서 두루 존경을 받았다. 스티브 두인(Steve Duin) 기자는 "많은 감독이 자신에 대한 자극적인 비판에 대항해 논쟁을 벌였지만 그들도 인먼을 괴롭히지는 않았다"며, "인내심 있고 너그러운 그는 역대 NBA 관계자 중 상당히 품위 있는 사람 가운데 하나"라고 기록했다. 라루 마틴이 고전하고 있을 무렵, 블레이저스 코치였던 잭 맥크로스키(Jack McCloskey)는 그를 다음과 같이 평가했다.

"마틴은 열심히 노력하는 착한 젊은이였습니다. 하지만 실력이 부족했죠. 단순한 얘기입니다. 농구 실력을 끌어올리려 노력했지만 그는 뛰어난 선수가 아니었습니다. 1번으로 지명될 정도의 실력은 갖추지 못했습니다."

테이커라면 그처럼 부정적인 피드백을 받아들이지 않겠지만 인먼은 고개를 끄덕였다. 블레이저스는 마틴의 두 번째 시즌이던 1974년 다시 한 번 전체 1번 지명권을 얻었다. 그들은 마틴에 대한 몰입 상승에 빠지지 않고 그를 대체할 다른 센터를 찾았다. 인먼은 UCLA

출신의 빌 월튼(Bill Walton)을 뽑았고, 월튼은 첫 시즌부터 주전 센터로 나가 경기당 평균 33분을 뛰었다. 교체선수로 출장한 마틴의 약 두 배에 해당하는 출전시간이었다. 월튼의 출전시간은 인먼이 마틴을 팀에서 내보낸 다음에도 지속되었다. 월튼은 이어진 1976~1977 시즌에 줄리어스 어빙이 이끄는 필라델피아 세븐티식서스를 꺾고 블레이저스를 우승으로 이끌며 결승전 MVP를 차지했다. 은퇴 후 그는 NBA 명예의 전당에 이름을 올렸다. 인먼은 1년 전 지구 꼴찌였던 팀을 1977년 우승팀으로 바꿔놓았다. 블레이저스 40년 역사 동안 우승을 차지한 건 그때가 유일하다. 당시 팀의 코치였던 잭 램지의 말을 인용하면 인먼은 "한 번도 스포트라이트를 받은 적이 없으며 자신이 구축한 팀에 대해 합당한 평가도 받지 못했다."

흙 속의 진주를 찾으려는 순수한 열망

인먼이 무대 뒤에서 선수들의 재능을 발견함으로써 우승팀을 빚어낸 과정은 C. J. 스켄더의 접근 방식과 빼닮았다. 웨인 톰슨은 이렇게 기록한다.

"인먼은 관심 있는 모든 선수에 대해 완벽한 포트폴리오를 원했다. 그 덕분에 그가 다이아몬드 원석을 발견할 수 있었다는 데는 의심의 여지가 없다."

1977년 우승팀의 최다득점 선수 여섯 명 중 절반(득점 상위 아홉 명 중 다섯 명)이 2차와 3차 하위 라운드에서 인먼이 지명한 선수들이다. 스티브 두인은 인먼을 두고 "잠재력을 발견하는 면에서 시대를 앞서

간 사람"이라고 평가했다.

"스튜는 농구광들의 하위문화(전체 문화 내부에 존재하면서 독자적인 특징과 정체성을 보여주는 소집단 문화 – 역주)에서 거의 정점에 선 사람입니다. 천재로 통했지요."

댈러스 매버릭스 구단 회장 놈 손주(Norm Sonju)의 말이다. 칼럼니스트 필립 본디(Filip Bondy)가 쓴 1984년 신인 드래프트에 대한 책에 따르면, 인먼은 "리그에서 가장 훌륭한 인사 담당자로 통했다. 다른 구단들이 그의 스카우트 과정을 뒤쫓고, 그가 어떤 선수에게 관심이 있다는 소문에 귀를 기울일 만큼 뛰어났으며 크게 존경받았다."

1970년대에는 대부분의 구단이 힘과 속도, 조정력, 민첩성, 수직 점프력 등 눈에 띄는 신체적인 능력에만 초점을 맞추었다. 하지만 인먼은 선수 내면의 속성에도 주의를 기울여야 한다고 보고 선수들의 정신적인 면을 평가하기 시작했다. 그는 신인을 지명하기 전에 선수의 기록과 경기 모습을 지켜보는 한편, 선수를 한 인간으로서 이해하고 싶어 했다. 특히 그는 경기 시작 전에 몸을 푸는 모습을 유심히 지켜보며 얼마나 열심히 연습하는지 파악했고 예전에 가르친 코치와 가족, 친구, 학교 선생님들을 만나 선수의 마음자세나 동기 그리고 진실성에 대해 이야기를 나누었다. 오리건 주의 일간지 〈오리고니언(Oregonian)〉에 따르면 "인먼은 저평가된 선수들을 발굴하는 능력으로 명성을 쌓았다. 재능을 알아보는 안목은 그의 따뜻한 성품만큼이나 놀라웠다. 그는 수직 점프력 못지않게 인격과 지성이 훌륭한 선수를 원했다."

1970년 인먼은 당시 NBA 신생팀이던 블레이저스에 스카우트 팀장으로 채용되었다. 그는 그해 여름, 농구 실력이 있는 사람들을 대상으로 선수를 공개 모집하는 테스트를 시행했다. 여기에는 농구에 대한 지역사회의 관심을 불러일으키려는 홍보 목적도 있었다. 개인적으로 인먼은 다른 팀이 무시하고 지나친 숨은 실력자를 찾을 생각이었다. 그 테스트를 통해 팀에 합류한 선수는 없었지만, 흙 속의 진주를 찾으려는 인먼의 열망은 몇 년 후에 결실을 맺었다.

1975년 인먼이 신인 드래프트 2라운드 스물다섯 번째로 지명한 포워드 밥 그로스(Bob Gross)가 그 주인공이다.[23] 코치들과 팬들은 그 지명이 실수라고 생각했다. 그로스는 시애틀에서 대학 농구선수로 뛰며 평균 10득점을 올렸고, 롱비치 주립대학으로 옮겨간 2학년 때도 경기당 평균 6.5점밖에 기록하지 못했다. 프랭크 코피(Frank Coffey)는 블레이저스에 대한 자신의 저서에 "정말로 샅샅이 뒤지지 않는 한, 밥 그로스의 대학 시절과 프로선수 생활을 발견하기란 어려운 일이었다"고 기록했다.

인먼은 우연히 롱비치 주립대학과 미시건 주립대학의 경기를 보다가 상대팀이 속공에 이어 손쉬운 레이업슛을 하는 걸 그로스가 몸을 던져 블록슛 하는 모습을 보고 그에게 관심이 생겼다. 인먼은 그로스를 면밀히 관찰해 그가 근면한 선수라는 증거를 더 찾아냈다. 그로스는 3학년이 되자 평균 16득점 이상을 올렸다. 2학년 때의 두 배가 넘는 점수였다. 코피는 인먼이 "꾸준하게 열심히 노력하는, 보석 같이 대단히 뛰어난 선수를 발견했다"고 말한다. 대학 시절 코치 중 한 명은 그로스를 "이기심 없이 팀에 헌신하는 선수"라고 극찬했다. 블레이저스는 그로스의 세 번째 시즌에 NBA 결승에 진출했다. 그는 경기당 평균 17득점을 쏟아 부으며 활약했다. 승패를 좌우하는 다섯 번째, 여섯 번째 경기에서는 줄리어스 어빙을 맡아 수비하면서도 각각 25점, 24점을 올리며 팀을 이끌었다. 빌 월튼의 말을 들어보자.

"밥 그로스는 팀의 '윤활유' 같은 선수였습니다. 그가 있어서 팀이 원활하게 돌아갔지요. …… 밥은 끈질기게 뛰고 제지하고 수비했습니다. …… 밥이 없었다면 …… 포틀랜드는 우승하지 못했을 겁니다."

인먼은 다른 구단들이 기버를 저평가한다는 사실을 깨달았다. 기버는 주목받으려 애쓰지도, 화려하게 움직이지도 않기 때문이다.

"현재 어떤 선수인지보다 무엇이 그를 성장하게 해 앞으로 어떤 선수가 될 수 있느냐가 중요하다."

인먼의 스카우트 철학이다. 인먼은 근성 있게 연습하고 기버처럼 경기하는 선수를 보면 아직 다듬어지지 않은 다이아몬드 원석으로 분류했다. 사실 근성과 기버 사이에는 밀접한 관계가 있다. 나는 연구를 통해 기버가 테이커와 매처보다 더 열심히, 오래 일한다는 사실을 발견했다.[24] 연습은 그다지 즐거운 일이 아니지만 기버는 팀에 대한 책임감 때문에 노력을 게을리 하지 않는다.

다른 산업 분야에서도 같은 현상을 발견할 수 있다. LL 쿨 J와 비스티 보이스를 배출한 힙합 전문 음반사 데프잼 레코드의 공동 설립자 러셀 시몬스(Russell Simmons)를 생각해보자. 힙합의 대부로 불리는 시몬스는 다른 음반사들이 생각도 하기 전인 1978년에 음악을 무료로 배포했다. 내가 성공 비결을 묻자 그는 자신이 기버를 찾아 키운 덕분이라고 말했다.

"많이 베푸는 사람이 많이 얻는 법입니다. 베푸는 사람은 모든 사람을 행복하게 해주죠."[25]

케빈 라일즈(Kevin Liles)는 시몬스가 매우 좋아하는 기버 중 한 명이다. 라일즈는 돈도 받지 않고 인턴으로 일하기 시작해 데프잼 레코드의 최고경영자 자리에까지 올랐다. 인턴 시절 그는 가장 먼저 출근해 가장 늦게 퇴근했다. 홍보 담당자로서 책임 지역이 한 군데뿐일 때도 라일즈는 스스로 나서서 다른 지역의 홍보까지 도맡았다.

"모두가 케빈을 리더로 보기 시작했습니다. 홍보에 관한 것은 모두 그에게 의지할 정도였죠."[26]

시몬스는 자신이 어떤 재능을 선택해 키워주는지도 이야기했다.

"내가 눈여겨보는 자질 중 가장 중요한 것은 헌신적으로 나누는 태도입니다."

스튜 인먼은 근성 있는 기버가 자신의 이익보다 팀을 우선시하며, 자기가 맡은 역할에 충실히 임하려 노력한다는 것을 알고 있었다. 전설로 남은 1984년 드래프트에서 샘 보위를 뽑은 뒤, 인먼은 제롬 커시(Jerome Kersey)라는 포워드를 2라운드 전체 마흔여섯 번째로 지명했다. 커시는 버지니아 주 2부 리그 소속으로 별로 알려지지 않은 롱우드대학 선수였지만, 뛰어난 NBA 선수로서 재능을 활짝 꽃피웠다. 롱우드대학의 스포츠 행정 책임자는 커시가 그때까지 그 학교를 거쳐 간 선수 중 가장 근면한 선수라고 말했다. 그 말을 들은 인먼은 다른 NBA 관계자들이 거의 관심을 두지 않던 그의 장래성을 알아보았다.

이듬해인 1985년, 인먼은 포인트가드 중에서 또 하나의 숨은 보석을 발견해 전체 스물네 번째 지명권을 행사했다. 이타적이고 몸을 사리지 않는 경기 자세로 명성을 얻은 근성 있는 기버, 테리 포터(Terry Porter)가 그 주인공이다. 그는 블레이저스 소속으로 올스타에 두 번 선정되었고 17년 동안 NBA에서 뛰어난 활약을 펼쳤다. 1993년에는 매년 '지역사회에 지대한 공헌과 봉사'를 한 선수, 코치, 트레이너 한 사람에게 주는 J. 월터 케네디 시민상을 받았다. 포터는 형편이 어려운 아이들에게 경기 입장권을 나누어주고, 마약과 술이 없는 졸업파티를 무료로 열어주는 등 예전의 팀 동료이던 제롬 커시와 함께 청소년들에게 폭넓은 기부활동을 벌였다.

인먼의 가장 성공적인 투자는 1983년의 신인 지명일 것이다. 당시 블레이저스는 열네 번째 지명권을 갖고 있었다. 인먼은 다른 구단들이 그리 뛰어난 슈터가 아니라고 생각해 고려하지도 않던 슈팅가드 클라이드 드렉슬러(Clyde Drexler)를 선택했다. 드렉슬러는 슈팅가드 중에서 다섯 번째로 지명되었지만, 지금은 1983년 신인 드래프트에서 블레이저스가 거저 얻은 선수로 널리 인정하고 있다. 그는 통산 게임당 평균 20득점을 기록하면서 그해 지명된 모든 신인을 압도했다. 또한 그는 데뷔 동기들 중 유일하게 NBA 베스트 5에 선발되었고 올스타전 최소 1회 출전(그는 10회나 출전했다), 올림픽 대표팀 선발 그리고 명예의 전당에 이름을 올리는 기록을 보유했다. 드렉슬러는 NBA의 전설 오스카 로버트슨(Oscar Robertson)과 존 하블리첵(John Havlicek)의 뒤를 이어 역대 세 번째로 2만 득점, 6,000리바운드, 3,000어시스트라는 기록을 남기고 은퇴했다. 다른 구단이 모두 드렉슬러를 한쪽으로 제쳐놓았을 때, 인먼은 드렉슬러가 그런 스타가 되리라는 걸 어떻게 알았을까?

마이클 조던에게는 없는 것

테이커는 독립적으로 결정하기를 좋아하지만 인먼 같은 기버는 외부의 조언에 귀를 기울인다. 인먼은 산호세 주립대학 시절 스포츠 심리학의 선구자 브루스 오길비(Bruce Ogilvie)를 만났다. 오길비는 "심리학자들이 슈링크스(shrinks, '움츠러들다'는 의미로 미국에서 정신과 의사를 비하해 일컫는 속어-역주)'라 불리고, 정신과 의사를 찾는 운동선수는 무언가 문제가 있다고 여겨지던 시절에 스포츠의 전면에 등장했다." 각 구단 단장과 코치들은 대부분 오길비 같은 심리학자를 꺼렸고 소위 '과학'이라 불리는 것에 회의적이었다. 심지어 심리학적 평가는 아무 소용이 없다고 생각하는 사람도 있었고, 자신들의 지위와 전문성에 위협이 될까 봐 걱정하는 사람들도 있었다.

테이커는 자기 지식을 내세우는 데 집중하지만, 기버는 자신의 신념과 충돌할 때조차 다른 사람의 전문적인 지식을 적극 받아들인다. 인먼은 오길비의 제안에 귀를 기울였고 신인을 뽑기 전에 몇 시간 동안 심리평가를 진행하는 그의 방법론을 채택했다. 인먼은 오길비와 함께 선수들의 이기심, 성취도, 인내와 성실성, 수용성 그리고 농구에 대한 헌신을 평가했다. 덕분에 인먼은 선수들의 근성과 이타주의 성향을 깊이 이해할 수 있었다. 인먼은 다음과 같이 말했다.

"다른 NBA 구단도 심리학적 관점에서 뽑을 만한 신인선수를 찾았습니다. 하지만 우리처럼 심리학을 신뢰하며 적극 활용하는 구단은 없었습니다. 선수를 평가한다는 건 그의 재능이 마음에 들었다는 뜻입니다. 심리학적 평가는 선수가 그 잠재력을 완전히 펼칠 수 있을지 판단하는 척도가 되어주었습니다."

오길비가 드렉슬러를 평가하는 동안 인먼은 그의 심리 상태에 깊은 인상을 받았다. 인먼은 휴스턴에서 드렉슬러가 경기하는 모습을 본 적 있는 코치와 대화한 다음에도 같은 결론을 얻었다. 경기 내용으로 보아 드렉슬러는 확실히 기버였다.

"드렉슬러는 팀을 하나로 묶는 끈끈이였습니다. 리그의 다른 코치들도 그 말에 거의 만장일치로 동의했죠. 그들은 드렉슬러가 경기에서 이기기 위해 꼭 해야 할 일을 한다고 말합니다. 승리를 향한 그의 의지에 이기심 따위는 끼어들 틈이 없었습니다."[27]

당시 스카우터였던 벅키 벅월터(Bucky Buckwalter)에 따르면 "다른 구단들은 그가 대단한 슈터는 아니라는 이유로 지명을 주저했다." 그러나 인먼과 그의 팀은 드렉슬러가 "3점슛을 연습하거나 그가 지닌 다른 재능으로 부족한 부분을 메울 수 있다"고 결론지었다. 인먼이 옳았다. 벅월터는 드렉슬러가 자신이 "예상했던 것보다 더 실력 있는 선수였음을 증명했다"고 시인했다.

인먼이 농구 코트에서 저지른 가장 큰 실수도 또 다른 곳에서는 큰 성공을 거두었다. 인먼이 첫눈에 기버임을 알아본 라루 마틴은 UPS(미국의 물류 운송업체-역주)에서 25년 동안 일했고, 최근에는 일리노이 주 지역 봉사활동 책임자가 되었다. 2008년 그는 전 블레이저스 구단주이던 래리 와인버그(Larry Weinberg)에게 뜻밖의 편지 한 통을 받았다.

"자네가 UPS에서 하는 일이 다른 직원들에게 훌륭한 본보기가 되리라고 확신하네."

오바마 대통령과 함께 농구를 즐기는 마틴은 2011년 은퇴선수협회 이사장으로 선출되기도 했다. 그는 "받은 걸 되돌려줄 수 있어서 행복하다"고 말했다.

이제 인먼이 산호세 주립대학의 감독으로 있을 때 선수였던 테리 머피 이야기를 해보자. 인먼은 머피에게 기회를 주었지만 농구에서 미래가 보이지 않자 배구선수로 전향할 것을 권했다. 근면한 머피에게는 그게 꼭 맞는 선택이었기 때문이다. 나중에 머피는 미국 배구 국가팀에 선발되었지만 농구를 완전히 떠나지는 않았다.

1986년 머피는 댈러스에서 특별 올림픽(1968년 창설된 심신장애인 올림픽으로 신체장애인 올림픽[패럴림픽]과는 다른 대회-역주) 기금 모금을 위해 3 대 3 길거리 농구 토너먼트인 '후프 잇 업(Hoop It Up)'을 시작했다. 1992년까지 후프 잇 업에는 선수 15만 명 이상이 참여했고 수백만 명의 팬도 생겼다. 5년 후에는 전 세계 스물일곱 개 나라에서 302개 대회가 열려 수백만 달러의 자선기금을 모았다.

인먼의 성공은 그가 비록 선수로서는 마이클 조던을 놓쳤지만, 재능을 평가하는 점에서는 조던을 압도했다는 점에서 잘 드러난다. 조던은 기버보다는 테이커가 되리라는 메시지를 암시하며 명성을 쌓았다.[28] 그러한 조짐은 경기장에서부터 나타났다. 한마디로 조던은 자기중심적이고 독선적인 선수였다. 조던 자신이 노골적으로 "성공하려면 이기적이어야 한다"고 강조한 적도 있다. 코치들은 그에게 건설적인 조언을 해줄 때도 매우 조심스러워했다. 그는 명예의 전당에 이름을 올리면서 몇몇 사람에게만 감사를 전하고 자신을 의심하던 사람들을 비방해 널리 비난을 받았다.

현역 시절에 그는 구단 수익이 선수들에게 더 많이 돌아가야 한다고 목소리를 높였다. 그러나 막상 자신이 구단주가 되자 오히려 구단의 몫을 더 늘렸다. 그 돈은 아마 조던의 주머니 속으로 들어갔을

것이다.•

오랫동안 재능에만 모든 걸 걸어온 조던은 운영자로서의 행보가 인면과 극명한 대조를 이룬다. 프로농구 구단 워싱턴 위저즈의 사장이 된 조던은 2001년 전체 1번 지명권을 센터 콰미 브라운(Kwame Brown)에게 사용했다. 브라운은 고등학교를 졸업하고 곧바로 프로에 뛰어든 재능 넘치는 선수였지만, 근성이 부족했는지 자기 잠재력의 근처에도 이르지 못했다. 훗날 그는 과거 10년 NBA 신인 지명 중 두 번째로 형편없는 선택으로 불리고, 역대 최악의 드래프트 100건 중 한 건에도 이름을 올릴 것이다. 조던이 브라운을 뽑은 다음 두 번째와 세 번째 지명도 센터였는데 그들은 훨씬 나은 활약을 펼치고 있다. 두 번째로 지명된 타이슨 챈들러(Tyson Chandler)는 2012년 올림픽 대표팀에 뽑혔다. 세 번째로 지명된 센터는 챈들러보다 한 살 어리고 브라운보다 6개월 더 나이가 많은 파우 가솔(Pau Gasol)이다.

• 조던이 노스캐롤라이나대학에서 뛰던 시절 그의 감독이던 전설적인 감독 딘 스미스(Dean Smith)가 기버였다는 점도 흥미롭다. 스미스는 코치들의 반대를 무릅쓰고 큰 손해를 감수하면서 조던이 4학년이 되기도 전에 NBA에 진출하도록 권했다. 스미스에게는 "시즌 중에는 팀에 가장 좋은 일을 하고, 비시즌 중에는 선수에게 가장 좋은 일을 한다"는 자기만의 철학이 있었다. NBA 선수들 몸값이 천정부지로 치솟자, 스미스는 상위 5번에서 10번 안에 지명될 만한 모든 선수에게 나중에 다시 돌아와 학업을 마친다고 약속한 다음 잠시 학교를 떠나 부를 쌓으라고 권했다. 스미스는 36년 동안 감독으로 재직하며 선수 아홉 명을 졸업도 하기 전에 드래프트에 내보냈다. 그중 일곱 명이 약속대로 나중에 학교로 돌아와 학업을 마쳤다. 스미스는 선수들의 이익을 먼저 생각하고 뛰어난 선수들에게 팀을 떠나도록 독려했지만, 오히려 그 덕분에 가장 재능 있는 선수들을 팀에 스카우트하고 그들의 전폭적인 신뢰를 얻을 수 있었다. 스미스는 통산 879승을 거두고 은퇴했다. 미국 대학 농구 감독 역대 1위의 기록이다. 그가 이끈 팀은 NCAA 4강에 열한 번 진출하고 우승을 두 번 차지했다. NBA 부사장 크리스 그레인저(Chris Granger)는 말한다. "재능 있는 사람은 자신을 보살펴주는 사람에게 이끌립니다. 당신이 팀을 떠나 누군가가 성공하도록 돕는 것은 단기적으로는 손해지만, 장기적으로 보면 명백하게 이득입니다. 당신이 남을 돕는 사람이라는 소문이 퍼져 재능 있는 사람들이 몰려드니까요."[29]

올해의 신인상을 받은 가솔은 이후 10년 동안 올스타에 네 번 선발 됐고 우승을 두 번 일궈냈으며 J. 월터 케네디 시민상을 받았다. 가솔과 챈들러 모두 득점, 리바운드, 블록슛에서 브라운의 성적을 크게 앞선다.

브라운의 실망스러운 성적은 조던의 자존심을 위협했다. 브라운과 함께 뛰려고 은퇴를 번복하고 현역으로 복귀한 조던은 브라운이 실력이 부족해 팀에 해를 끼친다며 끊임없이 질책하고 비난했다. 자신의 드래프트 선택이 어리석었다고 스스로 인정한 셈이었다. 브라운은 첫 번째 시즌에 경기당 평균 5점, 4리바운드라는 보잘것없는 기록을 남겼지만 다음 시즌에는 출전시간이 두 배로 늘어났다. 그 시즌이 끝나고 조던은 위저즈에서 해고되었다. 그럼에도 조던은 브라운을 포기하지 않았다.

그로부터 거의 10년이 지난 2010년, 브라운은 마이클 조던이 인수한 샬럿 밥캐츠 구단과 계약을 맺었다. 브라운의 에이전트는 "조던이 그 계약에 큰 영향을 끼쳤으며 그것은 그가 원한 바였다"고 말했다. 당시 브라운은 10시즌 동안 네 개 팀을 전전하며 500게임 넘게 출전하는 경험을 쌓고도 득점이 평균 7점을 밑돌았고 리바운드도 여섯 개 이하였다. 밥캐츠 입단 직전 시즌에는 평균 13분밖에 출전하지 못했다.

조던의 밥캐츠에 합류한 브라운은 출전시간이 두 배로 늘어 경기당 평균 26분을 뛰었다. 밥캐츠에서 경기한 시간이 앞선 두 시즌 동안 출전한 시간을 합한 것보다 많을 정도였다. 그렇지만 그는 여전히 고전을 면치 못했고 8점 이하의 득점과 일곱 개 이하의 리바운드를 기록했다. 브라운의 에이전트는 이렇게 말했다.

"조던은 브라운에게 한 번 더 기회를 주고 싶어 했습니다. 브라운이 조던의 첫 번째 신인 지명이었다는 사실이 사람들의 입에 자주 오르내리고, 그게 실패로 돌아가자 두 사람 모두에게 엄청난 비난의 화살이 돌아갔으니까요."

기버라면 실수를 인정하고 앞으로 나아갔겠지만 조던은 여전히 실패한 투자에서 보상을 받으려 애쓰고 있었다. 조던의 친구이자 올림픽 대표팀 동료인 찰스 바클리는 날카롭게 지적했다.

"나는 조던을 무척 좋아하지만 이번에는 그 친구가 잘못한 겁니다. 조던은 자기에게 반대 의견을 내놓을 만한 사람을 충분히 고용하지 않은 것 같습니다."

밥캣츠는 조던의 지휘 아래 NBA 역대 팀 최저 승률로 2012년 시즌을 마쳤다. 이와 대조적으로 인먼이 이끈 팀은 놀라울 정도로 성공을 거두었다. 1977년 다수의 무명선수로 우승을 일궈낸 데 이어, 인먼의 신인 지명은 블레이저스를 오랫동안 강력한 팀으로 만들어 주었다. 1986년 인먼이 블레이저스를 떠난 다음에도 팀은 드렉슬러, 포터, 커시 등의 리더십으로 중흥기를 이어갔다. 인먼이 3년에 걸쳐 연속으로 발견한 세 개의 숨은 보석은 블레이저스를 두 번이나 결승으로 이끌었다. 그때도 인먼은 공로를 크게 인정받지 못했다.

열성팬이 아니라면 인먼을 실패자로 여길지도 모른다. 그러나 농구 관계자들은 그를 스포츠계를 통틀어 재능을 평가하는 데 누구보다 뛰어난 인물이었다고 평가한다. 인먼의 경험과 여러 과학적 증거로 볼 때 기버는 단순히 재능을 발견하고 계발하기만 하는 것이 아님을 알 수 있다. 그들은 투자가 실패로 돌아갔을 때 적절하게 대처하는 데도 놀라울 정도로 뛰어나다.

스튜 인먼은 생애 마지막 4년을 오리건 주의 레이크 오스웨고 고등학교 농구팀에서 코치로 자원봉사를 하며 보냈다. 레이크 오스웨고 감독의 얘기를 들어보자.

"그의 안목은 자로 잰 것처럼 정확했습니다. 단지 농구선수로뿐 아니라 학생들의 인성까지도 완전히 꿰뚫어보았지요. 그는 절대로 학생들을 속단하지 않았습니다. 시간을 들여 천천히 상대의 진정한 모습을 보려고 애썼지요."

스튜 인먼은 레이크 오스웨고에서 케빈 러브(Kevin Love)라는 어린 선수가 재능을 꽃피우도록 도와주었다. 러브는 샘 보위와 라루 마틴이 채우지 못한, 즉 중장거리슛에 능한 키 큰 선수라는 숙원을 이뤄가고 있다. 2미터 8센티미터의 센터인 러브는 올림픽 대표팀에 선발되었고, 데뷔 4시즌 만에 두 번이나 올스타에 뽑혔으며 NBA 기량 발전상을 받았다. 그리고 올스타전 3점슛 대회에서 우승을 차지했다.

저널리스트 조지 앤더스는 다음과 같이 기록했다.

"뛰어난 재능을 지원해주기로 마음먹었다면 당신은 인간이 할 수 있는 일 중 가장 인도적인 일을 선택한 셈이다. 특정 시점만 놓고 보면 즉각적인 성과를 추구하는 사람이 돈도 더 많이 벌고 인정도 받는다. 그러나 그것은 한순간일 뿐이다. 시간이 흐르면 그 관계는 뒤집힌다."

5장

겸손한 승리
설득하지 않고도 설득에 성공한 사람들의 비밀 무기

말은 부드럽게 하라.
그러나 큰 몽둥이 하나는
갖고 다녀라.[1]

테어도어 루스벨트
미국 26대 대통령

/ 말더듬이 변호사의 생존법

데이브 월튼(Dave Walton)은 숨을 깊이 들이쉬었다. 그는 영업 비밀과 직원 간 경쟁 사례를 전문으로 다루는 고용법 전문가로, 법률 회사 코젠 오코너(Cozen O'Connor)에서 주주로 선출된 젊은 변호사 중 하나다. 몇 년 동안 그는 '펜실베이니아 최고의 변호사', '떠오르는 별'로 불렸지만, 그때는 이제 막 법정에 서서 생애 첫 번째 최종변론을 하려던 참이었다.[2]

2008년 당시 데이브는 펜실베이니아 주에 파마자유를 공급하는 애크미-하디스티(Acme-Hardesty)의 모회사를 변호하고 있었다. 이들은 인도 뭄바이에 있는 자얀트 오일 앤 디리버티브(Jayant Oils and Derivatives)에서 물량을 공급받는 회사였다. 2006년 12월, 애크미의 모회사 CEO는 자얀트가 미국에 지사를 두고 판매망을 조직 중이며,

곧 애크미에 파마자유 공급을 중단하려 한다는 정보를 입수했다. 그 다음 달에는 애크미의 경영진도 자얀트가 미국 시장에서 파마자유를 소비자에게 직접 판매할 계획을 세우고 있다는 사실을 알았다.

2006년 여름, 애크미의 직원 두 명이 자얀트로 이직해 자사가 경쟁력을 갖춘 회사로 발돋움하도록 힘썼다. 그러자 애크미의 모회사는 불법으로 기업 비밀을 유출한 혐의로 자얀트와 직원 두 명을 상대로 소송을 제기했다.

부지런히 자료를 준비한 데이브는 열정적으로 변론했다. 그는 두 직원이 아직 애크미에서 일하던 2006년 3월, 자얀트가 경쟁 유통 회사를 설립하도록 도와주겠다는 계약을 체결한 증거를 제시했다. 두 사람은 첫 컨설팅 비용으로 2006년 6월 자얀트로부터 각각 5만 달러씩 받았다. 그들은 회사를 떠나 인도로 간다고 보고했지만 자신들의 새 직책은 말해주지 않았다. 데이브는 그들이 인도에서 애크미의 노하우를 이용해 자얀트의 사업을 도왔다고 주장했다. 한 직원은 애크미의 잠재고객 명단을 자얀트에 넘겨주었고, 자얀트 회장은 애크미의 서류를 이용해 투자 계획을 세우도록 승인했다는 내용도 있었다. 데이브는 또 두 직원이 인도에서 자얀트를 위한 계획을 세우면서 차명 이메일 주소를 이용해 계속 애크미와 접촉했음을 입증했다.

피고 측 변론은 저명한 법률 회사 세 곳이 동시에 맡았고, 데이브의 상대는 말솜씨가 대단한 사람이었다. 코넬대학을 졸업한 그는 컬럼비아대학에서 법학 학위를 받았으며, '펜실베이니아 최고 변호사 100인'과 미국 전체에서 뽑는 '이 주의 변호사' 등 수많은 상을 휩쓴 25년 경력의 베테랑이었다. 한 매체가 그를 "재판장에서 놀랍도록 재주가 뛰어나고 지식이 풍부하며 세련된 변호사"라고 묘사한 적도 있었다.

피고 측 변호인은 유창하고 세련된 말투로 판사에게 자얀트가 마땅한 권리를 행사해 적법하게 경쟁에 뛰어들었다고 말했다. 그는 애크미가 고객을 일부 잃었다는 사실은 인정했지만 그것은 두 고용인의 잘못이 아니라고 항변했다. 애크미는 자얀트의 파마자유 제품을 유통시키는 중개상이고, 이들을 거치지 않을 경우 자얀트는 제품을 더 싼값에 공급할 수 있으므로 공정한 경쟁이라는 얘기다. 또 두 직원이 애크미에서 제대로 대우받지 못했음을 토로했다. 그중 한 명은 애크미를 '지옥'으로 묘사하며 그녀 인생 최악의 직장이었다고 말했다. 피고 측 변호인은 핵심적인 논증을 펼쳤고, 데이브가 내세운 주요 증인들의 신뢰성에 의문을 제기했다. 데이브는 피고 측 변호인의 변론 솜씨에 깊은 인상을 받았다.

"그는 정말 대단했습니다. 우리가 예상했던 것보다 훨씬 더 훌륭한 논변을 제시했죠."

데이브는 재판에서 이길 가능성이 반반이라고 생각했다. 물론 그는 자얀트와 두 직원이 유죄라는 설득력 있는 그림을 그려냈다. 문제는 이 사건에 세간의 이목이 집중되면서 압박이 엄청났다는 데 있었다. 그것은 데이브가 재판을 이끈 첫 번째 사건이었고 그는 새파랗게 젊은 최연소 변호사였다. 더구나 한 번은 심문 중에 그의 오랜 골칫거리인 말더듬증이 고개를 들었다. 그 증상은 재판이 진행되는 동안 몇 번 더 나타났다. 말을 더듬으면 배심원들에게 데이브가 확신하지 못한다는 인상을 줄 위험이 있었다.

데이브는 특히 한 배심원의 영향력에 관심을 기울이고 있었다. 그 배심원은 재판이 진행되는 동안 피고 측을 지지한다는 인상을 강하게 풍겼다. 그는 자얀트와 두 직원이 아무 잘못도 하지 않았다고 생각하는 것처럼 보였다. 그 배심원은 피고 측 변호인이 변론할 때면 내내 고개를 끄덕이고 농담 한마디 한마디에 큰 소리로 웃는 등 열정적으로 반응했다. 반대로 데이브가 변론하는 동안에는 눈도 마주치지 않았고 히죽거리며 무시하는 듯한 몸짓을 보였다. 그는 늘 청바지를 입고 배심원석에 앉아 있었지만 최종 변론을 하는 날에는 정장에 넥타이까지 매고 나타났다. 말끔히 면도한 그가 당당하게 걸어 들어와 흠잡을 데 없는 태도로 자리에 앉는 모습을 보고 데이브는 가슴이 덜컥 내려앉았다. 그가 데이브를 지지하는 다른 배심원들을 모두 설복시키고 배심원 대표로 나서는 것이 분명했다.

데이브가 최종 변론을 마치자 그 배심원은 깊은 생각에 잠겼다. 퇴장할 때도 그 적대적인 배심원이 가장 먼저 걸어 나갔다. 그리고 예상대로 그가 배심원 대표로서 평결문을 읽었다. 배심원은 데이브의 고객 편에 서서 700만 달러를 배상하라는 판결을 내렸다. 펜실베이니아 최대의 기업 비밀 사건 재판에서 데이브가 승리를 거둔 것이다.

데이브가 그 분야의 진정한 전문가로서 명석한 논거를 제시하고 변론에 확신이 있었다는 점에는 의심의 여지가 없다. 여기에 더해 데이브에게는 미세하나마 우세한 요소가 하나 더 있었다. 그것은 다른 변호사들과 뚜렷이 구별되는 섬세한 특징이다. GE의 전 CEO 잭 웰치, 부통령 조 바이든(Joe Biden), 가수 카릴 시몬(Carly Simon), ABC 방송 〈20/20〉의 앵커 존 스토셀(John Stossel), 배우 제임스 얼 존스(James Earl Jones), 지금은 농구 해설자로 활약하는 포틀랜드 블레이저스의 빌 월튼도 데이브와 같은 특징을 공유한다.

그들은 모두 말더듬이다.

통념을 거스르는 의사소통의 힘

말더듬증은 전체 인구의 1퍼센트에게 나타나는 언어장애다. 데이브 월튼은 성장할 때 말더듬증으로 놀림과 괴롭힘을 당했다. 대학을 졸업한 뒤 그는 영업직에 지원했지만 채용되지 않았다. 데이브의 아내 메리는 "면접관은 남편이 말더듬증 때문에 아무것도 팔지 못할 거라고 말했어요"라고 털어놓았다. 데이브가 로스쿨에 지원하겠다고 했을 때 그의 가족과 친구들은 인상을 찌푸렸다. 모두들 그가 공식 석상에 나서지 않기를 바랐기 때문이다. 실제로 그는 로스쿨에서 그들이 두려워하던 일을 겪기도 했다. 데이브는 첫 번째 가상 변론 때 판사 역할을 맡은 학생이 대놓고 눈물을 찔끔거렸다고 회상했다.

"아마 그녀는 나 때문에 기분이 상했나 봐요."

사람들은 대부분 말더듬증을 하나의 장애로 본다. 그래서 잭 웰치와 제임스 얼 존스처럼 언어장애를 극복하고 자신감 있게 행동하는 사람을 보면 경이로움을 느낀다. 사실 말을 더듬는 사람 중 많은 이가 상당히 큰 성공을 거둔다. 그렇다고 그들 모두가 말더듬증을 완전히 극복하는 것도 아니다. 기업 비밀 재판에서 데이브가 말을 더듬으며 고생할 때 다소 기이한 일이 벌어졌다. 배심원들이 그를 '좋아하게' 된 것이다. 재판이 끝나자 배심원 몇몇이 그에게 다가왔다.

"내게 말더듬증이 있다는 걸 알고 나를 존경하게 되었다고 말해주더군요. 그들은 말더듬증이 그리 심하지 않았다고 강조했지만 내게 이야기해줄 만큼 분명히 느낀 게 사실입니다. 배심원들은 변호사가 되기로 마음먹은 내 용기에 존경을 표했습니다."

물론 데이브가 말더듬증 덕분에 재판에서 이긴 것은 아니다. 그렇지만 말더듬증은 배심원들과 유대감을 형성하는 데 도움을 주었고 대세는 그에게 유리한 쪽으로 바뀌었다. 데이브는 배심원들에게 인정받은 일에 대해 솔직한 심정을 들려주었다.

"놀랍기도 하고 다소 당황스럽기도 했습니다. …… 처음엔 '그렇게 심하게 더듬은 것 같지는 않은데'라는 생각을 했죠. 그런데 멀어져가는 배심원들의 뒷모습을 보면서 내게 자연스럽고 진정한 무언가가 있음을 깨달았습니다. 말더듬증이 장점이 될 수 있다는 놀라운 깨달음이었죠."

이 장에서는 데이브 월튼의 경험을 탐구하며 '사람들에게 영향을 끼치는 방법'에 대해 중요하면서도 직관에 어긋나는 실마리를 제시하고자 한다. 데이브는 다른 사람에게 영향을 주려고 할 때 이타적인 행동이 어떤 결과를 낳는가를 보여주는 좋은 사례다. 대니얼 핑크(Daniel Pink)는 저서 《판매는 인간적인 일이다(To Sell Is Human)》에서 성공은 타인에게 영향을 끼치는 능력에 크게 좌우된다고 주장한다. 우리 상품을 사라고, 우리 서비스를 이용하라고, 우리 아이디어를 채택하라고, 우리에게 투자하라고 설득하려면 동기를 유발해야 한다. 어쩌면 당신의 머릿속에 가장 먼저 떠오른 '타인에게 영향을 주는 가장 좋은 방법'은 그게 아닐지도 모른다.

연구 결과에 따르면 타인에게 영향을 끼치는 데는 두 가지 기본적인 방법이 있다. 바로 지배력과 명망이다.[3] 당신에게 지배력이 있으면 타인에게 영향을 끼칠 수 있다. 사람들이 당신에게 강한 권력과 권위가 있다고 여기기 때문이다. 명망을 얻어도 영향력이 생긴다. 남들이 당신을 존중하고 존경하는 까닭이다.

이 두 가지 방법은 호혜의 행동양식과 밀접하게 관련되어 있다.

테이커는 지배력을 얻는 쪽에 관심이 많고 실제로 이 방면에서 더 뛰어난 수완을 발휘한다. 그들은 가급적 많은 가치를 손에 넣어 타인을 압도하려 애쓴다. 의사소통도 보통 강압적으로 해서 지배력을 구축하려 한다. 예를 들면 단호하게 말하고 자신의 권위를 주장하며 목소리를 높인다. 또 확신이 있다는 인상을 주어 자신감을 드러내고 자기 공적을 부풀리며 자부심으로 똘똘 뭉쳐 있다. 팔을 펼쳐 군림하는 듯한 자세를 취하거나 도전에 직면해 눈썹을 추켜세우는 몸짓도 하나의 특징이다. 그뿐 아니라 물리적인 공간을 가능한 많이 차지하며 필요하면 화를 내거나 위협을 가해 힘을 과시한다.

이처럼 테이커는 타인에게 영향을 끼칠 목적으로 분위기를 조성하고 강력한 언어적, 비언어적 신호를 보내 대화를 통제하려 한다. 그 결과 테이커는 기버보다 훨씬 더 효과적으로 지배력을 얻는다. 그렇다면 그것이 지속적으로 영향을 끼치는 가장 좋은 방법일까?

상대가 회의적인 반응을 보일 때 그를 압도하려 하면 상대는 더 심하게 저항한다. 상대가 순응적일 때조차 '지배'는 제로섬 게임이다. 내가 힘과 권위를 더 많이 가질수록 상대는 적게 갖는다. 따라서 테이커는 자기보다 더 지배력이 강한 사람을 만날 경우 영향력을 잃을 위험이 있다. 반면 '명망'은 제로섬 게임이 아니다. 우리가 나눌 수 있는 존중과 존경의 총량에는 한계가 없다. 이 사실은 명망에 더 지속적인 가치가 있음을 의미한다. 따라서 우리는 명망을 얻는 법을 검토해볼 필요가 있다.

테이커의 강력한 의사소통 방식의 반대 개념은 '힘을 뺀 의사소통'이다. 힘을 뺀 의사소통은 덜 단정적으로 말하고 의문을 많이 드러내며 상대의 조언에 크게 의지하는 것을 말한다. 이런 방식으로 대화하는 사람은 무방비 상태로 약점을 드러내고, 망설이면서 얼버무리며 자기 권리를 포기하는 식으로 이야기한다. 수잔 케인(Susan Cain)은 《콰이어트(Quiet)》⁴에서 서구 사회는 사람들이 힘 있게 대화하기를 기대한다고 지적한다. 우리는 위대한 사람은 자신의 메시지를 강력하게 전달하기 위해 '힘차게 말하고', '강력한 어휘'를 사용한다는 말을 들으며 자랐다. 힘을 뺀 의사소통 방식으로는 사람들에게 영향을 끼쳐야 할 때 불리하다는 이유에서다.

나는 이 장에서 영향력을 얻으려면 확신을 드러내며 단정적으로 말하는 것이 중요하다는 전통적인 통념에 도전하려 한다. 그런 대화 방식이 항상 통하는 건 아니다. 오히려 기버가 본능적으로 택하는 힘을 뺀 의사소통 방식이 명망을 얻는 데 놀라울 정도로 효과적이라는 사실이 밝혀졌다. 여기서는 발표, 세일즈, 설득, 협상이라는 네 가지 범주에서 기버가 어떻게 명망을 얻는지 추적해볼 것이다. 기버는 타인의 관점과 이익에 높은 가치를 두기 때문에 대답하기보다 질문하고, 대담하기보다 신중하게 말하며, 힘을 과시하기보다 약점을 시인한다. 또한 자기 생각을 남에게 심어주려 하기보다 조언을 구한다. 이처럼 힘을 뺀 의사소통 방식은 정말로 힘을 얻을까?

약점을 드러내는 태도의 가치

조직심리학 박사학위를 취득하고 2년이 지난 스물여섯 살 무렵, 나는 육군 고위 장교들을 대상으로 병사들의 동기 유발 방법을 지도해달라는 요청을 받았다. 당시 육군은 지휘 및 통제 모델을 벗어나보다 상호협력적인 접근 방식으로 나아가기 위해 변화를 꾀하는 중이었고, 그것은 내 연구 주제와 밀접한 관계가 있었다.

나에게 주어진 첫 번째 과제는 미국 공군 대령 스물세 명을 대상으로 한 네 시간짜리 강의였다. 그들은 모두 전투기 조종사 출신으로 평균 3,500시간 이상 비행하고 300시간 넘게 전투를 경험한 사람들이었다. 초정밀 유도탄과 로켓 무기를 탑재한 F-16 전투기를 다루는 그들은 영화 〈탑 건〉에 나오는 대로 모두 공격적인 별명을 갖고 있었다.

대령들은 다들 40대와 50대로 나보다 나이가 두 배나 많았다. 그들은 조직에서 젊음을 바쳐 헌신한 덕분에 그 자리에 올랐지만 나에게는 아무런 경력이 없었다. 약간의 관련 지식과 박사학위를 취득하긴 했어도 내 능력은 미약했고 그것은 강의에서 고스란히 드러났다. 강의가 끝나고 대령들이 강의 평가 양식을 작성했는데 그중 두 개는 특히 노골적이었다.

스텔스: "강단보다 청중석에 더 가치 있는 정보가 있었음."
총잡이: "강사는 지식은 풍부하지만 경험은 아직 부족하다. …… 청중에게 필요한 내용이 무엇인지 놓친 감이 있다. 자료는 너무 학술적이었다. …… 나는 이 강의에서 얻은 게 거의 없다. 오히려 강사가 쓸모 있는 깨달음을 얻었으리라 확신한다."

다른 사람들은 좀 더 부드럽게 말했지만 메시지는 역시 거칠고 분명하게 다가왔다. '폭탄'은 "교수들은 해마다 점점 더 어려진다"고

했고, '노랑가오리(맹독성 가시가 있음-역주)'는 "교수가 나보다 나이가 많았으면 좋겠다. 그렇지 않다면 중년에 다가서는 내가 아는 것들은 죄다 거짓이라고 믿어야 할 거다. 안 그런가?"라고 적었다.

나는 대령들 앞에서 내 자격에 대해 자신 있게 이야기하며 강압적인 의사소통 방식으로 강의를 시작했다. 학교 강의실에서 보여주는 내 모습과는 전혀 달랐다. 교수의 입장에 서면 나는 학생들에게 가급적 많은 것을 전해줘야 한다는 책임감을 느끼며, 권위를 세우기보다 학생과의 의사소통에 더 주의를 기울인다. 학부생을 가르칠 때 나는 보통 첫 번째 강의시간을 내 생애 최악의 실패담으로 시작한다. 그러나 공군 대령들 앞에서는 신뢰성을 잃을까 두려웠고, 학교에서 주어지는 4개월의 강의 대신 네 시간밖에 기회가 없었기 때문에 권위를 세우려 했다. 그런데 내가 권위를 세워 대령들을 지배하려 할수록 그들은 더 심하게 저항했다. 나는 그들의 존경을 얻기는커녕 실망과 좌절을 맛봐야 했다.

공군 대령들을 대상으로 한 강의는 하나 더 예정되어 있었다. 한 번 실패를 맛본 나는 이번에는 다른 방식으로 강의하기로 마음먹었다. 나는 내 자격에 대해 자신 있게 말하는 대신, 힘을 빼고 다소 자조적인 말로 이야기를 시작했다.

"지금 무슨 생각을 하고 계시는지 잘 압니다. '열두 살짜리 꼬마 교수한테 뭘 배우겠어'라고 생각하시죠?"

순간 어색한 침묵이 흘렀다. 그 짧은 정적 속에서 나는 숨을 죽였다. 잠시 후 청중 사이에서 웃음이 터져 나왔고 호크라는 대령이 입을 열었다.

"이런, 완전히 잘못 생각하고 있군. 난 틀림없이 열세 살인 줄 알았는데 말이야."

물론 강의 내용은 첫 번째와 거의 똑같았다. 어떻게든 정보를 전달해야 한다는 내 마음만은 변치 않았기 때문이다. 하지만 강의가 끝나고 받아본 피드백은 하룻밤 사이에 완전히 달라져 있었다.

"개인적인 경험을 바탕으로 이야기한다. 그는 남을 가르칠 만한 나이다! 활력이 넘친다. 분명 이미 성공을 거둔 사람이다."

"애덤은 이 주제에 관해 확실한 지식을 갖췄고 그것이 그의 열정과 관심으로 드러났다. 덕분에 그는 큰 효과를 거뒀다. 한마디로 말해 대단하다!"

"아직 경험이 부족한데도 그는 매우 흥미로운 방식으로 가르친다. 훌륭하다. 매우 활기 넘치고 역동적이다."

"애덤이 열두 살밖에 안 됐다니! 믿을 수 없어! 그는 대단히 훌륭했다."

힘을 뺀 의사소통이 만들어낸 차이다. 나는 권위를 세우려 드는 대신 스스로 취약함을 드러내고 상대를 높여주었다. 이후 육군과 해군 장성들에게 강의할 때도 같은 방식으로 접근했고, 항상 그때처럼 성공적이었다. 평소 내 대화 방식대로 자연스럽게 이야기하는 것은 회의적인 청중과 교감을 나누는 데 큰 도움을 주었다.

테이커는 약점을 드러내면 자신의 지배력과 권위가 약해질까 봐 걱정하는 경향이 있다. 반면 기버는 훨씬 더 편안하게 자기 약점을 드러낸다.[5] 그들은 타인을 돕는 데 관심이 있을 뿐, 그들을 힘으로 누르려 하지 않는다. 따라서 자기 갑옷의 빈틈을 보여주는 걸 두려워하지 않는다. 이들은 스스로 약점을 드러냄으로써 결국 명망을 쌓는 셈이다.

여기에는 한 가지 전제가 있다. 약점을 드러내는 태도는 듣는 사람이 화자의 능력을 확실히 알고 있을 때만 효과를 발휘한다. 심리학자 엘리엇 애런슨(Elliot Aronson)은 학생들에게 퀴즈대회 참가 신청자들의 오디션 테이프 네 개 중 하나를 들려주었다. 녹음된 내용의 절반은 정답률 92퍼센트를 기록한 전문가의 오디션이었고, 나머지 절반은 정답률이 30퍼센트 수준인 평범한 지원자였다.

예상했던 대로 학생들은 전문가에게 더 호감을 느꼈다. 그런데 지원자가 어설픈 행동을 하는 내용이 포함된 테이프를 들려주자 흥미로운 현상이 나타났다. 유리잔이 깨지는 소리와 함께 참가자가 "아이고, 이런! 양복에 커피를 쏟았네"라고 말하는 내용이었다.

평범한 참가자가 그런 실수를 하면 청중의 호감도는 처음보다 떨어졌다. 그러나 전문가가 실수를 하면 청중은 오히려 더 호감을 느꼈다. 심리학자들은 이 현상을 '실수 효과(pratfall effect)'[6]라고 부른다. 평범한 참가자가 커피를 쏟으면 이미지가 더 나빠져 청중이 그를 싫어하는 또 하나의 이유가 될 뿐이다. 반면 같은 실수를 전문가가 하면 자기보다 우월하게 여겨 거리감을 느끼는 대신 사람들은 그를 인간적으로 보고 친근하게 생각한다.●

말을 더듬은 데이브 월튼이 배심원에게 긍정적인 인상을 준 이유

● 실수 효과는 청중의 자부심에 좌우된다. 힘을 빼고 의사소통하는 사람은 인간적으로 보이기 때문에 자신이 인간적이라고 생각하는 거의 모든 사람, 즉 보통 정도의 자부심을 지닌 사람에게 호소력이 있다. 실제로 애런슨의 연구팀은 뛰어난 사람이 실수하면 보통 정도의 자부심을 지닌 청중이 자부심이 강하거나 약한 청중보다 더 큰 호감을 느낀다는 사실을 발견했다.

가 바로 여기에 있다. 데이브는 재판 중에 세상이 다 알도록 말을 더 듬었고 결과적으로 존경과 찬사를 받았다. 배심원단은 그에게 호감을 느끼고 신뢰했으며 그가 하는 말을 더 주의 깊게 들었다. 이로써 데이브는 배심원에게 자신의 핵심적인 변론을 펼칠 무대를 제공받았다.

약점을 분명하게 드러내는 것은 데이브 월튼 같은 변호사에게 특히 중요하다. 이타적 성향을 지닌 데이브는 부하직원들에게 많은 조언을 해주고 고객을 대신해서 정의를 위해 열정적으로 싸운다. 그렇지만 배심원의 눈에 가장 먼저 보이는 자질은 그런 게 아니다. 외모만 따지자면 그는 별로 따뜻한 사람으로 보이지도 않는다. 데이브는 자신이 '덩치 큰 군인'처럼 보인다고 말한다.

> 나는 타인에게 강인한 인상을 줍니다. 내가 말을 더듬은 것이 기업 비밀 재판에서 승리한 요인이라고 말하지는 않겠습니다. 하지만 그 덕분에 신뢰를 얻은 건 사실입니다. 그 약점은 나를 실제로 살아 있는 사람처럼 보이게 해주었지요. 그건 배심원들이 나를 다시 보고 호감을 느끼는 계기가 되었습니다. '지지할 만한 친구'라는 생각이 들 정도로 내가 인간적으로 보인 겁니다. 말더듬증은 나를 덜 세련되게 보이게 하지만, 변호사로서는 더 신뢰가 가는 사람으로 만들어줍니다. 사실 지나치게 말솜씨가 뛰어난 변호사를 좋아하는 사람은 없지요. 좋은 변호사는 전문적인 능력을 갖추려고 애쓰는 동시에 평범한 사람이 되려고 노력해야 합니다.

데이브가 자신의 타고난 겉모습에서 드러나는 강인함을 누그러뜨려 높아진 명망은 청중을 설득하는 강력한 메시지로 작용한다.

그는 어떻게 최고의 세일즈맨이 되었을까

스스로 약점을 드러내면 능력과 상관없이 명망을 쌓을 수 있지만, 이것은 기버가 타인에게 영향을 끼치는 출발점일 뿐이다. 사람들에게 효과적으로 영향을 끼치려면 덕망으로 사람들이 태도와 행동을 바꾸도록 해야 한다. 이 점이 가장 분명하게 드러나는 분야가 세일즈다.[7]

대니얼 핑크는 사람들이 세일즈맨을 생각할 때 가장 처음 떠올리는 단어가 강매, 우엑, 윽('우엑'과 함께 역겨움의 표현-역주)이라는 사실을 발견했다.[8] 우리는 남을 교묘하게 조종하고 권모술수에 능한 사람을 세일즈맨의 전형으로 여긴다. 뛰어난 세일즈맨조차 위협적이고 대립을 일삼거나 자기중심적이며 심지어 기만적이라고 생각한다.

한 조사에서 사람들에게 MBA 학생이 흔히 선택하는 직종 마흔네 가지를 내주며 사회적 책임감을 지닌 순서로 순위를 매기도록 한 적이 있다. 그 결과 세일즈맨은 43위를 차지했다. 증권 중개인을 가까스로 제치고 사회적 책임감 목록에서 최하위를 모면한 것이다. 이 조사 결과만 놓고 보면 최고의 세일즈맨은 분명 테이커다. 그러나 1장에서 말한 대로 뛰어난 세일즈맨은 상당수가 기버라는 증거가 있다. 기버는 어떻게 효과적으로 실적을 올리는 걸까?

빌 그럼블스(Bill Grumbles)를 처음 만난 사람들은 그가 유력한 경영자라는 사실을 쉽게 눈치 채지 못한다.[9] 그는 목소리가 아주 작아서 대화를 나누다 보면 더 잘 알아듣기 위해 자기도 모르게 몸을 앞으로 기울이게 된다. 케이블방송국 HBO 부사장에 취임하고, TBS 방송을 전 세계로 배포하는 회사의 대표가 된 그럼블스는 그 과정에서 주변 사람들을 적극 이끌고 도와주었다. 요즘에는 경영학과 학생들의 리더십 교육을 지원하고 직장생활에 대해 조언을 해주는 봉사활동을 하고 있다. 그는 힘을 뺀 의사소통 방식으로 직장생활 초기부터 HBO의 영업 실적 1위에 올랐다.

케이블 방송이 널리 보급되기 전인 1977년에는 HBO라는 이름이 별로 알려지지 않았다. 당시 20대 후반이던 그럼블스는 HBO의 영업사무소를 설립하기 위해 캔자스시티를 방문했다. 그는 영업 경험이 전혀 없었고 그저 한 사람의 기버로서 늘 그랬듯 질문하는 것으로 일을 시작했다. 그가 진심을 담아 질문을 하면 소비자는 흔쾌히 응답해주었다.

"고객을 찾아가면 먼저 벽과 사무실을 둘러보고 그들의 관심사를 파악합니다. 그런 다음 사진 속의 손자나 좋아하는 스포츠팀에 대해 물어보지요. 질문을 하나 하면 고객은 20분씩 이야기합니다."

다른 세일즈맨이 한 달에 한 건씩 계약을 체결할 때, 그럼블스는 그 네 배의 실적을 올렸다. 일주일에 한 건씩 계약을 따낸 것이다.

그럼블스는 먼저 질문하고 대답을 들어줌으로써 자기가 고객의 이해관계를 중요하게 생각한다는 것을 보여주었다. 그렇게 명망이 쌓이면서 고객은 그의 배려심을 존중하고 존경했다. 영업 초기에 만난 한 고객은 그럼블스를 한쪽으로 데려가더니 그에게 '대화에 매우 능한 사람'이라고 말해주었다. 그럼블스는 그때를 생각하며 웃음을 터뜨렸다.

"거의 한마디도 안 했는데 말이죠!"

질문으로 고객의 마음을 얻는 경험을 심리학자들은 '이야기하는 것의 즐거움'[10]이라고 부른다. 몇 년 전, 심리학자 제임스 페니베이커

(James Pennebaker)는 서로 처음 보는 사람들을 작은 그룹으로 나눠 실험을 실시했다. 당신이 그 그룹 중 하나에 속했다고 상상해보자. 먼저 당신은 당신이 선택한 주제로 사람들과 15분 동안 이야기를 나눈다. 당신의 고향, 출신 대학, 직업 등 어느 것이든 마음대로 이야기할 수 있다.

15분이 지나면 당신은 그 그룹이 얼마나 마음에 들었는지 평가한다. 조사 결과, 자기가 이야기를 많이 할수록 그 그룹을 더 마음에 들어 하는 것으로 밝혀졌다. 사람들은 자기 이야기를 하는 걸 좋아하므로 이는 그리 놀랄 일이 아니다. 이제 질문을 바꿔보자.

"당신은 그 사람들에 대해 얼마나 많이 알게 되었는가?"

논리적으로 생각할 때 주변 사람을 얼마나 많이 아는가는 그들의 이야기에 얼마나 귀를 기울였는가가 좌우한다. 적게 이야기하고 많이 들을수록 주변 사람을 더 많이 알 수 있다.

흥미롭게도 페니베이커는 실험에서 정반대의 결과를 얻었다. 사람들은 자기가 '더 많이' 이야기할수록 그 그룹을 더 많이 알게 되었다고 생각했다. 테이커처럼 이야기하고 대화를 지배함으로써 상대는 별로 말하지도 않았는데 그들을 잘 안다고 믿는 것이다. 페니베이커는 "우리는 대부분 자기 생각을 이야기하는 걸 즐거운 학습 경험으로 생각한다"고 지적한다.

반면 기버는 상대를 이해하려는 자세로 질문을 던져 상대가 스스로 배우는 즐거움을 느끼게 해준다. 또한 상대에게 말할 기회를 줌으로써 상대에 관해 뭔가를 알아내고, 상대가 가치 있게 여기는 무언가를 어떻게 팔 것인지 파악한다.

기버가 상품을 어떻게 파는지 더 잘 이해하기 위해 잠시 노스캐롤라이나의 주도(州都) 롤리로 여행을 떠나보자. 나는 지금 거기서 가짜 손님 행세를 하고 있다. 혁신적인 안경 회사 아이 케어 어소시에이츠(Eye Care Associates)의 의뢰로 다른 사람들을 제치고 스타 세일즈맨이 된 사람들의 특징을 알아내려는 중이다. 우선 회사 직원이 기버인지, 테이커인지, 매처인지 가려내기 위해 모두에게 설문지 작성을 부탁했다. 이제 그들이 어떻게 행동하는지 지켜볼 차례다.

나는 안경 판매점에 들어가 진열장을 훑어보다가 첫 번째 판매원에게 다가간 다음, 렌즈크래프터스(LensCrafters, 이탈리아의 안경 회사-역주)에서 산 선글라스 안경테가 부러져서 대신할 만한 제품을 찾는다고 말한다. 그는 맵시 있는 선글라스를 보여주며 재빨리 강압적인 대화를 시작한다. 그 선글라스의 렌즈는 운전자 전용으로 안경테가 내 얼굴 윤곽을 돋보이게 한단다. 색상도 내 피부색과 잘 어울린다나 뭐라나. 나는 침착함을 잃지는 않았지만 아주 잠시 그 선글라스를 쓰면 내가 제임스 본드처럼 보이거나 최소한 제임스 우즈처럼은 보일 거라는 환상을 품는다. 내가 너무 비싸다며 망설이자 판매원은 자신 있게 그 제품에는 그만한 가치가 있다고 말한다. 또 그는 그 제품이 나에게 완벽하게 어울린다며 디자이너가 나 같은 얼굴을 염두에 두고 제품을 만든 게 틀림없다고 쐐기를 박는다. 그 판매원이 혹시 상품을 팔아치우려고 내게 아첨하는 게 아닐까 하는 의혹이 슬며시 고개를 든다.

'테이커가 아닐까?'

다른 영업장에서 만난 판매원은 내게 한 가지를 제안한다. 앞으로 자신의 영업장에서 시력검사를 하면 안경테를 무료로 고쳐주겠다는 것이다.

매처가 틀림없다. 자료를 찾아보니 역시 그랬다.

테이커와 매처 중 누가 더 실적이 좋을까? 둘 다 아니다. 둘 다 평균 정도의 실적을 올린다. 노스캐롤라이나 나이트데일에 있는 세 번째 영업장에서 킬데어 에스코토(Kildare Escoto)를 만났다. 그는 눈썹이 짙고 가느다란 염소수염을 기른 인상적인 외모였다. 킬데어는 역도선수 출신으로 누가 해보라고 하면 즉시 팔굽혀펴기를 쉬지 않고 100개를 해내고도 땀 한 방울 흘리지 않는다. 부모님은 도미니카공화국 출신이며 그는 뉴욕의 뒷골목에서 거칠게 성장했다. 그는 내가 다른 영업장에서 만난 판매원 둘과 직책은 같았지만 전혀 다른 방식으로 고객을 대했다.

우린 동갑이었음에도 킬데어는 나를 '선생님(sir)'이라고 불렀고, 나는 그 말에서 진심을 느낄 수 있었다. 그는 진열장에서 선글라스를 하나 꺼내 보여주기 전에 부드러운 말투로 일반적인 질문을 던졌다. 전에 이 가게에 와본 적 있는가? 제품을 고르기 전에 고려해야 할 안과의사의 처방전이 있는가? 내 라이프스타일은 어떤가? 가령 평소에 스포츠를 즐기는가? 그는 내 대답을 주의 깊게 들으며 충분히 생각해볼 시간을 주었다.

내 시력은 완벽했지만 킬데어가 어찌나 친절한지 당장 선글라스를 하나 사고 싶었다. 나는 정체를 밝히고 뛰어난 세일즈맨의 판매기술을 연구하고 있다고 말했다. 그럼에도 그는 자신의 접근 방식에 대해 이야기하려 하지 않았다.

"내가 하는 일을 세일즈라고 생각하지 않습니다. 나는 안경사업니다. 나는 일종의 의학 분야에서 일하는 것이고 제품의 소매거래는 두 번째, 세일즈는 아마 세 번째쯤 될 겁니다. 내 직업은 환자를 만나 질문하고 환자에게 필요한 것이 무엇인지 알아내는 일입니다. 물건을 판다는 생각은 하지 않습니다. 찾아오는 사람들을 도와주는 것이 내 직업입니다. 내 관심사는 찾아오는 환자들에게 무엇이 중요한지 가르쳐주고 정보를 전해주는 것이죠. 내가 가장 중요하게 여기는 것은 환자가 앞을 잘 보게 되는 겁니다."

나는 조사 자료를 통해 킬데어 에스코토의 놀라운 점 두 가지를 발견했다. 하나는 그가 회사 전체 직원 중에서 최고의 기버 지수를 기록했다는 사실이다. 다른 하나는 평균 실적의 두 배를 웃돌 정도로 그가 회사 전체에서 판매실적이 가장 높은 안경사라는 점이다.

이것은 우연의 일치가 아니었다. 역시 평균 실적의 두 배를 웃돌며 회사에서 두 번째로 판매실적이 좋은 사원도 기버였다. 낸시 펠프스(Nancy Phelps)라는 그 직원도 킬데어와 생각이 비슷했다.

"환자들을 만나면 어디서 일하는지, 취미가 무엇인지, 휴가 때 주로 어떤 일을 하는지 물어보죠. 이 일은 환자에게 무엇이 필요한가를 알아내는 게 중요해요."

덕분에 환자들은 가게로 들어오자마자 낸시부터 찾는다.

"나는 환자에게 상쾌한 새 눈을 주면 그들이 자기가 볼 수 있는 가장 좋은 것을 보리라고 진심으로 믿어요."

데인 반스(Dane Barnes)와 나는 두 사람이 예외적인 경우는 아닌지 확인하고자 안경사 수백 명에게 그들이 기버인지, 테이커인지 아니면 매처인지 조사하는 설문지를 작성해달라고 부탁했다.[11] 그리고 복잡한 문제를 해결하는 능력을 평가하는 지능검사도 시행했다. 당연히 그들의 연간 판매실적도 분석했다.

그 결과 지능이라는 변수를 통제해도 기버가 매처나 테이커보다 훨씬 실적이 좋았다. 기버는 연간 평균 판매실적이 매처보다 30퍼센트, 테이커보다 68퍼센트 더 높았다. 매처와 기버가 전체 판매원의 70퍼센트를 차지했음에도 실적이 가장 좋은 판매원의 절반이 기버였다. 이는 만약 안경사 전원이 기버라면 회사의 연간 매출은 평균 약 1,150만 달러에서 1,510만 달러로 껑충 뛰어오른다는 의미다. 기버는 최고의 세일즈맨이며 그 핵심적인 이유는 힘을 뺀 의사소통 방식에 있다.

설득하지 않고 설득하는 법

질문하는 것은 힘을 뺀 의사소통 방식의 한 형태로 기버는 자연스럽게 그런 태도를 취한다. 특히 이 태도는 상대가 기버의 능력이나 지위를 신뢰하지 않는 등 그의 영향력에 회의적일 때, 또는 경쟁이 매우 치열한 협상 상황에 놓였을 때 큰 효과를 발휘한다.

닐 래컴(Neil Rackham)은 9년 동안 뛰어난 협상가와 평범한 협상가를 연구했다.[12] 그는 양쪽 모두에게 능력을 인정받고 협상 성공 사례가 많으며 실패가 드문 사람을 뛰어난 협상가로 분류했다. 그런 다음 100개 이상의 협상 사례를 기록 및 분석해 뛰어난 협상가가 평범한 협상가와 어떻게 다른지 알아보았다. 그 결과 뛰어난 협상가는 더 많은 시간을 들여 상대의 관점을 이해하려 한다는 점을 발견했다. 그들은 평범한 협상가보다 21퍼센트 더 많이 질문했고, 협상과 직접 관련된 내용은 10퍼센트 덜 이야기했다.

만약 킬데어가 테이커였다면 상대에게 질문하기보다 자신이 먼저 답을 말함으로써 대화를 이끌려고 했을 것이다. 킬데어는 환자에게 무엇을 원하는지 물어보았다. 하루는 존스 부인이 시력을 검사하러 찾아왔다. 한쪽 눈은 근시고 다른 쪽 눈은 원시였던 그녀는 다중초점 렌즈를 처방한 의사의 진단이 왠지 미심쩍었다. 그래서 값비싼 안경을 사기 위해서가 아니라 단순히 시력검사를 해보기 위해 킬데어 매장에 들른 것이었다. 킬데어는 그녀에게 새 안경에 관심이 있는지 물어보았다. 그녀는 새 안경을 사고 싶은 마음은 없다고 대답했다.

킬데어는 자기 생각을 적극 펼치는 대신 질문을 시작했다.
"어떤 일을 하시죠?"

킬데어는 그녀가 컴퓨터 앞에서 일하며 모니터를 볼 때 고개를 돌려 주로 근시인 눈을 사용한다는 사실을 알았다. 운전할 때처럼 먼 곳을 볼 경우 그녀는 고개를 그 반대로 돌려 원시인 눈에 의존했다. 킬데어는 의사가 왜 새 렌즈를 처방했는지 물었다. 그녀는 자기가 멀리 있는 것을 볼 때, 컴퓨터 앞에서 일할 때 그리고 글씨를 읽을 때 불편하다고 대답했다. 킬데어는 존스 부인의 표정이 약간 어두워지자 그녀를 안심시켰다.

"만약 교정 렌즈가 필요 없다고 생각하신다면 저도 부인의 시간을 빼앗고 싶지는 않습니다. 한 가지만 더 여쭤봐도 될까요? 이 안경을 사신다면 주로 언제 사용하실까요?"

그녀는 그 안경이 일할 때만 유용할 거라고 대답했다. 그리고 그때만 사용하기에는 안경이 너무 비싸다고 말했다. 대답을 들은 킬데어는 고객이 다중초점 렌즈의 용도를 잘못 이해하고 있음을 알았다. 그는 부드러운 말투로 다중초점 렌즈는 일할 때뿐 아니라 운전할 때나 일상생활을 할 때도 쓸 수 있다고 설명했다. 그녀는 아주 흥미로워하며 시험 삼아 한번 써보았다. 몇 분 후, 그녀는 태어나서 처음으로 725달러나 주고 다중초점 렌즈 안경을 구입했다. 만약 킬데어가 테이커였다면 그녀에게 물건을 팔지 못했을 것이다. 킬데어는 질문을 던짐으로써 그녀의 생각을 이해하고 고민을 해결해줄 수 있었다.

혹시 우리가 너무 기버에게 유리한 쪽으로만 생각하는 건 아닐까? 무엇보다 안경사는 건강관리 업계에서 물건을 파는 사람이고, 그 업계에서는 고객이 상품 및 서비스를 자신에게 꼭 필요한 것으로 믿는 경우가 많다.

기버는 고객이 보다 회의적인 업계, 가령 보험 업계에서도 성공적일까?

한 연구팀이 1,000명 이상의 보험 영업사원을 기버, 테이커, 매처로 분류하고 실적을 조사했다.[13] 그 결과 보험 업계에서도 기버가 테이커와 매처보다 훨씬 더 영업 실적이 좋은 것으로 나타났다. 영업사원들의 기버 지수가 높을수록 매출, 보험증권 판매, 보험 가입, 판매 할당량 달성, 수수료 수입이 더 높았다. 기버는 질문을 통해 고객을 이해함으로써 신뢰를 구축하고 고객에게 정말로 필요한 것이 무엇인지 알아냈다. 그리고 이러한 태도는 시간이 흐를수록 판매에 더 큰 도움을 주었다.

또 다른 연구에서는 제약 회사 영업사원들에게 고객층을 전혀 확보하지 못한 신약을 판매하게 했다.[14] 판매실적을 확인해보니 기버가 분기당 실적에서 다른 영업사원들을 앞지른 것으로 밝혀졌다.* 판매에 따른 인센티브를 지급했음에도 말이다. 더구나 이타적인 기질은 실적 예측에 적용할 수 있는 유일한 성격이었다. 영업사원이 부지런한지 게으른지, 외향적인지 내향적인지, 정신적으로 안정적인지 노이로제가 있는지, 마음이 열려 있는지 완고한지 등은 판매 실적에 아무런 영향도 끼치지 못했다. 결국 가장 뛰어난 영업사원이 되려면 기버가 되어야 하고, 기버는 질문을 많이 하며 힘을 뺀 의사소통 방식으로 대화한다.

단순한 호기심으로 한 가지 묻겠다. 다음 대통령 선거 때 투표할 계획인가? 나는 방금 이 질문 하나로 당신이 투표에 참여할 확률을 41퍼센트 높였다.[16] 이것이 힘을 뺀 의사소통 방식이 지닌 또 하나의 장점이다.

많은 사람이 자신 있고 확신에 찬 태도로 말하는 것을 설득의 핵심으로 여긴다. 하지만 우리는 일상생활에서 광고, 전화판매원, 영업사원, 기금 모금원, 정치가들이 자기 상품 및 서비스를 이용하라거나 자기 조직을 지지하라는 말에 지칠 대로 지쳐 있다. 강력하게 설득하려는 메시지를 들으면 우리는 오히려 의혹에 빠진다. 혹시 속임수에 걸려 사기를 당하는 건 아닌지, 테이커에게 조종당하는 건 아닌지 걱정할 때도 있다.

남들에게 내 결정을 조종당하기보다 스스로 자유롭게 선택하고 싶은 때도 있다. 예를 들어 내가 만약 투표하러 가라고 말하면 당신은 저항할 수도 있다.[17] 하지만 투표할 계획이냐고 물으면 내가 당

- 또 다른 연구에서도 같은 결과[15]가 나왔다. 연구진은 여성용품을 판매하는 세일즈맨 600명 이상을 대상으로 먼저 그들이 기버인지 알아보는 질문지에 답하게 했다. 고객의 요구에 가장 잘 맞는 상품을 제공하려고 노력하는가? 그런 다음 그들의 판매실적을 조사했다. 처음에는 기버에게 아무런 장점이 없었다. 그러나 고객을 점점 이해하게 되면서 기버가 다른 세일즈맨들을 계속해서 멀리 앞서 나가기 시작했고, 3/4분기와 4/4분기에는 기버가 눈에 띄게 높은 실적을 올렸다. 기버는 고객 정보를 더 많이 입수하고 훨씬 더 융통성 있게 대처했다.

신에게 영향력을 끼치려 한다는 느낌을 받지 않는다. 그것은 순수한 호기심이므로 당신은 내 영향력에 저항하는 대신 그것을 반영한다.

'음, 나는 훌륭한 시민으로서 내가 지지하는 후보에게 꼭 투표해야지.'

이런 생각을 하면서도 나에게 설득당했다는 느낌은 들지 않는다. 애런슨이 설명한 대로 당신은 이미 당신이 신뢰하고 좋아하는 누군가에게 설득당해 왔다. 그는 바로 당신 자신이다.[18]

데이브 월튼은 질문이 효과적인 설득 수단인 이유를 알고 있다. 뛰어난 변호사는 곧 뛰어난 세일즈맨이라고 여기는 그는 자신의 변론을 테이커처럼 너무 단정적으로 강요하지 않는 걸 중요시한다.

"당신을 '당신의 생각에 따라' 내 결론으로 이끄는 것이 변호의 기술입니다. 나는 당신 스스로 결론을 이끌어내도록 하려고 합니다. 나는 그런 자세로 배심원들에게 다가가 내 생각을 전하고, 그들 스스로 결론에 도달하게 합니다."

사려 깊은 질문을 하면 배심원들은 자신을 스스로 설득한다. 애런슨의 말을 들어보자.

"직접적으로 설득하면 듣는 사람은 자신이 남에게 설득당하고 있다는 사실을 끊임없이 상기한다. 반면 자신을 스스로 설득하게 하면 사람들은 변화의 동기가 자신에게서 나왔다고 확신한다."

계획과 의도를 물어보면 상대가 그것을 실제로 실현할 가능성이 커진다. 누군가에게 6개월 안에 새 컴퓨터를 살 것인지 물으면 그가 정말로 컴퓨터를 새로 장만할 확률이 18퍼센트 올라간다는 연구 결과도 있다.[19] 물론 이것은 상대가 질문의 의도를 좋게 생각하고 있을 때만 적용되는 얘기다. 연구에 따르면 치실을 사용하고 기름기 많은 음식을 피할 계획이 있느냐고 물어보면, 상대가 정말로 치실을 사용하고 건강한 식생활을 시작할 가능성이 커진다. 이처럼 바람직한 행동에서는 질문이 그 사람 스스로 자신을 설득하도록 마음의 문을 연다.• 반면 무언가 바람직하지 않은 행동을 할 계획이 있느냐고 물어보면 아무런 효과도 거두지 못한다. 당신은 이번 달 안에 초콜릿을 입힌 메뚜기를 먹을 생각이 있는가? 아마도 당신은 한번 생각해본 다음 고개를 가로저을 것이다.

지금까지 다룬 예에서 기버는 고객을 이롭게 하는 바람직한 상품을 팔았다. 빌 그럼블스는 HBO 케이블 방송을 판매하며 더 좋은 케이블 방송을 원하는 고객들을 찾았다. 안경을 파는 킬데어 에스코토와 낸시 펠프스는 새 안경테나 렌즈를 원하는 고객들을 상대했다. 그렇다면 기버는 완고한 상대의 마음을 어떤 방법으로 바꾸어놓을까?

효과적으로 머뭇거리기 위한 5가지 화법

폭스바겐의 2004년 광고 문구는 'Drive it. You'll get it(한번 운전해보세요. 확실히 알게 될 겁니다)'이다. 소비자는 이 문구를 두 가

● 의도에 대한 질문이 효과를 발휘하는 이유 중 하나는 그것이 몰입을 이끌어내기 때문이다. 사람들은 일단 '그렇다'고 대답하면 그것을 완수해야 한다는 압박을 느낀다. 흥미롭게도 의도에 대한 질문은 사람들이 처음에 '아니다'라고 대답했을 때조차 효과를 발휘한다는 연구 결과도 있다. 질문은 생각을 유발하는데 만일 그것이 바람직한 것이면 사람들은 그렇게 행동하기로 마음을 고쳐먹는다.

지 의미로 해석했다. 하나는 폴크스바겐 자동차의 성능을 확실히 알려면 직접 운전석에 앉아보는 수밖에 없다는 의미다. 다른 하나는 직접 시험 운전을 해보면 몹시 마음에 들어 사지 않고는 못 배길 거라는 메시지다. 이것은 광고대행사 아널드 월드와이드가 만든 작품으로 오래도록 기억에 남을 만한 광고다. 하지만 이 기발한 문구를 만들어낸 돈 레인(Don Lane)의 이름은 창작자 명단에 올라가지 않았다.[20]

레인은 본래 자금관리 부서의 중역으로 광고제작 부서의 일원이 아니었다. 그는 광고제작팀의 아이디어를 묶어 판매하는 일을 했다. 그러던 어느 날 광고제작팀을 위한 전략 기획에 몰두하던 그는 문득 아이디어를 떠올렸다. 그때 그가 몇 가지 샘플 문구를 기록하던 중 탄생한 것이 바로 'Drive it. You'll get it'이다.

회사 중역이 광고제작팀에 문젯거리가 아닌 해결책을 제시하는 일은 결코 흔치 않다. 사실 관리직에 있는 사람이 창작 과정에 관여하는 것 자체가 금지되어 있다. 레인은 고민에 빠졌다. 어떻게 하면 광고제작팀이 내 의견을 채택하게 할 수 있을까? 만약 그가 테이커였다면 즉각 광고제작 감독 사무실로 달려가 문구를 제시하고, 그것을 쓰도록 영향력을 행사한 다음 공로를 독차지하려 했을 것이다. 매처라면 광고제작 부서에 호의를 베풀고 훗날 보상을 기대하거나 빚을 갚도록 요구했을 터다. 레인은 기버였다. 그는 창작자로 인정받는 것에는 관심이 없었고 그저 좋은 문구로 광고제작팀을 돕고 싶은 마음뿐이었다.

"우리 업계의 창작자들은 모두 재능이 뛰어납니다. 명예와 공로의 전부는 아니더라도 대부분을 가져갈 자격이 있지요. 관리 부서의 몇

몇 사람은 그걸 억울하게 생각하기도 하지만, 난 광고제작 부서 사람들을 돕고 아이디어를 짜낼 여유를 주는 게 내가 할 일이라는 것을 압니다. 정말로 그게 내 아이디어라는 걸 누가 알아주기를 바라지 않았어요. 아이디어가 어디에서 왔는지는 중요하지 않았죠. 잘만 되면 모두가 성공을 공유할 테니까요."

레인은 광고제작 감독의 사무실로 찾아갔다. 그리고 '나에게 기막힌 아이디어가 있어요. 이걸 꼭 써야 합니다'라고 강력한 의사소통 방식을 사용하는 대신, 좀 더 부드러운 접근 방식을 택했다. 그는 라디오 방송 대본 샘플 몇 개를 보여주며 그것이 어떤 효과를 낼지 설명했다. 그런 다음 광고제작 감독에게 말했다.

"이게 규칙에 어긋난다는 건 알고 있습니다. 하지만 내가 말하고자 하는 바를 이해해주었으면 합니다. 'Drive it, you'll get it'이라는 문구를 어떻게 생각하십니까?"

제작 감독은 레인의 말을 이해했다. 그는 레인을 올려다보며 미소를 지었다.

"그게 바로 우리 광고의 문구입니다."

그 광고는 수많은 차를 팔아치우고 광고 상도 여러 개 받았다.

노스캐롤라이나대학 앨리슨 프래게일(Alison Fragale) 교수는 돈 레인이 효과적으로 사용한 '힘을 뺀 의사소통' 방식의 전문가다.[21] 그는 사람들이 말하는 방식을 보면 그가 기버인지 아니면 테이커인지 알 수 있다는 사실을 발견했다. 테이커는 단정적이고 직접적으로 강하게 말하는 경향이 있다. 기버는 힘을 뺀 방식으로 머뭇거리며 말한다. 예를 들면 다음과 같다.

- 망설임: 글쎄, 음, 어, 알다시피
- 얼버무림: 일종의, 좀, 아마, 어쩌면, 내 생각에는
- 권위 포기: 이건 그렇게 좋은 생각은 아닐지도 몰라. 하지만······
- 부가의문문: 그거 재미있군, 안 그래? 또는 좋은 생각이야, 그렇지?
- 강조 부사: 정말로, 대단히, 꽤

이런 말을 듣는 사람은 화자에게 확신과 권위가 없다는 것을 분명히 알아챈다. 그러나 자신감이 없어 보이는 게 나쁘지는 않을까?

돈 레인이 자신의 아이디어를 제시한 방식을 분석해보면 '권위 포기'[22]와 '부가의문문'이라는 신호를 발견할 수 있다. '이게 규칙에 어긋난다는 건 알고 있습니다. 하지만'이 권위 포기고, '어떻게 생각하십니까?'가 부가의문문이다. 프래게일은 팀이나 여러 사람이 밀접하게 연결되어 일하는 상황에서는 힘을 뺀 대화 방식이 강력한 대화 방식보다 더 큰 영향력을 발휘한다는 사실을 증명했다.

그녀의 연구 중 하나를 예로 들어보겠다. 당신이 조종하는 비행기가 사막에 불시착했다고 상상해보자. 동료 제이미가 당신과 함께 있다. 당신은 손전등, 지도 등 살아남는 데 꼭 필요한 물건 열두 개를 골라야 한다. 그런데 제이미가 당신이 작성한 목록에 동의하지 않는다. 당신은 손전등이 필요 없다고 생각하지만, 제이미는 그것이 매우 중요하다고 생각해 강력한 메시지를 전달하기로 마음먹는다.

손전등을 더 높은 순위에 둘 필요가 있어. 밤에 구조 신호를 보낼 수 있는 유일한 도구잖아. 더구나 반사경과 렌즈를 이용해 불을

피울 수도 있어. 그걸로도 구조 신호를 보낼 수 있지. 손전등을 더 높은 순위에 두도록 해.

제이미의 이야기는 테이커의 말처럼 들린다. 아마 실제로도 그럴 것이다. 테이커는 이런 식으로 명령내리기를 좋아한다. 당신은 제이미의 말에 따를 것인가?

당신이 보통 사람과 같다면 대답은 '아니오'일 확률이 높다. 당신은 함께 힘을 모으고 싶을 뿐 명령받을 생각은 전혀 없다. 따라서 당신은 제이미의 영향력에 저항한다. 제이미는 영향력을 발휘하려고 시도했다가 명망을 잃었다. 만일 제이미가 같은 제안을 더 머뭇거리는 말투로 몇 가지 질문과 얼버무림을 섞어 이야기했다면 어땠을까?

손전등을 더 우선순위로 해야 하지 않을까? 밤에 구조 신호를 보낼 수 있는 꽤 좋은 도구인 것 같은데 말이야. 어쩌면 반사경이랑 렌즈를 이용해서 불을 피울 수 있을지도 몰라. 내 생각에는 그걸로도 구조 신호를 보낼 수 있을 것 같은데.

프래게일의 연구에 따르면 사람들은 이렇게 제안했을 때 더 잘 받아들인다. 힘을 뺀 대화 방식은 제이미가 기버라는 신호다. 제이미는 조심스럽게 말함으로써 당신의 의견을 따르겠다는, 혹은 적어도 당신의 견해를 충분히 고려하겠다는 의지를 보여주었다. 프래게일은 제이미가 두 번 다 똑같은 메시지를 똑같은 어조로 말해도 머뭇거림, 부가의문문, 강조 부사 등을 몇 개 첨가한 쪽이 더 큰 영향력을 발휘하고 존중받는다는 사실을 발견했다.

이것이 광고제작 감독이 돈 레인의 아이디어를 받아들인 이유다. 레인은 자신이 제작 감독의 권위를 위협할 의도가 전혀 없다는 신호를 보냈다. 덕분에 제작 감독은 레인이 그저 좋은 아이디어를 공유하고 싶어 할 뿐이라는 점을 분명히 알아챘다. 그리고 그가 보기에도 아주 좋은 아이디어였다.•

시간이 흐른 뒤 레인의 조심스러운 화법은 보상을 받았다. 그는 부드럽게 아이디어를 제시했고 공로를 인정받으려 하지도 않았다.

"광고제작 부서 사람들은 내 접근 방식에 응답해주었습니다. 함께 나눌 만한 아이디어가 떠오를 때마다 내게 신뢰를 보내주었죠."

동료들은 대부분 광고제작 부서 사람들과 갈등을 빚었지만, 레인은 관리 부서 직원 중 드물게 제작 부서 직원들과 함께 일하기를 좋아하는 사람이라는 명성을 얻었다. 그들은 레인을 권리를 침해하는 외부인이 아니라 도움을 주는 사람으로 여겼다. 광고제작 부서 사람들은 레인에 대해 "그는 우리를 도와주는 사람입니다. 전형적인 관리 부서 직원들과는 달라요. 계속 그와 함께하면서 기회를 더 많이 줍시다"라고 말하며, 종종 그에게 프로젝트를 도와달라고 요청했다. 그가 도량이 넓고 마음이 열린 사람임을 알았기에 광고제작 부서 사람들은 자기 영역을 굳건히 지키려 하지 않고, 기꺼이 그와 아이디

• 권위 포기의 어떤 유형은 힘을 뺀 의사소통의 다른 형식보다 더 큰 위험을 감수해야 한다. 사람들이 어떤 이야기를 시작할 때 흔히 사용하는 '이기적으로 들릴지도 모르겠지만' 같은 표현이 그 예다. 심리학자들은 이런 종류의 권위 포기가 역효과를 발휘한다는 사실을 밝혀냈다.[23] 이야기를 듣기도 전에 화자가 무언가 이기적인 내용을 말하려 한다고 예상하기 때문이다. 듣는 사람은 자연스럽게 말하는 사람의 이기심을 확인해줄 정보를 찾으려 애쓰고 또 그것을 찾아낸다.

어를 나누고 의견을 받아들였다.

회사의 고위 경영진도 광고제작 부서를 돕는 레인의 능력에 관심을 보였다. 사실 레인은 직장생활 초기에 세계적으로 유명한 폴크스바겐의 광고 'Drivers wanted(운전자를 찾습니다)'에서 핵심적인 역할을 맡았다. 레인은 이렇게 말한다.

"기버는 자신이 눈에 띄지 않고 사라질까 봐 두려워합니다. 하지만 나는 사람들이 기버와 함께 일하고 싶어 하고 또 그들을 신뢰해 결국 성공하는 모습을 보아왔습니다. 그 사실을 깨달은 것이 내가 직장생활 초기에 앞으로 나아갈 수 있었던 가장 중요한 원동력이었습니다."

레인은 여러 동료보다 먼저 승진해 아널드 월드와이드의 부사장이자 전무이사직을 맡고 있다. 광고제작 부서 부사장은 "돈은 완벽한 팀 플레이어입니다. …… 돈과 다시 한 번 더 함께 일할 기회가 있다면 망설임 없이 뛰어들겠습니다"라고 말했다.

이처럼 조심스러운 화법을 분석해보면 데이브 월튼이 기업 비밀 재판에서 배심원과 교감을 나누는 데 말더듬증 덕을 본 또 하나의 이유를 찾을 수 있다. 망설임, 얼버무림, 강조 부사는 말더듬증의 전형적인 특징이다. 데이브 월튼이 말을 더듬자 배심원들은 더 이상 그가 주의를 끌고 지배력을 행사하려 한다는 생각을 하지 않았다. 그와 동시에 배심원들의 저항감은 줄어들었다. 데이브 월튼의 입장에서는 고맙게도 설득이 보다 쉽도록 배심원들이 좀 더 열린 자세를 취한 것이다.

리더는 어떻게 말하는가

기버가 힘을 뺀 대화 방식으로 이야기하면 듣는 사람은 그가 진심으로 자신에게 이익이 되는 것을 추구한다는 느낌을 받는다. 그런데 사람들은 리더의 역할을 할 때는 조심스러운 화법으로 말하기를 꺼린다. 마케팅 책임자로 일하는 바튼 힐(Barton Hill)은 얼마 전에 그 이유를 깨달았다.[24] 금융서비스 회사에서 한 사업단위를 이끌던 그는 더 높은 주요 직책으로 승진해 여러 개의 사업단위를 맡을 수 있는지 평가하는 면접 심사를 받았다. 면접은 자신의 성공 사례를 이야기해보라는 평범한 질문으로 시작됐다. 힐은 자기 팀이 이루어낸 상당히 인상적인 성과를 이야기했다. 하지만 가장 유력한 후보였던 힐은 승진에 실패했다. 면접관이 힐을 리더답지 않다고 여겼기 때문이다.

"나는 계속 '우리'라는 표현을 사용했습니다. '나'라는 일인칭 단수 대명사를 충분히 사용하지 않은 거죠. 나중에야 그런 화법이 나를 리더답지 않게 보이도록 만들었다는 사실을 깨달았습니다. 면접관은 내가 팀의 성공을 이끌었다고 생각하지 않았고, 그럴 수 있는 다른 사람을 원했던 겁니다."

면접관은 힐이 더 단정적으로 말하길 원하고, 힐은 힘을 뺀 의사소통을 한 까닭에 힐은 승진 기회를 놓쳤다. 테이커는 더 빠르게, 더 크게, 더 단정적이고 자신 있게 말함으로써 자기가 하는 이야기를 완전히 이해하고 있다는 인상을 준다.

캘리포니아의 심리학자들이 이끈 한 연구에서 사람들은 보통 테이커를 더 능력 있는 사람으로 판단하지만, 실제로는 그렇지 않다는 사실이 드러났다.²⁵ 연구진은 연구 결과를 다음과 같이 보고했다.

"테이커는 더 능력 있어 보이는 방식으로 행동하기 때문에 사실은 능력이 부족할 때조차 영향력을 얻는다."

바튼 힐은 면접에서 강력한 화법을 구사하지 못해 지배력이 있다는 인상을 주는 데 실패했다. 그러나 승진 실패라는 대가를 치르게 한 힘을 뺀 의사소통 덕분에 명망을 얻어 팀을 성공적으로 이끌 수 있었다. 강력한 의사소통 방식은 면접 같은 짧은 순간에는 효과적일 수 있어도 팀이나 협력관계 속에서는 존중과 존경을 잃게 한다. 암스테르담의 심리학자들은 조직 구성원은 대개 테이커를 능력 있는 리더로 인식하지만 실제로 그들은 조직의 능력을 약화시킨다는 증거를 보여주었다.²⁶ 조직 구성원은 강압적으로 말하는 테이커에게 힘이 있다고 믿는다. 그러나 그런 행동은 정보 공유를 방해하고 구성원끼리 좋은 아이디어를 나누지 못하도록 막을 뿐이다. 힐의 생각을 들어보자.

"팀원들은 리더가 일의 성과물을 함께 노력한 결과로 말해주길 원합니다. 그렇게 하면 팀원들은 자극을 받아 더 열심히 기여하려 하지요. 문제는 사람들이 그런 리더를 팀을 이끌 수 있을 만큼 충분히 강하다고 생각하지 않는다는 점입니다. 팀을 지원해준다는 점에서 사실은 훨씬 더 강력한 리더인데도 말입니다. 사람들은 마치 전자기에 이끌리듯 기버에게로 모입니다."

힐은 결국 다른 회사로 이직했고 옛 동료 세 명이 그를 따라 새 팀에 합류했다. 장기적으로는 충성심 강한 팀이 큰 성과를 올리는 법이다. 실제로 힐이 이끄는 팀은 엄청나게 큰 성공을 거둬왔다. 그는 지금 시티은행 마케팅 책임자이자 전 세계 마케팅 부서의 대표로

2만 명 이상의 직원을 이끌고 있다.

물론 리더는 때와 장소에 따라 강력한 화법을 사용할 필요도 있다. 나는 프란체스카 지노, 데이브 호프먼(Dave Hofmann)과 함께 피자 프랜차이즈점을 대상으로 연구[27]를 진행했는데, 그때 매장 직원 대다수가 순종적이면 경영자가 강력한 화법을 사용해도 효과가 있다는 사실을 발견했다. 하지만 직원이 자기주도적이고 요리와 배달을 보다 효율적으로 하려고 적극 아이디어를 내놓는 매장에서는 강력한 화법이 역효과를 낳았다. 직원들이 자발적으로 일하는 매장에서는 강한 어조로 이야기하는 경영자가 조심스럽게 이야기하는 경영자보다 순이익을 14퍼센트나 적게 냈다.

경영자가 강력한 화법을 구사해 지배력을 행사하려 하면 자기주도적으로 일하는 직원들의 입장에서는 회사에 기여할 마음이 들지 않는다. 프래게일에 따르면 누군가가 강한 어조로 말하면 듣는 사람은 "그가 전체의 희생을 대가로 개인적인 성취를 우선으로 추구한다"는 인상을 받는다. 힘을 빼고 말하는 리더는 명망을 얻고, 그 밑에서 일하는 자기주도적인 직원들은 자신의 아이디어를 적극 수용한다는 점에서 리더에게 존경심을 품는다.

좀 더 통제된 상황에서도 같은 결과가 나오는지 알아보기 위해 나와 동료들은 팀을 구성해 티셔츠 개는 일을 하게 했다. 이때 팀의 절반에게는 강한 어조로 말하는 리더를 배치하고, 나머지 절반에게는 에이브러햄 링컨이나 모한다스 간디처럼 조심스럽게 말하는 리더를 배치했다.

이번에도 결과는 같았다. 팀원들이 수동적일 때는 강력한 화법을 구사하는 리더가 티셔츠를 더 빨리 개도록 팀을 효율적으로 이끌었다. 자기주도적인 사람들로 구성된 경우에는 힘을 뺀 의사소통 방식을 채택한 리더가 이끄는 팀이 그렇지 않은 팀보다 평균 22퍼센트 더 빨리 일을 해냈다. 팀원들이 보기에 강하게 말하는 리더는 새로운 아이디어에 위협을 느끼는 것 같았고, 조심스럽게 말하는 리더는 팀원들의 제안을 더 잘 받아들이는 것으로 비춰졌다. 조심스러운 화법은 지배력을 구축하지는 않지만 상당한 명망을 안겨준다. 따라서 조심스럽게 말하는 리더가 조언에 열린 자세를 보여줄 때 팀의 생산력은 더 커진다.

테이커는 조언을 받아들이는 것을 나약함의 상징으로 본다. 물론 기버는 다른 사람의 제안을 받아들임으로써 동료에게 지나치게 영향을 받을 수도 있다. 그렇다면 조언을 구하는 것이 사실은 남에게 영향력을 행사하기 위한 전략이라면 어떨까? 협상 테이블에 앉은 기버는 조언을 받아들여 예상치 못했던 방식으로 혜택을 얻는다.

협상 없이 얻어낸 막대한 혜택의 비밀

〈포천〉 선정 500대 기업 중 하나가 2007년 미국 중서부에 있는 공장 한 곳을 폐쇄했다. 그때 열정적인 연구원 애니도 일자리를 잃었다. 회사는 애니에게 동부 해안 쪽에 새 직책을 제시했지만, 그 제안을 받아들이면 학업을 포기해야 했다. 애니는 정직원으로 일하면서 MBA 야간 과정에 등록해 공부하고 있었다. 학비를 회사에서 내주고 있었기 때문에 일을 그만둘 형편도 아니었다. 그렇지만 회사가 요구하는 대로 새 발령지로 떠나면 공부를 계속할 수 없었다. 선택지도 별로 없었고 생각할 시간도 충분치 않았다.

그로부터 2주 후 놀라운 일이 벌어졌다. 회사는 그녀가 MBA 과정을 마칠 때까지 회사 최고 중역진만 사용할 수 있는 전용 제트기를 무제한으로 제공하기로 했다. 그녀는 발령을 받아들였고 MBA 학위를 취득할 때까지 9개월 동안 일주일에 두 번 회사 전용기를 타고 학교와 직장을 오갔다. 또한 회사는 매주 렌터카 비용을 제공했고 회사 전용기를 쓸 수 없을 때는 일반 여객기 항공권 비용까지 대줬다. 애니는 어떻게 회사가 그토록 막대한 비용을 그녀에게 투자하도록 했을까?

애니는 이 모든 특혜를 협상조차 하지 않고 얻어냈다. 그녀는 그저 기버에게 상당히 익숙한 힘을 뺀 의사소통 방식을 사용했을 뿐이다.

테이커는 협상에 들어갈 때 유리한 위치에 설 궁리부터 한다. 애니가 테이커였다면 그녀의 장점과 가치, 경쟁 회사의 매력적인 제안을 이야기하며 자기 위치를 강화하려 했을 것이다. 매처는 협상을 대가를 주고받는 기회로 보는 경향이 강하다. 애니가 매처였다면 전에 그녀에게 신세를 진 적 있는 고위 간부를 찾아가 보답을 요구했을 터다. 그러나 애니는 기버였다. 그녀는 늘 동료들을 정신적으로 이끌어주었고 자선단체 유나이티드 웨이(United Way)에서 자원봉사를 했으며, 초등학생에게 과학적 흥미를 불어넣는 활동에도 시간을 투자했다. 애니는 동료가 실수를 하면 설령 자기 실적이 떨어질지라도 그들이 비난받지 않도록 함께 책임을 져주는 사람이었다. 동료가 자신과 같은 직책에 지원한 것을 알고 그 자리를 포기한 적도 있었다.

기버인 애니는 테이커나 매처처럼 거래에 능숙하지 못했다. 고민 끝에 완전히 다른 전략을 택한 그녀는 인력관리부장을 찾아가 조언을 구했다.

"저와 같은 상황에 처하면 어떻게 하시겠어요?"

애니의 입장을 헤아려 조언을 해준 인력관리부장은 그녀의 변호사가 되어주었다. 인력관리부장은 애니가 소속된 부서와 현장의 대표들을 만나 애니를 위한 로비를 시작했다. 그러자 부서장이 애니를 불러 자기가 무엇을 해주면 회사에 남아주겠느냐고 물었다. 애니는 MBA 과정을 마치고 싶은데 비행기를 타고 새 직장과 학교를 오갈 형편이 못된다고 대답했다. 부서장은 그녀에게 회사 전용기를 제공해주기로 했다.

최근에 이뤄진 한 연구에서 조언을 구하는 것은 권위는 없어도 영향력을 행사하는 데는 놀라울 정도로 효과적이라는 것이 밝혀졌다. 심리학자 캐티 릴젠퀴스트(Katie Liljenquist)는 실험 참가자가 상업용지의 매각 가능성을 두고 협상을 벌이는 실험을 진행했다.[28] 이때 판매자가 가급적 높은 가격으로 용지를 매각하는 데 초점을 맞췄을 때는 단 8퍼센트만 협상이 이뤄졌다. 반면 판매자가 구매자에게 어떻게 하면 서로 조건을 맞출 수 있을지 조언을 구하자 협상 성사율이 42퍼센트로 껑충 뛰었다.

조언을 구하면 정보를 공유하는 동시에 긴밀한 협력관계가 맺어져 논쟁적인 협상이 윈윈 거래로 탈바꿈한다. 여러 연구에 따르면 제조업, 금융 서비스업, 보험, 의약 산업을 막론하고 모든 산업 분야에서 조언을 구하는 것은 동료나 상사 혹은 부하직원에게 영향력을 행사하는 가장 효과적인 방법이다. 테이커는 부하직원을 압박하고 상사의 환심을 사려고 애쓰지만 그보다는 조언을 구하는 것이 훨씬 더 설득력이 강하다. 또한 조언을 구하는 태도는 모든 상황을 철저한 거래로 보는 매처의 접근 방식보다 더 지속적으로 영향력을 미친다.

주요 기업의 고위직에서도 마찬가지다. 경영전략 교수 이타이 스턴(Ithai Stern)과 제임스 웨스트팰(James Westphal)은 최근 미국의 산업 및 서비스 부문에서 350개 대기업 경영진이 어떻게 이사회 임원까지 올라갔는지 알아보고자 연구를 진행했다.[29] 이사회 임원은 엘리트 계층과 인맥을 쌓을 수 있는 지위의 상징이자 여섯 자리 수의 연봉을 받는 자리로 모든 경영진이 꿈꾸는 목표다.

테이커는 상사의 환심을 사는 것이 이사회 임원이 되는 지름길이라고 믿는다. 따라서 그들은 임원에게 듣기 좋은 말을 하거나 다른 사람을 통해 간접적으로 아첨하려 애쓴다. 흥미롭게도 스턴과 웨스트팰은 아첨도 조언을 구하면서 해야 효과를 발휘한다는 사실을 발견했다. 이사회 임원이 된 경영진은 상사에게 단순히 듣기 좋은 말만 하는 대신, 자주 조언을 구하며 적절한 찬사를 곁들였다. 자주 조언을 구하는 중역은 상사의 능력에 찬사를 보내며 어떻게 그런 능력을 얻었는지 물었다. 즉, 어떤 프로젝트에서 상사가 거둔 성공을 극찬하며 그를 본받으려면 어떻게 해야 하는지 충고를 구했다. 이런 방식으로 조언을 구하면 상사는 그들을 이사회 임원으로 추천할 확률이 높다.

조언을 구하는 것은 스스로 자신의 취약함을 드러내고 질문과 조심스럽게 이야기하는 태도가 혼합된 '힘을 뺀 의사소통 방식'의 한 형태다. 우리는 누군가에게 조언을 구할 때 확신 없는 태도를 보이며 스스로 자신의 취약함을 드러낸다.[30] 이 경우 답을 알고 있다는 자신감 있는 태도 대신, 상대가 더 지혜롭다는 사실을 인정해야 하는 까닭에 테이커와 매처는 다소 수치심을 느낀다.

테이커의 시각으로 볼 때 조언을 구하는 것은 자신이 모든 해답을 아는 게 아니라는 사실을 인정하는 셈이다. 따라서 테이커는 조언을 구하면 자신이 더 나약하거나 의존적이거나 능력이 부족해 보일까 봐 두려워한다. 이는 잘못된 생각이다. 연구 결과에 따르면[31] 관리자는 꾸준히 조언을 구하고 동료들의 지식에 도움을 받는 사람을 그렇지 않은 사람보다 더 호의적으로 평가한다.

기버는 자아를 보호하거나 확신을 표현하는 데 별로 관심이 없기 때문에 자신의 취약성을 드러내는 데 주저함이 없다. 이들이 타인에게 조언을 구할 때는 진심으로 무언가를 배우고 싶다는 의미다.• 매처는 조금 다른 이유로 조언 구하기를 유보한다. 그들은 조언을 들으면 갚아야 할 빚을 지는 셈이라고 생각한다.

조언을 구하는 행동의 4가지 장점

릴젠퀴스트는 조언을 구하는 행동에는 배움, 관점 전환, 헌신 그리고 아첨이라는 네 가지 장점이 있다고 말한다. 애니는 조언을

• 사람들은 흔히 기버가 되려면 모든 거래에서 마지막으로 주는 사람이 되어야 한다고 생각하지만 사실은 그렇지 않다. 기버가 먼저 조언이나 도움을 구하는 일은 놀랄 만큼 흔하다. 기버는 종종 자신이 조언을 구함으로써 다른 사람이 기버로 행동할 기회를 주는 셈이라고 여긴다. 부탁을 한다고 항상 상대에게 이익을 취하는 것은 아니다. 기버는 남에게 자주 도움을 청한다. 이 점에서 기버가 테이커나 매처와 다른 점은 그들은 단지 되갚는 것이 아니라, 아무 대가도 기대하지 않고 기꺼이 먼저 남을 돕는다는 사실이다.

구하면서 전에 알지 못했던 사실 하나를 발견했다. 그것은 그녀가 오가야 할 두 지점을 왕복 비행하는 회사 전용기에 남는 좌석이 있다는 사실이다. 만일 그녀가 조언을 구하는 대신 당당하게 로비에 나섰다면 그런 정보를 결코 얻을 수 없었을 것이다. 실제로 그녀가 여러 상사와 몇 번 이야기를 나눴을 때는 아무도 전용기에 대해 언급하지 않았다.

바로 이것이 조언을 구하는 행동의 두 번째 장점이다. 상대가 내 관점에서 생각하도록 독려한다는 것 말이다. 애니가 조언을 구하기 전에 나눴던 몇 번의 대화에서는 인력관리부장의 관심이 그녀를 동부 해안으로 발령 내 가능한 회사에 이익이 되도록 하는 것에 집중되어 있었다. 그러다가 애니가 조언을 구하자 대화 양상이 바뀌었다. 우리가 누군가에게 어떤 선택지를 제시해달라고 부탁하면, 상대는 우리의 관점에서 당면 문제나 딜레마를 분석한다. 애니가 가르침을 청하자 인력관리부장은 그녀의 관점에서 문제를 생각하기 시작했고, 결국 회사 전용기가 해답으로 떠올랐다.

일단 인력관리부장이 애니 편에 서자 조언을 구하는 행동의 세 번째 장점인 헌신이 나타났다. 애니를 위해 이미 어느 정도 시간과 노력을 투자한 인력관리부장은 렌터카 비용과 회사 전용기를 운항하지 않을 때 드는 민간 여객기 항공료까지 회사가 부담하도록 조치를 취했다. 물론 애니가 이런 특전을 얻는 데는 업무 능력, 성실한 근무 자세, 온화한 성품이 종합적으로 작용했다.

어쨌든 인력관리부장이 회사 전용기에 그치지 않고 더 많은 것을 제공하려 한 이유를 분명하게 설명해주는 뛰어난 연구 결과가 있다. 반세기 전, 심리학자 존 젝커(Jon Jecker)와 데이비드 랜디(David

Landy)는 기하학 과제를 성공적으로 수행하면 사람들에게 보상을 해주는 실험을 진행했다.[32] 실험에서 통제군 참가자는 최종 질문지를 작성하고 돈을 받는 것으로 모든 과정이 끝났지만, 또 다른 그룹은 마지막에 연구자에게 이런 말을 들었다.

"부탁 하나 해도 될까요? 실험 자금이 거의 바닥나서 제가 사비를 털어 실험을 계속 진행하고 있습니다. 죄송하지만 방금 받은 돈을 돌려주실 순 없을까요?"

이때 거의 모든 사람이 돈을 돌려주었다. 실험이 끝난 뒤, 두 그룹에게 연구자를 어떻게 생각하느냐고 묻자 돈을 돌려준 그룹이 그렇지 않은 그룹보다 연구자에게 '훨씬 더' 호감을 느낀다고 대답했다. 그 이유가 뭘까? 사람들은 시간과 노력, 지식 혹은 어떤 자원을 투자해 남을 도와주면 자신이 가치 있는 일을 했고 상대에게 도움을 받을 자격이 있다고 믿으려 애쓴다.

조언을 구하는 것은 교묘하게 상대가 자신에게 헌신하도록 이끄는 방법이다. 조언을 해주는 순간 인력관리부장에게는 애니에게 더 큰 투자를 할 마음이 생겼다. 나아가 자기 나름대로 도움이 될 만한 해법을 찾으면서 애니에게 더욱더 헌신했다. 결국 그녀는 애니를 '그만큼 시간을 쏟을 가치가 있는 사람'으로 여기게 되었다. 벤저민 프랭클린이 자서전에서 말했듯 "당신이 친절하게 대해준 사람보다 당신에게 한 번이라도 친절을 베푼 사람이 당신에게 또 다른 친절을 베풀 가능성이 더 크다."[33]

누군가에게 조언을 구하면 상대의 지식과 통찰력을 인정하고 존경한다는 뜻을 보여줌으로써 명망을 안겨주는 셈이다. 이때 상대는 대부분 받은 대로 보답해야 한다고 생각해서 호의적으로 대한다. 전기작가 월터 아이작슨(Walter Isaacson)에 따르면 벤저민 프랭클린은 아침의 수단으로 조언을 구했다고 한다. 아이작슨은 프랭클린에게는 친구를 사귀는 기본적인 방침이 있었고, "그는 끊임없이 견해를 묻고 조언을 구함으로써 사람들의 자만심과 허영심에 호소했다"[34]고 기록했다.

사람들은 호혜의 행동양식과 상관없이 누군가가 조언을 구하는 걸 좋아한다. 조언을 해주면 테이커는 자신이 중요한 사람이 되었다고 느끼고, 기버는 상대에게 도움을 주었다고 생각한다. 매처는 주로 다른 이유로 조언을 즐긴다. 큰 비용을 들이지 않고 상대에게 빚을 졌다는 느낌을 안겨줌으로써 나중에 대가를 받을 수 있을 거라고 여기는 것이다.

여기서 한 가지 짚고 넘어가야 할 것은 진심으로 조언을 구하지 않으면 아무 소용이 없다는 점이다. 릴젠퀴스트의 연구 결과에 따르면 조언을 구하는 효과는 "상대가 그 태도를 얼마나 진지하고 진정성 있게 받아들이는가에 따라 달라진다"고 한다. 실험에서 릴젠퀴스트가 조언을 구하는 행동을 타인에게 영향력을 행사하는 전략으로 이용했을 때는 결과가 좋지 않았다. 조언을 부탁받은 상대가 조언을 구하는 사람을 테이커로 인식했기 때문이다. 다른 꿍꿍이를 품고 환심을 사려 하는 것은 누구나 쉽게 알아차린다. 릴젠퀴스트는 "전략적으로 이미지를 조작하려 한다는 의혹을 사는 사람은 이기적이고 냉정하며 신뢰할 수 없는 사람으로 여겨질 가능성이 크다"고 말한다. 릴젠퀴스트 연구에서 기버는 다른 사람의 시각과 권고에 관심이 있고 남의 이야기를 잘 들어주는 것으로 평가받았다.

나는 힘을 뺀 의사소통 방식에도 같은 원리가 적용된다고 믿는다.

이 방식 역시 타인의 이익을 우선시하고 진실하게 행동하는 기버에게만 효과가 있다. 청중 앞에서 이야기할 때 기버는 단순히 명망을 얻기 위해서가 아니라 청중과 진정한 교감을 나누고자 스스로 취약점을 드러낸다. 물건을 팔 때도 고객에게 무언가를 얻기 위해서라기보다 진정으로 상대를 돕기 위해 질문을 한다. 설득과 협상에서도 마찬가지다. 기버는 상대의 관점과 아이디어를 진정으로 가치 있게 여기므로 조심스럽게 말하고 조언을 구한다.

힘을 뺀 의사소통 방식은 많은 기버에게 자연스러운 언어이자 그들을 성공으로 이끄는 숨은 원동력이다. 스스로 약점을 드러내는 것, 질문하는 것, 조심스럽게 말하는 것, 조언을 구하는 것은 단지 영향력을 얻는 문을 열어줄 뿐이지만 그 영향력은 인맥 쌓기나 동료들과의 협업 등 일과 삶 전체에 울려 퍼진다. 물론 모든 기버가 힘을 뺀 의사소통 방식을 사용하는 건 아니지만, 이 방식을 자주 사용하는 사람은 신뢰와 화합을 구축할 때 그것이 얼마나 유용한지 잘 안다.

6장

이기적인 이타주의자
지쳐 떨어지는 사람과 계속해서 열정을 불태우는 사람의 차이

똑똑한 이타주의자는
어리석은 이타주의자보다
덜 이타적일지도 모르지만,
그들은 어리석은
이타주의자와 이기주의자보다
더 바람직한 존재다.[1]

허버트 사이먼(Herbert Simon)
노벨 경제학상 수상자

성공한 기버와 실패한 기버의 차이

1장에서 살펴보았듯 기버는 성공 사다리의 밑바닥으로 추락할 가능성이 크다. 그런 의미에서 우리는 이타적인 행동양식이 지닌 힘을 깨닫는 것 이상으로 실패를 피하는 방법도 알아야 한다. 극단적으로 베풀기만 하면 동료와 주변 사람들을 위해 희생하면서 자신의 에너지를 소진하고 만다. 너무 많은 권리를 포기하거나 지나치게 힘을 뺀 의사소통 방식만 고수할 경우, 자기 이익을 챙기지 못하고 뒷전으로 밀려나며 당하기만 하는 사람이 되기 십상이다. 그러면 기버는 진이 빠져 생산성을 유지하지 못한다.

기버를 성공 사다리의 꼭대기로 쏘아 올리는 전략과 밑바닥으로 가라앉히는 전략은 완전히 다르므로 성공한 기버와 실패한 기버의 차이를 이해하는 것은 매우 중요하다. 지금부터 세 장에 걸쳐 왜 어떤 기버는 계속해서 불타오르는 반면 또 어떤 기버는 연료를 소진하는지, 기버가 테이커에게 이용당하지 않으려면 어떻게 해야 하는지, 그리고 개인과 조직이 기버를 보호하고 그들의 성공을 널리 퍼트리는 방법은 무엇인지 검토할 것이다.

최근 캐나다의 심리학자 제레미 프라이머(Jeremy Frimer)와 래리 워커(Larry Walker)는 큰 성공을 거둔 기버의 동기가 무엇인지 알아보는 야심찬 프로젝트를 진행했다.[2] 조사 대상은 캐나다에서 가장 권위 있는 봉사상인 '캐나다 봉사상(Caring Canadian Award)' 수상자로, 오랜 기간 지역사회와 인도주의적 이상을 실천했음을 인정받은 사람들이다. 그들은 수십 년 동안 세상을 변화시키고자 남다른 봉사와 기부활동을 계속해왔다.

연구진은 무엇이 그들을 독려했는지 알아보기 위해 조사 대상 전원에게 '나는 ~을 하고자 노력한다'는 문장을 내주고 인생 목표 열 개를 작성하게 했다. 이어 워커가 수상자 스물다섯 명을 대상으로 심층적인 인터뷰를 진행했다. 그런 다음 성별, 연령, 인종, 교육 수준은 일치하지만 그들처럼 오랜 기간 비슷한 수준으로 봉사와 기부활동을 하지 않은 평범한 사람 스물다섯 명과 비교했다. 워커는 쉰 명 전원을 만나 인생에서 가장 중요했던 시기와 어린 시절에 경험한 중요한 사건, 청소년기, 성인이 된 이후 등 삶의 전반을 다루는 인터뷰를 하느라 엄청난 시간과 노력을 들였다.

인터뷰가 끝나자 연구진은 조사 대상이 작성한 인생 목표 목록을 독립적으로 평가하고, 인터뷰 테이프를 들으며 그들이 자신의 이익과 타인의 이익이라는 두 가지 핵심적 동기를 얼마나 강하게 표현했는지 평가했다. 이때 권력과 성취를 좇는 것은 자신의 이익으로 분류하고, 자비롭고 유익한 존재가 되는 것에 초점을 맞추는 것은 타인의 이익으로 분류했다.

수상자들은 어떤 동기에서 비교 집단보다 더 높은 점수를 기록했을까?

아마도 당신의 직관은 타인의 이익이라고 대답했을 것이다. 그렇다. 수상자들은 자기 인생을 이야기하며 봉사와 기부에 대한 말을 비교 집단보다 세 배 이상 자주 했다. 인생의 목표를 작성할 때도 수상자들은 타인의 이익과 관계된 내용을 비교 집단보다 거의 두 배나 많이 기록했다. 그들은 '젊은이에게 긍정적인 역할모델이 되는 것'이나 '저소득층 여성을 대변하는 것' 같은 목표를 강조했다. 반면 비교 집단은 '골프 기준타 차를 한 자릿수로 줄이는 것', '남에게 매력적으로 보이는 것', '가장 큰 사슴을 사냥하고 대어를 낚는 것' 등의 목표를 더 많이 언급했다.

더 놀라운 사실은 수상자들이 자신의 이익을 위한 목표에서도 더 높은 점수를 기록했다는 점이다. 그들은 자신의 인생 이야기를 들려주면서 권력이나 성취와 관련된 목표를 비교 집단보다 두 배 가까이 자주 언급했다. 인생의 목표 목록을 작성할 때도 그들은 영향력과 명성을 얻고 개인적인 성취를 이루는 것과 관련된 내용을 20퍼센트 더 많이 적었다.

성공을 거둔 기버는 단순히 동료보다 더 이타적이기만 한 것이 아니었다. 그들은 자신의 이익을 도모하는 데도 적극적이었다. 성공한 기버는 테이커나 매처 못지않게 야심이 컸던 것으로 드러났다.

이 결과에 담긴 의미를 생각하면 왜 어떤 기버는 성공하고 또 어떤 기버는 실패하는지 이해할 수 있다. 지금까지 우리는 '당신은 자신의 이익과 타인의 이익 중 어느 것을 더 중요시하는가'라는 질문을 통해 베푸는 성향과 취하는 성향을 하나의 연속체로 바라보았다. 이제는 개인의 이익과 타인의 이익이 상호작용한다는, 즉 좀 더 복잡하게 얽혀 있다는 시각으로 바라볼 필요가 있다.

테이커는 개인의 이익과 관련된 내용에서 높은 점수를 기록하고, 타인의 이익에 관해서는 낮은 점수를 기록한다. 그들은 타인을 배려하지 않고 자신의 성공만 극대화하려 한다. 기버는 타인의 이익에 관한 내용에서는 항상 높은 점수를 기록하지만, 자신의 이익에 대한 점수는 다양하게 나타난다. 기버에는 두 유형이 있으며 이들의 성공 가능성은 각각 극적인 차이를 보인다.

'이기심 없이' 베풀기만 하는 기버는 타인의 이익을 중요시하고 자신의 이익을 하찮게 여긴다. 그들은 자신의 욕구를 돌보지 않고 타인을 위해 시간과 노력을 바치며 그 대가를 치른다. 이기심 없이 베푸는 것은 병적인 이타주의의 한 형태다. 모험심이 넘치는 바버라 오클리(Barbara Oakley)는 이를 두고 "자신의 욕구를 해치며 병적일 정도로 타인에게 초점을 맞추는 것"이라고 정의한다.[3] 그들은 남을 도우려고 애쓰는 과정에서 자신에게 해를 끼친다. 병적으로 베푸는 성향이 있는 대학생은 학기를 거듭할수록 학점이 떨어진다는 연구 결과도 있다. 이처럼 이기심이 전혀 없는 기버는 "친구의 문제를 해결해주느라 수업을 빼먹고 공부할 시간도 빼앗겼다"고 시인했다.

사람들은 대체로 자신의 이익과 타인의 이익이 하나로 이어지는 연속체의 양극단에 있다고 가정한다. 그러나 내가 직장에서 동기부여 요인을 연구한 결과,[4] 자신의 이익과 타인의 이익은 서로 독립적인 동기로 나타났다. 이 결과는 우리가 두 가지를 모두 가질 수 있음을 의미한다. 빌 게이츠가 세계 경제포럼에서 주장했듯 "인간에게는 이기심과 타인을 보살피고자 하는 두 가지 강한 본성이 있으며",[5] 그 두 가지 동력이 뒤섞인 사람이 가장 큰 성공을 거둔다. 캐나다 봉사상 수상자들은 자신의 이익과 타인의 이익을 상충하는 것으로 보지 않고 그 둘을 융합하는 방법을 찾아냈다. 덕분에 좋은 일을 하면서도 성공을 거둘 수 있었다.

		타인의 이익에 대한 관심	
		낮음	높음
자신의 이익에 대한 관심	낮음	무관심함	이기심 전혀 없음: 실패한 기버
	높음	이기적: 테이커	타인과 자신의 이익: 성공한 기버

테이커가 이기적이고 '실패한' 기버가 이기심이 전혀 없다면, '성공한' 기버는 타인과 더불어 자신의 이익도 챙길 줄 안다. 그들은 남을 이롭게 하는 데 관심이 있지만 또한 자신의 이익을 위한 야심찬 목표도 세운다.

자기 보존 본능과 이기심 없이 베풀기만 하면 정도를 지나치기 십상이다. 성공한 기버는 받는 것보다 더 많이 주되 자신의 이익도 잊지 않으며 언제, 어디서, 어떻게, 누구에게 베풀지 선택한다. 곧 살펴보겠지만 기버는 자신의 건강을 돌보면서 타인을 배려해야 연료를 완전히 소진하는 일 없이 더 크게 번영할 수 있다.

헌신과 희생도 지나치면 독이 될까

"내가 태어나고 자란 웨스트 필라델피아의 놀이터에서 대부분의 시간을 보냈지. …… 내가 작은 싸움에 말려드는 바람에 엄마는 겁에 질렸었어……."

윌 스미스가 자신의 데뷔작인 시트콤 〈벨에어의 프레시 프린스(The Fresh Prince of Bel-Air)〉의 주제곡을 지은 것은 필라델피아의 오버브룩 고등학교를 갓 졸업했을 때였다. 오버브룩 고등학교의 건물 정면은 언덕 위에 지은 성을 닮아 위풍당당하다. 성에서 지내던 시절, 스미스는 골치 아픈 문제에서 마법처럼 벗어나는 능력 덕분에 선생님들에게 '왕자'라 불리며 왕족처럼 대우받았다. 훗날 영화제작사를 설립한 그는 회사 이름을 오버브룩 엔터테인먼트로 지었다.

오버브룩 출신으로 큰 성공을 거둔 사람은 스미스뿐이 아니다. 최초의 아프리카계 미국인 우주비행사 기온 블루포드 주니어(Guion Bluford Jr.), 올림픽 육상 금메달리스트 존 드루먼드(Jon Drummond)도 같은 학교 동문이다. 오버브룩은 NBA 선수 열 명 이상을 배출한 미국 고등학교 여섯 곳 중 하나이기도 하다. 그중 한 명이 전설적인 선수 윌트 체임벌린(Wilt Chamberlain)이다. 그렇다고 오버브룩이 모든 학생에게 동화 같은 곳은 아니다.

오버브룩 고등학교가 위치한 웨스트 필라델피아 중심부 59번가 길모퉁이는 미국에서 마약 거래가 활발히 이뤄지는 골목 열 군데 중 하나다.[6] 학교에 가는 길에 자동차 창문을 올리고 문을 잠그는 운전자를 보는 것은 그리 드문 일이 아니다. 2006년에는 범죄 발생 통계를 근거로 '지속적으로 위험한' 학교 스물여덟 곳 중 한 곳으로 분류되었다. 2011년 오버브룩 고등학교의 재학생은 약 1,200명이었고 그중 500명 정도의 학생이 학기 중에 정학당했다. 사유는 폭행이 50여 건, 무기나 마약 소지가 20건에 달한다.

교육적 전망 역시 암울하다. 오버브룩 고등학교의 SAT(미국 대학 입학시험) 평균 점수는 전국 평균보다 300점 이상 낮고, 재학생의 75퍼센트가 미국 전체 하위 25퍼센트에 속한다. 졸업률은 54퍼센트에 불과해 입학생 중 절반에 가까운 학생이 학업을 마치지 못하고 학교를 떠난다. 이 비극적인 상황을 바로잡기 위해 티치 포 아메리카(TFA, Teach for America)의 재능 있고 열정적인 젊은 교사들이 희망과 기대를 안고 오버브룩 고등학교를 찾아왔다. TFA는 미국에서 가장 상황이 나쁜 학교에 대학 졸업생들을 파견해 교육 불평등 문제와 싸우도록 하는 유명한 비영리단체다. TFA는 기버로 가득한데 교사의 대다수가 학생들의 삶을 변화시키고자 단체에 합류한 사람들이다. 자기보다 나쁜 운을 타고난 학생들을 돕기 위해 나선 특권층 출신도 많다. 익명의 한 교사는 다음과 같이 말했다.

> 나는 평생 내가 도움을 줄 수 있는 곳에서 무언가를 하고 싶었습니다. …… 항상 '사회 정의'라는 주제를 가슴에 품고 살았고, 수많은 학생이 우리나라의 교육제도 아래에서 잔혹한 실패를 경험하고 있다는 사실에 화가 나 이 일에 뛰어들었습니다. 나는 모든 아이가 원하는 것을 선택할 수 있기를 바랍니다. …… 교육은 평등을 실현할 수 있습니다. …… 이것은 정의의 문제입니다. 나는 TFA에서 활동함으로써 내 목표를 이룰 방법을 찾았습니다.

지난 20여 년간 2만 명 이상이 TFA에서 교사로 일하며 교육을 통한 평등 실현을 위해 엄청나게 노력했다. 그러나 교외의 안전하고 한적한 거주지와 여학생 사교클럽 같은 곳에서 온실 속의 화초처럼 살아온 교사들이 도심 속 학교에서 겪는 고난과 시련을 견뎌내는 것은 쉽지 않은 일이었다.

스물네 살의 TFA 초보교사 콘리 캘러핸(Conrey Callahan)은 오버브룩 고등학교에서 학교의 엄청난 골칫거리들을 어깨에 짊어지고 있었다. 학생의 97퍼센트가 아프리카계 미국인인 오버브룩 고등학교에서 콘리의 하얀 피부와 금발은 유난히 눈에 띄었다. 콘리는 자기가 구해준 잡종견 루이와 함께 사는 애견가로, 메릴랜드 주 외곽의 한적한 곳에서 성장하며 훌륭한 고등학교로 손꼽히는 학교를 졸업했다. 활기가 넘치는 콘리는 지적 능력이 뛰어나 학업을 계속하라는 독려를 받았지만, 그녀는 좀 더 현실적인 문제로 시선을 돌렸다.

"나는 저소득층 아이들에게 더 나은 교육과 성공 기회를 주어 세상을 변화시키고 싶었어요."[7]

하지만 다음 세대 학생들에게 영감을 불어넣겠다는 콘리의 이상주의적인 꿈은 가혹한 현실에 부딪혀 산산이 부서져버렸다. 그녀는 오전 6시 45분까지 학교에 도착해 새벽 한 시까지 학교에 남아 스페인어 수업 계획과 채점을 끝내야 했다. 낮 시간에는 싸움을 말리고, 범죄를 단속하고, 1년에 단 이틀밖에 얼굴을 내밀지 않은 무단 결석생을 찾아 헤맸다. 장래성이 있어 보이는 학생 중 하나는 위탁 가정에 살고 있었고, 태어날 때부터 발달장애가 있어 아동기까지 학교에 다닐 수 없었다.

콘리는 절친한 친구에게 끊임없이 불평을 늘어놓았다. 투자은행에서 일주일에 100시간을 일하는 친구는 오버브룩 고등학교에서 학생들을 가르치는 것이 왜 그렇게 스트레스가 심한 일인지 이해하지 못했다. 절망에 빠진 콘리가 친구를 초대해 학교생활을 보여준 뒤에야 친구는 그녀를 이해했다. 콘리는 그날을 이렇게 회상했다.

"친구는 그날 일과를 끝내고 완전한 탈진이라는 걸 직접 경험하고도 그런 느낌이 존재한다는 것을 믿지 못했어요."

결국 콘리는 더 이상 버티지 못했다.

"끔찍했어요. 완전히 지치고 너무 질려서 언제든 포기할 준비가 되어 있었죠. 두 번 다시 그 학교에 발을 들여놓고 싶지 않았어요. 그 학교, 학생들 그리고 나 자신에게 혐오감을 느꼈어요."

콘리만 그랬던 것은 아니다. 그녀가 보여준 태도는 에너지 소진의 전형적인 증상이다. 버클리대학 심리학자이자 직장에서 경험하는 정신적인 에너지 소진 연구의 선구자인 크리스티나 매슬랙(Christina Maslach)은 모든 직종 중에서 남을 가르치는 일이 정신적인 에너지 소모가 가장 크다고 말한다.[8] TFA 교사 중 하나는 그 기관을 칭찬하면서도 그들이 "힘든 일과 헌신에 지나칠 정도로 초점"을 맞춘다며, "연수가 끝나면 깨어 있는 내내 일에 전념하지 않을 경우 학생들에게 해를 끼치는 셈이라는 생각"을 하게 될 정도라고 말한다. 실제로 계약기간 2년이 끝나면 전체 TFA 교사 중 절반 이상이 일을 그만두고, 3년이 지나면 80퍼센트가 그곳을 떠난다. 심지어 TFA 출신 중 약 3분의 1은 아예 교육 현장을 떠난다.

기버는 자신의 이익보다 타인의 이익을 우선시하기 때문에 종종 지나친 희생으로 자신의 에너지를 모두 소진하고 만다. 지난 40여 년 동안 이루어진 포괄적인 연구에 따르면, 정신적 에너지를 소진하면 일의 능률이 크게 떨어진다. 탈진한 직장인은 집중력을 되찾으려 안간힘을 쓰지만 오랫동안 열심히, 활기차게 일할 만한 에너지가 부족해서 일의 양과 질은 급격히 떨어진다. 나아가 육체적, 정신적 건강마저 해치고 만다. 에너지를 소진한 직장인은 우울증, 만성피로, 불면증, 면역력 감소, 알코올 의존증 그리고 심장질환에 걸릴 위험이 커진다는 강력한 증거가 있다.

콘리는 오버브룩 고등학교에서 좌절감을 맛보며 자신이 지나치게 헌신했다는 생각을 했다. 일찍 출근해서 늦게 퇴근하는 것은 기본이고 휴일도 없이 일을 하느라 잠을 제대로 자지 못했다. 그런 상황에서 회복과 재충전을 하려면 업무량을 줄여야 했지만 그녀는 그렇게 하지 않았다. 오히려 콘리는 '더 많이' 베풀었다. 과도한 수업량을 유지하면서 시간을 쪼개 TFA 동문 멘토로 자원봉사를 한 것이다. 그녀는 콘텐츠 지원 전문가로서 격주로 교사 열 명의 시험문제 출제와 새 강의 계획 수립을 도와주었다. 여기에다 많지도 않은 여가시간을 활용해 상담 프로그램을 시작하기로 했다.

그녀는 친구 두 명과 함께 성적이 우수한 저소득층 학생이 대학 진학을 준비하도록 돕는 비영리단체 마인드 매터(Minds Matter) 필라델피아 지부를 설립했다. 이를 위해 콘리는 밤과 주말시간에 무료 법률 자문 회사와 회계사무소를 찾았고 국가의 승인을 요청했다. 1년 후, 마침내 학생과 상담교사를 모집한 그녀는 주1회 운영하는 프로그램을 시행했다. 그때부터 콘리는 고등학생들에게 조언을 해주는 데 매주 다섯 시간씩 더 투자했다. 결과적으로 콘리의 봉사활동 시간은 일주일에 열 시간이 더 늘어났다.

그런데 더 많이 베풀기 시작했음에도 콘리는 점점 에너지 소진에서 벗어났고 활력을 되찾았다. 오버브룩 고등학교에서 일할 때도 갑작스럽게 새로운 활력을 얻은 것처럼 보일 정도였다. 그녀는 학교에서 재능 있는 학생을 찾아 일정을 조정해주고, 스페인어에 대한 지식이 전혀 없는 학생들을 위해 프로그램을 세 개나 만들 만큼 힘이 넘쳤다.

다른 동료들과 달리 그녀는 일을 그만두지 않았다. 오버브룩 고등학교에 함께 부임한 교사 다섯 명 중, 콘리는 4년이 지나고도 여전히 학생들을 가르치는 유일한 교사다. 콘리가 일하는 동안 부임한 열두 명 중 여전히 남아 있는 교사는 그녀를 포함해 단 두 명뿐이다. 그녀는 TFA 교사 중 드물게 최소한 4년 이상 일한 사람으로 국가에서 주는 교사상 후보에도 올랐다. 더 많이 베푸는데도 에너지가 고갈되지 않고 오히려 생기를 되찾는 것은 어떻게 가능할까?

얼마나 베푸느냐보다 중요한 것

10여 년 전, 어느 대학 콜센터 책임자인 하워드 히브너(Howard Heevner)가 직원들이 초심을 유지하게 해줄 방법을 찾도록 도와달라고 내게 부탁했다.[9] 그 직원들은 대학 졸업생에게 전화해 기부금을 내달라고 부탁하는 업무를 맡고 있었다. 그들은 전화를 끊기 전에 세 번씩 기부금을 부탁했지만 90퍼센트 이상이 거절을 당했다. 가장 경험이 많고 성공적인 직원도 곧 에너지를 소진했다. 한 노련한 직원이 말했다.

"전화를 걸기가 극도로 어렵습니다. 전화를 받는 사람 중 상당수가 처음 두 마디를 다 말하기도 전에 말을 자르고 기부할 생각이 없다고 말하거든요."

나는 테이커가 파리처럼 쓰러져 나가리라 예상했다. 그들이 기버처럼 헌신적일 리는 없기 때문이다. 나는 일단 직원들을 대상으로 누가 기버이고 테이커인지 또 매처인지 평가했다. 첫 달에는 테이커가 평균치를 웃돌아 일주일에 서른 건 이상의 기부를 받아냈다. 내 예상을 뒤엎고 기버의 실적이 훨씬 더 나빴다. 그들은 초심을 유지하려 안간힘을 쓰며 전화를 더 적게 걸었고 기부를 일주일에 채 열 건도 받아내지 못했다. 나는 혼란에 빠졌다. 대체 왜 변화하고자 애쓰는 직원이 가장 변화하지 못하는 걸까?

어느 날 나는 콜센터의 한 직원이 책상 앞에 써 붙인 문구를 보고 그 대답을 얻었다.

"여기서 임무를 훌륭하게 완수해봤자 짙은 색 양복을 입고 바지를 적시는 것이나 다름없다. 너는 마음이 따뜻하지만 아무도 알아주지 않는다."

내가 평가한 자료를 찾아보니 당당하게 그 문구를 붙여놓은 직원은 대단한 기버였다. 기버가 왜 인정받지 못한다고 느끼는 걸까? 그 문구를 자세히 들여다보며 나는 내가 처음에 했던 예상이 옳다는 생각이 들었다. 그 일의 동기 유형을 고려하면 기버가 테이커를 앞질러야 한다. 문제는 기버에게 가장 힘을 주는 '보상'이 눈에 보이지 않는다는 데 있었다.

테이커는 그 일이 학교 업무 중에서 보수가 가장 높다는 사실에 동기를 부여받았다. 그러나 기버는 그들이 가장 중요시하는 보상을 얻지 못했다. 테이커는 직장에서 자신에게 가장 이익이 되는 점을 따지는 성향이 있는 반면, 기버는 자기가 하는 일이 타인에게 얼마나 이로운가에 깊은 관심을 둔다. 그들이 받아낸 기부금은 대부분 학생 장학금으로 쓰였지만 그들은 누가 그 돈을 받는지, 장학금 수혜자의 삶이 어떻게 바뀌는지 전혀 알지 못했다.

다음 교육 기간에 나는 새로운 직원들에게 그들 덕분에 장학금을 받은 학생들이 보낸 편지를 읽게 했다. 다음은 장학금을 받은 윌이라는 학생이 보낸 편지다.

> 입학을 결정하기 전, 다른 주에서 온 학생들에게 부과되는 등록금이 매우 비싸다는 걸 알았습니다. 그러나 이 대학은 제 혈관 속에서 피처럼 흐르고 있습니다. 할아버지와 할머니께서 이 대학에서 만나셨죠. 아버지와 삼촌 네 분도 이 학교에 다니셨습니다. 제 남동생도 이 학교 덕분에 태어났습니다. 이 학교가 NCAA 토너먼트에서 승리한 날 밤에 어머니께서 동생을 임신하셨으니까요. 평생 동안 이 학교에 다니기를 꿈꿨습니다. 그래서 장학금을 받았을 때 기뻐서 어쩔 줄을 몰랐습니다. 제가 얻은 기회를 하나라도 놓치지 않으려고 학기가 시작되기도 전에 벌써 이곳에 왔습니다. 이 장학금 덕분에 제 삶이 여러 가지 면에서 크게 향상되었습니다. ……

편지를 읽은 다음 기버가 테이커의 실적을 따라잡는 데는 단 일주일밖에 걸리지 않았다. 테이커도 어느 정도 실적이 나아졌지만 기버만큼 강렬하게 반응하지는 않았다. 자신의 영향력을 전보다 더 굳게 믿은 기버는 일주일에 전화를 걸고 기부를 받아내는 양이 세 배 가까이 늘었다. 더 많은 기부금을 얻어내면 윌 같은 장학금 수혜자에게 보다 큰 도움을 줄 수 있음을 깨달았기 때문이다. 단 5분간 편지를 읽고 자신이 하는 일이 남에게 얼마나 도움을 주는지 알게 된 것만으로도 기버는 테이커와 똑같은 수준으로 생산성을 높일 만큼 동기를 부여받았다.

그렇지만 기버는 아직 자신이 하는 일의 영향력을 완전히 알지는 못했다. 편지를 읽는 대신 장학금 수혜자를 직접 만나보는 것은 어떨까? 흥미롭게도 직원들은 장학금 수혜자를 직접 만나고 난 뒤 더욱 큰 힘을 얻었다. 시간당 전화를 거는 평균 횟수와 주당 통화시간 이 두 배로 껑충 뛰었다. 그처럼 더 많은 동문에게 전화를 걸자 주당 기부 횟수도 144퍼센트나 올랐다. 더 놀라운 사실은 기부 금액이 무려 다섯 배나 올랐다는 점이다. 평균 412달러이던 기부 금액은 직원들이 장학금 수혜자를 직접 만난 다음 2,000달러로 늘어났다.

근무하는 날마다 평균 다섯 번 전화를 걸어 100달러 미만의 기부금을 얻어내던 한 직원은 열아홉 번 전화를 걸어 2,615달러를 얻어냈다. 장학금 수혜자를 만나지 않은 통제 집단의 경우에는 전화를 거는 횟수와 통화시간, 기부 횟수, 기부 금액에 아무런 변화가 없었다. 단 5분 동안 장학금 수혜자와 만나는 것만으로도 직원 스물세 명이 일주일 만에 기부금 합계 3만 8,451달러를 추가로 얻어낼 만큼 동기를 부여받았다.* 장학금 수혜자를 만난 뒤 기버, 테이커, 매처가 모두 동기부여를 받았지만 더 많은 노력을 기울여 실적을 확연히 올린 사람들은 기버였다.

이 극적인 호전은 기버의 정신적 에너지 소진과 관련해 주목할 만한 원리를 밝혀준다. 그것은 베푸는 양이 아니라 얼마나 피드백을 받느냐가 중요하다는 점이다. 의료 분야에서도 같은 연구 결과가 나왔다. 의료 분야에서는 정신적 에너지 소진을 '동정심 감퇴, 남을 돌보는 일의 스트레스, 부담감 그리고 피로'라는 말로 표현한다.

전문가들은 처음에 동정심을 지나치게 많이 표현함으로써 오히려 동정심이 줄어든다고 믿었다. 하지만 그 결론은 새로운 연구로 뒤집어졌다. 올가 클리멕키(Olga Klimecki)와 타냐 싱어(Tania Singer)는 자신들의 연구 결과를 다음과 같이 요약한다.

"환자를 돌보는 시간을 포함한 다른 모든 요인보다 환자의 고통을 인지하는 것이 간병인을 우울증에 빠트리는 가장 큰 요인이다."[10]

많이 베푼다고 해서 기버의 시간과 에너지가 소진되는 것은 아니다. 오히려 도움을 필요로 하는 사람들을 효과적으로 도와주지 못한다고 생각할 때 소진된다. 특히 교육은 시간의 제약을 받는다. 이 독특한 여건 때문에 교사가 기버일 경우 정신적 에너지가 더 쉽게 소진된다. 교사는 학생과 매일 만나 소통하지만 그 영향력을 충분히 인식하기까지는 여러 해가 걸릴 수 있다. 그러다가 학생이 학교를 그만두면 교사는 의문에 휩싸인다. 내가 하는 일이 정말 중요하긴 한 걸까? 대개는 자신의 노력이 가치 있다고 분명하게 확인하기 어려운 탓에 점점 지치고 초심을 유지하기가 어렵다.

- 같은 메시지를 관리자나 리더가 전했을 때는 아무 효과가 없었다. 그러나 장학금을 받은 학생은 직원들이 하는 일의 중요성과 자신이 장학금으로 어떤 혜택을 입었는지 경험담을 들려줄 수 있다. 리더와 경영자는 직원들에게 힘을 주려고 애쓰지만 기버의 정신적 에너지가 소진되어 갈 때는 그들이 제공한 상품 및 서비스의 효과를 증언해줄 고객, 소비자, 학생 그리고 기타 이용자를 통해 용기를 주는 것이 더 낫다.

오버브룩 고등학교 같은 상황에서는 이것이 일반적인 현상이다. 교사는 학생들의 주의를 흩트리는 수많은 요인이나 여러 난점과 싸워야 한다. 그것도 학생들이 학교에 나와줄 때의 얘기다. 콘리 캘러핸이 정신적으로 탈진한 것은 지나치게 베풀었기 때문이 아니다. 아무리 노력해도 어떠한 변화도 일으킬 수 없을 거라고 느꼈기 때문이다. 콘리는 내게 고백했다.

"내가 아이들을 가르친다고 뭔가가 바뀔까요? 그건 확실하지 않아요. 가끔은 내가 하는 일이 아무 효과도 없다는 생각이 들어요. 아무것도 변화시키지 못하면서 시간만 낭비하고 있는 것 같아요."

콘리는 '마인드 매터'를 시작하면서 일정이 더 빡빡해졌지만, 오히려 그 일은 오버브룩 고등학교에서 아이들을 가르치며 경험한 마음의 진공 상태를 채워주었다.

"상담 프로그램을 진행할 때는 아무런 의문도 생기지 않았어요. 내가 좀 더 직접적으로 영향을 주고 있음을 알았으니까요."

성취도가 높은 저소득층 학생들을 이끌어주면서 그녀는 자신이 오버브룩 고등학교에서보다 더 많은 변화를 일으키고 있음을 느꼈다. 상담 프로그램에 참여한 학생들은 각자 자신이 겪는 어려움을 구체적으로 표현해주었다. 그런 학생들에게 조언을 해주면 긍정적인 피드백이 더 빨리 돌아와 그녀의 노력이 효과적이었음을 보여주었다. 수줍음 많은 데이비드에게 관심을 기울인 콘리는 늘 혼자 있던 그를 친구들과 자신 있게 이야기하는 청소년으로 바꿔놓았다. 장학금 수혜자를 만나 자신이 하는 일의 가치를 깨달은 콜센터 직원들처럼 콘리도 자기가 만든 프로그램의 효과를 보고 큰 힘을 얻었다.

그 효과는 상담 프로그램에만 국한되지 않았다. 콘리는 그 성취에 힘입어 오버브룩 고등학교에서도 큰 영향을 끼칠 수 있을 거라는 새로운 희망을 품었다. 성취도 높은 학생들의 변화를 눈으로 확인하면서 그녀에게 학교에서도 자신의 문제와 힘겹게 싸우는 학생들을 도와줄 수 있다는 자신감이 생긴 것이다.

"내가 시작한 일이 아이들에게 정말로 변화를 일으킬 수 있다는 걸 알아요. 3개월 동안 그 아이들에게도 큰 기회가 있다는 걸 알게 되었죠. 아이들이 얼마나 많은 걸 이룰 수 있는지 깨달았어요."

마인드 매터에서 아이들을 정신적으로 이끌어주는 데 많은 시간을 투자할수록 목표의식은 더욱 분명해졌고, 그녀는 오버브룩 고등학교에서 일할 때도 점점 더 열정이 커졌다.

일을 더 많이 하면서도 활력을 유지하는 이유

나는 두 동료와 함께한 연구에서 직장인이 자신의 영향력을 인식할 경우, 스트레스를 극복하고 에너지를 소진하는 일 없이 동기와 성과를 유지할 수 있음을 발견했다.[11] 학생 한 명과 함께한 연구에서는 자기 직업이 힘들고 스트레스가 심하다고 여기는 고등학교 교사들은 상당히 많은 에너지를 소진한다는 사실을 발견했다. 그러나 더 깊이 들여다보면 스트레스는 자신이 아무것도 변화시키지 못했다고 느끼는 교사들의 에너지만 소진시킨다는 것을 알 수 있다. 자신이 지속적인 영향을 끼친다고 느끼면 스트레스도 받지 않고 탈진하는 일도 없다.

학교에서는 교사의 가르침이 학생에게 미친 영향을 충분히 인식하는 데 몇 년이 걸릴 수도 있다. 그동안 교사들은 학생과 연락이 끊긴다. 물론 교사들도 학생과 직접 만나 자신이 미친 단기적인 영향을 어느 정도는 확인할 수 있다. 사실 다른 직업에서는 자기가 한 일 덕분에 혜택을 받은 사람과 직접 만날 기회가 아예 없는 경우가 더 많다.

예를 들어 의료 분야에서는 의사가 환자를 만나보지도 못한 채 검사 결과만 보고 중요한 진단을 내리는 일도 많다. 실험을 위해 이스라엘에서 방사선 전문의들에게 단층촬영(CT) 사진만 보고 환자 100여 명의 상태를 진단하게 했다.[12] 그리고 3개월 후, 방사선 전문의들이 그 사진에 대해 잊었을 무렵 다시 사진을 보여주며 진단하게 했다. 전문의 중 일부는 CT 검사의 주된 이유였던 증상과 무관한 이상을 발견할 확률이 53퍼센트 높아지는 등 더 나아진 모습을 보여주었다. 하지만 더 나빠진 전문의들도 있었다. 그들은 단 3개월 만에 똑같은 사진을 보고 정확한 진단을 내릴 확률이 28퍼센트 떨어졌다. 왜 어떤 전문의는 나아지고 또 어떤 전문의는 나빠지는 걸까?

CT 검사를 하기 전에 환자들은 사진을 찍었는데, 방사선 전문의 중 절반은 환자 사진을 보지 않고 첫 번째 진단을 내렸다. 그런 다음 3개월 후에 다시 진단을 내릴 때는 사진을 보았다. 이들이 53퍼센트 향상된 진단을 내린 전문의다. 나머지 절반은 반대로 첫 번째 진단을 내릴 때 환자 사진을 보았고, 3개월 후 두 번째 진단을 내릴 때는 환자 사진을 보지 않았다. 이들이 진단의 정확성이 28퍼센트 떨어진 전문의다.

CT 사진에 환자 얼굴 사진을 첨부하는 것만으로도 진단이 46퍼센트 더 정확해진다. 그리고 진단을 내리는 데 핵심적인 사항 중 약

80퍼센트가 '전문의가 환자 얼굴 사진을 보았을 때만' 발견되었다. 환자 얼굴 사진을 못 본 전문의들은 그 중요한 사항을 놓치고 지나갔다. 3개월 전에 그것을 한 번 찾아낸 의사들도 마찬가지였다.

환자 사진을 본 의사들은 환자에게 더 주의를 기울인다. 환자 사진이 더 주의 깊게 진단을 내리도록 의사에게 동기를 부여하는 것이다. 환자 사진을 본 의사들은 CT 검사 분석 결과를 보고하는 시간도 29퍼센트 더 길었다. 방사선 전문의가 환자 사진을 보면 자신이 하는 일이 사람들에게 미치는 영향력을 더 크게 느끼기 때문이다. 어느 방사선 전문의는 환자 사진이 "CT 사진 하나하나를 유일무이한 것"으로 만든다고 말했다.

니콜라 벨르(Nicola Bellé)의 최근 연구에서도 유사한 결과가 나왔다.[13] 벨르는 연구를 위해 이탈리아 간호사 아흔 명에게 수술 장비를 챙기게 했다. 이때 간호사를 무작위로 선정해 장비를 사용할 의료진을 만나게 했는데, 이들이 훨씬 더 정확하고 생산적으로 일했다. 이 효과는 특히 이타적인 성향이 강한 간호사들 사이에서 더 확연히 드러났다. 흥미롭게도 장비를 사용할 의료진을 만난 간호사는 일주일 후 모두 이타적인 성향이 더욱 강해졌다.

자신이 하는 일이 미치는 영향력을 직접 경험하면 기버의 에너지 소진은 줄어든다. 그뿐 아니라 호혜 성향과 관계없이 모든 사람이 더 이타적으로 변화한다. 사람들은 자신이 하는 일이 어떤 변화를 일으키는지 알면 더 많이 기여할 힘을 얻는다. 다시 말해 기버는 영향력을 체감할 경우 에너지 소진이 줄어들고, 다른 사람도 이타적으로 변하도록 동기를 부여한다.

이러한 사실을 기반으로 몇몇 회사에서 자신이 제공하는 상품 및 서비스의 효과를 직원이 직접 체험하게 하는 프로그램을 만들었다. 예를 들어 웰스 파고(Wells Fargo) 은행의 부사장 벤 소코시(Ben Soccorsy)는 고객이 은행의 저금리 대출 덕분에 가계 부채를 줄일 수 있었다고 말하는 비디오테이프를 제작했다.[14] 소코시는 "고객들이 어깨 위에서 무거운 짐을 내려놓았다고 느끼는 경우가 많다"고 말한다. 은행원들은 그 비디오테이프를 보고 마치 전등 스위치가 켜진 것 같은 느낌을 받았다. 자신의 업무가 고객에게 어떤 영향을 줄 수 있는지 깨달은 것이다. 그들이 제공한 저금리 대출은 실제로 고객의 삶에 변화를 일으켰고, 이는 은행원들에게 엄청난 동기를 부여했다.

의료기기 전문업체 메드트로닉의 직원들은 기술자와 영업사원 모두 병원을 방문해 회사의 의료 기술이 환자에게 얼마나 큰 도움을 주는지 직접 눈으로 확인한다. 메드트로닉(Medtronic)의 전 CEO 빌 조지(Bill George)는 내게 말했다.

"직원들이 힘이 빠졌을 때는 현장에 가서 일이 어떻게 진행되는지 직접 보게 하는 것이 중요합니다. 자기가 환자에게 어떤 영향을 끼칠 수 있는지 직접 보면, 직원들은 자신이 환자에게 건강과 행복한 삶을 되돌려주기 위해 이 회사에서 일한다는 사실을 상기하지요."[15]

또 메드트로닉은 회사 직원 3만 명 전체를 위해 매년 파티를 연다. 그 파티에는 환자 여섯 명을 초대하는데 그들은 메드트로닉 제품 덕에 자신의 삶이 어떻게 바뀌었는지 들려준다. 자기가 하는 일이 얼마나 중요한지 처음 깨달은 직원들은 종종 눈물을 흘리기도 한다.

직관적으로 생각하면 다소 이상하게 들릴 수도 있지만, 기버는 더 큰 영향력을 끼침으로써 더 많이 베풀면서도 에너지 소진을 피한다. 물론 그게 전부는 아니다. 콘리가 일을 더 많이 하면서도 활력을 얻은 또 하나의 이유가 있는데, 그것은 그녀가 어디에서 누구에게 베풀었는가와 관련이 있다.

거의 한 세기 전, 심리학자 애니트라 칼스텐(Anitra Karsten)은 사람들에게 어떤 일을 시킨 다음 그것을 즐기면 계속 반복하게 하고, 지치기 시작하면 중단시키는 실험을 했다.[16] 실험 참가자들은 더는 할 수 없을 때까지 그림 그리기, 큰 소리로 시 낭독하기 같은 과제를 오랫동안 열심히 수행했다. 'ababab'를 쓰고 또 쓰라는 과제를 받은 남성도 있었다. 하버드대학 심리학자 엘렌 랭거(Ellen Langer)가 그때의 일을 설명해주었다.

"그 남성은 정신적, 육체적으로 완전히 지쳐버릴 때까지 그 일을 계속했다. 그러다가 손에 감각이 없어 한 글자도 더 쓸 수 없을 지경이 되었다. 그 순간 연구자가 그에게 다른 목적으로 이름과 주소를 써달라고 부탁했다. 그는 아주 쉽게 이름과 주소를 적어주었다."

이런 현상은 다른 실험 참가자들에게도 똑같이 나타났다. 한 여성은 팔을 들 수도 없을 만큼 지쳐서 더는 한 글자도 못 쓰겠다고 말했다. 그러더니 곧 팔을 들어 머리를 매만졌다. 보아하니 별로 힘들지도 불편하지도 않은 듯했다. 목이 쉴 때까지 큰 소리로 시를 낭독한 참가자들도 그 일을 불평할 때는 목소리가 정상적으로 나왔다. 랭거의 말에 따르면 그들은 일부러 지친 것처럼 둘러댄 것이 아니다. 그보다는 '맥락이 바뀌자 새로운 에너지'가 생긴 것이다.

콘리 역시 자발적으로 TFA 교사들의 멘토 역할을 맡으면서 베푸는 행동을 신선하게 느끼도록 맥락을 바꾼 셈이다. 콘리의 말을 들어보자.

"성인을 상대로 무언가를 가르칠 때는 지치지 않았어요. 오히려 그 일이 내게 활기를 불어넣었죠."

같은 영역에서 더 많이 베풀면 지칠 수 있다. 다행히 콘리는 같은 영역에서 더 많이 베풀고 또 베푸는 대신 다른 집단에 속한 사람들을 돕는 것으로 영역을 넓혔다. 마인드 매터에서 고등학생들을 이끌어줄 때도 같은 일이 일어났다. 그녀는 새로운 사람들을 새로운 방식으로 도왔다. 스페인어를 가르치는 대신 학생들이 대학 입학을 준비하도록 이끌어주는 새로운 영역으로 전환함으로써 에너지를 재충전한 것이다.

불 지피기와 정원에 물주기

콘리와 콜센터 직원의 사례는 모두 실패한 기버와 성공한 기버의 차이를 보여준다. 같은 맥락에서 언제, 어떻게, 얼마나 많이 베풀어야 에너지 소진과 활성화라는 뚜렷한 차이가 발생하는지 논의해 보자.

더 많이 베푼 콘리는 실패한 기버처럼 보일 수도 있다. 하지만 그녀는 오히려 일의 효과가 더욱 두드러지는 일을 함으로써 개인적으로 보상을 받고 에너지를 충전할 기회를 창출했다. 즉, 아무리 베풀어도 끝이 없는 학교에서 더 많이 베푸는 대신, 자신을 돌아보고 새로운 방식으로 베풂으로써 상황을 개선할 방법을 찾은 것이다.

기버에게는 이런 선택이 매우 중요하다. 카네기멜론대학의 심리학자 비키 헬지슨(Vicki Helgeson)은 수많은 연구[17]를 통해 자신의 행복을 고려하지 않고 계속 베풀기만 하면 정신적, 육체적 건강을 해칠 위험이 있음을 밝혀냈다.* 타인에게 관심을 쏟는 만큼 자신의 행복도 돌보면서 베풀면 건강을 해치지 않는다. 6개월에 걸쳐 진행한 한 연구에서는 자신과 타인의 이익 사이에서 균형[19]을 유지하는 사람이 더 행복해하고 삶의 만족도도 더 크다는 결론이 나왔다.**

성공한 기버와 실패한 기버를 깊이 이해하려면 그들이 언제, 얼마나 많이 베푸는지 더 자세히 들여다볼 필요가 있다. 콘리가 에너지 소진을 피할 수 있었던 이유는 단지 베푸는 방법을 다양화했기 때문이 아니라 그것을 계획한 방식 덕분이기도 하다.

당신이 이번 주에 무작위로 다섯 가지 선행을 베푼다고 해보자. 예를 들면 친구의 프로젝트 돕기, 옛 은사님께 감사편지 쓰기, 친척 어른 찾아뵙기 등이 있다. 이때 당신은 '불 지피기'와 '정원에 물주기' 방식 중 하나를 선택할 수 있다. 만약 당신이 불 지피기를 선택한다면 다섯 가지 행동을 묶어 하루에 다 처리할 것이다. 반면 정원에 물주기를 선택할 경우, 하루에 한 가지씩 일주일 동안 실행한다. 불 지피기

● 직장에서 이기심 없이 베푸는 사람들은 과부하로 스트레스를 받으며 일과 가족 사이에서 갈등한다는 연구 결과도 있다.[18] 결혼생활도 마찬가지다. 6개월 동안 여러 쌍의 부부를 관찰한 결과, 자신의 욕구와 배우자의 욕구 사이에서 균형을 유지하지 못한 사람은 우울 증세를 보일 가능성이 더 컸다. 이기심이 전혀 없는 기버는 타인의 이익을 중요시하고 자신의 이익을 무시하는 까닭에 스스로 에너지를 소진한다.

●● 이타적인 행동의 유익한 효과는 글쓰기에서도 드러난다. 심리학자 제임스 페니베이커는 사람들이 글을 쓸 때 사용한 어휘를 보고 그들이 건강을 회복하고 있는지 판단한다. 페니베이커는 저서 《대명사의 비밀(The Secret Life of Pronouns)》에서 다음과 같이 설명한다.[21] "건강해진 사람은 일기에 하루는 일인칭 단수 대명사를 주로 사용하다가 다음에는 다른 대명사들을 주로 사용한다. 그다음에는 또다시 일인칭 단수 대명사를 주로 사용하는 일이 반복된다. 건강한 사람들은 어떤 경우에는 자신의 생각과 느낌을 표현하고, 또 어떤 경우에는 자신에 대한 이야기를 쓰기 전에 다른 사람들과 어떤 일이 있었는지 먼저 생각해본다." 반면 순수하게 자기중심적이거나 이기심이 전혀 없는 글을 쓰는 사람들은 건강해질 가능성이 매우 작다.

와 정원에 물주기 중에서 어떤 방식이 당신을 더 행복하게 해줄까?

심리학자 소냐 류보머스키(Sonja Lyubomirsky)가 이끄는 이 실험에 참가한 사람들은 6주 동안 매주 다섯 가지 선행을 실천에 옮겼다.[20] 실험 참가자들은 무작위로 두 그룹으로 나뉘어 절반은 불 지피기 방식을, 나머지 절반은 정원에 물주기 방식을 택했다. 6주 후, 두 그룹 모두 똑같은 횟수로 선행을 실천했지만 한 그룹이 더 뚜렷하게 큰 행복을 느낀 것으로 나타났다.

행복을 느낀 쪽은 정원에 물주기 방식이 아닌 불 지피기 방식을 실행한 그룹이었다. 다섯 가지 선행을 하루에 몰아서 할 경우 하루에 하나씩 할 때보다 행복감이 더 컸다. 류보머스키의 연구팀은 그 이유를 다음과 같이 짐작했다.

"선행을 일주일에 골고루 분배해서 실행하면 그 일의 특별한 점이나 힘이 줄어줄 수 있다. 또 실험 참가자들이 평소에 하던 친절한 행동과 잘 구별되지 않을 수도 있다."

콘리는 불 지피기 방식을 택했다. 그녀는 마인드 매터에서의 자원봉사를 일주일 중 하루로 정하고 매주 고등학생 상담에 할당한 다섯 시간을 모두 토요일에 배정했다. 이로써 그녀는 자신의 영향력을 생생하게 느꼈고, 자신의 노력이 '바다에 물 한 방울을 떨어뜨리는 것'에 불과하다는 느낌도 받지 않았다.

불 지피기 방식은 타인과 자신의 이익을 모두 고려하는 전략이다. 콘리는 이미 지칠 대로 지친 방과 후에 학생들을 만나 상담하는 대신 활력을 재충전하고 일정을 맞추기도 편한 주말을 상담시간으로 정했다. 반면 실패한 기버는 남이 자신을 필요로 할 때마다 언제든 도와주는, 즉 매일 조금씩 물을 주는 방식을 택하기 쉽다. 그 방식은 대단히 산만하고 체력 소모가 크기 때문에 집중력과 에너지를 엄청나게 빼앗긴다.

언젠가 〈포천〉 선정 500대 기업 중 한 곳에서 일하는 소프트웨어 엔지니어 열일곱 명이 중요한 신제품을 위한 프로그램 개발 임무를 맡았다. 시중에 판매되는 다른 제품의 10퍼센트 가격에 판매할 레이저 컬러 프린터를 개발하는 일이었다. 프로그램 개발에 성공한다면 회사는 시장을 주도해 나가는 것은 물론 프린터와 관련된 상품도 판매할 수 있을 터였다.

그런데 엔지니어들이 프로젝트를 완성하기 위해 휴일까지 반납하고 밤낮없이 일했음에도 일은 일정대로 진행되지 않았다. 개발비용은 빠르게 줄어들었고 만약 프린터를 제때 개발하지 못하면 프로젝트는 무산될 판이었다. 가능성은 희박했다. 그때까지 개발팀은 제때 상품을 내놓은 적이 단 한 번밖에 없었다. 하버드대학 레슬리 펄로(Leslie Perlow) 교수는 "주어진 임무를 제때 완성하기에는 시간이 부족했고, 그들은 극심한 스트레스를 받으며 완전히 탈진해버렸다"[22]고 기록한다.

엔지니어들은 늘 동료에게 발생한 문제 해결을 돕는 등 실패한 기버의 방식으로 일했다. 한 엔지니어는 "내 직업의 가장 불만스러운 점은 늘 남을 도와주어야 하는 바람에 내 일을 끝낼 수 없다는 점"이라고 말했다. 또 다른 엔지니어는 "누군가가 도움을 요청했을 때 내가 즉각 반응하면, 또 다른 사람이 도와달라고 하면서 내가 즉각 반응하기를 바란다. 그렇게 누군가를 돕느라 너무 바빠서 내 일을 끝낼 수가 없다"고 한탄했다.

엔지니어 중 한 명인 앤디는 평소에 오전 8시부터 오후 8시 15분까지 일했다. 오후 5시까지는 20분 이상 자신의 주된 임무에 매달릴 시간이 나지 않았다. 이런 상황은 다른 엔지니어도 마찬가지였고 이들은 자기 일을 끝낼 시간을 마련하기 위해 아침 일찍 출근해서 밤늦게까지 일하기 시작했다. 하지만 그것은 단기적인 해법일 뿐이었다. 점점 더 많은 엔지니어가 밤늦게까지 불을 밝히자 일을 방해하는 요인도 24시간 따라붙었다. 결국 엔지니어들은 아무런 진전도 없이 더 많은 시간을 소모하다가 완전히 지쳐버렸다.

이 실패한 기버들을 성공한 기버로 바꾸기 위해 펄로가 나섰다. 우선 그녀는 서로 정원에 물을 주듯 돕지 말고 시간을 정해 불을 지피듯 한꺼번에 동료를 도우라고 제안했다. 또한 엔지니어들이 서로 의사소통하는 시간과 혼자만의 시간을 나눠서 쓰도록 했다. 시험 삼아 몇 가지 일정을 진행한 펄로는 일주일에 사흘, 아침부터 정오까지를 혼자 일하는 시간으로 지키게 했다. 엔지니어들은 그 시간 동안 혼자 일했고 서로 방해하지 않기로 약속했다. 나머지 시간에는 서로 자유롭게 도움이나 조언을 청할 수 있었다.

펄로가 혼자 일에 집중하는 시간을 어떻게 생각하느냐고 묻자, 엔지니어의 3분의 2가 평소보다 더 생산적이었다고 대답했다. 펄로가 현장에서 물러난 뒤 한 달 내내 엔지니어끼리 알아서 그 시간을 지키도록 하자 생산성이 47퍼센트 향상되었다. 동료를 돕는 시간을 따로 정해 이기심이 전혀 없는 행동에서 자신과 타인을 모두 고려하는 행동으로 전환한 이후, 엔지니어들은 자기 일을 끝낼 시간과 에너지를 확보할 수 있었다. 한 엔지니어는 "혼자 일하는 시간 덕분에 평소에 저녁 늦게까지 미뤄야 했던 일을 낮 시간에 끝낼 수 있었다"고 말했다.

그로부터 3개월 후 엔지니어들은 레이저 프린터를 제때 출시했다.

개발 부서 역사상 두 번째 기록이었다. 해당 부서 부사장은 그 성공을 혼자 일하는 시간을 마련한 덕분으로 돌렸다.

"'혼자 일하는 시간'이라는 아이디어가 아니었다면 마감기한을 맞추지 못했을 겁니다."

이들 엔지니어는 제품을 제때 완성해야 한다는 시급한 과제에 당면한 까닭에 자신과 타인을 모두 고려하는 방식으로 베푸는 결정에 강한 정당성이 있었다. 그러나 남을 돕는 시간에 적절히 선을 긋는 게 어려운 경우도 꽤 많다.

마법의 숫자, 100시간 법칙

션 해거티(Sean Hagerty)는 계약형 투자신탁을 전문으로 하는 금융 회사 뱅가드(Vangard)의 투자관리 책임자다. 션은 교육에 열정을 품고 다른 사람을 이끌어주는 데 오랫동안 헌신해왔다. 1년에 일주일 정도의 시간을 내 뱅가드 사내대학에서 직원들을 가르치는 자원봉사를 해온 것이다. 뱅가드의 직원 교육 담당자는 션이 자원봉사에 참여한 시간을 계산해보고 그가 상당한 시간을 직원들을 가르치는 데 투자했음을 알았다. 그녀는 션의 정신적 에너지가 바닥나는 것은 아닐까 걱정스러웠다. 션도 자신에게 그럴 위험이 있다는 사실을 인식했다.

"내가 해야 할 일이 따로 있다는 점에서 그건 상당히 큰 투자였습니다."

그럼에도 그는 강의시간을 줄이는 대신 오히려 더 늘렸다.

"그건 내가 하는 일 중 가장 가치 있는 일입니다."

1년에 2주일 가깝게, 즉 100시간 이상을 교육기관에서 자원봉사를 하자 그는 더 큰 활기를 느꼈다. 베풂에서 100시간은 마법의 숫자와도 같다. 오스트레일리아에서 60대 중반 성인 2,000명 이상을 대상으로 조사한 결과,[23] 연간 봉사시간이 100~800시간인 사람이 100시간보다 적거나 800시간보다 많은 사람보다 더 큰 행복을 느끼고 삶의 만족도도 컸다. 1998년 미국에서 조사한 결과[24]에서도 최소 100시간 이상 봉사활동을 한 성인이 2000년에도 살아 있는 비율이 더 높았다. 자원봉사를 100시간 넘게 해도 더 큰 이점은 없었다. 이것이 자원봉사의 '100시간 법칙'이다. 즉, 100시간은 베푸는 행동이 가장 큰 에너지를 주고 가장 적게 에너지를 소모시키는 범위다.

일주일에 두 시간씩 투자하면 1년에 100시간을 채울 수 있다. 연구 결과 일주일에 두 시간씩 자원 봉사를 하는 사람은 1년 후 행복감, 만족도, 자부심이 더 커지는 것으로 나타났다.[25] 새로운 영역에서 일주일에 두 시간씩 봉사하는 것은 우선순위에 있는 다른 일을 희생시키거나 무리하는 일 없이 의미 있는 변화를 이끌어내는 스위트 스폿(sweet spot, 배트로 공을 치기에 가장 효율적인 곳-역주)이다. 또한 봉사자와 수혜자 모두에게 이익을 주고 건강의 균형도 찾는 지점이기도 하다.●

캐나다에서 수천 명을 대상으로 1년에 봉사활동을 하는 시간과 그

● 연간 적정 봉사시간은 나이가 들면서 100시간 이하로 줄어들 수도 있다. 예순다섯 살 이상 미국인을 대상으로 한 조사에서는 1986년에 1~40시간 봉사활동을 한 사람들이 봉사활동을 전혀 하지 않았거나 40시간 이상 봉사한 사람들보다 1994년까지 생존한 비율이 더 높았다. 건강 상태, 운동량, 종교, 수입 등 생존에 영향을 줄 수 있는 다른 중요한 변수를 통제했을 때도 결과는 같았다.

일에서 기술적, 사회적, 조직적 지식 및 기술을 습득했는가를 묻는 조사를 실행한 적이 있다. 그 결과 일주일당 몇 시간까지는 지식과 기술을 습득하는 정도가 일정 비율로 늘어난 것으로 나타났다. 그러나 다섯 시간부터는 자원봉사에서 얻는 것이 오히려 줄어들었다. 봉사시간이 한 시간 늘어날 때마다 배우는 것도 점점 더 줄어들었다. 일주일에 열한 시간 이상 봉사하는 사람들은 그 일에서 새로운 지식과 기술을 전혀 배우지 못했다.

콘리는 TFA 교사들의 멘토로 활동하면서 1년에 75시간을 투자했다. 고등학생을 위한 무료 상담 프로그램인 마인드 매터에서는 100시간 이상을 기록했다. 그녀가 그 시점부터 활기를 되찾기 시작한 것은 우연이 아닐 것이다. 여기서 중요한 것은 시간뿐이 아니다. 션과 콘리의 봉사에는 또 다른 형식의 불 지피기가 있었고 그것은 '이기심이 전혀 없는 봉사'와 '타인과 자신을 모두 돕는 봉사'를 구별하는 핵심적인 요소다.

뱅가드 사내대학에서의 봉사시간을 늘린 션 해거티는 혹시 더 많이 베풀 다른 기회는 없을까 하는 생각을 했다.

"이 세상을 내가 태어나기 전보다 더 나은 곳으로 만들어놓고 떠나고 싶습니다."

그는 이 세상을 위해 자신이 무엇을 할 수 있을지 자문하기 시작했다. 이런저런 궁리를 하다가 그는 자신이 여가시간을 보내는 데 일정한 패턴이 있음을 발견했다.

"내가 교육 관련 서적들을 점점 더 많이 읽는다는 걸 깨달았습니다. 본질적으로 교육에 대한 열정이 있었던 거죠."

결국 션은 새로운 교육 관련 프로그램 두 개를 이끌기로 했다. 하나는 '교실 속 경제'라는 전국적인 프로그램으로, 션과 동료들은 미국 전역의 유치원생에게 기본적인 자금관리 지식을 가르쳐준다. 또하나는 '팀 뱅가드'라는 지역 프로그램이다. 션은 필라델피아에 있는 차터 스쿨(교사, 부모, 지역 단체 등이 공적 자금을 지원받아 설립한 학교-역주) 한 곳과 결연을 맺고 뱅가드 직원들이 저녁, 주말, 점심시간 등을 활용해 자원 봉사하는 4년 과정 상담 프로그램을 관리하고 있다. 이는 상당한 시간을 투자해야 하는 일이지만 션은 오히려 두 프로그램 모두 "엄청나게 긍정적인 영향과 활기를 준다"고 말했다.

"고위급 간부는 직원들이 휴식을 취해야 할 시간을 봉사활동에 빼앗길까 봐 걱정할 수도 있지만 그건 기우입니다. 좀 피곤하긴 해도 내가 볼 때는 이런 활동을 함으로써 직원들이 더 열심히 일하는 것 같습니다. 나를 포함해서 말이죠."

만일 션이 이기심이 전혀 없는 기버였다면 자신의 관심과 열정을 고려하지 않고 의무감을 느끼며 다양한 방식으로 자기 에너지를 흩뿌렸을 것이다. 다행히 그는 성공한 기버의 접근 방식을 적용해 자신의 열정에 따라 교육에 집중하는 길을 택했다.

"이런 방식으로 공동체에 환원함으로써 개인적으로 믿을 수 없을 만큼 만족스럽습니다."

탈진에서 벗어나는 완벽한 해독제

심리학자 네타 와인스타인(Netta Weinstein)과 리처드 라이언(Richard Ryan)은 베푸는 행동은 의무감이나 책임감 때문에 하기보다 스스로 선택하고 그것을 즐길 때 행위자에게 활기를 준다는 사실을 입증했다.[26] 그들은 실험 참가자들에게 2주 동안 매일 누군가를 돕거나 선한 의도로 어떤 행동을 했는지 보고하게 했다. 무언가를 베풀었을 경우 실험 참가자들은 그 이유도 이야기했다. 그들은 의미 있는 일을 즐겁게 베풀었을 때 그 일이 중요했다고 여기고 베풂을 기쁘게 받아들였다. 의무감이나 책임감에서 베풀었을 경우에는 만약 그 일을 하지 않으면 나쁜 사람이 될 것 같아서 했다고 말했다. 그리고 참가자들은 매일 그 일에서 얼마나 활력을 얻었는지 보고했다.

와인스타인과 라이언은 하루하루의 활력이 어떻게 변하는지 측정했다. 사람들은 아무도 도와주지 않은 날보다 누군가를 도와준 날 더 행복을 느꼈다. 그렇다고 봉사 자체가 활력에 영향을 준 것은 아니다. 중요한 것은 봉사의 이유였다. 사람들은 목적의식을 가지고 남을 즐겁게 도와주었을 때 활력을 얻는다고 느꼈다.● 이렇듯 남을 도우면 자율성과 자주성 그리고 타인과 긴밀한 관계를 맺었다는 느낌이 들기 때문에 활력이 생긴다. 나는 소방관과 콜센터 직원들을 대상으로 한 연구에서도 같은 결론을 얻었다.[28] 그들은 단순히 의무감과 책임감에서 봉사할 때보다 목적의식을 갖고 즐겁게 자신의 시간과 에너지를 남에게 투자했을 때 더 오랫동안 열심히 일했다.

콘리가 오버브룩 고등학교에서 가르칠 때와 마인드 매터나 TFA

● 봉사의 정신적 효과가 늘 곧바로 드러나는 건 아니라는 점도 흥미롭다. 내가 심리학자 사빈 소넨태그(Sabine Sonnentag)와 함께 유럽의 소방관과 구조대원들을 조사한 결과,[27] 그들이 누군가에게 긍정적인 영향을 끼친 날 근무 중에는 별다른 느낌을 받지 못하다가 퇴근하고 집에 가서야 활력을 얻는다는 사실을 발견했다. 자신이 한 일의 영향력을 아는 것은 그 일의 의미를 깨닫고 자주성을 경험하는 데 도움을 주지만, 이는 그 행동의 영향을 깊이 생각해본 다음에야 완전히 경험할 수 있다.

에서 자원봉사를 할 때 나타난 차이도 마찬가지다. 오버브룩 고등학교에서 하는 활동은 의무이자 책임으로, 싸움을 말리고 질서를 유지하는 것이 그녀의 일이다. 이것 역시 중요한 일이긴 하지만 아이들을 가르치는 일은 열정과 관계가 없다. 반면 봉사활동은 그녀가 기쁜 마음으로 선택한 일로 이것은 성공한 기버가 베푸는 방식이다. 콘리는 학생과 다른 교사들을 돕는 데 초점을 맞추긴 했어도 그것을 자신이 중요하게 여기는 가치와 접목해 실천했고, 이는 그녀에게 활력을 불어넣었다. 나아가 자원봉사에서 얻은 에너지는 오버브룩 고등학교까지 전달돼 콘리에게 초심을 유지할 힘을 주었다.

그렇지만 오버브룩 고등학교에서는 그녀의 천성대로 활기 넘치고 즐겁게 아이들을 가르치지 못하고 의무적으로 일할 수밖에 없었다. 콘리는 어떻게 의무감에서 일을 하면서도 활력을 유지할 수 있었을까? 어느 주에 유난히 스트레스가 심했다. 콘리는 학생들에게 무언가를 전달하려 안간힘을 다했지만 몸과 마음은 지쳐갈 뿐이었다.

"정말 비참했어요. 아이들이 끔찍해 보일 정도였죠."

그녀는 동료 교사 사라에게 도움을 청했다. 사라는 자기가 효과를 본 한 가지 활동을 추천했다. 필라델피아에 어떤 괴물이 나타났다고 가정하고 아직 잡히지 않은 그 괴물을 각자 그려보는 것이었다. 학생들은 각자 괴물을 그리고 이야기를 지어냈다. 그런 다음 목격자에게 신고를 부탁하는 현상수배 전단을 만들었다. 콘리에게 필요한 것은 바로 그러한 영감이었다.

"그 10분간의 대화 덕분에 수업을 더 재미있게 만들 수 있었어요. 나는 아이들과 즐겁게 놀았고 그러면서 수업 커리큘럼에도 더 많은 시간과 노력을 투자하게 되었지요."

콘리가 다른 교사에게 도움을 요청한 것은 굉장히 자연스러워 보인다. 하지만 연구 결과 실패한 기버가 남에게 도움을 청하는 일은 매우 드문 것으로 나타났다. 헬지슨과 하이디 프리츠(Heidi Fritz)는 실패한 기버는 도움받는 것을 불편해한다고 말한다. 헬지슨과 프리츠는 이들이 성공한 기버보다 남에게 도움을 훨씬 더 적게 받는 탓에 육체적, 정신적으로 더 큰 대가를 치른다는 사실을 알아냈다.

'탈진'에 관한 권위자 크리스티나 매슬랙과 그녀의 동료들은 "탈진은 사회적 지원을 받지 못하는 것과 깊이 관련돼 있다는 강력하고 일관성 있는 증거들이 있다"고 밝혔다. 이와 대조적으로 성공한 기버는 자신의 복지를 지키는 것이 중요하다는 사실을 인식한다. 성공한 기버는 탈진하기 직전에 도움을 요청하고 조언과 지원, 필요한 자원을 얻어 초심과 에너지를 유지한다. 지난 30여 년간의 연구는 동료에게 도움을 받는 것이 탈진에서 벗어나는 확실한 해독제임이 드러났다. 콘리는 그 사실을 확인해준다.

"교사들끼리 서로 돕는 연결망을 구축하는 것이 정말 중요해요."

오버브룩 고등학교에는 교사들 간의 공식적인 지원 연락망이 없는데 콘리는 어디에서 그런 연락망을 얻었을까? 그녀는 봉사활동을 통해 오버브룩 고등학교에 직접 교사 지원 연락망을 구축했다.

전문가들은 여러 해 동안 스트레스 반응이 '투쟁 도주(fight or flight)' 반응의 선택과 관련돼 있다고 믿어왔다. 탈진은 투쟁에 필요한 에너지가 고갈되었다는 의미이므로 스트레스 요인을 피하고자 도주를 선택하는 것은 자연스런 일이다. 탈진 전문가 조너선 할베스레벤(Jonathon Halbesleben)과 매튜 볼러(Matthew Bowler)는 소방관들을 대상으로 2년 동안 연구를 진행했다.[29] 그 결과 소방관들이 탈진하기 시작하면 업무 평가가 확실히 나빠진다는 사실을 알아냈다. 탈진한 사람은 성취와 실적에 충분히 관심을 쏟지 못한다. 이 경우 자기 일에 노력을 덜 기울이므로 효율이 떨어진다.

놀랍게도 이 연구에서는 탈진이 전반적으로 노력을 방해하지 않는다는 사실도 드러났다. 소방관들이 탈진을 느끼면서도 오히려 '더 열심히' 노력하는 영역이 하나 있었는데, 그것은 바로 남을 돕는 일이었다.[30] 탈진 징후를 느낀 소방관은 스스로 과중한 업무를 떠맡아 동료 소방관을 도와주려 애썼다. 또한 감독관과 새로운 정보를 나누고 경험이 부족한 동료에게 조언을 해주었으며 심지어 동료의 고민까지도 들어주었다. 탈진이 더 많이 베풀도록 유도하는 이유는 무엇일까?

UCLA의 심리학자 셸리 테일러(Shelley Taylor)는 스트레스 반응이 투쟁 도주 반응과는 다르다는 사실을 밝혀냈다. 그녀는 이 반응을 '배려와 친교(tend and befriend)'[31]라고 명명했다.

"인간의 스트레스 반응에서 가장 놀라운 측면은 관계를 맺고자 하는 성향이다. 인간은 어떤 집단에 들어가 힘을 합쳐 위험한 시기를 넘기려고 한다."

테일러의 신경과학 연구에 따르면 뇌는 스트레스를 받을 경우 유대를 맺고 싶게 하는 화학물질을 분비한다. 이것은 탈진한 소방관들의 태도를 설명해준다. 그들은 정신적으로 완전히 지쳐버리자 얼마 남지 않은 에너지를 동료를 돕는 데 투자했다. 그들은 베풂으로써 유대를 강화하고 최소한 매처와 기버에게 도움을 얻을 수 있음을 직관적으로 알았다. 기버는 이런 점을 잘 알고 있지만 실패한 기버가 아닌 성공한 기버만 이 기회를 활용하는 것으로 나타났다.

콘리 캘러핸은 스트레스 상황에서 배려와 친교 반응을 보임으로써 지원 연락망을 구축했다. 탈진이 정점에 이르렀을 때, 그녀는 TFA 교사와 오버브룩 고등학교에 근무하는 나이 어린 교사 몇 명을 상담해주기 시작했다. 사라도 콘리의 도움을 받은 교사 중 한 명이다. 괴물을 그리고 수배 전단을 만드는 것은 사실 콘리가 사라에게 가르쳐준 활동이었다. 그 활동을 까맣게 잊고 있던 콘리가 도움을 요청하자 사라가 그것을 떠올리게 해준 것이다. 그 조언 자체도 큰 도움을 주었지만 이는 콘리가 자신의 영향력을 더 강하게 느끼는 계기가 되었다. 그녀가 사라에게 권한 그 활동에 학생들은 엄청난 반응을 보였다.

성공한 기버는 지원망을 형성해 필요할 때 도움을 요청한다. 이것은 불 지피기 방식의 봉사와 더불어 큰 활력을 주며 덕분에 성공한 기버는 실패한 기버보다 탈진할 위험에 덜 노출된다. 그렇다면 성공한 기버는 테이커나 매처와 어떻게 구별될까?

돈을 포기했더니 돈이 내게로 왔다

몇 년 전 네덜란드 심리학자들이 의료 전문가 수백 명을 대상으로 연구를 진행했다. 그들은 의료 전문가들이 환자에게 쏟는 시간과 에너지의 총량을 계산해보고 그것을 얼마나 소진했다고 느끼는지 물었다.[32] 그로부터 1년 후 심리학자들은 베푸는 정도와 에너지 소진 정도를 다시 측정했다. 그 결과 더 많이 베풀수록 에너지의 소진 정도가 확실히 더 심했다. 그중에서도 이기심 없이 베푸는 사람들, 즉 실패한 기버가 가장 심하게 에너지를 소진했다. 받는 것보다 훨씬 더 많이 주는 바람에 지쳐버린 것이다. 테이커나 매처는 그들보다 에너지를 훨씬 덜 소진했다.

묘하게도 이 네덜란드 심리학자들이 진행한 또 다른 연구에서는 에너지 소진에 면역이 된 의료 전문가도 있음이 드러났다. 그들은 엄청난 시간과 에너지를 환자에게 쏟아도 지치지 않았다. 회복력이 매우 뛰어난 이 의료 전문가들은 성공한 기버였다. 그들은 남을 돕는 걸 즐기고 때론 스스로를 희생하지만 필요할 때는 거리낌 없이 도움을 요청한다고 대답했다. 성공한 기버는 계속해서 기여할 에너지를 유지하지 못한 매처와 테이커보다 훨씬 더 낮은 에너지 소진율을 보였다. 이 연구는 누구도 예상치 못했던 한 가지 가능성을 시사한다. 매처와 테이커가 실패한 기버보다 에너지를 덜 소진할 수는 있지만, 회복력이 가장 뛰어난 사람은 성공한 기버라는 점이다.

노스웨스턴대학의 엘리자베스 실리(Elizabeth Seeley)와 웬디 가드너(Wendi Gardner)가 그 이유를 어느 정도 밝혀냈다.[33] 그들은 먼저 실험 참가자들에게 의지력을 떨어뜨리는 어려운 임무를 수행하게 했다. 예를 들어 몹시 배가 고픈데 맛있는 초콜릿 칩 쿠키가 담긴 접시를 앞에 두고 먹고 싶은 유혹과 싸워야 한다고 상상해보라. 실험 참가자들은 이런 일을 견디며 의지력을 다 써버린 다음 악력기를 가급적 오랫동안 세게 움켜쥐고 있어야 했다. 사람들은 평균 약 25초 동안 악력기를 놓지 않았다. 그런데 그들보다 40퍼센트 더 긴 약 35초 동안 악력기를 쥐고 있던 그룹이 있었다.

평균보다 더 높은 체력 점수를 기록한 참가자들은 질문지 작성에서 타인을 배려하는 성향을 보여 기버로 분류된 사람이었다. 그들은 언제나 남을 돕고자 자신의 이기적인 충동을 억눌러온 까닭에 정신적 근육이 단련돼 의지력을 떨어뜨리는 고통스러운 임무를 수행하고도 완전히 지치지 않았던 것이다. 기버는 자신의 생각, 감정, 행동을 통제함으로써 생기는 장점을 축적한다는 사실을 입증하는 여러 연구도 같은 결론을 지지한다.[34] 시간이 흐를수록 베풂은 마치 웨이트레이닝이 근육을 단련하는 것처럼 의지력을 강화한다. 물론 근육도 지나치게 혹사하면 피로가 쌓이고 때로는 찢어진다. 그것이 바로 이기심이 전혀 없는 실패한 기버에게 일어나는 일이다.

유타 주에 사는 일흔다섯 살의 한 노인은 성공한 기버의 회복력을 잘 알고 있다. 그는 존 헌츠먼 시니어로 회사의 연례보고서에 실린 자그마한 사진이 이 책 2장에 나오는 케네스 레이의 큼지막한 사진 옆에 나란히 실려 있다(그는 전 유타 주 주지사이자 2012년 공화당 대통령 후보이던 존 헌츠먼 주니어의 아버지이기도 하다). 그러면 1990년의 상황으로 돌아가 보자. 헌츠먼 시니어는 당시 한 화학 회사의 회장이자 CEO이던 찰스 밀러 스미스(Charles Miller Smith)와 인수 협상을 벌이는 중이었고, 협상 기간에 스미스의 아내가 세상을 떠났다. 스미스의 아픔을 함께 느낀 헌츠먼은 더는 그를 강하게 몰아붙이지 않기로 했다.

"협상이 막바지에 들어섰을 무렵 나는 그들이 제안한 선을 적정 수준으로 삼기로 했습니다. 좀 더 버티면 그 거래에서 2억 달러 정도를 더 얻어낼 수 있었겠지만, 그렇게 했다면 찰스의 마음에 상처가 남았을 겁니다. 당시에 도달한 합의점 정도로도 충분했습니다."

헌츠먼에게는 CEO 한 명의 마음을 보듬는 것에 2억 달러의 가치가 있었던 걸까? 믿거나 말거나 이는 헌츠먼이 협상 중에 기회를 걷

어찬 첫 번째 사례도 아니다. 그로부터 4년 전인 1986년 헌츠먼은 에머슨 캄펜(Emerson Kampen)이라는 CEO와 구두로 어떤 합의를 보았다. 그때 헌츠먼은 자기 회사 지분의 40퍼센트를 캄펜에게 5,400만 달러에 매각하기로 했다. 법정 유예 기간 때문에 그 합의는 6개월 동안 문서로 기록되지 않았고 그동안 헌츠먼 회사의 수익이 급증했다. 회사 지분 40퍼센트의 가치는 이제 2억 5,000만 달러에 달했다. 캄펜은 매처답게 5,400만 달러 대신 1억 5,200만 달러에 지분을 인수하겠다는 절충안을 제시했다. 헌츠먼의 입장에서는 처음의 합의점보다 거의 세 배에 가까운 액수였다. 그러나 헌츠먼은 그 제안을 거절했다. 5,400만 달러로 충분하다는 것이었다. 캄펜은 "그건 너무 불공평합니다"라며 어리둥절해했다.

헌츠먼은 약속을 지키는 것을 명예로운 행동이라고 믿었다. 변호사가 최초 매각 합의를 문서로 기록하지는 않았지만 이미 6개월 전에 구두로 합의하고 악수를 나누지 않았던가. 그는 5,400만 달러에 사인하고 9,800만 달러를 포기했다. 도대체 어떤 사업가가 이처럼 비이성적인 결정을 내리겠는가?

헌츠먼은 1970년 화학 회사를 설립해 현재 세계 최대 규모를 자랑하는 회사로 키웠다. 그는 '올해의 경영인'에 이름을 올리고 전 세계 여러 대학에서 명예 박사학위를 열두 개나 받았다. 또 그는 억만장자로 〈포브스〉가 집계한 세계 1,000대 부자 중 한 명이다.

협상 과정에서 그가 내린 선택에서 볼 수 있듯 헌츠먼은 기버로 사업에서만 그런 것도 아니다. 1985년 이후 박애주의에 몰두한 그는 전 세계에서 10억 달러 이상을 기부한 열아홉 명 중 하나다. 헌츠먼은 3억 5,000만 달러를 투자해 세계적으로 유명한 '헌츠먼 암 연구 센터'를 설립하고 미국의 지진 피해자들에게 엄청난 금액을 기부했다. 또한 교육을 지원하는 것은 물론 가정 폭력을 근절하고 노숙자에게 집을 제공하려 애쓴 공로로 주요 인도주의상을 여러 개 받았다.

물론 세상에는 상당한 금액을 기부하는 부자들이 꽤 많다. 그러나 헌츠먼은 남과 구별될 정도로 흔치 않은 강렬함을 보여주었다. 화학산업이 불공평하게 이용당하던 2001년 그는 상당 규모의 자산을 잃었다. 다른 사람들은 자산을 회복할 때까지 기부를 중단했지만 헌츠먼은 파격적인 결정을 내렸다. 그는 개인적으로 수백만 달러를 대출받아 이후 3년 동안 자신의 박애주의를 실천하는 데 전념했다.

헌츠먼은 막대한 부를 쌓은 다음 사회에 환원하는 사람들의 전형적인 예로 보인다. 그러나 그의 성공은 또 다른 방식으로 바라볼 필요가 있다. 그것은 헌츠먼이 실제로 보여준 삶과 과학적인 증거가 없다면 믿기 어려운 이야기다. 원인과 결과가 뒤바뀐 그 이야기를 보면 막대한 부가 그를 기버로 바꿔놓은 것이 아님을 알 수 있다.

헌츠먼은 자신이 기버가 됨으로써 '부자가 될 수 있었다'고 믿었다. 그는 자신의 기부 서약에 다음과 같이 기록했다.

"기억할 수 있는 가장 어린 시절부터 남을 돕는 것이 내 존재 이유라고 생각했다. 사회에 환원하고자 하는 내 열망은 경영학을 공부하고 그 지식을 토대로 컨테이너 회사를 설립해 성공으로 이끌게 했다. 나는 그 경험 덕분에 차별적인 우리의 화학 회사를 지금까지 성장시켜왔다."

헌츠먼은 1962년에 이미 아내에게 "개인 사업을 시작해 암 환자들의 삶을 변화시키고 싶다"고 말했다. 어쩌면 헌츠먼의 양친이 암으로 세상을 떠났고 그 자신도 세 차례나 암에 걸린 경험이 있기 때문인지도 모른다. 암을 정복하려는 열망은 헌츠먼의 세포 속에 깊이 각인되었다. 그는 정치적 이데올로기보다 그 꿈을 우선시했다. 오랫동안 공화당을 지지했고 닉슨 대통령 시절에는 백악관에서 일한 적도 있지만, 헌츠먼은 민주당 후보가 암 치료에 더 열정적으로 헌신하면 그쪽을 지지하는 것으로 유명하다.

그의 이타적인 성향 때문에 헌츠먼을 뛰어난 사업가로 여기지 않는 사람들도 더러 있지만 그는 '돈을 포기하는' 행동 덕분에 부자가 될 수 있었다고 했다. 헌츠먼은 자신의 저서 《정직한 리더의 성공철학(Winners Never Cheat)》[35]에서 이렇게 말했다.

"내 인생에서 금전적으로 가장 만족스러웠던 순간은 큰 거래를 성사시키고 흥분했을 때나 거기서 큰 수익을 올렸을 때가 아니다. 그런 순간은 도움을 필요로 하는 사람들을 도와줄 수 있을 때 찾아왔다. …… 내가 거래에 형편없는 사람이라는 사실에 반박하고 싶지는 않다. 나는 또 주는 데 중독된 사람이기도 하다. 하나를 더 주면 그만큼 행복해진다. 그리고 행복해질수록 베풀기는 더 쉬워진다."

베풀기가 더 쉬워진다는 것은 성공한 기버가 의지라는 근육을 단련한다는 생각의 또 다른 확장이다. 헌츠먼이 돈을 포기함으로써 돈을 벌었다는 것이 정말로 가능한 일일까? 이 주장을 입증하는 주목할 만한 증거가 있다.

돕는 사람의 희열

경제학자 아서 브룩스(Arthur Brooks)는 수입과 기부의 관계를 분석해보았다.[36] 그는 2000년 당시 미국인 3만여 명의 자료를 바탕으로 교육 수준, 나이, 인종, 종교, 정치적 신념, 결혼 여부 등 수입과 기부 사이에 영향을 미치는 것으로 보이는 모든 변수를 분석했다. 또한 자원봉사에 투자하는 시간도 집계했다. 예상대로 수입이 많은 사람이 더 많이 베풀었는데, 수입이 1달러 늘어날 때마다 기부 금액이 0.14달러씩 올라갔다.●

그보다 훨씬 더 흥미로운 현상은 추가로 1달러를 기부할 때마다 수입이 3.75달러 상승했다는 점이다. 실제로 기부는 사람들이 더 부자가 되게 해주는 듯하다. 예를 들어 당신과 내가 모두 1년에 6만 달러의 수입을 올린다고 해보자. 내가 올해 1,600달러를 기부하고 당신은 2,500달러를 기부한다면 수입에 어떤 변화가 있을까? 당신이 나보다 900달러나 더 포기했지만, 증거에 따르면 당신은 내년에 나보다 3,375달러를 더 번다. 놀랍게도 더 많이 기부하는 사람이 앞으로 더 많이 번다.

존 헌츠먼 시니어는 이 원리를 알고 있었을지도 모른다. 많은 연

● 여기서 한 가지 짚고 넘어가야 할 것이 있다. 소득 수준이 높을수록 총 기부 금액도 커지지만 수입 대 연간 기부 금액의 비율은 점점 낮아진다. 한 연구에 따르면[37] 사회 경제적인 지위를 단순히 가상으로 생각해보기만 해도 우리가 적정선이라고 여기는 기부 금액은 변할 수 있다. 사람들은 자신이 부의 사다리 중간쯤에 있다고 생각하면 연간 수입의 4.65퍼센트 정도를 기부할 책임을 느낀다. 그러나 자신이 사다리 꼭대기 근처에 있다고 상상하면 연간 수입의 2.9퍼센트만 기부할 책임을 느낀다. 실제로도 비슷한 양상이 나타난다. 연간 수입이 2만 5,000달러 미만인 미국인은 수입의 4.2퍼센트를 기부한다. 연간 소득이 10만 달러 이상인 사람은 2.7퍼센트밖에 기부하지 않는다.

구가 베푸는 행동은 행복과 삶의 의미를 향상시키고 더 열심히 일하도록 동기를 유발해 돈을 더 벌게 해준다는 사실을 입증한다. 헌츠먼 같이 어마어마한 규모는 아니더라도 말이다. 심리학자 엘리자베스 던(Elizabeth Dunn)과 라라 애크닌(Lara Aknin) 그리고 마이클 노턴(Michael Norton)이 함께 수행한 연구[38]에서 실험 참가자들은 아침에 자신이 느끼는 행복에 점수를 매겼다. 그런 다음 뜻밖에도 20달러가 든 봉투를 받았다. 그런데 그들은 오후 다섯 시까지 그 돈을 써야 한다. 이후 다시 행복 점수를 매겼을 때 그 돈을 자신을 위해 쓴 사람과 남을 위해 쓴 사람 중 누가 더 행복하다고 느꼈을까?

대개는 자신을 위해 쓴 사람이 더 행복하리라고 생각하지만 사실은 그 반대다. 만약 당신이 그 돈을 당신을 위해 쓴다면 행복감은 변치 않을 것이다. 실험에서 다른 사람을 위해 돈을 쓴 사람은 자신이 많이 행복해졌다고 대답했다. 이것이 성공한 기버의 베풂이다. 경제학자들은 이 현상을 '베풂의 따뜻한 빛'[39]이라 부르고, 심리학자들은 '돕는 사람의 희열'이라고 칭한다. 신경과학 분야에서 최근에 발견한 바에 따르면 베풂은 보상과 의미를 느끼는 뇌의 중추를 실제로 활성화한다.[40] 우리가 남을 이롭게 하는 행동을 하면 뇌가 삶의 목적과 기쁨을 느끼게 해주는 것이다.

돈을 줄 때만 그런 혜택이 생기는 것은 아니다. 시간을 투자할 때도 같은 현상이 나타난다. 스물네 살 이상의 미국인 2,800여 명을 대상으로 한 연구[41]에서 자원봉사는 1년 후 그들이 느끼는 행복과 삶의 만족도, 자신감, 우울증 정도를 예측하는 훌륭한 지표임이 밝혀졌다. 자원봉사를 하는 예순다섯 살 이상의 성인은 이후 8년간 우울증에 걸릴 가능성이 더 작았다.[42] 자원봉사를 하거나 다른 사람을 돕는 사람이 실제로 더 오래 산다는 연구 결과[43]도 있다. 건강 상태와 다른 사람의 도움을 받는 정도 등 여러 가지 변수를 고려해도 결과는 변치 않았다.

성인이 아기를 안마해주거나 반대로 안마를 받게 하는 실험[44]도 있었다. 그 결과를 보면 안마를 해준 사람이 안마를 받은 사람보다 더 코르티솔과 에피네프린 같은 스트레스 호르몬 수치가 낮아졌다. 베풂은 삶에 의미를 더해주고 골칫거리를 피하게 해주며 자신이 더 가치 있는 사람으로 여기도록 도와준다. 로이 바우마이스터(Roy Baumeister), 캐슬린 보(Kathleen Vohs), 제니퍼 아커(Jennifer Aaker) 그리고 에밀리 가빈스키(Emily Garbinsky)가 미국인을 대상으로 연구한 결과처럼 "삶의 중요한 의미는 테이커보다 기버와 밀접하게 관련되어 있다."

베풂에 따르는 행복이 사람들을 더 열심히, 오랫동안, 솜씨 있게, 더 효율적으로 일하게 해준다는 증거는 아주 많다. 행복은 사람들이 오랜 시간 열심히 즐겁게 노력하도록 해주고 더 어려운 목표를 세우고도 문제 앞에서 빠르고 유연하며 폭넓게 생각하도록 이끈다.[45] 심지어 사탕 하나를 선물받고 평소보다 더 행복을 느끼는 의료진이 더 빠르고 정확하게 진단한다는 연구 결과[46]도 있다. 평균적으로 볼 때 더 행복한 사람이 돈을 더 많이 벌고 더 높은 실적을 올린다. 또한 더 나은 결정을 내리고 협상을 더 좋게 이끌어내며 소속된 조직에 더 많이 공헌한다. 행복도 하나가 직원들 사이의 업무 실적에 10퍼센트의 차이를 낸다.

존 헌츠먼 시니어는 베풂에서 행복을 느낌으로써 더 열심히 솜씨 좋게 일할 동기를 부여받아 막대한 부를 쌓았다. 베풂을 에너지의 근원으로 삼은 경영인은 헌츠먼 외에도 꽤 많다. 가령 버진 그룹 회장 리처드 브랜슨(Richard Branson)[47]은 2003년 분쟁을 해결하고 평화를 증진하고자 디 엘더스(The Elders)라는 위원회를 설립했다. 또한 그는 수단, 키프로스, 케냐 등지에서 사람들이 겪는 고통을 완화해주기 위해 넬슨 만델라, 지미 카터, 코피 아난(Kofi Annan), 데스몬드 투투(Desmond Tutu), 그밖에 여러 유력인사와 힘을 모았다. 2004년에는 비영리 자선재단 버진 유나이트(Virgin Unite)를 발족했는데, 이 재단은 인력 및 자금을 동원해 에이즈나 말라리아 같은 질병과 싸우고 평화와 정의를 실현하고자 애쓴다. 더불어 기후 변화를 막고 소액 대출과 일자리를 제공해 개발도상국 사업가들을 돕는 등 다양한 활동을 벌인다. 2006년 브랜슨은 지구 온난화 문제 해결을 위해 앞으로 10년 동안 버진 항공과 철도 사업에서 얻는 수익 30억 달러를 기부하겠다고 서약했다. 2007년에는 기후 변화에 대처하는 혁신에 상금 2,500만 달러를 제공했다.

이 일련의 행동은 혹시 중년의 위기에서 비롯된 것일까? 사실 브랜슨은 부와 명예를 얻기 훨씬 이전부터 베풀어왔다. 그는 버진 레코드를 창업하기 5년 전이자, 〈학생(Student)〉을 창간한 바로 다음 해인 열일곱 살 때 처음으로 자선활동을 시작했다. 학생 상담 센터(Student Advisory Centre)라는 비영리 조직을 설립해 위험에 노출된 청소년들을 힘닿는 데까지 도와준 것이다. 그는 원치 않은 임신에서부터 성병에 이르기까지 청소년이 자주 마주치는 문제 목록을 작성해 무료 또는 할인 가격으로 치료해달라고 의사들을 설득했다. 그뿐 아니라 자살 충동을 느끼는 사람들을 진정시키느라 새벽 세 시까지 전화기를 붙잡고 많은 밤을 보냈다. 브랜슨은 지난날을 돌이켜보며 자신이 "돈을 벌려고 한 이유는 잡지〈학생〉이 계속해서 성공을 거둬 학생 상담 센터를 지속적으로 운영하기 위해서였다"고 말했다. 베풂은 지금도 그의 동력원이다. 브랜슨은 다음과 같이 기록했다.

"매일 아침 우리 행성, 우리의 미래를 지키기 위해 세상을 변화시킬 생각으로 눈을 뜬다. 그것이 나를 성공으로 이끌었을까? 어쨌든 내가 그 덕분에 행복해진 것만은 분명하다."

브랜슨의 사례는 성공한 기버가 왜 에너지 소진에 강한지 설명해준다. 그들은 베풂으로써 테이커와 매처가 쉽게 다가서지 못하는 행복과 삶의 의미를 비축한다. 물론 실패한 기버는 그 비축량을 모두 소모해 탈진하고, 때론 성공 사다리의 밑바닥으로 추락하기도 한다. 에너지 소진보다 힘을 얻는 방식으로 베푸는 기버가 성공 사다리의 꼭대기에 오를 가능성이 더 크다. 심리학자 데이비드 메이어(David Mayer)와 나는 다양한 직종과 조직의 구성원을 조사한 두 건의 연구[48]에서 성공한 기버가 실패한 기버, 테이커, 매처보다 조직에 더 지속적으로 기여한다는 사실을 확인했다. 타인을 이롭게 하고 자신의 긍정적 이미지 형성에 관심이 많은 직원이 감독관으로부터 회사에 가장 도움을 주고 진취적인 직원이라는 평가를 받았다.

아이러니하게도 자신의 이익에 대한 관심 덕분에 에너지를 유지하는 성공한 기버가 실패한 기버보다 더 많이 베푼다. 이것이 이 장 맨 처음에 인용한 노벨 경제학상 수상자 고(故) 허버트 사이먼의 말에 담긴 의미다. 성공한 기버는 실패한 기버보다 덜 이타적인 것처럼 보일지도 모르지만, 그들은 소진한 에너지를 회복하는 능력 덕분에 세상에 더 많이 공헌한다.

7장

호구 탈피
관대하게 행동하면서도 만만한 사람이 되지 않는 법

"선행엔
　대가가
　따른다."

클레어 부스 루스(Clare Boothe Luce)
편집자이자 극작가이자 미국의 여성 하원의원

기버를 괴롭히는 3가지 함정

하버드대학을 졸업하고 유력한 컨설팅 회사에 스카우트된 릴리안 바워(Lillian Bauer)는 매니저로 일하다가 MBA 과정을 밟기 위해 회사를 떠났다.[1] 그녀가 똑똑하고 성실하게 일했음을 기억한 회사는 그녀가 MBA를 마치자 다시 그녀를 데려왔다. 바워는 떠오르는 샛별로 유명했고 탄탄대로를 달려 예정보다 훨씬 일찍 막 임원이 되려던 참이었다. 임원이 되기엔 바워가 사람이 너무 좋다는 말이 퍼지기 전까지는 그랬다. 임원 승진은 6개월간 보류되었고 바워에게는 동료나 고객과 빈번하게 대화하는 걸 삼갈 필요가 있다는 말이 전해졌다. 1년이 지났지만 그녀는 여전히 임원이 되지 못했다.

바워는 세상을 변화시키고자 하는 열정을 품은 사람이다. 그녀는 몇 년 동안 여성이 자기 사업을 시작하고 잘 이끌어가도록 돕는 비영리단체에서 헌신적으로 일했다. 특히 그곳에 소액 대출 프로그램을 도입해 소득이 적은 여성도 자기 사업을 시작할 수 있도록 해주었다. 한번은 미용실을 차리려고 대출을 받으려 했지만 은행 두 군데서 거절당한 여성이 찾아왔다. 바워는 재무제표와 사업계획을 꼼꼼하게 작성하도록 그녀를 도왔고 대출에 몹시 까다롭게 굴던 두 은행은 결국 융자를 해주었다. 바워는 컨설턴트로서 수많은 시간을 신입사원을 이끌어주는 데 투자하는 한편 일에 대한 조언을 해주었다. 경영대학에 입학하고자 하는 부하직원들을 도와주기도 했다.

"정말로 남을 돕고 싶어요. 내가 한 시간을 투자해서 다른 사람이 열 시간을 아낄 수 있거나, 그들이 본래 얻기 힘들었던 기회를 얻을 수 있다면 얼마든지 내 시간을 내줄 수 있어요."

바워는 재능이 매우 뛰어나고 의욕이 넘치는 사람이었지만 지나친 베풂이 오히려 평판과 생산성을 깎아 먹었다. 회사 동료 한 사람은 그녀를 이렇게 평가했다.

"그녀는 어떤 일에서든 결코 '노(No)'라고 말하는 법이 없어요. 사람이 너무 좋아서 자기 시간을 허비하고 남들에게 점점 만만한 사람으로 보이는 함정에 빠졌죠. 그게 바로 승진이 연기된 이유입니다."

업무 평가에서도 바워는 좀 더 이기적일 필요가 있다는 말을 들었다. 그녀에게는 컨설팅 회사 임원에게 필요한 확신에 찬 날카로움이 부족했다. 대신 주변 사람들의 성장을 위해 지나치게 많은 시간을 투자했고 고객의 욕구를 충족시키는 데 너무 헌신적이었다. 바워는 고객에게 듣기 싫은 소리를 해야 할 때나 고객이 안건을 잘못된 방향으로 몰고 가려고 고집하는 중요한 순간에도 고객을 강력하게 밀어붙이지 않는 것으로 유명했다. 사람들은 그녀가 임원이라는 장벽을 넘기엔 다소 부족하다고 느꼈다. 바워의 이타적인 기질은 그녀의 직업적인 성공을 가로막는 요인이었다.

경영학과 교수 다이앤 버저론(Diane Bergeron), 애비 십(Abbie Shipp), 벤 로즌(Ben Rosen), 스테이시 퓌르스트(Stacie Furst)는 대형 컨설팅 회사에서 일하는 컨설턴트 3,600명 이상을 조사해 바워의 사례를 반영하는 연구[2]를 진행했다. 연구진은 회사 기록을 참고해 매주 신입사원을 돕는 시간, 부하직원에게 조언해주는 정도, 동료들과 정보나 전문지식을 나누는 정도 등을 베풂의 기준으로 삼았다. 그리고 매주 얼마나 베푸는 행동을 하는지 1년 동안 추적한 다음 컨설턴트 각자의 연봉과 발전 속도, 승진 여부를 조사했다.

그 결과 세 가지 면에서 기버가 가장 뒤떨어졌다. 그들은 연봉 상승폭이 상당히 낮았고 발전 속도가 더뎠으며 승진율도 더 낮았다. 테이커와 매처의 연봉 상승폭이 각각 10.5퍼센트와 11.5퍼센트인데 반해 기버는 9퍼센트에 불과했다. 기버 중 관리자로 승진한 사람은 65퍼센트에도 미치지 못했고 테이커(83퍼센트)와 매처(82퍼센트)보다 뒤처졌다. 승진에 걸리는 시간도 테이커와 매처는 24개월도 걸리지 않았지만 기버는 26개월이나 걸렸다. 이것은 바워에게 나타난 패턴과 유사하다.

"내게 잘못이 있다면 나보다 남을 먼저 생각하면서 너무 관대하게 행동했다는 거겠죠."

뉴욕 시에 있는 딜로이트 컨설팅에서 일하는 제이슨 겔러(Jason Geller)도 임원에 오르는 탄탄대로를 달리고 있었다. 그가 처음 컨설팅 일을 시작할 무렵, 딜로이트는 이제 막 업무에 이메일을 도입하고 지식경영 과정에 엄밀한 형식을 갖추려 애쓰고 있었다. 아직 정보 저장과 검색 체계가 잡혀 있지 않아 컨설턴트들은 특정 산업 및 고객의 자료를 직접 수집해야 했다.

겔러는 정보를 수집하고 공유하는 계획에 착수했다. 만약 어떤 프로젝트를 진행한다는 말을 들으면 실행팀에게 그 결과를 알려달라고 부탁했다. 심지어 그는 침대 옆 탁자 위에 서류를 잔뜩 쌓아놓고 잠자리에서 읽기도 했다. 그러다가 흥미로운 내용을 발견하면 따로 분류해 정리했다. 딜로이트 경쟁사들이 일을 어떻게 진행하는지도 연구했다.

"약간 괴짜처럼 보이는 일이었지요."[3]

얼마 지나지 않아 제이슨 겔러의 두뇌이자 하드디스크가 곧 딜로이트의 지식경영 시스템이 되었다. 동료들은 그것을 J-Net, 즉 제이슨 네트워크라고 불렀다. 질문이 있거나 정보가 필요한 사람은 누구든 그를 찾아왔다. 정보를 직접 찾는 것보다 그에게 물어보는 편이 훨씬 쉬웠기 때문이다. 그는 언제나 머릿속의 지식과 점점 방대해지는 데이터베이스 정보를 기꺼이 공유했다. 물론 누구도 J-Net을 만들라고 요구하지 않았다. 다만 그가 그렇게 하는 것이 옳다고 생각했을 뿐이다.

코넬대학을 졸업한 겔러는 컬럼비아대학에서 MBA 과정을 밟으며 줄곧 딜로이트에서만 일했다. 그러는 동안 그는 멘토들의 도움을 항상 감사하게 여겼다. 만약 그가 매처였다면 자신을 도와준 멘토들에게 이익이 될 만한 방법을 찾아 받은 것을 되돌려주었을 것이다. 그러나 릴리안 바워와 마찬가지로 기버인 겔러는 받은 것을 더 멀리 전하고자 했다.

"그건 그저 내가 할 일을 하는 것뿐입니다. 성공한 사람들은 다들 남을 도와주잖아요. 나는 내가 할 일이라고 생각해서 남을 도운 겁니다. 나는 다른 사람이 나에게 기회를 창출해주었다는 걸 잘 압니다. 그래서 이번에는 내가 다른 사람에게 그런 기회를 창출해주려고 한 것입니다."

겔러는 신입사원이 들어올 때마다 가능한 모든 방법을 동원해 그들을 돕고 조언을 아끼지 않았다. 딜로이트에서 임원이 되려면 보통 12년에서 15년 정도가 걸리지만 겔러는 그보다 빠른 9년 만에 임원이 되었다. 서른 살에 딜로이트 역대 최연소 임원이 된 겔러는 현재 인적자본 컨설팅 업무 담당 임원으로, 그가 미국 및 전 세계에서 이끄는 사업 분야는 업계 1위를 달리고 있다. 그런데 한 동료는 그가 동료들에게 자주 스포트라이트를 양보한다고 했다. 겔러는 딜로이트의 미국 및 전 세계 인적자원 변환(HR transformation) 업무의 책임자로서, J-Net을 새로운 수준으로 끌어올려 딜로이트의 공식 지식경영 기술 및 과정으로 만들었다. 한 분석가는 존경과 경탄이 뒤섞인 표정으로 "그는 믿을 수 없을 정도로 바쁜데도 분석가들과 정기적으로 만나 당면 문제를 해결하도록 도와준다"고 말했다. 그러나 겔러는 자신의 성취를 인정하기를 주저했다. 몇 번이나 계속해서 묻자 그제야 '관대하게 행동한 것이 딜로이트에서 성공한 비결'이라고 인정했다.

릴리안 바워와 제이슨 겔러는 둘 다 기버지만 서로 완전히 다른 길을 걸었다. 기질이 같은데 왜 바워는 성공하지 못하고 겔러는 성공가도를 달린 것일까?

언뜻 성별 차이를 떠올릴 수도 있지만 최소한 전통적인 의미에서는 그것이 핵심적인 차이가 될 수 없다. 릴리안 바워는 남녀를 불문하고 흔히 기버를 괴롭히는 세 가지 중요한 함정에 빠졌다. 그녀는 사람을 너무 신뢰했고 과도하게 공감했으며 지나치게 소심했다.

이 장에서는 제이슨 겔러 같이 성공한 기버가 어떻게 그런 위험을 피하는지, 그리고 릴리안 바워 같은 기버가 이기심이 전혀 없는 행동을 버림으로써 그것을 어떻게 극복해 나가는지 알아보려 한다.

만만한 호구로 전락하는 것은 기버에게 닥칠 수 있는 가장 끔찍한 악몽이다. 이제 여기에서 기버가 타인과 자신을 모두 돕는 성공한 기버의 접근 방식을 선택하면, 남을 지나치게 믿는 함정에 빠지지 않을 수 있다는 증거를 제시하겠다. 또한 그것이 기버에게 익숙한 몇몇 접근 방식을 재구성해, 타인에게 과도하게 공감하거나 지나치게 소심해지는 지뢰를 밟지 않게 해준다는 사실도 입증할 것이다.

상냥한 악마와 무뚝뚝한 천사

우리는 1장에서 고철상 노동자를 만나러 직접 차를 몰고 갔다가 전혀 기대하지 않던 엄청난 보상을 받은 투자자문가 피터 오데를 만나보았다. 피터도 성공한 기버로 행동하는 법을 배우기 전이던 과거에는 테이커에게 몇 번 이용당했다. 그는 스물두 살 때 극악무도한 회사에서 투자자문가 일을 시작했다. 당시 그는 은퇴한 고객을 주요 타깃으로 하는 보험 영업 분야에서 열심히 일했다. 주말까지 일한 덕분에 연간 여섯 자리 숫자의 실적을 올렸지만 그에게는 고작 최저임금인 주급 400달러밖에 주어지지 않았다. 그 회사에서 일하던 3년 가까운 시간이 그의 인생에서 가장 힘든 시기였다.

"그 사장은 몹시 탐욕스러운 사람이었습니다. 직원들의 공로를 전혀 인정하지 않고 얼마나 더 뽑아낼 수 있는가만 생각했어요."[4]

언젠가 한 고객이 피터의 서비스에 감사하며 아름다운 크리스마스 바구니를 보내자, 사장이 "내가 사장이니까 이건 내 거야"라며 가져간 적도 있었다. 피터는 물에 빠져 죽어가는 듯한 기분이었다. 결국 그는 독립해서 혼자 투자자문가로 일하기로 했다. 혼자 일한 첫해에 그의 수입은 네 배로 뛰었지만, 그로부터 5년 후 또 다른 테이커에게 이용당했다. 브래드는 친절하긴 해도 일솜씨는 썩 좋지 못한 친구였다. 어느 날 브래드는 다음 주부터 다른 일을 시작할 거라며 피터에게 자신의 고객을 인수해달라고 부탁했다. 그러면서 자신이 마음 놓고 떠날 수 있도록 이틀 동안 피터가 고객을 어떻게 대하는지 지켜보게 해달라고 했다. 피터는 기쁘다며 브래드를 믿고 그렇게 해주었다. 그는 브래드의 고객을 인수해 재정적인 문제를 해결하도록 도와주며 그들과의 관계를 구축했다.

그런데 몇 년이 지나자 피터는 고객을 서서히 잃기 시작했다. 이상하게도 예전에 브래드의 고객이던 사람들이 하나둘 떨어져 나갔다. 얼마 지나지 않아 피터는 브래드가 다시 투자자문가 일을 시작했다는 사실을 알았다. 브래드는 피터에게 넘겼던 고객에게 일일이 전화를 걸어 그저 자신이 다시 이 업계로 돌아왔다는 사실을 알려주고 싶었을 뿐이라고 말했다. 고객들은 다시 그에게 자기 일을 맡겼다. 브래드는 피터에게 한 푼도 주지 않고 수많은 고객을 훔쳐간 것이다. 피터는 거의 1만 달러 가까이 손해를 보았다.

피터가 처음부터 브래드의 이기적인 성향을 알아봤다면 그런 일을 겪지는 않았을 터다. 이런 이유로 기버는 남에게 호구로 비춰진다. 기버는 남의 장점만 보려는 경향이 강해 모든 사람을 믿을 만한 사람으로 여기는 실수를 저지른다.

한 연구진[5]이 신원 도용이나 신용 사기를 비롯한 각종 사기 피해를 본 적 있는 미국인을 분석했는데, 피해자 중에는 테이커보다 기버가 두 배나 많았다. 그중 상당수가 테이커를 믿은 결과로 빚어진 직접적인 결과였다. 친구의 자동차 대출에 연대보증을 서줄 만큼 마음이 좋은 한 기버는 친구에게 신분을 도용당했다. 그 친구는 기버 몰래 신용카드 세 개를 만들었고 5년에 걸쳐 2,000달러를 훔쳐갔다.

사기와 착취를 피하려면 테이커와 사기꾼을 기버와 구별하는 것이 대단히 중요하다. 기버는 누가 자신을 조종할 가능성이 큰지 알아야 자기 방어에 성공할 수 있다. 우리는 실제로 테이커를 알아볼 수 있을까? 기버와 테이커를 금방 알아볼 수 있다고 생각하는 사람이 많지만, 현실적으로 그런 판단은 부정확한 경우가 많다. 그렇다고 세세한 부분까지 잘못 판단한다는 뜻은 아니다. 말콤 글래드웰이 《블링크(Blink)》[6]에서 지적하듯, 사람들이 내리는 순간적인 판단은 많은 경우 깜짝 놀랄 정도로 정확하다. 가끔은 누가 열정적인 교사인지, 외향적인 세일즈맨인지, 어떤 부부가 사이가 좋지 않은지 한눈에 알아본다. 그렇지만 누가 기버인지 알아내는 것은 쉽지 않다.

한 연구[7]에서 경제학자들이 하버드대학 학생들에게 가까운 친구와 낯선 사람의 이타적인 행동 및 이기적인 행동을 예측하게 했다. 먼저 친구와 낯선 사람들은 각각 10센트에서 30센트의 가치가 있는 토큰 쉰 개를 받았다. 그들은 그것을 자기들끼리 그리고 하버드대학 학생들과 함께 나눠가져야 했다. 하버드대학 학생들은 친구든 낯선 사람이든 그들이 얼마를 줄지 예측할 때 그 정확성에 별다른 차이가 없었다. 연구진에 따르면 "그들은 친구가 낯선 사람보다 더 많이 줄 거라는 점은 제대로 예측했지만, 마음 좋은 친구가 이기적인 친구에 비해 더 많이 줄 거라고는 예측하지 못했다." 이것은 심각한 실수다. 이타적인 친구가 이기적인 친구보다 결국 더 큰 도움을 줄 것이기 때문이다.

상대의 호혜 방식이 보내는 신호를 0에 맞추려고 노력하면 다른 잡음을 없애기가 한결 쉽다. 우리는 기버를 가려낼 때 대부분 성격적 단서에 의존하지만, 그런 단서는 우리를 잘못된 결론으로 이끌기도 한다. 심리학자들은 반세기에 걸친 연구[8]를 통해 사람들이 사회적 관계에서 어떻게 행동하는지 구별하는 데 결정적 역할을 하는 성격적 특징이 있음을 발견했다. 그것은 '상냥함'이라는 특징으로 이것이 피터 오데가 브래드에게 농락당한 이유다.

브래드처럼 상냥한 사람은 대개 협동적이고 예의 바르게 보인다. 그들은 타인과 조화를 이루려는 생각으로 따뜻하고 친절하며 반가운 표정으로 다가온다. 반면 상냥하지 않은 사람은 경쟁적이고 비판적이며 강인한 경향이 있다. 그들은 다툼을 좋아하고 신랄하며 도전적으로 보인다.●

● 최근 연구에 따르면 이러한 성향은 생물학적 요인에 큰 영향을 받는다. 심리학자들은 조사를 통해 상냥한 사람과 그렇지 않은 사람들로 나타난 실험 참가자들의 뇌를 MRI로 촬영했다.[9] 그러자 상냥한 사람들은 사고, 느낌, 자극을 관장하는 후측 대상피질 같은 부위가 더 컸다. 행동유전학자들에 따르면[10] 상냥함의 3분의 1 이상, 어쩌면 반 이상이 유전된다고 한다. 상냥한 성격인지 아닌지는 이미 어느 정도 생물학적으로 결정이 나 있다.

행동이라는 껍데기

우리는 전형적으로 상냥한 사람을 기버로, 무뚝뚝한 사람을 테이커로 본다. 처음 만난 사람이 상냥하게 다가오면 자연스럽게 그가 좋은 의도를 지녔다고 생각한다. 반면 상대가 차갑고 무뚝뚝한 표정으로 다가오면 그가 우리의 이익에 전혀 관심이 없다고 본다.● 하지만 그런 판단을 내릴 때, 우리는 흔히 행동이라는 껍데기에 많은 주의를 빼앗겨 껍질 속에 든 살과 진주를 간과해버린다. 베풀고 취하는 행동은 우리의 동기와 가치에 바탕을 두며, 이는 자기 성격이 상냥한지 무뚝뚝한지와 상관없이 내리는 선택이다. 1장에서 처음에 데이비드 호닉의 계약서에 사인하지 않은 창업자 대니 셰이더는 다음과 같이 설명한다.

"친절한지 아닌지는 자기중심적인지, 타인중심적인지와는 다른 문제입니다. 정반대라는 뜻이 아니라 별개 문제라는 말입니다."

겉으로 드러나는 모습과 내면의 의도를 짝지어볼 때, 상냥한 기버와 무뚝뚝한 테이커는 이 세상에 존재하는 네 가지 조합 중 단 두 가지일 뿐이다. 우리는 종종 무뚝뚝한 기버가 있다는 사실을 간과한다. 그들은 겉으로는 거칠고 강인하게 행동하지만 시간과 전문적인 능

● 처음에는 심리학자들도 이타적인 성격을 넓은 의미의 상냥함으로 바라보는 똑같은 실수를 저질렀다. 최근에 이뤄진 연구에서 다음의 세 가지 사실이 드러났다. (a) 동정심과 정중함은 상냥함의 두 가지 다른 양상이다. (b) 동정심의 정도는 상냥함보다 정직이나 겸손과 더 깊이 연관되어 있다. (c) 상냥함은 이타적인 가치와 구별되는 성격이다.[11] 나는 이 책 전체에서 기버, 테이커, 매처의 행동을 알아내기 위해 명쾌하게 고안한 연구에 일차적인 초점을 맞추려고 노력했다. 어떤 관점에서는 '나는 남을 돕기를 좋아한다' 같이 베풂을 직접 언급한 문장으로 기버를 가려내는 상냥함 연구들을 이용해왔다고 볼 수도 있다.

력, 인간관계를 동원해 결국 남을 이롭게 한다. 셰이더는 한 가지 사례로 네스케이프에서 마케팅을 담당했고 지금은 고인이 된 마이크 호머[12]를 얘기한다.

"그는 겉보기엔 끔찍하게 신경질적인 사람이었지만 내면은 순금과도 같았습니다. 결정적인 순간에는 언제나 옳은 일을 했죠. 그는 놀랍도록 고귀한 사람이었습니다."

호머를 신뢰했고 현재 한 자기자본 회사에서 관리감독을 맡고 있는 그렉 샌즈도 그 말에 동의한다.

"당신은 기본적으로 사람들이 기버냐 테이커냐를 판단하는 데 관심을 두지만, 그 방식은 핵심에서 다소 벗어나 있습니다. 그들이 친절하게 혹은 따뜻하게 행동하는지가 그토록 중요한 걸까요? 호머는 매우 냉철한 사람이었습니다. 한 번 움직이면 앞길을 가로막는 것은 가차 없이 쓸어버렸죠. 동시에 그는 마음이 매우 넓은 사람이었습니다. 남들에게 도움을 주고자 했죠. 그는 보통 이상으로 무뚝뚝했고 또 보통 이상으로 베푸는 사람이었습니다."[13]

호머의 부하직원이던 또 다른 사람은 이렇게 말했다.

"호머는 일할 때는 엄청나게 많은 걸 요구하고 기대했기 때문에 테이커처럼 보였습니다. 그러나 하루 일과가 끝나면 진심으로 사람들에게 신경을 써주었죠. 언젠가 내가 그의 기대에 미치지 못해 몹시 힘든 하루를 보낸 적이 있습니다. 그런데 그는 나중에 내가 어떤 일을 해야 하는지 이해하도록 도와주었습니다. 그게 바로 내 다음 직업이 되었지요."

사기꾼은 아니지만 상냥한 테이커는 직관적으로 볼 때 또 하나의 낯선 조합이다. 이들은 엔론 사의 케네스 레이처럼 매력적으로 보이고 기분 좋게 다가온다. 그러나 그들은 보통 자신이 주는 것보다 더 많은 것을 가져갈 목적을 품고 있다. 기버가 이들에게 이용당하지 않으려면 상냥한 테이커를 사기꾼으로 인식할 줄 알아야 한다.

기버가 항상 자기 능력을 잘 활용하는 것은 아니지만 이들은 진실성 판단에서 본능적으로 더 뛰어나다. 일반적으로 기버가 테이커와 매처보다 타인을 더 정확히 판단한다는 연구 결과[14]도 있다. 기버는 타인의 행동에 더 주의를 기울이고 상대의 생각 혹은 느낌에 더 적절히 대응한다. 가령 이들은 타인이 성공을 묘사할 때 '우리' 대신 '나'라는 표현을 더 자주 사용한다는 단서를 알아챈다. 또 습관적으로 상대를 신뢰한다는 점은 진실성 판단에서 장점으로 작용한다. 타인이 그의 능력으로 할 수 있는 행동을 광범위하게 바라보기 때문이다.

물론 기버는 간혹 테이커 때문에 속을 끓인다. 어떤 경우에는 준 만큼 되돌려 받았거나 오히려 더 많이 받았다고 느낀다. 이때 기버는 시간이 흐를수록 개인 간의 차이에 민감해지고,[15] 상냥함과 무뚝뚝함이라는 흑백상자는 회색이 되어버린다.

기버는 겉으로 드러난 행동과 동기 사이의 차이를 알아보는 이 세밀한 능력을 적절히 사용하지 못했을 때 호구로 전락한다. 먼저 베풀고 나중에 질문하는 성향은 진실성을 판단하는 능력을 가리기 쉽상이다. 컨설턴트로 일하는 릴리안 바워에게는 어떤 사람이든 자신에게 부탁하기만 하면 들어주기 위해 일정을 비워두는 습관이 있다. 고객이 추가적인 분석을 요청하면 엄밀히 볼 때 관련 프로젝트가 아님에도 그 일을 해준다. 부하직원이 조언을 구할 경우 즉시 일정표를 꺼내 자기 시간을 내주면서까지 응한다.

제이슨 겔러는 딜로이트에서 진실성 판단 과정과 거의 유사한 접근 방식을 택했다. 겔러도 신입사원을 모두 돕지만 그들과 처음 대화할 때 누가 기버이고 테이커인지 유심히 살펴본다.

"전 세계에서 일하는 한 명 한 명을 미리 만나 함께 시간을 보내볼 수는 없습니다. 그래서 누가 진실하고 또 누가 그렇지 않은지 알아보려 애를 씁니다. 어떤 친구는 타인을 알아가려는 대화에서 대뜸 '컨설턴트로서 높은 지위에 오르고 싶습니다. 제가 무엇을 하면 좋을까요?'라고 묻습니다."

겔러는 그런 사람들이 테이커라고 가정한다.

"그들은 30분짜리 회의에서 자기가 요즘 어떤 일을 하고 있는지 말하는 데 초점을 맞춥니다. 내가 자기를 기억하기를 원하거든요. 그들은 결코 통찰력 있는 질문을 던지지 않습니다. 대단히 피상적이죠. 그런 까닭에 그들을 정말로 도와줄 수 있을 정도로 깊이 있는 대화를 나누지 못합니다."

거듭해서 자신의 이익을 희생하던 릴리안 바워도 점차 어떤 사람은 테이커처럼 행동한다는 사실을 깨닫기 시작했다.

"그들은 너무 자기중심적이라 얻을 수 있는 것만 다 얻으면 떠나버려요. 그래서 나도 좀 더 체계적으로 남을 돕기 시작했어요."

그녀는 도움을 청하는 사람을 유심히 살펴보며 그들이 자신을 어떻게 대하는지 주의를 기울이기 시작했다. 그렇게 시간이 조금 흐른 뒤 그녀는 부탁을 거절할 이유 목록을 만들었다. 나아가 베풀기를 계속하되 훨씬 더 효과적인 방식을 도입하기 위해 '관리자와 준임원을 위한 조언 안내서'를 집필했다. 덕분에 테이커에게 같은 말을 반복할 필요가 없어졌다.

"그게 훨씬 더 전략적인 방법이라는 것을 알았죠."●

기버는 일단 진실성 판단 능력을 통해 잠재적 테이커를 가려내기 시작하면 언제 방어 자세를 취해야 하는지 깨닫는다. 때론 테이커를 굳게 믿어 너무 늦게 알아차릴 수도 있다. 기버가 이미 테이커의 이익을 깊이 고려하는 함정에 빠졌다면 어떻게 호구 신세를 면할 수 있을까?

느낌이 아닌 생각에 감정이입하라

브래드에게 고객과 돈을 빼앗기고 몇 년이 지난 뒤, 피터 오데는 리치라는 사람과 동업을 시작했다. 처음 사업을 시작할 때 리치는 무척 상냥했다. 그는 열정적이고 친절했지만 한 동료는 그를 이렇게 생각한다.

"리치는 지원을 아끼지 않는 것처럼 행동하기 때문에 겉으로는 기버처럼 보이지만 사실 그는 테이커입니다. 피터가 기버지요. 리치는 피터의 모든 것을 빨아먹었습니다."

리치는 사업이 성공하는 데 별로 기여한 것도 없으면서 1년에 30만 달러의 연봉을 챙겼다. 오스트레일리아 골드코스트에 사는 그는 해변에서 어슬렁거리다가 오전 열 시가 되어서야 사무실에 나왔다가

● 이 장에서는 인터뷰 대상자들의 요청으로 신원이 드러날 수 있는 몇몇 이름을 살짝 바꿨다. 피터 오데의 이야기에 등장하는 브래드와 리치, 릴리안 바워 그리고 곧 만나게 될 새미어 제인은 본명이 아니다.

대낮부터 술집으로 달려갔다. 피터는 그 당시의 일을 한탄했다.

"브래드가 내게 테이커가 어떻게 행동하는지 확실히 가르쳐주었지요. 덕분에 리치가 엄청난 테이커라는 걸 깨달았습니다. 난 항상 잔업에 시달리는데 리치는 철저하게 사업 자금만 축내고 있었지요. 그는 직원이든 고객서비스든 아무것도 신경 쓰지 않았어요. 회사 분위기를 망치고 있었죠. 내 신뢰를 배신하고 나를 이용해 이익을 챙기고 있었던 겁니다. 우리는 투자자금 없이 맨손으로 사업을 일으켰거든요."

그럼에도 피터는 계속해서 소심하게 대처했다. 어느 월요일, 리치가 골드코스트에 수백만 달러짜리 집을 샀다고 자랑할 때까지는 말이다. 10만 달러가 필요했던 리치는 그 돈을 회사 자금에서 빼갔다. 그날 이사회에서 리치는 친구와 술집에서 만나기로 했다며 먼저 자리를 떴다. 거기까지가 피터가 보여준 인내심의 한계였다. 그는 더 이상 리치를 믿을 수 없다는 걸 알았다. 피터는 리치에게 책임을 묻겠다고 이사회에 약속했지만 계획도 세우지 못하고 죄책감과 불편한 마음에 사로잡혔다. 한 동료는 다음과 같이 고백했다.

"리치는 내게 형과 같은 존재였습니다. 누구에게나 힘든 일이었죠. 하지만 나는 피터가 기버였기 때문에 더 힘들었을 거라고 생각합니다. 피터는 그 일이 리치에게 어떤 결과를 낳을지 알고 있었고, 그를 구해주고 싶어 했습니다."

피터는 우리가 타인의 고통을 상상할 때 경험하는 강력한 감정, 즉 감정이입의 희생자였다. 감정이입은 베풂의 배후에 구석구석 스민 강력한 힘이지만 또한 기버를 취약하게 만드는 중요한 원인이기도 하다. 브래드가 투자자문업을 그만두고 다른 직업을 택했을 때 피터는 그의 고통을 느끼고 망설임 없이 그의 고객을 받아주었다. 피터는 리치가 회사에서 쫓겨나면 어떤 기분일지 생각하며 미안한 마음에 그를 내보내고 싶어 하지 않았다. 그는 고전적인 협상 연구에서 볼 수 있는 감정이입의 함정에 빠져버린 것이다.

한 연구진이 사람들을 한곳에 모아놓고 짝을 이뤄 TV 같은 전자제품을 구입하는 협상을 벌이게 했다.[16] 이때 절반은 서로 모르는 사람들끼리, 나머지 절반은 연인들끼리 짝을 이뤘다. 짝 중에서 한 사람은 판매자 역할을, 다른 사람은 구매자 역할을 맡았다. 모르는 사람과 연인 중에서 어느 쪽이 더 평균적으로 판매자와 구매자 모두에게 이익이 되는 합의점에 도달했을까?

나는 서로 더 신뢰하고 정보를 많이 공유하는 연인이 양쪽 모두에게 이익이 될 기회를 발견하기 쉬울 것이므로 그들이 보다 나을 것이라고 생각했다. 그런데 실험 결과에서는 서로 모르는 사람보다 연인이 훨씬 좋지 않았다. 연구진은 협상을 시작하기 전에 연인들이 얼마나 깊이 사랑에 빠져 있는지 조사했다. 사랑이 깊을수록 결과는 더 좋지 않았다.

연인은 사랑에 깊이 빠져 있을수록 이기심이 전혀 없는 기버처럼 행동했다. 그들은 파트너의 요구에 공감하며 자신의 이익은 고려하지도 않고 즉시 포기해버렸다. 연구진은 상대에게 관심을 쏟는 태도는 "정에 이끌린 해답을 찾으려는 충동적인 행동을 낳고 문제에 미온적으로 접근하게 해 서로에게 만족스러운 결과를 내지 못한다"는 결론을 내렸다. 협상 테이블에 앉은 이기심 없는 기버를 연구했을 때도 같은 패턴이 나타났다. '나는 타인의 필요를 내 필요보다 우선한다' 같은 문항에 동의한 사람은 관계에 나쁜 영향을 줄까 봐 걱정하며 이익을 포기하고 상대의 제안을 수용했다.

사랑에 빠진 연인처럼 감정이입은 피터를 호구로 전락시켰다. 기버로서 힘을 발휘하게 해주는 또 다른 감정이입 방식을 발견하기 전까지는 말이다. 피터는 리치가 느낄 기분을 고려하는 대신 리치가 무슨 생각을 할지 상상해보았다. 그 순간 강한 통찰력이 생기면서 리치가 새로운 도전에 관심이 있다는 생각이 떠올랐다. 피터는 리치 자신의 이익에 호소하기로 마음먹었다.

"리치, 당신은 그날그날 꾸려가야 하는 일을 별로 좋아하지 않는 것 같습니다. 그러니 이 일을 나에게 맡기는 것이 어떻겠습니까? 이제 나도 충분히 나이가 들었고 무거운 짐을 질 준비가 되었습니다."

리치는 그의 말에 동의했고 사업적인 영역에서 회사를 위해 새로운 이윤을 창출할 프로젝트를 시작하고 싶다는 열망을 드러냈다. 피터는 리치가 내린 그 결정을 지지하며 이사회를 열었다. 그는 리치의 감정보다 생각을 헤아려 이러한 조치를 이끌어낸 것이다.

컬럼비아대학의 심리학자 애덤 갈린스키(Adam Galinsky)는 협상 테이블에서 상대방의 감정이나 느낌에 집중해 감정이입을 하면 너무 많은 것을 포기할 위험이 있음을 보여주었다.[17] 반면 상대방의 생각이나 이익을 고려하는 등 관점을 바꿔 생각하면 자기 이익을 희생하지 않고 상대도 만족할 만한 결론을 이끌어낼 방법을 찾기가 쉽다. 만일 피터가 계속해서 리치에게 감정이입만 하고 있었다면 해법을 찾아내지 못했을 터다. 초점을 리치의 감정에서 생각으로 옮긴 그는 테이커의 눈으로 세상을 바라보고 전략을 조정할 수 있었다.

리치를 회사에 조금 덜 해로운 자리로 옮겨가게 했음에도 피터는 리치를 지원하고 그가 성공하도록 돕고자 하는 마음을 완전히 버리지 못했다. 다른 한편으로는 리치가 계속해서 개인적인 이익을 위해 회사를 이용할 만한 여지가 있음을 알고 있었다. 피터는 그를 신뢰했지만 그래도 확인해보기로 마음먹었다. 그는 리치에게 특별 프로젝트를 알아서 진행할 권리를 내주고 그 결과를 리치가 책임지게 했다. 그리고 3개월마다 진행 과정을 보고하도록 요구했다.

"그에게 자신의 공헌도를 스스로 평가해볼 기회를 주었습니다. 물론 우리도 평가했지요."

6개월 후 리치는 거의 아무런 성과도 거두지 못했다. 그 결과를 분석한 피터는 정식으로 이사회 보고서를 작성했다.

"리치의 공헌도가 0에 가까운 것은 의심할 여지없이 그의 책임이었습니다. 그가 대충 만들어 제시한 보고서는 자신이 가져간 것에 비해 공헌한 게 거의 없다는 증거일 뿐이었죠. 진실에 직면한 리치는 결국 손을 뗐습니다."

이사회는 리치가 자기자본을 가지고 회사에서 떠나도록 결정했다. 테이커를 끌어내린 피터는 이제 호구가 아니었다. 훗날 피터는 리치가 다른 사람이 알던 것보다 훨씬 더 심한 테이커였다는 사실을 알게 되었다. 그는 회사 이름으로 엄청난 액수의 신용거래를 했고 은행에도 빚을 지고 있었다. 리치가 가진 돈이 부족해서 피터가 대신 빚을 갚아주어야 할 정도였다. 리치는 피터가 관리감독 자리를 인계받고 1년이 지난 후 회사에서 나갔다. 리치가 떠나고 나서 15개월이 지나자 피터의 회사는 정상궤도에 올라섰고 일곱 자릿수 수익을 달성했다. 덕분에 직원들의 사기는 하늘을 찔렀고 이직률은 급감했으며 회사는 그해 중개인 업계에서 가장 뛰어난 업체로 떠올랐다.

너그러운 앙갚음 전략

일단 진실성 판단의 중요성을 깨달은 기버는 상냥한 테이커가 잠재적인 사기꾼임을 알아보기 시작하고 그에 따라 적절히 행동해 자신을 보호한다. 피터의 사례는 기버가 속임수를 어떻게 피하는지 단서를 제공해준다. 그들은 테이커를 만나면 매처처럼 행동한다.

여러 연구가 보여주듯 신뢰를 쌓기는 어려워도 무너뜨리기는 쉬우므로 처음에는 기버로 시작하는 것이 현명하다. 그렇지만 상대가 테이커라는 것이 분명해지면 기버는 행동양식을 매처의 전략으로 바꿔야 한다. 피터가 리치에게 회사에 어떤 공헌을 하도록 요구한 것처럼 말이다. 피터는 자신의 변화를 들려주었다.

"테이커에게는 시간을 많이 주지 않는 것이 내 본성이 되었습니다. 이제는 확실히 그들에게 시간을 낭비하지 않죠."

언젠가 심리학자들이 실험 참가자들에게 경쟁적인 사람이나 협력적인 사람과 파트너로 일할 기회를 주는 실험[18]을 진행한 적이 있다. 테이커는 파트너가 어떤 사람이든 경쟁적으로 행동했다. 기버는 파트너에 따라 태도를 바꿔 상대가 협력적인 사람일 때는 협력적으로, 경쟁적인 사람일 때는 좀 더 경쟁적인 방식으로 행동했다.

게임 이론가들이 '팃포탯(tit for tat, 받은 대로 갚기 혹은 맞대응)'[19]이라고 부르는 이 태도는 순수하게 매처의 전략이다. 협력으로 시작할 때는 상대가 경쟁적으로 돌변하지 않는 한 그 태도를 유지한다. 상대가 경쟁적일 때는 똑같이 경쟁적으로 대응한다. 이것은 다양한 게임 이론 토너먼트에서 승리를 거둔 효과적인 전략이다. 그러나 하버드대학의 수리 생물학자 마틴 노왁(Martin Nowak)은 팃포탯 전략에

'치명적인 결함'이 있다고 지적한다. 충분히 용서하지 못해 가끔 발생하는 사고 때문에 고통받는다는 것이다.

노왁은 기버와 매처의 태도 전환에서는 새로운 형태가 더 유리하다는 사실을 발견했다. 그것은 '너그러운 팃포탯'으로 이 규칙은 선행은 절대 잊지 않되 악행은 더러 용서하는 것이다. 그리고 협력으로 시작해 상대가 배신할 때까지 그 자세를 유지한다.

너그러운 팃포탯은 상대가 배신할 때마다 똑같이 대처하는 대신, 약 3분의 2만 경쟁적으로 행동하고 세 번에 한 번 정도는 협력적인 태도를 유지하는 전략이다. 노왁은 "너그러운 팃포탯 전략을 활용하면 기존의 팃포탯 전략에 쉽게 대응하고 사기꾼으로부터 자신을 보호할 수 있다"고 말한다. 너그러운 팃포탯은 지나치게 가혹해지는 일 없이 베푸는 행동에는 보상하고 테이커의 행동은 억제하는 균형을 이룬다.

하지만 이 전략에는 위험이 따른다. 대다수가 기버처럼 행동하도록 독려하면서 테이커에게는 남들이 모두 협력적으로 일할 때 홀로 경쟁적으로 행동해 '다시 한 번 더 이익을 취하도록' 문을 열어줄 수도 있다. 물론 인간관계와 평판이 눈에 잘 띄는 오늘날에는 테이커가 기버를 이용하기가 점점 더 어려워지고 있다. 노왁의 말에 따르면 "너그러운 팃포탯 전략은 오랫동안 다른 전략들을 압도한다."

너그러운 팃포탯은 성공한 기버의 전략이다. 실패한 기버가 늘 타인을 믿는 실수를 저지르는 데 반해, 성공한 기버는 기본적으로 상대를 신뢰하는 것으로 시작하지만 상대의 행동이나 평판이 테이커로 드러나면 언제든 행동양식을 조정한다. 타인과 자신을 모두 돕는다는 것은 기버가 상대를 신뢰하면서도 실제로 믿을 만한 사람인지 확인함으로써 자신의 이익을 보호한다는 뜻이다.

테이커를 상대할 때는 매처로 전환하는 것이 기버가 자신을 보호하는 전략이다. 이때 세 번 중 한 번은 기버로 되돌아가 테이커에게 명예를 회복할 기회를 주는 것이 현명하다. 피터 오데가 리치에게 자리를 지킬 기회를 준 것처럼 말이다. 성공한 기버는 랜디 포시(Randy Pausch)가 《마지막 강의(The Last Lecture)》에서 "충분히 오랫동안 기다리면 사람들이 당신에게 놀라운 감동을 줄 것"[20]이라고 표현한 낙관적인 믿음을 지닌다.

너그러운 팃포탯 전략의 가치는 1장에서 살펴본 에이브러햄 링컨의 이야기에서 잘 드러난다. 라이먼 트럼블은 링컨이 칼을 내려놓은 덕분에 일리노이 상원의원 선거에서 제임스 실즈를 무너뜨릴 수 있었다. 이후 트럼블은 링컨의 경력을 방해했다는 이유로 집중 공격을 받았다. 링컨의 아내 메리 토드(Mary Todd)는 트럼블이 "이기적인 배신 행위를 했다"며, 결혼식 들러리를 서줄 정도로 친한 친구이던 트럼블의 아내와 관계를 끊었다. 그러나 링컨은 트럼블을 용서하는 쪽으로 기울었고 여전히 트럼블을 신뢰했다.

"우리 사이를 갈라놓으려는 어떠한 노력도 바람처럼 공허할 뿐입니다."

동시에 링컨은 자신을 보호하고자 트럼블에게 선을 넘지 말라고 경고했다.

"당신이 내 생애 최고의 친구임을 의심할 만한 일이 더는 생기지 않는다면, 그런 종류의 이야기는 계속해서 무시할 것입니다."

트럼블은 그에 화답해 링컨이 다음번 상원의원 선거에서 승리하도록 도와주었다.

1859년 시카고 시장 존 웬트워스(John Wentworth)는 노먼 저드를 고발했다. 트럼블을 지지하는 그가 자신의 정치 경력을 쌓으려고 링컨을 상대로 음모를 꾸몄다는 것이었다. 링컨의 아내는 끝까지 저드를 용서하지 않았지만 링컨은 "당신은 나에 대항해 트럼블에게 투표했습니다"라고 상기시키면서도 그 결정을 너그럽게 해석했다.

"족히 1,000번은 말했지만 나는 그것이 부당하다고 생각하지 않습니다."

링컨은 저드가 웬트워스와 빚은 갈등을 중재하고는 곧바로 서로 돕기를 요구하는 편지를 썼다.

"일리노이 의석에 앉지 못한 것은 다소 상처가 되었습니다. 내가 그런 아픔을 겪도록 하는 데 힘을 조금 덜 보태주시면 안 되겠습니까?"

저드는 그에 호응해주었다. 그는 링컨이 그다음 주 〈시카고 트리뷴〉에 기고할 때 편집자로서 중요한 도움을 주었고, 시카고에서 링컨을 지지하는 공화당 컨벤션이 열리도록 해주었다. 또한 링컨을 깎아내리는 사람들이 입을 다물게 하고 그들의 영향력을 억제했다.

링컨은 기본적으로 이타적인 행동양식을 취했지만 때론 매처처럼 행동하는 것이 가치 있음을 깨닫고 너그러운 팃포탯으로 이득을 보았다. 도리스 컨스 굿윈은 링컨 비서의 딸이 한 이야기를 인용해 링컨은 타인의 관점에 깊이 주의를 기울인 덕분에 "정적들이 어떤 행동을 할지 신기할 정도로 정확히 예측하는 힘을 얻었고, 그 예측 능력으로 정적을 제압했다"[21]고 전한다.

제이슨 겔러는 딜로이트 신입사원들에게 조언을 해주기 시작한 이후 너그러운 팃포탯 전략을 채택했다. 신입사원들과 첫 번째 면담을 끝낼 때 그는 한 가지 제안을 한다.

"이 대화가 당신에게 도움이 되었다면 기꺼이 매달 한 번씩 시간을 내겠습니다."

만약 상대가 동의하면 일정에 앞으로 계속 이어질 월간 미팅 하나를 추가한다. 월간 미팅은 겔러에게 더 많이 베풀 기회를 제공할 뿐 아니라 어떤 사람이 테이커인지 이해하도록 해주는 또 하나의 장점도 안겨준다.

"계속 대화를 나누면 누가 태도를 꾸미고 있는지 빨리 알아차릴 수 있습니다. 좋은 대화와 관계는 양방향으로 구축되니까요. 6개월에 한 번씩 사기를 치기는 쉽습니다. 그러나 꾸준히 그 자세를 유지하기는 어렵죠. 그것이 내가 사람들에게 정기적으로 만나자고 독려하는 이유 중 하나입니다. 그들에게 가장 큰 영향을 주면서도 누가 진실한 사람인지 구별하는 방법이니까요."

겔러는 누군가가 테이커라는 것을 알아차리고도 계속 도움을 주지만 훨씬 더 조심스럽게 접근한다.

"그들을 덜 도와주지는 않습니다. 그렇지만 도와주는 방식은 달라지죠. 그들의 이야기를 듣고 대답하지만 대화는 나누지 않습니다. 조언이나 지도가 될 만한 내용은 많지 않아요. 의식적으로 그들을 덜 도와주려고 해서가 아닙니다. 서로에게 가장 큰 보상이 돌아올 만한 곳에 투자하려는 인간의 본성에 이끌린 결과입니다."

릴리안 바워도 처음부터 도움을 받는 사람의 행동양식에 따라 투자 방식을 달리하지는 않았다. 상대의 진실성을 판단하기 이전에는 모든 사람에게 너그러웠다. 그러다가 일류 컨설팅 회사에 자리를 잡고자 그녀에게 조언을 청한 가족 같은 친구를 도와주고 난 뒤 변화가 찾아왔다. 당시 바워는 특유의 너그러운 방식으로 친구를 대했다. 그녀는 밤 시간과 주말을 이용해 그 친구를 돕는 데 50시간 이상을 보내고 자기 회사와 몇몇 경쟁 회사 사람들을 소개해주었다. 그 친구는 결국 바워의 회사와 경쟁 회사에서 동시에 입사 제안을 받았고 바워의 회사를 선택했다.

그런데 바워와 동료들이 그 지원자를 뽑는 데 엄청난 시간과 노력을 들였음에도 그 친구는 다른 지역에 있는 사무실로 전근을 요청했다. 그것은 회사 신입사원 채용 규정에 정면으로 어긋나는 행동이었다. 바워는 상냥한 테이커에게 농락당한 것이다.

"그건 철저히 그녀에게만 좋은 요구였어요. 그녀가 자기 결정에 대해 말하는 것을 들으니 모든 것이 자기 위주였죠. 명백히 자기 자신에게만 유리하게 결정하려 한 거예요."

그렇게 이용당한 바워는 테이커를 대할 때 더 주의해야 한다는 것을 배웠다.

"그때부터 그녀를 완전히 다르게 느끼기 시작했죠. 더는 너그럽게 대하고 싶지 않았어요."

바워는 진실성 판단과 너그러운 팃포탯을 조합해 테이커를 이끌어주는 방식으로 호구로 전락하는 상황을 피했다. 그러나 고객에게 듣기 싫은 소리를 하거나 부탁을 거절할 줄 알아야 한다는 걸림돌은 극복하지 못했다.

"나는 그러고도 여전히 고객들에게 강하게 나가지 못하고 '예스'를 남발했어요."

어떻게 하면 기버가 더 적극적인 사람이 되도록 이끌 수 있을까?

역할 체인지

　남성과 여성은 능력이 동등하지만 남성이 훨씬 더 돈을 많이 번다. 카네기멜론대학 경제학자 린다 밥콕(Linda Babcock)은 이 실망스러운 통계를 붙잡고 연구[22]를 시작했다. 21세기 들어서도 카네기멜론대학 MBA를 거쳐 간 남성의 연봉이 여성보다 7.6퍼센트 더 높았다. 카네기멜론은 세계적인 기술학교로 노벨상 수상자를 열여덟 명이나 배출했고 그중 경제학 분야에서만 일곱 명이 나왔다.

　카네기멜론의 MBA 과정에 들어간 경영학과 학생들은 엄청난 양의 어려운 수업을 감당해야 한다. 이 학교에서는 계산 재무론, 수리경제학, 소프트웨어 엔지니어링 학위 과정을 제공하는데 40퍼센트 이상의 MBA 졸업생이 금융 업계로 진출한다. 이들의 연봉 액수를 조사하자 여성이 보이지 않는 유리 천장에 가로막힌다는 사실이 드러났다. 밥콕은 직장생활을 35년간 한다고 봤을 때 여성 한 명이 평균 100만 달러 이상을 손해 본다고 계산했다.

　그런데 연구를 하다 보니 유리 천장은 성별에 따른 편차를 일으키는 결정적 요인이 아닌 것으로 밝혀졌다. 남성과 여성은 비슷한 액수에서 연봉 협상을 시작하지만 최종적으로 계약서에 서명할 때는 차이가 있었다. 밥콕은 치밀한 연구 끝에 남성과 여성의 가장 큰 차이는 더 높은 액수를 요구할 마음이 있는지에 달려 있음을 발견했다. 남성은 절반 이상(57퍼센트)이 초임 협상을 시도하지만 그렇게 하는 여성은 단 7퍼센트에 불과했다. 남성이 여성보다 여덟 배 이상 많이 협상을 시도하는 것이다. 협상을 시도한 학생들(대부분 남학생)은 평균 7.4퍼센트 더 높은 초임을 받고 일을 시작했는데 그 수치는 성별 간의 격차를 설명하기에 충분했다.

협상에 임할 의향이 있는가는 카네기멜론 MBA의 수치적 세계에만 국한되지 않는다. 또 다른 연구에서 밥콕과 그의 동료들은 보글(Boggle, 단어 퍼즐 게임-역주)을 네 번 하고 3달러에서 10달러의 대가를 받을 사람들을 모집했다. 모집이 끝났을 때 연구진은 테이커처럼 먼저 최소 금액인 3달러를 주며 "이 정도로 되겠습니까?"라고 물었다. 이번에도 더 많은 돈을 요구한 남성이 여성보다 여덟 배 더 많았다.

다음 실험도 같은 방식으로 진행했지만 이번에는 3달러를 주면서 그걸로 만족하느냐고 묻지 않았다. 이때 남성은 13퍼센트가 처음부터 더 많은 돈을 요구했고, 여성 중에는 그런 사람이 한 명도 없었다. 또 다른 참가자들에게는 연구자가 3달러를 내주며 '금액 협상'이 가능하다고 말했다. 남성은 과반수(59퍼센트)가 그 기회를 놓치지 않고 더 달라고 요구했지만 여성은 단 17퍼센트만 그렇게 했다.

전체적으로 남성이 돈을 더 달라고 요구할 확률이 여성보다 8.3퍼센트 높았다. 각각의 경우에서 여성은 테이커가 자신을 깔아뭉개도록 허락하며 호구로 전락했다. 연구 결과에 따르면 여성이 자신 있게 협상에 임하지 못하는 가장 큰 이유는 '여성은 따뜻하고 친절해야 한다'는 사회적 기대를 저버릴까 봐 두려워하기 때문이라고 한다.•

물론 여성만 협상 테이블에서 나약하게 행동하는 것은 아니다. 남들에게 이용당하는 것은 성별을 떠나 기버라면 누구나 짊어진 저주와도 같다. 여러 실험을 통해[24] 기버는 남녀 모두 협상 과정에서 더 나은 선택이 있음에도 그저 상대방을 행복하게 해주려고 상당히 양보할 의사가 있음이 드러났다.

노트르담대학의 티모시 저지(Timothy Judge) 교수가 이끈 일련의 연구[25]에서도 비슷한 결론이 나왔다. 저지는 먼저 거의 4,000명에 달하는 미국인에게 그들이 얼마나 남을 돕고 보살피고 신뢰하는지 알아보는 설문지를 작성하게 해 기버를 가려냈다. 기버의 수입은 그들에 비해 덜 베푸는 사람들보다 평균 14퍼센트 적었다. 1년으로 치면 거의 7,000달러에 해당하는 액수였다.

자료를 성별로 분석하자 수입에서 손해를 보는 액수는 남성이 여성보다 세 배나 더 많았다. 여성 기버는 동료들보다 평균 5.47퍼센트, 액수로는 1,828달러 더 적게 번다. 남성 기버는 동료들보다 평균 18.31퍼센트, 액수로는 9,772달러 더 적게 번다. 앞서 힘을 뺀 의사소통 방식을 다룬 장에서 살펴보았듯, 기버는 대체로 겸손하며 직접적으로 자기주장을 내세우는 것을 불편해한다. 조금 더 통제된 환경에서 연구한 결과, 기버는 제로섬 상황에서 스스로 자기 이익을 대변하는 것을 부끄러워하는 것으로 나타났다. 연봉을 협상할 때도 기버는 매처와 테이커보다 더 낮은 금액을 요구하며 덜 만족스러운 금액을 받아들인다. 특히 상냥한 기버가 자기주장을 내세우기를 꺼려하는 성향을 보이며 그로 인해 재정 상태가 나빠진다.**

- 이것은 '여성이 남성보다 이타적인 기질이 더 강한가?'라는 의문을 낳는다. 노스웨스턴대학의 심리학자 앨리스 이글리(Alice Eagly)는 동료들과 함께 남을 돕고 나누고 보살피고 이끌고 구해주고 보호하는 등 베풂에 대한 연구 수백 건을 체계적으로 분석했다.[23] 그 결과 남성과 여성의 이타적인 기질이 거의 동등하다는 결론이 나왔다. 단지 다른 방식으로 베풀 뿐이다. 가까운 관계에서는 여성이 남성보다 더 많이 베푸는 경향이 있다. 여성이 가족에게 장기를 기증하거나 동료를 돕거나 부하 직원에게 조언을 해줄 확률은 평균적으로 남성보다 높았다. 환자를 정서적으로 더 크게 지원해주는 쪽도 여의사였다. 그러나 모르는 사람에게는 남성이 더 기버에 가깝게 행동했다. 평균적으로 남성이 여성보다 더 위험이나 응급상황에 처한 낯선 사람을 도와줄 확률이 높았다.

7장 호구 탈피 331

한 전문기업에서 일하는 새미어 제인(Sameer Jain)은 끊임없이 호구 취급을 받아온 기버다. 새미어는 미국 동북부에서 일하는 샐러리맨 중 상위 10퍼센트 안에 드는 업계 최고의 실력자로, 동료와 후배 직원을 돕는 데 많은 시간을 바쳤다. 그는 뛰어난 실적을 올리면서도 다른 회사에서 일하는 친구들보다 승진도 늦고 수입도 적었다. 그가 연봉을 협상하거나 인상을 요구하는 일이 없었기 때문이다. 몇몇 동료는 새미어보다 실적도 좋지 못하면서 적극적으로 연봉 인상이나 승진에 관해 협상을 벌여 회사 서열에서 그를 앞질렀다.

"나는 그렇게 밀어붙이지 않았습니다. 남들을 불편하게 하거나 도를 지나치고 싶지 않았거든요."

인도에서 자란 새미어는 어린 시절부터 너무 순해서 가족의 놀림

●● 자기주장을 내세우지 않는 것이 기버가 불리한 입장에 놓이는 하나의 이유라는 일관된 증거가 있긴 하지만, 중요하게 작용하는 두 번째 요인도 있다. 그것은 기버가 처음부터 연봉이 높지 않은 직업을 선택하는 경우가 많다는 점이다. 자기 삶을 돌보기보다 세상에 더 많은 변화를 일으키는 데 관심이 많기 때문이다. 최근 한 연구는 같은 직종에서도 기버가 다른 사람보다 더 적게 번다는 기존의 발견을 다시 한 번 확인했지만 그 편차는 줄어들었다. 기버의 수입이 더 적은 데는 그들이 저소득 직종을 선택한다는 점도 작용한다는 의미다. 코넬대학의 경제학자 로버트 프랭크는 사회적 책임이 가장 큰 직종에서 일하는 사람의 평균 연봉이 책임이 중간 정도인 사람보다 30퍼센트 더 낮고, 책임이 가장 작은 직종 종사자보다 44퍼센트 더 낮다는 사실을 발견했다.[26] 민영 회사 직원은 공영 회사 직원보다 평균 연봉이 21퍼센트 더 높았고, 공영 회사 직원의 평균 연봉은 비영리단체 직원보다 32퍼센트 더 높았다. 어떤 사람들이 공영 회사나 비영리 단체에서 일할까? 기버다. 프랭크는 한 연구에서 경제학과 학생들에게 똑같은 일을 하는 두 조직을 고려해보도록 했다. 한 조직은 베풂의 가치가 크고 다른 조직은 그렇지 않다. 학생들은 같은 광고 카피라이터 일이지만 카멜 담배 회사에서 일하느니 연봉을 50퍼센트 더 적게 받더라도 미국 암 학회에서 일하겠다고 대답했다. 같은 회계사로 일하더라도 석유화학 회사 대신 연봉을 17퍼센트 더 적게 받는 미술관에서, 또 신입사원을 모집하는 일을 하더라도 정유 회사 엑슨 모빌 대신 평화봉사단에서 일하겠다고 대답했다. 변호사로 일할 때도 연봉을 33퍼센트 더 적게 받고 미국 총기협회보다 환경운동단체 시에라 클럽에서 일하는 쪽을 선호했다. 흥미롭게도 여성이 남성보다 연봉을 희생할 의향이 더 컸다. 물론 그들이 실제 상황에서도 이런 선호도를 행동에 반영할지는 별개의 문제다. 나는 실패한 기버가 성공한 기버보다 실제로 그렇게 할 가능성이 더 크다고 확신한다.

감이 되었다. 그의 아버지는 가난한 집에서 태어나 모든 일에 흥정을 벌이는 법을 배운 냉철한 협상가로 가족을 중산층으로 끌어올린 사람이었다. 온실 속에서 자란 새미어는 자기주장을 내세우는 법을 몰랐다. 새미어의 아내는 강인한 협상가로 남편의 순종적인 성격이 불만스러웠다. 연애 초기에 새미어가 아파트를 계약하려 할 때도 아내가 끼어들어 대신 흥정을 벌인 끝에 1년 임대료를 600달러나 깎았다. 그는 깊은 인상을 받았지만 한편으로는 쑥스럽기도 했다. 그날 이후로 그는 자신이 호구 취급을 당할 수도 있음을 알고 무언가를 살 때마다 아내에게 흥정을 맡겼다.

"솔직히 말하면 나도 오랫동안 그 사실이 부끄러웠습니다."

새미어는 앞서 말한 전문기업에서 나와 MBA 과정을 이수하고 〈포천〉 선정 500대 기업 중 한 곳인 의료기기 회사의 입사 제안을 받았다. 그에게는 그야말로 이상적인 직장이었다. 그런데 회사가 제시한 조건이 썩 만족스럽지 않았음에도 그는 언제나처럼 협상을 주저했다.

"정말 곤란했어요. 그 상사가 마음에 들어서 그를 불편하게 하고 싶지 않았죠."

경제 불황도 새미어의 입장을 더욱 불리하게 만들었다. 동료들이 모두 협상 없이 계약서에 사인을 하던 시기였다. 그는 이번에는 조금 달랐다. 그로부터 두 달 후 새미어는 협상을 벌여 연봉과 계약금을 합해 무려 7만 달러가 넘는 돈을 더 받아냈다. 그는 특유의 만만한 성격에서 벗어나 더 적극적이고 뛰어난 협상가로 거듭났던 것이다.

"아내는 깜짝 놀라며 내 흥정 실력과 고집을 칭찬해주었죠. 아내가 나를 훌륭한 협상가로 봐주었다는 것이 내겐 무엇보다 가치 있는 일이었습니다."

도대체 무엇이 새미어를 이토록 변하게 만들었을까?

그 해답은 린다 밥콕과 그녀의 동료들이 진행한 독창적인 실험에서 찾을 수 있다. 이 실험에는 개인회사와 주식회사의 CEO, COO, 회장, 운영부장, 이사회 의장 등 고위급 중역 176명[27]이 참가했다. 실험은 한 소프트웨어 회사의 직원이 승진을 앞두고 협상을 벌이는 상황을 가정하고 이루어졌다. 직원 역할을 맡은 남성 중역진은 평균 14만 6,000달러를 받아내 여성 중역진의 평균 14만 1,000달러보다 3퍼센트 높은 연봉을 이끌어냈다. 그런데 밥콕과 연구진이 한마디 조언을 해주자 여성 중역진은 평균 16만 7,000달러를 받아내 남성을 14퍼센트나 앞질렀다.

연구진이 해준 말은 '다른 역할을 맡아보라'는 것이었다. 자신이 승진을 앞둔 직원이라고 상상하는 대신, 그 직원의 멘토가 되었다고 상상해보도록 요구한 것이다. 이제 여성들은 다른 사람을 대신해 협상을 벌이는 셈이었다. 흥미롭게도 그들은 더 높은 기준을 세우지는 않았지만 목표를 달성하기 위해 더 강하게 밀어붙여 보다 나은 결과를 이끌어냈다.

에밀리 아마나툴라(Emily Amanatullah)와 마이클 모리스(Michael Morris)도 비슷한 연구를 수행했다.[28] 그들은 남녀 실험 참가자들에게 가상으로 매력적인 일자리를 제의받은 상황을 상정해주고 조건을 협상해보도록 했다. 그들 중 절반은 입사 제의를 받은 사람의 입장에서 협상을 벌이게 했고, 나머지 절반은 그 제안을 받은 사람의 친구로서 협상을 대신 이끌 자격이 있다고 상상해보도록 했다. 이번에도 참가자들은 성별과 맡은 역할에 관계없이 모두 비슷한 수준의 목표를 세웠다.

하지만 실제 협상 과정에는 놀라울 정도로 차이가 발생했다. 남성은 자신을 위해 직접 협상할 때나 친구 대신 협상할 때 모두 초봉으로 평균 4만 9,000달러를 요구했다. 여성은 다른 방식을 따랐다. 자신을 위해 협상할 때 요구한 초봉은 남성보다 평균 16.7퍼센트 적은 4만 2,000달러였다. 반면 친구를 대신해 협상을 맡은 여성은 남성과 마찬가지로 평균 4만 9,000달러를 요구했다.

아마나툴라와 모리스가 노련한 중역진을 대상으로 진행한 또 다른 실험에서도 같은 결과가 나왔다. 남성 중역진은 자신을 위해서든 남을 위해서든 같은 연봉을 차지한 반면, 여성 중역진은 자신을 위해 협상할 때보다 타인을 위해 협상할 때 훨씬 좋은 결과를 이끌어냈다.

밴더빌트대학의 브루스 배리(Bruce Barry)와 레이 프리드먼(Ray Friedman) 교수는 짧은 기간에 한 가지 주제로 협상을 벌일 때는 기버가 테이커보다 좋은 결과를 얻지 못한다는 사실을 발견했다.[29] 기버는 상대에게 파이의 더 큰 부분을 떼어주려 하기 때문이다. 그렇지만 기버가 높은 목표를 세우고 그것에 매달리면 이런 약점은 사라진다. 즉, 기버는 다른 누군가를 대변해 협상을 벌일 때 더 뛰어난 협상가가 된다.

타인의 이익을 위해 살면서도 협상에서 이기는 법

새미어가 이룬 변화의 핵심은 타인을 대변한다는 것에 있다. 첫 번째 회사에서 협상하기를 부끄러워할 때 그는 자신의 이익을 생각했다. 그러나 〈포천〉 선정 500대 기업에 속한 의료기기 회사에서 협상할 때는 마음자세를 바꿨다. 그는 가족의 이익을 대변했던 것이다. 자기 자신만 책임질 때는 호구일지 몰라도 기버는 결코 다른 사람이 피해를 보는 걸 원치 않는다. 새미어의 말을 들어보자.

"나는 이것을 나 자신과 싸워 스스로 동기를 부여하는 정신적인 무기로 삼았습니다. 해답은 내가 가족을 대표하는 대리인이라고 생각하는 것이었죠. 한 사람의 기버로서 나는 너무 강하게 밀어붙이는 것에 죄책감을 느낍니다. 그러나 '여기서 약해지면 나에게 의지하는 내 가족이 다칠 뿐'이라고 생각하자 죄책감이 사라졌지요."

새미어는 자신을 가족의 이익을 대변하는 대리인으로 생각함으로써 더 높은 연봉과 학비 상환을 요구할 수 있었다. 이것은 성공한 기버의 전략이다. 한편으로 그는 기버가 늘 하는 대로 타인의 이익을 위해 행동했다. 다른 한편으로는 의도적으로 가족을 대변함으로써 그들과 밀접한 관련이 있는 자신의 이익을 확보했다. 그렇다고 그가 테이커처럼 밀고 나간 것은 아니다. 그는 회사와 가족의 이익 사이에서 균형을 찾아냈다.

"내 가치관은 기본적으로 불공평하거나 옳지 않은 일은 하지 않는 것입니다. 남에게 바가지를 씌우려고 하지는 않지만 올바르고 공평한 선까지는 밀고 나갈 겁니다."

새미어는 새로운 상사와 처음 만난 협상 테이블에서 연봉 인상과 MBA 학비 상환을 요구했다. 그것은 다른 회사에서도 제공하는 선이었다. 그런데 인적자원관리 부서에 다녀온 상사는 실망스러운 소식을 전해주었다. 두 가지 조건 모두 들어줄 수 없다는 것이었다. 새미어는 그 시점에서 물러서고 싶은 충동을 느꼈다. 상사에게 기버로 보이고 싶었고 자신이 돈을 더 받아내면 상사의 실적이나 예산에 폐가 되지 않을까 염려스러웠기 때문이다. 그러나 새미어는 학자금 대출로 상당한 빚을 지고 있었고 가족을 우선으로 해야 한다는 책임감을 느꼈다. 그는 상사를 설득해 인적자원관리 부서가 자신에게 더 높은 임금과 계약금을 지급하도록 로비를 벌이게 했다. 그는 결국 연봉과 계약금을 각각 5,000달러씩 끌어올렸고 기간이 만료된 기존 계약금 1만 달러도 다시 받아냈다. 상사는 거기까지가 자신이 할 수 있는 최선이라고 강조했다.

새미어는 기본 연봉 상승에 누적되는 배당금을 제외하고도 첫해에만 2만 달러를 더 벌게 되었지만 거기에서 멈추지 않았다. 아직 학비 상환금을 받아내지 못한 그는 가족을 부양할 다른 방법을 찾기로 했다. 그는 MBA 마지막 학기에는 남는 시간이 많으므로 그 시간에 회사에 나와 시간제로 일하겠다고 협상을 시도했다. 회사는 시간당 135달러를 지불하는 데 동의했다. 마지막 학기의 남는 시간을 다 합하면 약 5만 달러를 추가로 벌 수 있었다. 그는 계약서에 서명했다. 처음 제안받은 조건보다 7만 달러나 더 오른 금액이었다. 새미어는 다음과 같이 말했다.

"그렇게 끝까지 밀고 나갈 수 있었던 가장 큰 이유는 내가 스스로 대리인이 되었기 때문입니다. 세 아이의 아버지로서 해낸 일이죠. 자신을 대리인이라고 생각하면 끝까지 해낼 의지가 생깁니다. 그것은 내게 새로운 '용기'를 불어넣어주었습니다."

가족의 이익을 대변한 덕분에 성공을 거두긴 했지만 새미어는 그 일이 회사에서 자신의 평판과 상사와의 관계에 어떤 영향을 미칠지 걱정스러웠다. 협상이 끝나자 상사는 그가 협상 과정에서 느낀 깜짝 놀랄 만한 얘기를 들려주었다. 새미어의 적극성에 감탄했다는 것이었다.

"그게 내 상사가 나를 채용하고 싶어 한 이유 중 하나였습니다. 그는 내가 더는 호락호락한 상대가 아니라는 점을 높이 산 겁니다."

기버는 유난히 남의 말을 잘 받아들이는 유형이라 자기주장을 내세울 때 상대에게 미움을 사는 정도를 과대평가하는 경향이 있다. 그렇지만 새미어는 협상을 벌인 덕분에 존경을 얻었을 뿐 아니라, 협상 방법으로 상사에게 깊은 인상을 남겼다. 처음에 인적자원관리 부서가 새미어의 요청을 거절했을 때, 새미어는 상사에게 자신의 가정환경을 설명했다.

"당장 집세 걱정을 해야 할 정도는 아닙니다. 하지만 제겐 부양가족과 갚아야 할 대출금이 있습니다. 그걸 조금 더 쉽게 만들어주시면 안 될까요?"

새미어는 자신이 아니라 가족의 입장에서 부탁함으로써 기버라는 이미지를 지켰다. 타인의 이익을 대변한다는 점을 보여주어 회사의 이익을 대변할 때도 열심히 일하리라는 긍정적인 인상을 심어준 셈이다.

밥콕과 그의 동료들은 이것을 '인간관계를 근거로 한 설명'이라고 부른다. 이는 어떤 요구의 이유를 자신이 아니라 타인의 이익에 초점을 맞추어 설명하는 것이다. 밥콕과 한나 라일리 볼스(Hannah Riley Bowles)는 여성은 더 높은 임금을 요구할 때 '타인중심적이고 배려심이 깊으며 받기보다 주려는 성격'일 것이라는 사회적 기대를 저버릴 위험을 안아야 한다고 말한다.[30] 자기주장을 내세우면 성적 규범을 깨뜨린다는 여성 고유의 걱정도 있지만, 기버는 남녀 모두 자신의 호혜 선호도를 무너뜨릴까 봐 걱정한다. 그들은 너무 강하게 밀어붙이면 스스로 테이커가 된 것처럼 느낀다.

그러나 기버가 다른 누군가를 대변할 때는 타인의 이익을 보호하고 향상시킨다는 자신의 가치관에 가깝게 행동하면서도 강하게 밀어붙인다. 기버는 그것을 남을 돌보는 일이라고 생각한다. 여기에다 인간관계를 근거로 설명하면 자신이 타인의 이익을 대변하는 대리인이라고 생각하는 것 이상의 일을 해낸다. 자신이 타인의 이익을 대변하는 사람임을 보여주는 것은 기버라는 이미지와 사회적 평가를 유지하는 효과적인 방법이다.

이 점은 릴리안 바워가 고객에게 만만한 사람으로 보이지 않겠다고 결심했을 때 증명되었다. 바워는 "너그럽게 행동하고 싶었고 덕분에 고객들과 신뢰를 쌓았다. 그들에게 이용만 당한 건 아니었다"고 말한다. 그녀는 고객이 프로젝트 범위 밖의 일을 요구할 때 다른 사람의 이익을 대변하면서 거절하는 방법과 인간관계를 근거로 한 설명을 적절히 조합해서 사용했다. 먼저 바워는 자신이 자기 팀 컨설턴트들의 대리인이라고 생각했다.

"기버에게는 방어적인 면이 있어요. 고객들과 협상할 때 나는 내 팀원들에 대한 책임감을 느끼죠. 덕분에 더 엄격하게 선을 그을 마음이 생겼어요."

그리고 그녀는 그런 책임을 고객들에게 분명하게 설명하는 습관을 들였다.

"고객이 비합리적인 요구를 해오면 나는 그것이 우리 팀에까지 영향을 미친다거나 팀원들을 과로로 죽게 만들지도 모른다고 설명해요. 고객은 내가 그들을 위해 진지하게 애쓴다는 걸 알기 때문에 내가 부탁을 거절할 때도 효과가 커요. 그럴 만한 이유가 있다고 생각하죠."

이기적으로 베풀기

릴리안 바워의 변화는 내 심금을 울렸다. 나는 대학 신입생 시절 레츠고 관광가이드에서 광고 판매 일을 했다. 모두 하버드대학생이 제작하는 레츠고 관광가이드는 저예산 여행자들의 바이블로 통하며 론리 플래닛(Lonely Planet), 프로머스(Frommer's), 릭 스티브스(Rick Steves')와 함께 해외여행을 저렴하게 다녀오려는 사람들이 자주 찾는 안내서다. 관리자는 근무 첫날 고객 명단을 건네주었다.

"레츠고 관광가이드 광고비로 작년에만 30만 달러를 낸 사람들이야. 전화를 걸어서 다시 광고를 싣도록 설득해봐."

그녀는 그렇게 말하고는 돌아서서 다른 곳으로 가버렸다. 나는 아무런 사전 교육도 받지 않았음을 깨닫고 몹시 당황했다. 상품에 대한 지식도 없었고 관련 경험도 전무했다. 심지어 나는 북아메리카를 떠나본 적도 없었다. 아직 열여덟 살에 불과한 내게 주요 국제 회사 중역들을 상대로 영업할 능력이 있을 리 만무했다.●

나는 용기를 내 레츠고에 오랫동안 광고를 게재해온 여행사 경영자 스티븐에게 전화를 걸었다. 수화기 너머로 그의 말을 듣는 순간

● 내 전임자가 3주 만에 그만두는 바람에 내가 고용되었다는 사실을 나중에야 알았다. 관리자는 절박하게 대신할 사람을 찾고 있었다. 자리가 비어 있던 22일 동안 지원자는 나밖에 없었다.

나는 그가 몹시 화가 나 있다는 걸 분명히 알 수 있었다.

"광고와 별개로 그 책에 내 회사가 실려 있는 걸 보고 대단히 기뻤습니다. 이미 바뀐 지 오래인 연락처가 인쇄된 걸 보기 전까지는 말이죠. 덕분에 당신네 독자들 연락을 받으려고 예전 우편주소와 이메일 계정을 유지하는 데 수백 달러나 썼지요."

나는 광고 부서와 편집 부서는 독립되어 있어서 광고 내용 제작에는 아무런 영향도 끼칠 수 없다는 점을 부드럽게 설명했다. 스티븐은 내 말엔 상관도 하지 않았다. 그는 편집 실수로 발생한 손해만큼 광고료를 인하해달라며 그렇게 해주지 않으면 새로 광고를 게재하지 않겠다고 으름장을 놓았다. 나는 기분이 상했지만 어쩔 수 없이 광고료를 10퍼센트 할인해주었다. 그것은 내 계약서에 명시된 레츠고의 정책을 위반하는 일이었다. 레츠고는 광고요금표에 기록되지 않은 할인은 전면 금지하고 있었다. 그러나 그것은 더 큰 실수들의 서막에 지나지 않았다.

나는 광고주 수십 명에게 연락해 세 번이나 할인을 더 해주고도 계약을 별로 따내지 못했다. 과거에 레츠고의 광고 재계약률이 95퍼센트라는 걸 알고 나는 몹시 당황했다. 내가 실적도 올리지 못한 주제에 작년 광고료를 할인해달라는 고객의 요구에 굴복해 오히려 수익을 깎아먹은 최초의 직원이 되는 셈이었기 때문이다. 고객에게 감정을 이입하고 그들이 원하는 것에 초점을 맞춘 결과, 나는 회사에 말도 하지 않고 내 멋대로 그들을 도와주고 말았다. 나는 처참한 지경이었고 벌써 그만둘 각오를 하고 있었다.

그것은 내가 기버로서 처음 저지른 실수도 아니었다. 나는 열네 살 때 다이빙 선수가 되기로 했다. 내 몸을 허공에 던져 공중제비를 돌고 옆으로 회전한 다음, 물 한 방울 튀기지 않고 우아하게 물속으로 들어가는 기술을 습득하고 싶었다. 처음에는 내게 점프력, 순발력, 유연성을 거론하는 것은 사치였다. 높은 곳에서 뛰어내리는 것조차 무서워했기 때문이다. 시간이 흐르면서 팀 동료들은 유연성이 부족한 나를 프랑켄슈타인이라고 불렀다. 어느 날 코치가 내게 리듬감을 키워주겠다는 희망을 품고 메트로놈을 가져왔다. 하지만 몇 시간 동안 온갖 노력을 기울인 끝에 코치는 내게 리듬감이 없다고 선언했다.

이후 4년 동안 나는 하루 여섯 시간씩 훈련했다. 결국 나는 주 대회에서 결승에 두 번 오르고, 청소년 올림픽 출전 자격을 두 번 획득했으며 미국 최우수 다이빙 선수로도 뽑혔다. 나는 하버드대학에서 미국 대학체육협회(NCAA) 대표팀 선발에 나서려고 했다가 내 스스로 성공을 걷어차 버렸다. 내 생애 최대의 대회가 열리기 몇 달 전, 나는 자진해서 경쟁자 두 명을 가르쳤다. 그들에게 새로운 기술을 가르치고 자세를 교정해주었으며 물속으로 모습을 감추는 시범까지 보여주며 입수 비법을 전수했다. 그들은 주 대회 결승에서 아슬아슬한 점수로 나를 제치고 우승함으로써 내 호의에 보답했다.

레츠고에서도 나는 나를 희생해 남에게 이익을 안겨주었다. 고객은 내 덕에 돈을 절약했지만 나는 회사 수익을 떨어뜨리고 내 수수료를 내던진 호구였다. 그러던 차에 새로 부임한 부팀장을 만났다. 내 전임자가 올린 광고 수익 덕분에 생긴 직책이었다. 그녀는 그 일을 하며 벌어들인 돈으로 학비를 해결했다. 나에게는 바로 그런 자극이 필요했다. 나는 즉시 내 동료의 운명이 나에게 달렸음을 깨달았다. 아직 내게는 아내도 자녀도 없었지만 나는 나 자신을 학비를 벌고 의미 있는 직장생활 경험도 쌓으려고 일자리를 찾는 대학생들의 이익을 대변하는 대리인으로 바라볼 수 있었다. 내 이익을 위해 일할 때는 만만한 사람이었지만 다른 학생들의 이익을 대변하기 시작하자 그들을 보호하기 위해서라도 싸움에 임할 마음이 생겼다.

나는 광고료 할인을 요구하는 무자비한 호텔 경영자와 열띤 협상을 벌이기 전에 회사 수익이 얼마나 많은 일자리를 창출하는지 생각했고 그 덕분에 완강히 버텨낼 수 있었다. 이때 나는 인간관계를 근거로 한 설명을 곁들였다. 내게는 일관성 있게 행동할 책임이 있으며 만약 광고료를 할인해주면 다른 고객에게도 그렇게 하는 것이 공정하다는 내용이었다. 결국 그는 광고료 전액을 지불했다.

4개월 후, 나는 60만 달러가 넘는 수익을 올렸는데 이것은 내 전임자가 세운 기록의 두 배에 달하는 실적이었다. 그중 새로운 고객에게 전화를 걸어 유치한 광고비도 23만 달러가 넘었다. 나는 회사 역사상 가장 높은 광고 수익을 올렸고, 회사 대표는 회식 자리에서 내가 그 회사를 거쳐 간 광고 관련 직원 중에서 가장 뛰어난 사람이라고 선언했다. 나는 열아홉 살에 광고 영업 총책임자로 승진해 직원을 고용하고 교육 및 동기를 부여하는 임무를 맡아 100만 달러가 넘는 매출을 올렸다.

그런데 내가 승진한 이후 인터넷 거품이 붕괴되고 말았다. 회사 광고 시즌이 시작되기도 전에 고객 열두 명이 사업을 접었고 최대 광고주 열 명 중 여섯 명이 광고 예산을 크게 줄이는 바람에 새 광고를 게재할 수 없다고 통보해왔다. 광고 계약을 모두 마쳤을 때, 레츠고는 충실한 고객 스물두 명을 잃었고 총 광고 수익도 전년과 비교해 43퍼센트나 줄었다. 1년 전 기록적인 규모로 광고를 게재한 '학생

여행사' 부사장 마이클의 전화가 가장 큰 타격이었다.

"이런 얘기를 하게 되어 정말 유감입니다. 우리가 귀사 관광가이드를 사랑하고 또 우리 관계를 얼마나 가치 있게 여기는지 잘 아시죠?"

마이클은 깊은 한숨을 내쉬고는 말을 이었다.

"하지만 예산이 줄고 여행 시장도 위축된 탓에 올해엔 광고를 아예 하지 못할 것 같습니다. 만약 광고를 한다고 해도 광고료를 대폭 할인해주지 않으면 어렵겠습니다."

마이클의 회사가 게재하는 광고에 얼마나 많은 일자리가 달려 있는지 알기에 나는 우리 직원들을 위해서라도 물러설 수가 없었다. 마침 마이클의 경쟁사도 광고를 철수한 참이었다. 나는 이것이 경쟁에서 앞서 나갈 절호의 기회라고 말하며 경기가 불황일 때만큼 투자 효과가 큰 시기가 또 어디 있겠느냐고 설득했다. 그는 사장과 상의해보고 다시 연락을 주겠다고 말했다. 다음 주에 그는 나쁜 소식을 전했다. 사장이 허락한 마지노선은 70퍼센트 할인된 가격으로 작년과 같은 규모의 광고를 게재하는 것이었다. 그것은 광고비 지출을 12만 달러에서 4만 달러로 줄이겠다는 이야기였다.

나는 우리가 얼마나 할인해줄 수 있는지 고민하면서 다이빙 코치 일을 하러 갔다. 수영장에 앉아 있다가 문득 다이빙과 레즈고 사이에 큰 차이점이 있다는 사실을 깨달았다. 개인 경기는 경쟁자를 도와주면 내가 질 가능성이 더 커지는 제로섬 게임이다. 그러나 사업에서는 윈윈 게임이 가능하다. 고객의 이익이 곧 내 손해가 되는 것은 아니다. 마이클의 이익을 깊이 생각하자 그가 자기 영업소에서 우리가 만든 소책자를 무료로 나눠줄 수도 있을 거라는 생각이 떠올랐다. 계약상 레즈고에는 20쪽 이하의 콘텐츠를 판매하거나 무료로 배포할 권리가 있었다.

나는 마이클에게 새 상품 협찬 계약을 제안했다. 마이클의 회사가 20쪽짜리 레츠고 여행 소책자를 소비자에게 배포해주는 내용이었다. 무료 여행 가이드를 읽은 소비자는 여행사에 더 오래 머물고 그곳을 다시 찾을 가능성도 커질 터였다. 비용은 여행사 광고 예산이 아니라 배포 예산으로 책정될 것이므로 충분히 고려해볼 만한 일이었다. 마이클의 이익을 더 깊이 생각하자 다른 회사와 비슷하게 광고하는 것보다 소책자를 독점적으로 배포하는 것이 그에게 더 가치 있으리라는 생각이 떠올랐다. 우리는 서로에게 이익이 되는 소책자 독점 배포 계약에 합의했다. 그는 결국 총액 14만 달러를 지불했고 우리 팀은 내가 보유하고 있던 회사 역대 최대 광고 계약 기록을 경신했다.

타인의 이익을 대변하는 태도와 인간관계를 근거로 한 설명 덕분에 내가 협상에 더 적극적으로 임한 것도 사실이지만, 파이를 키워 윈윈 협상에 성공하게 해준 것은 상대의 관점에서 생각하는 태도였다. 이러한 접근 방식 덕분에 재계약을 맺은 고객의 절반 이상이 닷컴 열풍의 붕괴에도 불구하고 오히려 광고량을 늘렸다. 우리 팀은 순이익 55만 달러를 올렸고 영업 부서를 새롭게 도입하면서 직원 수를 늘렸다. 더구나 나는 광고료를 체납하는 고객들과 몇 달간 씨름한 끝에 악성 부채를 하나도 남기지 않고 100퍼센트 해결하는 기록도 세웠다. 나는 회사 이사회에 선출되었고 리더십, 헌신도, 경영 능력 등에서 올해의 관리자 상을 받았다. 나는 레츠고에서 얻은 교훈을 토대로 남은 직업 인생을 다른 기버가 호구로 전락하지 않도록 이끌어주는 데 바치기로 마음먹었다.

학자들은 여러 해에 걸쳐 '스스로를 돕는' 기버의 방식으로 협상에 임하면 성공을 거두는 경향이 있음을 밝혀왔다. 네덜란드의 심리학자 카스텐 드 드류(Carsten De Dreu)는 독립적인 연구 스물여덟 건[31]을 진행하고 그것을 포괄적으로 분석한 끝에 가장 좋은 협상가는 테이커도, 이기심이 전혀 없는 기버도 아니라는 결론을 내렸다. 테이커는 협상을 승자와 패자로 갈리는 제로섬 게임으로 바라보며 자신이 이익을 취하는 데 초점을 맞춘다. 또한 협상 상대를 신뢰하지 않고 공격적으로 흥정함으로써 상대방의 이해관계를 고려해 가치를 창출할 기회를 간과한다. 이기심 없는 기버는 지나치게 양보함으로써 상대를 이롭게 하지만 자신은 손해를 본다.

가장 효율적인 협상가는 스스로를 돕는 기버다. 그들은 자신의 이익에 큰 관심을 기울이는 '동시에' 상대방의 이익에도 큰 관심을 기울인다. 성공한 기버는 자신과 타인을 모두 이롭게 할 기회를 찾는다. 따라서 더 복잡한 방식으로 생각하는 실패한 기버와 테이커가 놓치는 원원의 해결책을 발견한다. 그들은 실패한 기버처럼 단순히 가치를 포기하는 대신 먼저 가치를 창출한다. 덕분에 파이를 나눌 때는 전체 크기가 충분히 커져 상대에게 나눠주고도 자기 몫이 많이 남는다. 이처럼 스스로를 돕는 기버는 더 많이 주는 '동시에' 더 많이 갖는다.

파이를 키운다는 개념을 깨달은 것은 릴리안 바워의 직장 경력에 하나의 전환점이 되었다. 고객의 요구를 거절하고 테이커에게 조언을 해주거나 그들을 돕는 시간에 선을 긋는 법을 배우긴 했지만, 그녀는 다른 기버나 매처를 도울 기회를 잃고 싶진 않았다. 그녀는 테이커가 아닌 듯한 부하직원이 도움을 필요로 하면 자신의 일이나 일정에 관계없이 이기심이 전혀 없는 기버의 방식으로 지나치게 많은 시간을 할애했다.

반면 제이슨 겔러는 스스로를 돕는 기버로 접근했다. 그는 자기 시간을 더 쏟아 붓지 않고도 더 많이 베푸는 방법을 찾아냈다. 무엇보다 그는 혼자 과중한 부담을 지지 않기 위해 남들과 업무를 분담함으로써 그들도 기버로 변모할 기회를 만들었다. 가령 부하직원이 도움을 청하면 겔러는 점심을 함께 먹자고 제안해 다른 관리자 두 명을 초대했다. 자신은 관리자들과 계속 관계를 유지하고 부하직원에게는 그들의 보살핌을 받을 기회를 제공한 것이다.

"관리자들 역시 더 많은 부하직원과 유대를 맺을 기회를 얻는 좋은 방법입니다."

그는 혼자서 모든 봉사활동을 도맡는 대신 부하직원들에게 더 풍부한 지식과 조언을 전해줄 여러 멘토를 소개해주었다. 바워도 사람이 너무 좋다는 말을 듣고는 겔러와 비슷한 방식을 취하기 시작했다. 그녀는 한 사람씩 만나 조언해주는 대신 단체로 만나서 대화하기로 했다.

나 자신에게 질문해봤어요.
"내가 정말로 이 일을 도와줄 수 있는 유일한 사람일까?"
나는 내가 그 일에 적합한 유일한 사람이라는 생각을 버리려고 애썼어요. 그리고 사람들끼리 서로 돕도록 연결해주기 시작했죠. 이제 나는 조언을 구하러 온 사람들에게 솔직하게 말해요.
"저도 많은 사람의 도움을 받았고 이제 당신도 남을 도와줄 필요가 있어요. 누군가가 당신에게 친절을 베풀었다면 당신에게도 다른 사람에게 똑같이 해줘야 할 의무가 있어요."

바워는 혼자 짐을 짊어지지 않기로 마음먹음으로써 자기 시간을 지키면서도 더 큰 영향력을 발휘할 파이를 키운 셈이다. 바워의 말을 들어보자.

"당신의 회사에 기버, 테이커, 매처가 자연스럽게 섞여 있다면 이기적인 성향을 더욱 적극적으로 억누르고 이타적인 성향이 극대화되도록 해보세요. 그것을 위해 당신이 할 수 있는 일이 아주 많아요. 당신은 거기에서 활력과 만족감을 얻을 수 있을 겁니다. 이건 그 자체로 중독성 있는 일이랍니다."

성공한 기버는 자신이 호구로 전락할 수밖에 없는 운명이라며 체념하지 않는다. 오히려 치열한 경쟁 상황에서 하루하루의 선택이 결과를 만들어낸다는 사실을 인식한다. 위험은 베푸는 행동 그 자체가 아니라, 모든 상황과 관계에서 한 가지 호혜 방식만 고수하는 경직성에 있다. 심리학자 브라이언 리틀이 말했듯[32] 본성이 기버일지라도 매처의 접근 방식을 발전시켜 제2의 본성으로 삼는 데 익숙해지지 않으면 성공을 거둘 수 없다. 성공한 기버는 기본적으로 타인을 신뢰하는 데서 출발하지만, 상황을 살피고 잠재적인 테이커를 가려내는 데도 주의를 기울인다. 그들은 언제든 테이커의 마음에 감정이입을 하기보다 생각을 분석하는 방향으로 전환할 준비가 되어 있다. 또한 아무 조건 없이 베푸는 자세를 버리고 너그러운 팃포탯이라는 더욱 세련된 접근 방식을 택한다. 양보하고 싶은 마음이 생길 때는 소중한 사람들에 대한 헌신을 통해 새로운 적극성을 이끌어낼 준비가 되어 있다.

릴리안 바워는 전략을 전환해 호구에서 벗어났다. 자신의 타고난 힘과 더불어 타인의 능력을 대변하고 그들의 동기를 이해해 영향력을 발휘하는 법을 배우면서, 그녀는 자신이 큰 영향을 줄 수 있는 사람에게 투자를 집중했고 그들도 자신과 마찬가지로 베풀도록 독려했다. 그런 행동이 축적되면서 그녀는 호구에서 성공한 기버로 탈바꿈했다. 비록 처음에는 타고난 천성 탓에 이사회 임원이 되는 시기가 늦어졌지만 나중에 그녀는 남들보다 앞서 나갔다. 결국 릴리안 바워는 자기 직급에서 가장 빨리 이사회 임원이 되었다.

8장

호혜의 고리
무엇이 인간을 베풀도록 만드는가

이기적인 사람에게도 그 본성에는
다른 사람의 행운에 기뻐하고
그들이 행복해야
자신도 행복해질 수 있다는
어떤 원칙이 분명 있을 터다.
그들을 보면 기분만 좋아질 뿐
자신에게는 아무런 이익이
없을지라도 말이다.[1]

애덤 스미스
경제학의 아버지

집단의 힘

1993년, 크레이그 뉴마크(Craig Newmark)는 17년간 일하던 IBM을 떠나 샌프란시스코에 있는 증권 회사 찰스 슈왑의 컴퓨터 보안 책임자로 자리를 옮겼다. 독신에다 베이 에리어에 처음 온 그는 다채로운 사회생활을 누릴 방법을 찾고 있었다. 그러다가 향토 예술과 기술적으로 중요한 정보를 공유해보자는 결심을 했고, 1995년 초부터 그는 친구들과 이메일을 주고받기 시작했다. 소문이 퍼지자 사람들은 기존에 주고받던 정보를 넘어 구인과 주택 임대, 자잘한 물건 판매 정보 등을 나누기 시작했다.

6월이 되자 이메일을 주고받는 사람이 240명에 달했다. 사람이 너무 많아 이메일로 직접 대화를 나누기가 어려워지자 크레이그는 명단을 리스트서브(listserv, 특정 그룹 전원에게 자동으로 이메일을 보내는 시스템-역주)로 옮겼다. 이를 토대로 1996년에는 크레이그스리스트(Craigslist)라는 웹사이트가 등장했고,[2] 2011년 말까지 전 세계 700곳이 넘는 지역에 크레이그스리스트 사이트가 생겼다. 크레이그스리스트는 미국에서 가장 인기 있는 웹사이트 열 개 중 하나이며, 미국에서만 매달 5,000만 명 이상이 이 사이트를 방문한다. 전 세계에서 방문자 수가 가장 많은 웹사이트 40위 안에도 들어간다.

크레이그스리스트는 인간의 기본적인 매처 본능에 호소해 큰 성공을 거두었다. 이 사이트는 판매자와 구매자가 적당한 가격에 합의를 보고 가치 있는 상품 및 서비스를 교환하는 등 거래를 쉽게 만들어준다. 이는 기본적으로 사람들끼리 직접 교환하는 거래 방식으로 매처가 선호하는 공정한 거래가 가능하다. 크레이그는 "크레이그스리스트는 이타적이지 않다. 어떻게 보면 우리는 일종의 벼룩시장과도 같다"고 말한다.

매처 대신 전적으로 기버의 방식에 기반을 두고도 같은 기능을 하는 시스템이 존재할 수 있을까?

2003년, 오하이오의 토박이 데론 빌(Deron Beal)이 그런 시스템을 고안하기로 마음먹었다. 빌도 크레이그 뉴마크처럼 잘 모르는 도시에 처음 이사를 와서 친구들과 이메일을 주고받기 시작했다. 크레이그스리스트의 전례를 따라 그는 접속자들끼리 상품을 교환하도록 서로 연결해주는 인터넷 기반 지역 공동체 형성을 목표로 삼았다. 그러나 빌은 크레이그스리스트의 교환 방식과 근본적으로 다른 특이한 규칙을 정했다. 현금 거래나 물건 판매를 금지한 것이다. 빌이 만든 프리사이클(Freecycle)에서는 모든 상품을 무료로 제공한다.[3]

프리사이클은 빌이 애리조나 투산에 있는 비영리단체 라이즈(Rise)

를 위해 재활용 프로그램을 개발 및 운영하면서 떠올린 아이디어다. 라이즈는 빌에게 아직 상태가 좋지만 그들에게는 쓸모가 없는 컴퓨터와 책상 같은 중고품을 보내주기 시작했다. 빌은 그 물건을 필요로 하는 사람들이 있을까 싶어서 여러 자선단체에 전화를 걸어 알아보았지만 그다지 성과를 올리지 못했다. 빌 자신에게도 중고품 할인 판매점에서 받아주지 않는 안 쓰는 침대가 하나 있었다. 문득 그는 물건 소유자와 그것을 필요로 하는 사람을 연결해주는 온라인 커뮤니티를 이용하면 두 가지 문제를 한꺼번에 해결할 수 있을 거라는 아이디어를 떠올렸다.

빌은 먼저 친구 마흔 명에게 프리사이클 관련 이메일을 보내고, 함께 참여해 다른 사람들에게 널리 알려달라고 부탁했다. 그런데 몇몇 프리사이클 초기 회원이 중고품을 올리기 시작하자 빌은 완전히 허를 찔린 느낌이었다. 한 여성이 조금 사용하고 남은 머리염색약을 올리고 유통기한이 다 되어간다며 다음과 같은 설명을 적어놓았다.

"빨리 사용해야 합니다. 머리색을 짙게 물들이고 싶은 분이 있다면 오늘 밤이 기회입니다."

텍사스에 사는 한 남성은 그보다 쓸 만한 낚시 도구를 올렸지만 한 가지 단서를 달았다. 낚시 도구를 도둑맞은 사람에게만 주고 싶다는 것이었다.

"34년 전 꼬마 시절에 낚시 도구 상자를 훔친 적이 있습니다. 주인을 찾을 길이 없어 잘못을 바로잡지 못하고 있습니다. 그래서 선택한 차선책입니다."

시스템의 허점을 이용하는 사람들과 쓰레기를 내놓는 사람들 때문에 프리사이클은 영 가망이 없어 보였다. 하지만 빌은 '누군가에게는 쓰레기인 물건이 다른 누군가에게는 보물'이 될 수도 있다고 굳게 믿었다. 실제로 크레이그스리스트 올리면 쉽게 팔 수 있는 진짜 보물을 올리는 사람들도 있었다. 가령 적어도 200달러의 가치가 있는 상태 좋은 카메라를 기부한 사람도 있었다. 멀쩡한 컴퓨터, 평면 TV, 유아용 자동차 보조의자, 피아노, 진공청소기, 운동기구 등도 올라왔다.

2003년 5월 처음 시작했을 때 프리사이클 회원은 30명이었다. 1년이 지나자 그 규모는 놀라운 속도로 커졌다. 전 세계 360개 도시에서 10만 명이 넘는 회원 수를 기록한 것이다. 2005년 3월에는 회원 수가 다시 열 배로 늘어 100만 명에 가까워졌다.

얼마 전, 사회과학자 로브 윌러와 프랭크 플린, 소냐 잭(Sonya Zak)이 사람들이 물품 교환 시스템에 참여하는 동기를 연구해보기로 했다.[4] 그들은 사회과학자들 사이에서 활발하게 이루어지는 토론을 근본부터 뒤집어보려 애썼다. 학자들은 대체로 크레이그스리스트의 직거래 방식이 자원을 교환하는 이상적인 형태라고 믿었다. 크레이그스리스트 같은 시스템은 거의 모든 인간이 매처라는 점을 이용해 사람들이 서로 물건을 사고팔도록 허용한다. 그렇지만 회원들끼리 물건을 거래하는 게 아니라, 누군가에게 자기 물건을 주고 또 다른 사람에게서 필요한 물건을 받는 프리사이클 같은 시스템의 급속한 성장을 예측한 전문가들도 있었다. 이 학자들은 그런 시스템의 경우 사람들이 일반적으로 기버라고 가정함으로써 테이커에게 이용당할 수도 있지만, 물건과 서비스의 직거래를 활성화하는 것만큼이나 생산적일 수 있다고 확신한다.

직관적으로 생각하면 두 종류의 시스템은 서로 다른 유형의 사람들을 끌어들인다고 볼 수 있다. 매처와 테이커는 크레이그스리스트에 끌리고 기버는 프리사이클에 빠져들 것이다.* 데론 빌이 내게 말했듯 "세상에 테이커만 있다면 프리사이클은 존재하지도 못했을" 터다. 그런데 윌러의 연구팀이 그게 전부가 아니라는 사실을 밝혀냈다.

프리사이클이 이타적인 성향이 강한 사람들을 끌어 모은 덕분에 성장한 것도 일정 부분 사실이지만, 여기에는 훨씬 더 인상적인 특징이 있다. 프리사이클은 테이커와 매처도 어느 정도 이타적으로 행동하게 만든다.

윌러의 연구팀은 프리사이클이 어떤 방식으로 운영되는지 알아보고자 크레이그스리스트와 프리사이클 회원 중에서 무작위로 표본을 추출해 분석해보았다. 먼저 평소 자신의 이익을 극대화하는 데 관심이 있는지, 아니면 남에게 기여하는 쪽을 선호하는지 묻는 일련의 질문으로 설문 조사를 했다. 이때 미국 각지의 열두 지역에 사는 두 사이트 회원 1,000명 이상을 대상으로 호혜의 행동양식을 평가했다. 기버는 프리사이클에 평균 스물한 개 품목을 기부했다. 심지어 주는 것보다 받는 것을 우선시하는 사람들조차 평균 아홉 개 품목 이상을 기부했다.

사실 사람들은 물건을 주기보다 주로 받기 위해 처음 프리사이클에 접속한다. 빌의 얘기를 들어보자.

"사람들은 대체로 프리사이클에서 물건을 무료로 얻을 수 있다는 말을 듣고 접속합니다. 이 사이트에 접속하는 사람들은 보통 '뭔가

---

* 크레이그스리스트에도 물건을 무료로 나눠주는 페이지는 많다. 그러나 물건을 사고파는 페이지에 비하면 거래가 아주 미미한 수준이다.

를 공짜로 얻을 수 있을 거야'라고 생각하죠. 그러다가 서서히 패러다임이 바뀌는 효과가 나타납니다. 이제 막 부모가 되어 어려운 시절을 보내며 간절히 도움을 원하는 사람들이 정말 많습니다. 그들은 프리사이클에서 유모차, 유아용 자동차 보조의자, 아기 침대, 어린이용 식탁 의자 등을 받아가지요. 그런 다음 아이가 자라면 그 물건을 크레이그스리스트에서 팔지 않고 다른 사람에게 공짜로 줍니다."

무언가를 얻을 목적으로 사이트에 접속한 사람들이 주는 쪽으로 돌아서는 동기는 무엇일까?

이 질문에 대한 대답은 기버가 성공 사다리의 밑바닥으로 추락하지 않는 또 하나의 방법을 제시한다. 기버가 개인적으로 누군가를 만날 때는 먼저 상대의 진실성을 판단한 다음, 상대가 테이커면 기본적으로 매처럼 행동해 자신을 지키는 것이 합리적이다. 그러나 집단 속에서는 다른 방식으로 이용당할 위험을 피할 수 있다. 구성원 모두가 이타적으로 행동하도록 유도하는 것이다. 우리는 자신이 도와준 사람들에게 그들도 부하직원을 도와주라고 직접적으로 요구한 제이슨 겔러와 릴리안 바워에게서 이런 전략의 전조를 발견할 수 있다. 앞서 〈포천〉이 세계에서 인맥이 가장 뛰어난 사람으로 선정한 실리콘 밸리의 기버, 애덤 리프킨도 주위 사람들에게 똑같은 일을 요구했다. 그는 자신에게 도움을 받은 사람들을 모임에 초대해 다른 사람을 돕게 함으로써 베품을 규범으로 삼게 한다.

1장에서 살펴본 것처럼 삶의 여러 영역에서 일관성 있게 한 가지 호혜 원칙만 고수하는 사람은 많지 않다. 한 집단이 베품을 규범으로 삼으면 다른 곳에서는 테이커나 매처 쪽으로 기우는 구성원도 그 집단에서만큼은 규범에 따라 이타적으로 행동한다. 이것은 베푸는 행동에 따르는 위험을 줄여준다. 모두가 서로에게 기여할 경우 파이가 커지고 기버도 더 이상 얻는 것보다 훨씬 더 많이 주는 상황에 몰리지 않는다.

무엇이 집단 내에서 구성원들을 이타적인 성향으로 기울게 하는 걸까? 이 장 마지막 부분에서는 전 세계에서 가장 앞서가는 기업과 경영대학이 테이커와 매처가 이타적으로 행동하도록 동기를 부여하는 데 사용하는 효과적인 활동을 다루고 있다. 먼저 프리사이클이 테이커와 매처가 이타적으로 베풀도록 하는 데 성공한 과정을 분석해보면, 개인과 조직이 더 많이 베풀도록 하는 게 무엇인지 확실히 이해할 수 있다. 그 출발점은 사람들이 맨 처음에 베푼 이유를 찾는 것이다.

인간은 순수하게 이타적일 수 있는가

베풂이 순수하게 이타적일 수 있는지 아니면 궁극적으로는 항상 이기적인지를 놓고 세계에서 가장 뛰어난 심리학자 두 사람이 거의 40여 년간 대립해왔다. 두 사람 모두 이론적 대결이 아니라 실험이라는 훨씬 더 치명적인 무기를 휘두르며 전투에 임했다.

순수한 이타주의를 옹호하는 C. 대니얼 뱃슨(C. Daniel Batson)[5]은 도움을 필요로 하는 사람에게 감정이입을 하면 진정으로 이기심 없이 베풀 수 있다고 믿는다. 상대가 도움을 간절히 원할수록, 도와주는 사람의 애착이 클수록 감정이입의 정도도 커진다. 누군가에게 감정을 이입하면 그 사람을 돕는 데 집중하게 된다. 기분이 좋아져서가 아니라 진정으로 상대를 배려해서 베푸는 것이다. 뱃슨은 남보다 더 강하게, 자주 감정을 이입하는 사람도 있지만 가장 무뚝뚝한 테이커를 포함해 사실상 모든 인간이 공감 능력을 지녔다고 믿는다. 수백 년 전 애덤 스미스는 이렇게 말했다.

"비참한 상황에 처한 사람을 보고 느끼는 감정은 …… 가장 섬세한 감성으로 느끼는 감정이지만, 이것을 인도적이고 도덕적인 사람들만 경험하는 건 결코 아니다. 가장 흉악한 범죄자, 사회의 법률을 가장 뻔뻔하게 위반하는 사람들에게도 이런 감정이 전혀 없는 게 아니다."

악마의 대변자 로버트 치알디니(Robert Cialdini)[6]는 세상에 순수한 이타주의는 존재하지 않는다고 주장한다. 물론 그도 인간이 종종 베풀고 너그럽게 행동하며 남을 돌볼 수 있다는 것을 믿는다. 그렇지만 그런 행동이 전적으로 이타적인 마음에서 비롯된 것은 아니라고 생각한다. 다만 누군가가 상처를 입으면 우리도 마음이 아프기 때문에 그를 도와줄 마음이 생기는 것이라고 믿는다. 치알디니는 우리가 누군가에게 감정을 이입해 그를 도와줄 때 우리의 궁극적인 목적은 상대를 이롭게 하는 것이 아니라며 뱃슨에게 도전장을 내밀었다. 그저 도움을 필요로 하는 사람을 보고 슬픔과 고통, 죄의식이 느껴질 때 그 나쁜 기분에서 벗어나고자 도울 뿐이라는 얘기다. 치알디니는 사람들이 도움을 필요로 하는 사람을 보고 고통이나 죄의식, 슬픔 등을 느낄 경우 그들을 돕는다는 사실을 보여주는 방대한 연구 기록을 보유하고 있다.

뱃슨은 사람들이 때로 불쾌한 감정을 덜어내려고 남을 돕는 것도 사실이지만 그것이 유일한 이유는 아니라고 반박한다. 실제로 불쾌한 기분이 항상 베풀도록 이끄는 것은 아니다. 고통이나 슬픔, 죄의식을 느껴 남을 돕는 데는 불쾌한 기분을 줄이려는 목적도 있지만 더러는 전략적으로 남을 돕기도 한다. 불쾌한 기분을 덜어내는 게 유일한 목적이라면 우리는 주의를 다른 곳으로 돌리거나 아예 스트레스를 받을 만한 상황을 피할 수도 있다.

뱃슨은 감정이입이 남을 돕게 하는 이유가 자신의 고통을 덜기 위해서인지, 아니면 타인의 고통을 덜어주기 위해서인지 구별하는 기발한 방법을 고안했다. 만일 자신의 고통을 더는 게 목적이라면 기분이 나아질 만한 행동은 무엇이든 선택할 수 있다. 타인의 고통을 덜어주는 것이 목적일 경우, 기분이 나아질 만한 다른 선택지도 있지만 그 사람을 돕는 데 비용이 많이 들더라도 돕는 쪽을 선택한다.

뱃슨과 연구진은 실험 참가자들에게 전기 충격을 받는 여성을 지켜볼 것인지, 괴로움을 피해 실험 참가를 포기할 것인지 선택하게 했다. 이때 75퍼센트가 실험 참가를 포기했다는 사실은 그리 놀랄 일이 아니다. 그런데 전기 충격을 받는 여성에 대한 감정이입을 유도하면 단 14퍼센트만 실험을 포기하고 나머지 86퍼센트는 실험에 참가해 그녀 대신 전기 충격을 받아주었다. 도와주려고 남은 사람 중 감정을 가장 강하게 이입한 사람이 다른 사람보다 네 배나 더 오래 전기 충격을 견뎌냈다.

뱃슨의 연구진은 실험을 여섯 번 이상 반복했지만 늘 같은 결과가 나왔다. 사실 실험 참가자들은 실험 현장을 벗어나면 불쾌한 기분을 줄일 수 있었다. 하지만 그들에게 감정을 이입할 경우 그곳에 남아 고통을 감수하면서까지 도와주려고 했다. 이 증거를 바탕으로 뱃슨은 불쾌한 기분을 줄이는 것은 사람들이 베푸는 유일한 이유가 아니라고 결론지었다. 서로 다른 연구 여든다섯 건에 대한 포괄적인 분석도 그의 결론을 지지한다.

그러나 우리 시대의 뛰어난 사회과학자 중 한 명인 치알디니는 그 정도로 물러서지 않았다. 그도 감정이입이 베풂의 동기가 될 수 있다는 점은 인정했다. 관심과 동정은 확실히 개인적인 대가를 치르고라도 남에게 이로운 행동을 하도록 동기를 유발한다. 그렇지만 그는 그 사실이 순수한 이타주의를 반영한다고 믿지는 않았다. 그는 도움을 필요로 하는 범죄 피해자에게 감정을 이입할 때, 우리가 경험하는 느낌은 그 범죄 피해자와의 일체감이라고 주장한다. 우리가 자신을 그 피해자와 동일시한다는 얘기다. 이 경우 피해자보다 자신을 더 많이 생각하며 이것이 우리가 피해자를 돕는 이유다. 사실은 우리 자신을 돕는 셈이다. 여기서 애덤 스미스의 말을 한 번 더 인용해보자.

"우리가 상대와 같은 상황에 놓였다고 상상하면 마치 우리가 그 사람의 몸속으로 들어간 듯 그 모든 고통을 견뎌낸다고 생각한다. 어느 정도는 그 사람이 되어 그가 무엇을 느끼는지 알게 되고 심지어 실제로 무언가를 느끼기도 한다."

치알디니의 연구진은 이러한 생각을 지지하는 수많은 실험을 수행했다. 감정이입은 일체감을 느끼게 하거나 타인과 자신을 포개서 생각하게 해 더 많이 돕도록 이끈다.

뱃슨의 연구팀은 새로운 반박을 내놓았는데 그것이 바로 이타주의다. 자신을 타인과 동일시할 정도로 감정을 이입하면 자신을 돌보듯 상대를 보살핀다는 말이다. 이 경우 더 이상 자신의 이익을 타인의 이익보다 우선시하지 않으므로 그들을 돕는 것은 순수하게 이타적인 행동이다.

　결국 두 진영은 교착 상태다.

　두 진영 모두 감정이입이 베풂을 이끈다는 점에는 동의한다. 상대와 일체감을 느끼는 것이 핵심적인 이유라는 데도 의견이 일치한다. 그러나 그 일체감이 이기적인지 이타적인지에 대해서는 근본적으로 생각이 다르다. 나는 여기에 중간지점이 있다고 생각한다. 그것은 일찍이 데론 빌이 발견한 것이기도 하다. 그는 자신에게는 필요 없는 물건을 원하는 사람에게 주고 싶어 프리사이클을 시작했다. 이것이 개인적인 이익과 무관했던 것은 아니다. 그가 진행하는 재활용 프로그램에는 물건이 멀쩡하지만 사용할 데가 없는 물건을 쌓아놓는 창고가 하나 있었다. 상사는 그 창고를 깨끗이 비우기를 원했다. 개인적으로 그는 낡은 침대를 하나 처분하고 싶기도 했다. 친구들 중에는 그 침대를 필요로 하는 사람이 없었고 내다 버리기엔 너무 컸다. 내다 버리려면 트럭을 빌려서 침대를 싣고 쓰레기 매립지까지 가져가 처리 비용을 물어야 했다. 그는 침대를 프리사이클에 올려 누군가에게 주는 것이 훨씬 싸고 쉬운 방법임을 깨달았다.

　이것이 수많은 테이커와 매처가 프리사이클에 물건을 기부하기 시작한 이유다. 또한 이제는 필요 없지만 크레이그스리스트에서도 팔릴 것 같지 않은 물건을 효과적으로 처분하는 방법이다. 시간이 지나면서 빌은 처음에는 이기적인 이유로 물건을 기부하던 사람들이 점점 남을 돕고 보살피기 위해 기부한다는 사실을 깨닫게 되었다. 예를 들어 빌은 침대를 가져가기로 한 사람과 일정을 조율하며 일종의 설렘을 느꼈다.

　"나는 침대라는 골칫거리를 제거함으로써 내가 이득을 보는 거라고 생각했습니다. 그런데 그 사람이 우리 집에 와서 감사를 표하자 기분이 정말 좋더군요. 그건 부분적으로만 이기적인 행동이었습니다. 어찌나 기분이 좋던지 다른 물건들도 기부하기 시작했어요."

나는 10여 년간의 연구 끝에 빌의 사례가 이례적인 것이 아닌 하나의 법칙이라는 결론에 도달했다. 일체감은 성공한 기버의 모습이다. 우리가 무언가를 베풀 때는 거의 언제나 자신을 이롭게 하려는 동기와 타인을 이롭게 하려는 동기가 뒤섞여 있다. 테이커와 매처는 다른 사람을 이롭게 하는 동시에 자신에게도 이익이 될 때 베풀 가능성이 가장 크다. 영장류 동물학자 프란스 드 발(Frans De Waal)은 저서 《공감의 시대(The Age of Empathy)》[7]에서 다음과 같이 말했다.

"이기적인 행동과 사심 없는 행동의 구분은 논점에서 벗어난다. 자신과 타인을 하나로 보는 것이 우리가 지닌 서로 협력하려는 본성의 숨은 비밀이라면, 타인에게서 자신을 혹은 자신에게서 타인을 보려고 노력할 이유가 있겠는가?"

300만 명 이상이 콘텐츠를 작성해 무료로 올리는 온라인 백과사전 위키디피아를 생각해보자. 그중 10만 명 이상이 정기적으로 내용을 추가한다.[8] 그들에게 그 이유를 물었을 때 새로운 사람을 만나거나 명성을 얻으려고, 외로움을 달래고 스스로 가치 있고 필요한 사람임을 느끼려고 등 자신을 위해 그렇게 한다고 대답하는 사람은 찾아보기 어려웠다. 그렇지만 그들은 다른 사람을 돕는 것, 다시 말해 상대적으로 이타적인 가치가 유일한 요인이라고 말하지도 않는다.

위키디피아 집필진이 삶의 다른 영역에서도 항상 이타적인 것은 아니다. 그러나 내용을 요약하고 다른 항목과 상호 참조하도록 위키디피아 콘텐츠를 작성하는 데는 자발적으로 많은 시간을 들인다. 그 이유가 뭘까? 조사 결과 여기에는 두 가지의 두드러진 이유가 있었다. 하나는 그 일이 재미있다는 것이고, 다른 하나는 그들이 '정보란 무료로 공유해야 하는 것'이라고 믿는다는 점이다. 수많은 집필자가 위키디피아 콘텐츠를 작성하는 이유는 그것이 개인적인 즐거움을 누리는 동시에 타인을 이롭게 하는 성공한 기부의 행동이기 때문이다.

빌은 이타적인 행동양식이 프리사이클이 그토록 빠르게 성장한 핵심적인 이유라고 믿는다. 자신에게 필요 없는 물건을 공짜로 나눠주고 그 과정에서 타인을 이롭게 하는 것은 애덤 리프킨의 '5분의 친절'과 같은 효과를 낸다. 이 경우 자신은 적은 비용을 들이지만 그것이 다른 사람에게는 잠재적으로 엄청난 이익을 안겨줄 수 있다. 프리사이클이 공식적으로 두 종류의 이익을 기업 목표로 내세운다는 점도 주목할 만하다. 프리사이클의 목표는 "전 세계적으로 기부운동을 벌여 쓰레기를 줄이고 귀중한 자원을 아끼며 쓰레기 매립장의 부담을 덜어준다. 그와 더불어 회원들이 더 큰 공동체의 힘으로 이익을 얻게 한다"는 것이다.

프리사이클 공동체에는 이처럼 이타적인 행동양식 이상으로 사람들이 베풀도록 동기를 유발하는 중요한 특징이 또 있다. 공동체 의식의 힘을 깨닫기 전까지 여러 해 동안 잠재고객 한 사람의 신뢰를 얻으려고 헛심만 쓴 어느 프랑스인 컨설턴트의 사례에서 그 메커니즘이 무엇인지 힌트를 얻을 수 있다.

적도 동지로 만드는 동질감의 위력

2008년, 전 세계적으로 불어 닥친 금융위기 속에서 수많은 기업이 고통을 받았다. 지금부터 이야기하는 한 프랑스 회사도 그중 하나다. 그 회사를 '누보'라고 부르기로 하자. 누보는 프랑스 중부의 작은 도시에 본사를 두고 널리 사랑받는 축구팀을 하나 운영하고 있었다. 회사 창립자들은 도시의 옛 영광을 재현하고자 그곳을 본사 입지로 선택했다. 그런데 인구가 계속해서 줄어드는 바람에 수익이 감소하자 더 큰 도시로 본사를 이전해야 한다는 압박을 받았다. 이때 누보 경영진은 대대적인 조직개편을 단행해 본사를 유지하기로 결정했다. 이를 위해 자금관리 이사는 외부에서 도움을 얻고자 여러 컨설팅 회사에 제안서를 요청했다. 누보는 가장 좋은 제안을 하는 회사라면 어떤 회사와도 함께 일할 용의가 있었지만 한 군데는 예외였다. 컨설팅 회사 한 곳은 도저히 신뢰할 수가 없었던 것이다. 그 회사는 누보의 가장 큰 경쟁사와 여러 해 동안 함께 일하고 있었다. 누보의 고위 간부들은 내부 정보가 우연히 새어 나가거나 테이커에게 도둑맞을 가능성을 걱정했다.

의심을 산 컨설팅 회사의 대표 임원은 누보의 프로젝트를 따내고 싶었다. 그를 필립이라고 해두자. 필립은 누보의 경영진이 자기 회사를 신뢰하지 않는다는 사실을 알았다. 필립의 회사는 과거에도 여러 번 누보에 제안서를 제출한 적이 있지만 번번이 거절당했다. 컨설턴트들이 자기 회사는 비밀 엄수 조항을 엄격하게 지킨다고 몇 번이나 설명했어도 누보의 경영진은 받아들이지 않았다. 결국 컨설턴트들은 계속해서 제안서를 제출해봤자 시간낭비일 뿐이라는 결론을 내렸다. 하지만 필립은 정말로 순수하게 누보의 성공에 기여하고 싶었다. 그는 자기 팀과 함께 누보의 조직개편에 관한 제안서를 준비해 제출하기로 했다. 머리를 맞댄 그들은 자기들이 믿을 만한 사람임을 누보에 어떻게 증명할 수 있을지 고민했다.

필립의 회사는 맨 마지막으로 누보에 제안서를 제출했다. 그때 필립은 컨설턴트 다섯 명과 함께 누보의 본사를 방문했다. 넓은 방으로 안내받은 그들은 누보의 경영진 열 명과 마주앉았다. 필립의 팀은 제안서를 열심히 설명했지만 누보의 경영진은 꿈쩍도 하지 않았다. 경영진 중 하나가 입을 열었다.

"제안은 무척 마음에 들지만 우리는 당신들을 신뢰할 수 없습니다. 우리가 왜 당신들과 관계를 맺어야 하지요? 당신들이 우리의 이익을 우선으로 하리라고 어떻게 확신할 수 있습니까?"

필립은 자기 회사의 비밀 엄수 조항과 불문율을 알리고 컨설팅 회사의 평판은 고객이 최고의 실적을 올리도록 해주는 데 달렸다고 강조했지만, 쇠귀에 경 읽기였다.

논리적인 얘기가 먹히지 않자 필립은 할 수 없이 마지막 카드를 꺼냈다. 그는 서류가방으로 손을 뻗어 그 도시의 자랑인 축구팀의 푸른색 스카프를 꺼냈다. 필립은 스카프를 둘러 그 지역 사람이라는 자부심을 표현하며 간청했다.

"우리는 여러 해 동안 우리의 비밀 엄수 조항이 신뢰할 만하다는 사실을 여러분께 확신시키려고 애썼습니다. 이제 더 이상 할 말이 남아 있지 않아 다른 방식으로라도 우리의 진심을 보여드리고자 합니다."

필립과 함께 온 다섯 명도 뒤따라 스카프를 꺼내 목에 둘렀다. 누보의 경영진은 깜짝 놀랐다. 그들은 누가 이 프로젝트를 이끌 예정이냐고 물었다. 필립이 앞으로 나섰다.

"제가 이 프로젝트를 이끌 겁니다. 우리는 8월 휴가가 끝나자마자 곧바로 일을 시작할 생각입니다. 저는 이 일에 완전히 매달릴 수 있습니다. 여러분의 본사 바로 옆에 살거든요."

몇 시간 후, 필립의 회사가 프로젝트를 따냈다. 그때까지만 해도 누보의 경영진은 필립이 같은 도시 출신이라는 걸 몰랐다. 필립은 그 일을 이렇게 설명한다.

"조직을 개편하는 작업이니 그곳에 살며 그 도시를 진심으로 아끼는 사람들과 함께 일하는 것이 회사와 직원들에게 더 좋은 일이지요. 그것이 우리 두 회사의 공통 기반이었습니다."

공통 기반은 베풂에서 중대한 영향력을 발휘한다. 영국의 심리학자들은 축구팀 맨체스터 유나이티드 팬들을 모집해 한 가지 실험을 했다.[9] 축구팬들은 한 건물에서 다른 건물로 이동하는 중에 강둑에서 조깅을 하다가 미끄러지면서 발목을 붙잡고 고통스럽게 비명을 지르는 사람을 보았다. 그들은 과연 그 사람을 도와주었을까?

대답은 넘어진 사람이 입은 티셔츠가 결정했다. 다친 사람이 평범한 티셔츠를 입었을 때는 33퍼센트만 도와주러 달려갔다. 그러나 맨체스터 유나이티드 티셔츠를 입었을 때는 무려 92퍼센트가 그 사람을 도와주었다. 예일대학의 심리학자 존 도비디오(John Dovidio)는 이런 현상을 '동질감 발동'[10]이라고 부른다. 다른 사람과 동질감을 느끼면 그에게 베푸는 행동은 완전히 이타적인 성향을 띤다. 같은 집단에 소속된 사람을 도울 경우 집단이 더 나아지게 함으로써 스스로를 돕는 셈이기 때문이다.•

동질감은 프리사이클의 급속한 성장은 물론 물건을 받아가는 비율에 비해 주는 비율이 그토록 높은 현상 뒤에 숨은 핵심적 요소다. 버클리대학의 로브 윌러 교수 연구팀은 크레이그스리스트와 프리사이클 가입자를 비교해보고 각 그룹이 경험하는 동질감과 결속력의 정도 차이에 관심을 보였다. 가입자는 동질감이 클수록 크레이그스리스트 또는 프리사이클을 자기 이미지의 중요한 부분으로 여기고, 그것을 자신의 핵심 가치 기준으로 생각했다. 결속력을 강하게 느낀다고 대답한 가입자일수록 자신을 크레이그스리스트 혹은 프리사이클 공동체의 일원으로 느꼈다. 크레이그스리스트와 프리사이클 중 어느 쪽 가입자가 더 큰 동질감과 결속력을 경험할까?

정답은 해당 사이트에서 얼마나 많은 것을 얻었느냐가 결정한다. 물건을 받거나 구매한 건수가 적은 사람들 사이에는 크레이그스리스트와 프리사이클에서 동질감과 결속력을 느끼는 정도에 아무런 차이가 없었다. 이들은 두 사이트 모두에 같은 정도로 애착을 느꼈다. 그러나 상품을 구매하거나 물건을 받은 건수가 많은 가입자 사이에는 엄청난 차이가 있었다. 특히 프리사이클 가입자들이 크레이

● 라이벌 팀인 리버풀 유니폼을 입었을 때는 30퍼센트가 그 사람을 도와주었는데, 이는 경쟁자를 돕는 것이 가능한가라는 의문을 불러일으킨다. 실험 참가자들은 상황을 연출하기 전에 왜 맨체스터 유나이티드를 가장 좋아하는지, 얼마나 오랫동안 응원해왔는지, 얼마나 자주 경기를 관전하는지, 팀이 이기거나 졌을 때 어떤 기분인지 등의 답변을 적어냈다. 그들은 자신을 맨체스터 유나이티드의 팬이라고 생각했으므로 대다수가 적 돕기를 원치 않았다. 하지만 심리학자들에게는 한 가지 계획이 더 있었다. 그들은 실험을 약간 변형해 맨체스터 유나이티드를 사랑하는 이유를 적어내는 대신 축구를 왜 좋아하며 그것이 자신에게 어떤 의미인지, 다른 팀 팬들과 평소에 어떻게 지내는지 물어보았다. 그런 다음 실험을 진행하자 넘어진 사람이 맨체스터 유나이티드 유니폼을 입었을 때 80퍼센트, 리버풀의 유니폼을 입었을 때도 무려 70퍼센트가 도와주었다. 그러나 평범한 티셔츠를 입었을 때는 22퍼센트만 도와주었다. 라이벌 팀 팬을 적이 아닌 같은 축구팬으로 바라보면 동질감이 생길 수 있다. 대개는 '우리'와 '그들'을 너무 좁고 한정된 의미로 생각하기 때문에 동질감을 느끼지 못한다. 그렇지만 공동체를 더 넓은 의미로 바라볼 경우 유사성을 발견하기가 한층 더 쉽다.

그스리스트 가입자보다 훨씬 더 큰 동질감과 결속력을 느꼈다. 심지어 이타적인 성향이 강한 가입자끼리만 비교했을 때도 결과는 같았다. 기버든 아니든 사이트를 자주 이용한 사람들은 크레이그스리스트보다 프리사이클에 더 강한 애착을 느꼈다. 사람들은 왜 가치를 공평하게 주고받은 공동체가 아닌 자기가 얻은 것보다 준 것이 많은 공동체에서 더 큰 결속력과 동질감을 느끼는 걸까?

윌러의 연구팀은 베풂이 일반화된 시스템과 일대일 직거래 시스템에서 무언가를 얻는 것이 서로 다른 경험으로 느껴지는 데는 두 가지 이유가 있다고 주장한다. 첫 번째 차이는 교환의 의미 자체에 있다. 직거래 시스템에서 교환이란 하나의 경제적 거래 활동이다. 크레이그스리스트에서 물건을 사는 사람은 판매자가 자신의 이익을 극대화하려 애쓰고 구매자의 이익을 그다지 신경 쓰지 않는다는 사실을 안다. 이와 대조적으로 베풂이 일반화된 시스템에서는 제공자가 수혜자로부터 어떤 유형의 가치를 얻으려 하지 않는다. 프리사이클에서 물건을 얻은 사람은 누군가가 아무 조건 없이 준 선물을 받은 셈이다. 윌러의 연구팀에 따르면 이 점은 '제공자에게 자신의 이익보다 수혜자의 이익을 위해 행동하고자 하는 동기'가 있고, 그들이 '수혜자에게 물건 자체의 도구적 가치 이상의 관심과 배려를 전한다'는 사실을 시사한다. 경제적 거래와 비교할 때 선물은 개인적인 가치 판단에 크게 영향을 받는다.

두 번째 차이는 누구 덕분에 이익을 얻느냐에 있다. 크레이그스리스트에서 싼값에 물건을 샀다면 자신의 협상 요령이나 판매자의 친절(혹은 순진함) 덕분으로 돌릴 수 있다. 크레이그스리스트 공동체에서는 특정인과 가치를 주고받을 뿐 그 이상은 아무것도 얻지 못한다. 윌러의 연구팀은 "결과적으로 직거래 참여자는 집단 구성원과 어떤 감정적 교류를 나누기 어려우므로 그 집단과 동질감을 느끼기 어렵다"고 말한다. 반면 베풂이 일반화된 환경에서는 공동체 그 자체가 선물을 나눠주는 근원이다. 효과적으로 베풀 수 있도록 구성된 시스템에서는 교환이 다음과 같은 구조로 이루어진다.

'A가 B에게 주고, B는 또 다른 사람 C에게 준다.'

여러 사람에게 다양한 물건을 받은 프리사이클 이용자는 물건을 준 사람들 각자가 아니라 전체 집단으로부터 이익을 얻었다고 여긴다. 공동체가 제공하는 선물을 받았다고 느낄 때 생기는 감사하는 마음과 호의로 사람들은 공동체와의 동질감을 느끼기 시작하고 자신을 프리사이클의 일원으로 여긴다. 일단 이런 동질감이 생기면 프리사이클과 동질감을 느끼는 다른 사람에게 물건을 공짜로 주고 싶어진다. 나아가 점점 더 프리사이클 공동체 전체에 기여하고 싶은 마음이 생긴다.

결국 이용자는 가능할 때마다 도움 요청에 응해 자신에게 필요 없는 물건을 무료로 제공한다. 이러한 환경에서는 테이커도 필요 없는 물건을 남에게 공짜로 주고 나서 무언가를 잃었다는 느낌을 받지 않는다. 오히려 필요할 때 언제든 물건을 무료로 받을 수 있도록 공동체의 규범을 지켰다고 생각한다.

매처의 입장에서는 받은 가치를 기증자에게 되돌려줄 수 없으므로 다른 사람에게 똑같이 베푸는 것이 차선책이다. 다른 사람도 자신과 마찬가지로 남을 돕는 이들이라는 점에서 더욱더 그렇다. 이것이 아기용품을 되돌려준 부모들에게 일어난 일이다. 그들은 받은 호의에 보답하는 의미로 이제는 필요 없어진 물건을 예전의 자신과 비슷한 처지에 놓인 후배 부모에게 기부한다.

자신이 어떤 공동체의 일부라고 느낄 때 사람들은 다른 사람에게 베풀고자 하는 동기를 부여받는다. 그렇다고 모든 개인과 집단이 동질감을 같은 정도로 경험하는 것은 아니다. 프리사이클에는 동질감을 키우는 또 다른 무언가가 있다. 애덤 리프킨은 그 요소가 무엇인지 잘 이해하고 있다.

차별화, 같으면서 동시에 다른 사람이 되는 일

나는 애덤 리프킨을 처음 만난 자리에서 그의 인맥 중 가장 흥미로운 사람에 대해 이야기해달라고 부탁했다. 그는 "내가 아주 좋아하는 사람 중 한 명은 애덤 리프킨입니다"라고 대답했다. 자신을 말한 게 아니었다. 애덤 리프킨은 할리우드의 작가이자 감독, 프로듀서, 배우로 영화 〈디트로이트 락 시티(Detroit Rock City)〉와 〈히맨(He-Man)〉 등에서 중요한 역할을 맡은 또 다른 애덤 리프킨과 끈끈한 관계를 유지하고 있었다. 혼동을 피하고자 여기서는 그를 '할리우드 애덤'으로, 그의 사랑스러운 도플갱어(또 하나의 자신. 간단히 말해 '분신'-역주)를 '판다 애덤'[11]으로 부르도록 하겠다.

판다 애덤은 할리우드 애덤이 막 일을 시작한 1992년에 LA로 이사해 캘리포니아 공과대학에서 박사 과정을 시작했다. 당시 할리우드 애덤에게 연락하려던 사람들이 실수로 판다 애덤에게 전화하는 일이 잦았다. 판다 애덤은 할리우드 애덤을 만나 그 혼란을 정리하고 싶었다. 그래서 인터넷에 자신의 전화번호를 올려놓았지만 3년간 아무도 전화하지 않았다. 1996년 무렵 할리우드 애덤은 뉴욕에 있었다. 그때 한 친구가 그에게 판다 애덤의 웹사이트를 보여주었다.

"그때 나는 인터넷에 대해 아무것도 몰랐는데 그가 만들어놓은 걸 보고 깊은 인상을 받았습니다. 나도 그 사람으로 오인받은 적이 몇 번 있었기 때문에 당장 전화를 걸었지요."

동부 시간으로 아침이었고 서부 시간으로는 이제 막 동이 튼 다음이었다. 날카로운 전화벨 소리가 판다 애덤의 잠을 깨웠다.

> 판다 애덤: (정신이 혼미한 상태로) "여보세요?"
> 할리우드 애덤: "애덤 리프킨 씨? 저는 애덤 리프킨입니다."
> 판다 애덤: "평생 이 전화를 기다렸습니다."

겉보기에 둘 사이에는 공통점이 많지 않았다. 말로 표현할 수 있는 부분에서는 서로 접점이 없었다. 판다 애덤은 뉴욕에서 자랐고 할리우드 애덤은 시카고에서 성장했다. 판다 애덤은 소프트웨어 엔지니어였고 할리우드 애덤은 영화인이었다. 하지만 그들은 만나자마자 즉각 어떤 유대감을 느꼈다. 판다 애덤의 얘기를 들어보자.

"할리우드 애덤은 대단히 매력적인 사람입니다. 그가 일하는 할리우드와 내가 일하는 실리콘 밸리는 내가 짐작했던 것보다 훨씬 더 공통점이 많았습니다. 누가 나에게 할리우드에 아는 사람이 있느냐고 물으면 나는 보통 그 사람 얘기부터 시작하죠. 할리우드 애덤은 내가 아는 사람들을 도와주려고 헤아릴 수 없이 많은 사람을 소개해주었습니다. 할리우드에는 자기중심적이고 자아도취에 빠진 사람이 많지만, 할리우드 애덤은 친절하고 착한 사람입니다. 우리는 서로 같은 철학을 공유합니다."

할리우드 애덤도 거들었다.

"판다 애덤은 대단한 친구입니다. 그와 나는 유머감각이 비슷하지요. 우리는 누가 더 신세를 많이 졌는지 따지지 않고 서로 도와줍니다. 그 점은 둘 다 생각해본 적도 없습니다. 그저 도움이 될 만한 행동을 할 뿐입니다."

판다 애덤은 할리우드 애덤에게 트위트를 소개해주었다. 또 할리우드 애덤이 쇼타임 방송국에 〈룩(Look)〉이라는 시리즈를 방송할 때, 판다 애덤은 그 예고편을 유튜브와 트위터에 올려 북아메리카에 광고하도록 도와주었다. 두 애덤 리프킨은 왜 그렇게 서로 강한 동질감을 느꼈을까?

통계적으로 올바른 판단은 이름이 같다는 점이 주는 효과다. 적어도 부분적으로는 그렇다. 뉴욕 주립대학 버펄로캠퍼스의 심리학자 브렛 펠함(Brett Pelham)은 사람들이 자기 자신을 연상하게 하는 사람, 장소, 물건 등을 선호한다는 점에 주목했다. 이름은 정체성과 깊이 관련돼 있으며 우리는 중대한 결정을 내릴 때 자기 이름을 연상하는 쪽으로 이끌릴 수 있다. 펠함과 그의 동료들은 이 점을 설명하려고 매우 놀랍고 또 논란의 여지가 있는 여러 연구를 수행했다.

그들은 독립적인 연구 다섯 건을 통해 사람들이 자기 이름과 지명이 비슷한 곳에서 말년을 보낼 가능성이 비정상적으로 크다는 사실을 발견했다. 한 연구에서 펠함의 연구진은 미국 최대 도시 마흔 곳을 조사해 첫 세 글자가 도시 이름에도 들어 있는 가장 흔한 이름 100개를 찾아보았다. 그런 다음 연령층별로 가장 인기 있는 이름으로 짝을 지었다. 그 결과 1900년에서 1950년 사이에 가장 흔한 이름이던 잭-필립(Jack-Phillip), 버지니아-밀드리드(Virginia-Mildred) 같은 쌍이 나타났다. 그런데 '잭'은 '필립'보다 잭슨빌(Jacksonville)에 살 확률이 네 배나 높았다. 두 이름이 같은 정도로 흔한데도 그랬다(필라델피아[Philadelphia]에는 필[Phil]이라는 이름이 잭보다 압도적으로 많다). 태어난 도시 이름을 따서 이름을 지었기 때문이 아니다. 자기 이름과 비슷한 도시로 이사하는 확률이 훨씬 더 높았다(조지아[Georgia]라는 사람이 조지아로 이사한 건수는 통계적으로 가능한 예상치보다 두 배 높았다). 직업도 마찬가지였다.[12] 1990년 당시 데니스(Dennis)는 미국인의 남자 이름 중 마흔 번째로 흔했다. 제리(Jerry)가 서른아홉 번째, 월터(Walter)가 마흔한 번째를 기록했다.

당시 미국의 치과의사(dentist) 중 이름이 제리인 사람은 270명이었다. 월터는 257명이었다. 데니스는 몇 명이었을까? 통계적으로 볼 때 257명과 270명 사이여야 한다. 그런데 실제로는 무려 482명이었다. 당신의 이름이 데니스라면 유사한 정도로 흔한 제리와 월터라는 사람보다 치과의사가 될 가능성이 두 배나 크다. 이름이 로이어(Lawyer)인 사람은 의사(doctor)보다 변호사(lawyer)가 될 확률이 44퍼센트 더 높고, 이름이 닥터(Doctor)인 사람은 로이어와 반대로 의사가 될 확률이 38퍼센트 더 높음을 보여준 연구도 있다.

자신과 관련된 것에 끌리는 건 대상이 사람이나 상품일 때도 마찬가지다. 펠함의 연구진은 사람들이 자기 이름과 비슷한 초콜릿, 크래커, 홍차 상표를 선호한다는 사실, 그리고 데이트 상대를 고를 때 이니셜이 비슷한 사람에게 더 끌린다는 사실을 밝혀냈다.[13] 이름이 비슷하다는 것이 상대가 더 매력적으로 보이도록 영향을 끼칠 리 없다고 굳게 믿는 사람들조차 그랬다.

이러한 유사성이 우리가 누굴 도와줄지 결정할 때도 영향을 미친다는 증거도 있다. 제프 갈락(Jeff Galak), 데보라 스몰(Deborah Small), 앤드루 스티븐(Andrew Stephen)은 전 세계 빈곤 계층이 사업을 시작하도록 25달러 정도를 빌려주는 소액대출 웹사이트 기바닷오알지(Kiva.org)에서 2만 3,000명 이상이 받은 28만 9,000건 이상의 대출을 조사해보았다. 그 결과 사람들은 자신과 이름의 첫 글자가 같거나 직업이 같은 사람에게 돈을 빌려줄 가능성이 더 크다는 사실이 드러났다.●

사람들이 무언가에 매혹되는 과정에서 '자기 이름과 비슷하다'는 사실은 어느 정도 윤활유 역할을 한다. 우리는 자신을 떠올리게 하는 사람을 만났을 때 좀 더 열정적이고 친절하며 마음을 연다. 두 사

● 이러한 발견을 설명하는 방식에는 여러 가지가 있다. 와튼스쿨의 유리 사이먼슨(Uri Simonsohn)은 자료를 면밀히 검토해보고, 그 자신은 비슷한 이름이 결정에 영향을 끼칠 수 있다고 믿지만 여러 연구가 다른 요인들로 왜곡돼 있다고 설득력 있게 주장했다.[15] 예를 들어 데니스라는 이름은 치과의사뿐 아니라 변호사 중에서도 많이 볼 수 있다. 그러나 이것은 무작위로 통제된 실험에서 왜 사람들이 자기와 이름이 비슷한 사람을 돕고, 자기 이니셜과 같은 상품을 사며, 이니셜이 같은 사람을 데이트 상대로 선택하는지 설명하지 못한다. 이름이 어떻게 성공을 가로막는지 보여준 최근 연구에 대해서도 마찬가지다. 심리학자들은 이름이 A와 B로 시작되는 사람이 C와 D로 시작되는 사람보다 평균적으로 더 높은 학점을 받고 명문 로스쿨에 입학할 확률도 높다는 사실을 발견했다. 프로야구 선수 중 이름이 삼진을 상징하는 K로 시작되는 선수가 다른 선수보다 평균 9퍼센트 더 삼진을 많이 당한다는 사실도 밝혀냈다. 그렇다면 사람들은 부정적인 결과일지라도 그것이 미묘하게 자신을 상기시키면 좀 더 편안하게 느낀다고 추측할 수 있다. 이 추측을 잠정적으로 지지해주는 증거는 매우 많다. 이름이 D로 시작되는 운동선수, 의사, 변호사는 다른 첫 글자로 시작되는 사람보다 더 빨리 죽는다. 긍정적 의미를 지니는 이니셜(A.C.E., J.O.Y., W.O.W. 등)을 쓰는 프로야구 선수는 부정적 이니셜(B.U.M., P.I.G., D.U.D. 등)을 쓰는 선수보다 평균 13년 더 오래 산다. 1969년~1995년에 캘리포니아 주에서도 중립적 이니셜을 쓰는 사람에 비해 긍정적 의미를 지닌 이니셜을 쓰는 여성이 평균 3.4년 더 오래 살았다. 긍정적 이니셜을 쓰는 남성은 평균 4.5년 더 오래 살았으며 부정적 이니셜을 쓰는 남성은 평균 2.8년 더 일찍 죽었다. 이니셜이 우리에게 영향을 끼친다는 것은 긍정적 이니셜을 쓰는 사람들의 사고율과 자살률이 평균보다 낮고, 부정적 이니셜을 쓰는 사람은 평균보다 더 높다는 점에서도 일관성 있게 나타난다.

람의 애덤 리프킨이 처음 만났을 때도 같은 현상이 나타났다. 이들이 처음에 찾아낸 피상적인 유사성은 둘 사이의 진정한 유사성에 바탕을 둔 관계를 구축하도록 문을 열어주었고, 이후 이들은 서로 도움을 주고받았다.

하지만 두 애덤 리프킨의 결속력은 단순히 이름이 같다는 사실을 넘어선다. 예를 들어 당신이 어느 대학생과 함께 어떤 실험에 참가했다고 상상해보자. 연구진은 당신의 지문을 채취해 그것으로 당신의 성격을 어느 정도 알아낼 수 있다고 거짓말을 한다. 그리고 둘 다 인격검사 설문지에 답을 작성한다. 이제 당신이 막 떠나려고 하는데 함께 설문에 응한 대학생이 가방에서 종이 몇 장을 꺼내며 말한다.

"제가 작문 수업을 듣는데 저를 모르는 사람이 제 에세이를 읽고 비평을 해줘야 해요. 혹시 이 여덟 장짜리 에세이를 읽고 제 논증에 설득력이 있는지 평가하는 한 장짜리 비평을 써주실 수 있나요? 내일까지 꼭 필요하거든요."

당신은 그 대학생을 도와주겠는가? 당신은 지금 심리학자 제리 버거(Jerry Burger)가 실제로 행한 실험[16]의 통제군에 속한 셈이다. 실험 결과 통제군에서는 참가자 중 48퍼센트가 대학생을 도와주었다. 이때 다른 실험군에서는 참가자들이 도움을 청한 대학생과 어떤 공통점이 있다고 믿게 만들었다. 연구자는 실험 참가자가 설문지를 작성한 다음에 나타나 지문 조사 결과지를 보여주며 말했다.

"참 흥미롭군요. 두 사람 모두 E형 지문입니다."

이제 그 대학생을 돕고 싶은 마음이 좀 더 강해졌는가? 그 대답은 유사성을 어떻게 구조화했는가가 결정한다. 연구진은 참가자 절반에게는 E형 지문이 전체 인구의 80퍼센트에게 나타나는 일반적인 형태라고 말해주고, 나머지 절반에게는 2퍼센트 미만에게만 나타나는 희귀한 형태라고 말했다.

유사성에 특별할 것이 없을 때는 참가자 중 55퍼센트가 대학생을 도와 통제군보다 약간 더 높은 수치를 기록했다. 그러나 유사성이 특별할 때는 82퍼센트의 참가자가 도와주었다. 모든 공통점이 사람들을 이타적으로 행동하도록 이끄는 것은 아니다. 오직 특별한 공통점만 그런 힘을 발휘한다. 펠함의 연구에서는 사는 장소, 직업 선택, 결혼 상대 선택에 이름의 유사성이 미치는 영향도 흔한 이름보다 특이한 이름일 때 더 강하다는 사실도 밝혀졌다.

우리는 자신과 흔치 않은 공통점을 공유하는 사람, 장소, 물건 등에 이끌린다. 이것이 두 애덤 리프킨이 처음 만났을 때 느꼈던 점이다. 애덤 리프킨은 흔치 않은 이름이고 특이한 공통점은 서로 매력을 느끼는 과정에 윤활유 역할을 한다. 실제로 펠함은 이름이 독특할수록 자기 이름과 유사한 지명에 더 큰 동질감을 느낀다는 사실도 밝혀냈다.

심리학자 마릴린 브루어(Marilynn Brewer)는 흔치 않은 공통점이 그토록 강력한 영향력을 발휘하는 이유를 설명하는 이론 하나를 고안했다. 우리는 한편으로는 주변과 어울리기를 원한다. 사람들은 인간관계, 결속력, 공동체, 소유물, 소속감, 타인과의 연대감을 얻으려 안간힘을 쓴다. 다른 한편으로는 홀로 돋보이고 싶어 한다. 우리는 자신만의 고유성, 차별성, 개별성 등을 찾으려고 노력한다. 사회생활을 할 때 이 두 가지 동기는 서로 갈등을 빚는다. 어떤 집단에 강한 소속감을 느낄수록 자신의 고유성을 잃을 위험이 커지기 때문이다. 자신을 남과 더 차별화하고자 애쓸수록 소속감을 잃을 위험이

커진다.

이 갈등을 어떻게 풀어낼 수 있을까? 해답은 남과 같으면서 동시에 다른 존재가 되는 것이다. 브루어는 이것을 '최적 차별성(optimal distinctiveness)'[17]의 원리라고 부른다. 우리는 두드러지면서도 주변과 어울리는 방법을 찾고자 한다. 가령 독특한 집단에 들어가는 것은 최적 차별화를 이루는 인기 있는 방법 중 하나다. 관심사, 정체성, 인생 목표, 가치관, 능력, 성격 혹은 경험을 공유하는 집단의 일원이 되면 친밀감과 소속감을 느낀다. 동시에 다른 집단과 확연히 구분되는 독특한 유사성을 지닌다. 독특한 유사성을 공유하는 개인 및 집단에 더 강한 동질감을 느낀다는 사실을 보여주는 연구는 아주 많다. 집단의 가치관, 관심사, 능력, 경험이 희귀할수록 결속력은 더 강해진다. 소속감과 고유성을 동시에 느끼도록 최적 차별성을 제공하는 집단에 속한 사람이 더 행복해한다는 연구 결과도 있다. 우리는 그런 집단에 속했을 때 큰 자부심과 결속력을 느끼고 스스로를 가치 있는 존재로 여긴다.

프리사이클은 환경 보호를 강조함으로써 처음부터 최적 차별성을 제공했다. 이는 낡은 재료로 새 물건을 만든다는 재활용 운동과는 차별화된 핵심 목표다. 회원은 약간만 손질해서 다시 사용할 수 있는 물건을 원하는 사람을 찾아, 자신에게 필요하지 않은 물건을 쓰레기 매립장으로 보내는 부담을 덜었다. 이러한 공통 목적이 다양한 이데올로기를 넘어 서로 유대감을 형성했고, 이는 프리사이클 공동체가 공유하는 그들만의 정체성을 창출했다.

투산에서 출발한 최초의 프리사이클 자원봉사자 그룹에는 환경 보호에 열성적인 진보적 민주당 지지자, 쓰레기란 없다고 믿는 보수적 공화당 지지자, 사람들에게 원하는 일을 할 권한을 주고 싶어 하는 자유주의자들이 뒤섞여 있었다. 시간이 지나면서 회원 수가 늘어나고 성향도 다양해지자, 각 지역의 프리사이클 공동체는 회원에게 그들이 원하는 물건을 주기 위해 바자회를 열었다. 예를 들어 뉴욕에서는 한 지역 단체가 정기적으로 도시의 한 구획에서 프리사이클 기부 행사를 벌인다.

프리사이클은 동질감을 공유하고 고유한 방식으로 자신을 표현할 기회를 제공함으로써 호혜가 일반화된 기부 체계를 활성화했다. 회원들은 자신이 공동체에 속한 누군가를 도와주면 또 다른 누군가가 자신을 도와주리라는 사실을 안다. 그런데 윌러의 연구팀은 한 가지 주의할 점이 있음을 지적한다. 그러한 시스템에서는 "가치를 상당히 많이 교환해야 집단에 대한 긍정적인 감정이 생기고, 그 감정이 생겨야 더 많이 기여할 동기를 부여받아 시스템이 제대로 작동한다"는 점이다. 다시 말해 사람들은 충분한 이익을 얻어야 그 집단에 베푸는 행동이 일반화되어 있다고 여기고 그 집단이 자신을 도와줄 거라고 느낀다는 얘기다.

프리사이클이 이룬 성과는 미리 보장된 것이 아니었다. 무엇보다 만일 이 사이트의 기버가 무임승차하려는 테이커에게 호되게 이용당했다면 전체 활동은 시작되지 않았을 것이다. 프리사이클은 어떻게 처음부터 엄청난 양의 기부를 얻어내고 무임승차를 막을 수 있었을까?

따라할 수 있을 정도의 역할모델

프리사이클이 처음 문을 열었을 때, 초기 회원 중에 아흔여덟 살의 노인이 있었다. 당시 그는 자전거 부품을 모아 완성품을 만든 다음 지역 어린이들에게 나눠주었다. 데론 빌은 "그는 이상적인 역할모델이었다"고 회상한다. 투산 시민은 모두 그를 이웃 주민처럼 가깝게 느꼈고, 독특한 공동체의 일원인 그가 베풂을 실천하자 많은 사람이 그의 모범을 따라야 한다고 생각했다.

뉴욕대학의 심리학자 조너선 하이트(Jonathan Haidt)는 이런 현상을 '감정의 고양(elevation)'이라고 부른다.[18] 이는 타인의 선행에 감화를 받으면 "마음의 '리셋 버튼'이 눌리고 냉소적인 감정이 사라지면서 그 자리에 …… 도덕적 영감이 들어선다"는 것을 의미한다. 하이트와 사라 앨고(Sara Algoe)는 감정의 고양이 이뤄지면 "한동안 스스로 덜 이기적인 사람이 된 것처럼 느끼고 그에 따라 행동한다"고 말한다.

하지만 이 노인이 타인의 감정을 고양시키는 역할모델이 된 데는 공동체의 동질감 이상의 이유가 있었다. 그 내막을 알아보기 위해 레이프 넬슨(Lief Nelson)과 마이클 노턴이 이끈 실험[19]을 살펴보자. 그들은 실험 참가자들에게 무작위로 남을 돕는 영웅적 행동을 한 실존인물 한 명의 특징 열 가지를 쓰거나 슈퍼맨의 특징 열 가지를 쓰게 했다. 그런 다음 공동체 봉사활동에 참여할 의사를 묻자 실존인물의 특징을 적은 사람이 슈퍼맨의 특징을 적은 사람보다 두 배 더 많이 참여했다.

3개월 후, 넬슨과 노턴은 봉사활동을 위한 미팅을 하자며 두 집단을 모두 초대했다. 이때 실존인물의 특징을 적은 사람이 미팅에 참여한 비율이 슈퍼맨의 특징을 적은 사람보다 네 배 높았다. 3개월 전에 실존인물을 생각한 사람들은 의지가 꺾이지 않았다. 반면 슈퍼맨을 생각한 사람들은 열정이 식어버렸다. 그 이유가 뭘까?

사람들은 실존인물의 일반적인 특징을 생각할 때, 바람직한 속성 중에서 자신과 관계가 있는 내용을 떠올린다. 예를 들어 실존인물이 남에게 얼마나 도움을 주었고 또 책임감이 얼마나 강했는지 기록한 실험 참가자들은 자신에게도 그런 이타적인 성향이 있다고 믿고 싶어 했다. 따라서 그들은 자원봉사에 적극 참여했다. 슈퍼맨을 생각한 사람들은 총알보다 빠르고 기관차보다 힘이 세며 단박에 고층빌딩을 뛰어넘는 등 TV 시리즈 〈슈퍼맨의 모험〉에 나오는 실현 불가능한 기준을 떠올렸다. 누구도 그렇게 강하고 영웅적일 수 없는데 무엇 때문에 애써 시도하려 들겠는가?

프리사이클의 기버는 충분히 실천할 수 있을 듯한 기준을 모델로 제시했다. 아흔여덟 살의 노인이 자전거를 만들어 아이들에게 나눠주는 것을 본 사람들은 자신도 비슷한 일을 할 수 있음을 알았다. 남들이 옷이나 쓰지 않는 전자제품을 무료로 나눠주는 모습을 본 회원들은 그 일이 매우 쉽다고 느꼈다. 프리사이클에서의 작은 선행 하나가 베풂을 보다 쉽고 만족스러운 일로 만든 것이다.

치알디니는 기부 요청에 '동전 하나라도 큰 도움이 됩니다' 같은 문구를 더했을 때 사람들이 더 많이 기부한다는 사실을 발견했다. 흥미롭게도 이 문구가 더해지면 기부자 수가 늘어나는 것은 물론 항상 기부 액수가 줄어들지 않는다. 작은 기여까지 정당화해 거절을 부끄럽고 어려운 일이 되도록 함으로써 테이커를 끌어들이고, 기버가 기부하는 양은 그다지 줄지 않기 때문이다.

사람들은 대부분 물건을 공짜로 얻으려고 프리사이클에 가입하지만 그렇다고 그들이 모두 테이커는 아니다. 일단 어느 집단에 들어가면 사람들은 어떤 행동이 그곳에 알맞은지 파악하려 한다. 다른 사람이 큰 비용을 들이지 않고 베푸는 모습을 본 신규 회원은 자연스럽게 그 행동을 따라한다. 프리사이클은 베풂을 가시적으로 만들어 사람들이 그 규범을 쉽게 알아차리게 했다.

이 교훈은 베풂이 얼마나 가시적이어야 행동양식에 영향을 끼칠 수 있는지에 관해 강력한 깨달음을 준다. 남이 어떻게 행동하는지 정보를 얻지 못할 경우, 사람들은 삶의 여러 영역에서 잃기보다 취하는 쪽으로 기운다. 프리사이클이 활동을 시작하고 몇 달 지나지 않았을 때, 치알디니는 심리학자들로 구성된 연구진과 함께 캘리포니아 주민 800명 이상을 대상으로 에너지 소비량을 조사했다.[20] 연구진은 사람들에게 에너지 절약을 결심하는 데 다음의 요인이 얼마나 중요하게 작용했는지 물었다.

  돈을 절약한다.
  환경을 보호한다.
  사회에 이익이 된다.
  다른 사람들도 그렇게 한다.

캘리포니아 주민들은 일관성 있게 환경 보호를 가장 중요한 요인으로 꼽았다. 사회에 이익이 된다는 요인이 두 번째였고, 세 번째는 돈을 절약한다는 점이었다. 다른 사람들을 따라서 그렇게 한다는 것이 가장 덜 중요한 요인이었다. 치알디니의 연구진은 사람들이 자신의 동기를 정확히 이해하고 있는지 확인하고자 한 가지 실험을 고안했다.[21] 그들은 캘리포니아 주 샌 마코스에서 400여 가구를 선정해 무작위로 네 가지 문패 중 하나를 주었다.

- 에너지 절약으로 '돈을 아끼세요': 샌 마코스에 있는 캘리포니아 주립대학 연구자들에 따르면, 한여름 냉방에 에어컨 대신 선풍기를 사용하면 한 달에 54달러를 절약할 수 있다고 합니다.
- 에너지 절약으로 '환경을 보호합시다': 샌 마코스에 있는 캘리포니아 주립대학 연구자들에 따르면, 한여름 냉방에 에어컨 대신 선풍기를 사용하면 온실 가스 배출량을 한 달에 262파운드 줄일 수 있다고 합니다.
- 에너지 절약으로 '후손들을 위해' 당신이 해야 할 몫을 합시다: 샌 마코스에 있는 캘리포니아 주립대학 연구자들에 따르면, 한여름 냉방에 에어컨 대신 선풍기를 사용하면 전력 소모량을 한 달에 29퍼센트 줄일 수 있다고 합니다.
- '당신의 이웃처럼' 에너지 절약에 참여합시다: 샌 마코스에 있는 캘리포니아 주립대학 연구자들에 따르면, 샌 마코스에서 한여름 냉방에 에어컨 대신 선풍기를 사용하는 가정이 77퍼센트에 달한다고 합니다.

치알디니의 연구진은 어느 집이 어떤 문패를 받았는지 모르는 상태에서 직접 각 가정을 찾아다니며 인터뷰를 진행했다. 문패의 문구에 얼마나 마음이 움직였는지 묻자 이웃을 따라 에너지 절약을 실천하자는 내용을 받은 주민이 가장 적게 영향을 받았다고 대답했다. 에너지 절약에 참여하겠다는 그들의 욕구는 환경 보호 문제 문패를 받은 사람들보다 18퍼센트 낮았다. 또 후손을 위하자는 문패를 받은 사람들보다 13퍼센트, 돈을 아끼자는 문패를 받은 사람들보다 6퍼센트 더 낮았다.

그런데 전기요금 청구서를 보고 그들이 실제로 얼마나 에너지 절약을 실천했는지 확인한 치알디니의 연구진은 놀라운 사실을 발견했다. 주민들은 자신의 행동 동기를 잘못 알고 있었던 것이다. 실제로는 이웃을 따라 실천하자는 문패를 받은 사람들이 이후 두 달 동안 에너지를 '가장 많이' 절약했다. '당신의 이웃처럼' 문패가 다른 문패보다 하루 전력 소모량을 평균 5~9퍼센트 더 줄이는 효과를 발휘했다. 다른 문패들은 모두 비슷한 정도로 효과가 없었다. 다른 사람도 에너지 절약을 실천한다는 사실을 알려주는 것이 주민들을 같은 행동으로 이끄는 가장 좋은 방법이었던 것이다.

어쩌면 이것은 이미 에너지 절약을 실천하던 사람들이 전력 소모량이 많던 사람들을 자극해 가장 눈에 띄게 반응하도록 한 결과인지도 모른다. 치알디니의 연구진은 이웃이 에너지를 절약한다는 정보를 얻는 것이 전력 소모량이 많던 사람에게 동기를 부여하는지 확인하기 위해 캘리포니아 주 300여 가구를 대상으로 또 다른 실험을 했다. 이번에는 주택 규모가 비슷한 이웃과 비교했을 때 그들이 지난 1~2주간 얼마나 많은 전력을 소모했는지 말해주는 문패를 각 가정에 나눠주었다. 이 문패에는 해당 가구가 이웃보다 전력을 (기버처럼) 적게 소모했는지, (테이커처럼) 많이 소모했는지 적혀 있었다.

재미있게도 전력을 많이 소모하던 가정은 이후 몇 주 동안 하루 평균 전력 소모량을 1.22킬로와트시(kWh)나 줄였다. 자신이 이웃의 전력 소모량 평균치보다 더 많이 소비한다는 사실을 알리는 것은 전력 소비를 줄여 평균에 맞추려는 동기를 부여한다. 하지만 이것은 오직 이웃과 비교했을 때만 효과를 발휘했다.● 치알디니의 연구진은 이것을 다음과 같이 설명한다.

> 핵심 요인은 다른 캘리포니아 주민, 같은 도시 거주민, 특정 동네 거주자 등 비교 대상이 어떤 사람들인가 하는 점이었다. 자신과 비슷한 사람들로부터 가장 큰 영향을 받는다는 이론처럼 비교 대상이 자신과 가깝고 유사할수록 사회적 규범의 힘이 더 강했다. 에너지 절약을 실천하겠다는 결심에 가장 강력한 영향력을 발휘한 존재는 자신과 가장 비슷한 사람, 같은 동네 주민들이었다.

에너지 분석 회사 오파워(Opower)는 이러한 결과에서 영감을 얻어 60만 가구에 에너지 소비량을 알려주는 보고서를 보냈다. 그리고 그중에서 무작위로 절반을 선택해 이웃과 전력 소비량을 비교해보게 했다. 이번에도 전력을 가장 많이 소비하던 테이커가 정보를 본 다음 에너지를 가장 많이 절약했다. 실제로 그 지역 평균에 비해 얼

● 아이러니하게도 이타적 성향이 강한 사람들에게는 이 메시지가 에너지 절약을 실천하는 데 오히려 악영향을 미쳤다. 자신의 전력 소모량이 평균보다 낮다는 사실을 안 그들은 자신에게 조금 더 쓸 자격이 있다고 생각했고, 실제로 하루 평균 전력 소모량이 0.89킬로와트시 증가했다. 심리학자들은 그 가정이 평균보다 적은 양의 에너지를 소모한다는 내용 다음에 스마일 마크를 그려 넣어 이런 의도치 않은 결과를 피했다. 사회적인 인정을 의미하는 이 작은 마크는 사람들이 계속 이타적으로 행동하도록 동기를 부여했다.

마나 많은 에너지를 소비하는지 알려주는 것만으로도 에너지 소비량을 비약적으로 줄일 수 있다. 이렇게 절약하는 에너지의 양은 전기요금을 28퍼센트 인상할 경우 절약할 것으로 예상되는 양에 해당한다.

가끔은 자신이 규범을 어기고 있는지 모르는 탓에 이기적으로 행동하는 경우도 있다. 그런 상황에서는 규범을 알려주는 것만으로도 이타적으로 행동하도록 이끌 수 있다. 특히 그들에게 이해타산적 본능이 있을 경우에는 더욱더 그렇다.

프리사이클의 매력 중 하나는 회원들이 끊임없이 규범을 접한다는 점이다. 회원 한 사람이 무언가를 줄 때마다 그 행동은 확실히 눈에 보인다. 이 경우 다른 사람들도 기부가 얼마나 잦은지 보고 그 뒤를 따르려 한다. 프리사이클은 지역 공동체 단위로 조직되므로 회원들은 이웃이 베푸는 것을 직접 목격하고 자신의 기부와 지역 평균을 비교할 수 있다. 기버든 테이커든 매처든 이웃이 세운 기준을 깨뜨리고자 하는 사람은 없으며 오히려 자신이 같은 수준으로 맞추려 한다.

현재 야후에서 프리사이클보다 자주 검색되는 환경 관련 용어는 '지구 온난화'와 '재활용' 두 개뿐이다. 프리사이클은 매주 8,000명씩 회원 수가 늘어 2012년 여름까지 전 세계 110개 국가 이상에서 900만 명이 넘는 가입자를 확보했다. 물론 가급적 많은 물건을 공짜로 얻으려는 테이커의 자세로 가입하는 사람이 여전히 많다. 동시에 지역사회에서 작은 선행 하나를 실천하는 역할모델들이 많은 신규 가입자를 기버로 이끌어, 프리사이클 공동체가 공유하는 정체성을 계속 형성해 나가고 있다. 총 900만 명의 프리사이클 회원이 하루

3만 개가 넘는 물건, 무게로는 1,000톤에 달하는 양을 공짜로 나누어준다. 지금까지 무료로 나누어준 물건을 모두 쌓으면 그 높이가 에베레스트 산의 14배가 넘는다. 일찍이 찰스 다윈은 다음과 같이 말했다.

"언제든 서로 돕고 공공의 이익을 위해 자신을 희생할 준비가 되어 있는 개체가 많은 종이 거의 모든 종을 누르고 승리를 차지할 것이다. 그것이 자연선택이다."[22]

나는 프리사이클의 성공 원리를 배운 뒤, 그것을 환경에 초점을 맞추지 않은 다른 조직의 일상에도 적용할 수 있을지 궁금해지기 시작했다. 회사나 학교에서 베풂 체계를 만들고 유지하려면 어떻게 해야 할까?

호혜의 고리

세계에서 가장 오랜 역사를 자랑하는 와튼스쿨 교수진에 합류했을 때, 나는 수업시간에 베풂을 전파하는 실험을 해보기로 마음먹었다. 나는 학생들에게 미시건대학의 사회학자 웨인 베이커와 그의 아내 셰릴이 휴맥스에서 개발한 '호혜의 고리' 활동을 해보자고 제안했다. 그것은 학생 한 명이 한 가지 부탁을 하면 나머지 학생들이 자신의 지식과 자원, 인간관계 등을 동원해 부탁을 들어주는 것이다. 부탁 사항은 직장 소개에서 여행 관련 팁에 이르기까지 직업적으로든 개인적으로든 무언가 의미 있는 것을 선택할 수 있었다.

처음에 학생들은 다소 불안해하거나 회의적인 표정을 지었다. 한 학생은 와튼스쿨에 기버는 없다며 그 활동이 성공할 수 없을 거라고 단언했다. 기버는 경영학이 아니라 의학이나 사회운동 등을 전공할 거라는 논리였다. 또 다른 학생은 컨설팅 관련 직장에 지원하기 위해 이력서를 쓰려면 경험이 많은 사람에게 도움을 받는 편이 낫다는 건 인정하지만, 그들은 그 자리를 놓고 경쟁하는 우리를 절대로 도와주지 않을 거라고 말했다.

그렇게 서로를 불신의 눈으로 바라보던 학생들은 곧 서로 돕기 위해 자기 인맥을 동원하기 시작했다. 2학년생 알렉스는 놀이공원에 관심이 많다며 언젠가 놀이동산 식스플래그를 운영할 희망을 품고 와튼스쿨에 진학했다고 말했다. 그는 어디서부터 시작해야 좋을지 모르겠다며 그 업계에 발을 들여놓도록 누군가가 도와줄 수 있느냐고 물었다. 학급 친구 앤드루가 손을 들고 식스플래그의 전 CEO와 안면이 있다고 말했다. 앤드루는 손을 써서 두 사람을 만나게 해주었다. 몇 주 후 알렉스는 전 CEO로부터 엄청나게 가치 있는 조언을 들었다.

졸업반 미셸은 건강에 문제가 있어서 성장장애를 겪는 친구가 몸에 맞는 옷을 찾지 못해 고민이라고 털어놓았다. 같은 졸업반인 제시카가 패션 업계에서 일하는 삼촌에게 전화해 도움을 청했다. 3개월 후, 미셸 친구의 집에 주문 제작한 옷이 배달되었다.

웨인 베이커는 GM과 브리스톨 마이어스 스큅(Bristol-Myers Squibb) 등 여러 회사에서 호혜의 고리 활동을 이끌었다. 그는 종종 같은 업계의 경쟁 회사 사장과 관리자들을 한곳에 모아 서로 도움을 요청하고 도와주도록 했다. 그중 외주업체에 PCS 알칼로이드 계통 합성을 의뢰하고 약 5만 달러를 지불하는 제약 회사 중역이 한 명 있었다.

그는 비용을 줄일 만한 대안이 있느냐고 조언을 구했다. 마침 그 그룹에 자기 연구소에 재고가 남아도는 사람이 있어서 필요한 자재를 무료로 제공해주었다.

호혜의 고리는 대단히 강렬한 경험을 안겨준다. CH2M 힐(CH2M Hill)의 부사장 버드 아헤언(Bud Ahearn)은 자기 회사 경영진은 호혜의 고리가 "연간 엄청난 금전적 가치가 있을 뿐 아니라, 우리 '모두'의 삶의 질을 향상시킬 무한한 잠재력을 지녔다는 점에서 그 활동을 열렬히 지지한다"고 말했다. 베이커는 중역들에게 그 활동에 2시간 30분 정도 참여함으로써 얻은 시간적, 금전적 가치를 추정해달라고 요청했다. 기술과 건축 분야 컨설팅 회사에서 일하는 서른 명은 25만 달러와 닷새 이상을 절약했다고 추산했다. 다국적 제약 회사에서 일하는 열다섯 명은 9만 달러와 67시간 이상을 절약했다고 추산했다.

나도 IBM, 시티그룹, 에스티 로더, UPS, 노바티스(Novartis), 보잉 등 여러 회사 직원과 관리자 혹은 경영자들을 상대로 호혜의 고리 활동을 이끌었다. 그때 구글의 경쟁률 높은 일자리를 얻는 일에서부터 조언자를 찾는 일, 가장 좋아하는 축구선수의 사인이 담긴 기념품을 구하는 일에 이르기까지 다양한 도움 요청이 해결되는 모습을 보고 매우 놀랐다. 그러나 그 일이 실제로 일어나기 전까지 참가자들은 와튼스쿨 학생들과 마찬가지로 정말로 다른 사람이 필요한 도움을 줄지 의심스러워했다. 그럴 때마다 나는 당신들 중에 기버가 얼마나 많은지 주의 깊게 생각해본 적 있느냐는 질문으로 대답한다.

프랭크 플린과 바네사 본(Vanessa Bohns)은 실험 참가자들이 뉴욕에서 낯선 사람에게 다가가 설문 작성을 부탁하는 실험을 진행했다.²³ 실험 참가자들은 네 명 중 한 명 정도가 사람들이 그들의 요청에 응할 것이라고 예측했다. 실제로 나가서 설문 작성을 부탁하자 두 명 중 한 명이 요청에 응했다. 뉴욕에서 진행한 또 다른 실험에서는 실험 참가자들이 낯선 사람에게 다가가 휴대전화를 빌려 쓸 수 있겠느냐고 부탁했다. 참가자들은 30퍼센트가 부탁을 들어주리라고 예측했지만 실제로 휴대전화를 빌려준 사람은 48퍼센트였다. 낯선 사람에게 다가가 길을 잃었다고 말하며 가까운 체육관으로 데려다달라고 부탁하는 실험도 있었다. 참가자들은 14퍼센트가 부탁을 들어주리라 예측했으나 실제로 체육관까지 데려다준 사람은 43퍼센트였다. 자선기금을 1,000달러 모금하는 실험에서는 참가자들이 평균 210명의 기부를 받아야 목표치를 채울 수 있으리라고 예측했다. 그들이 예상한 평균 기부액은 50달러도 되지 않았다. 그러나 실제로 모금운동을 벌인 결과 예상했던 인원의 절반 정도에서 목표치를 달성했다. 1,000달러를 모금하는 데는 평균 60달러 이상씩 기부한 122명이면 충분했다.

우리는 왜 베풀 의지가 있는 사람의 수를 과소평가하는 걸까? 플린과 본은 우리가 타인의 반응을 예상할 때 부탁을 들어주지 않을 경우 타인이 입을 손실은 무시하고, 허락했을 경우의 손실에만 초점을 맞추기 때문이라고 설명한다. 사실 사람들은 사소한 도움 요청을 거절하면 부끄러움과 죄의식, 불편함을 느낀다.

심리학 연구는 주위에 기버가 그처럼 많지 않다는 믿음을 형성하는 또 하나의 강력한 요인을 지적한다.²⁴ 그 요인은 미국 문화에 깊숙이 뿌리 내리고 있다.

좋은 사람이라는 신호를 보내는 방법

직장과 학교는 흔히 제로섬 환경으로 설계되어 있다. 이곳에서는 억지로 순위를 매기고 성적을 상대적으로 평가하기 때문에 구성원은 서로 승자와 패자로 갈리는 경쟁을 벌인다. 이러한 환경에서는 동료가 이기적인 성향으로 기운다고 가정하는 것이 자연스러우므로 사람들은 베풀기를 꺼린다. 그 결과 실제로 베풂의 빈도가 낮고, 주변에 베푸는 데 관심이 있는 사람이 실제보다 적으리라고 예상한다. 시간이 흐를수록 베풂은 비정상적으로 보이고 이타적인 유형은 자신을 소수자로 느끼기 시작한다.

사람들은 규범을 어기면 사회적으로 고립될까 봐 걱정하게 마련이고, 심지어 선행을 베풀 때 순수하게 이기적인 동기에서 그러는 거라고 가장하기도 한다. 1835년 미국을 방문한 프랑스의 사회철학자 알렉시스 토크빌(Alexis Tocqueville)은 그때 벌써 미국인은 "살면서 하는 거의 모든 행동을 자신의 이익에 기초해 설명하기 좋아한다"[25]고 지적했다. 그는 미국인이 서로 돕는 모습과 나라를 위해 자신의 시간 및 재산 일부를 무상으로 기증하는 모습을 보았지만, 그것이 남을 돕고자 하는 순수한 열망에서 비롯된 행동임을 '미국인이 잘 인정하지 않는다는 사실'에 충격을 받았다. 토크빌은 "나는 그들이 그런 방식 탓에 능력을 충분히 발휘하지 못할 수도 있다고 본다"고 말했다.

그로부터 150여 년 뒤, 프린스턴대학의 사회학자 로버트 우드노(Robert Wuthnow)는 심장병 전문의에서부터 구조대원에 이르기까지 다양한 영역에서 남을 돕는 직업에 종사하는 미국인을 인터뷰했다.[26]

그 일을 하는 이유를 설명해달라고 하자 그들은 '같이 일하는 사람들을 좋아한다'거나 '집에 있기 싫어서' 같이 자신의 이익에 중점을 둔 이유를 이야기했다. 그들은 자신이 진심으로 남을 돕고 친절하며 너그럽다는 것, 또한 자신에게 남을 보살피는 동정심이 있다는 것을 인정하려 하지 않았다. 우드노는 미국에 "지나치게 자선을 베푸는 사람이라는 평가를 받지 않아야 한다는 사회적 규범이 있다"고 말하며, "그런 사람은 '지나치게 동정심이 많은 사람'이라거나 '공상적 박애주의자' 등으로 불린다"고 지적한다.

나도 여러 회사와 대학에서의 실험을 통해 같은 결과를 얻었다. 사실은 이타적인 성향을 간직한 사람이 많았지만, 그들은 동료가 그 가치를 공유하지 않으리라는 잘못된 가정 아래 그 마음을 억제하거나 숨기고 있었다. 심리학자 데이비드 크레흐(David Krech)와 리처드 크러치필드(Richard Crutchfield)는 이러한 현상이 '아무도 믿지 않음에도 불구하고 모든 사람이 모두가 믿는다고 생각하는 상황'을 만들어낸다[27]고 오래 전에 설명했다.

그러면 2011년에 하버드대학의 신입생들을 대상으로 실시한 설문조사 결과를 살펴보자.[28] 그들은 하나같이 연민은 자신이 매우 중요하게 여기는 가치 중 하나지만, 하버드 대학생 전체에게는 거의 맨 밑바닥에 가까운 가치일 것이라고 생각했다. 아무리 베풀고자 하는 사람이 많아도 그들이 다른 사람은 그렇지 않으리라고 가정하면 그 집단 혹은 회사 전체의 규범은 그것에서 멀어진다. 심리학자 배리 슈워츠(Barry Schwartz)는 다음과 같이 말했다.

"틀린 생각도 그것이 이념과 다를 바 없을 때는 중대한 영향을 미칠 수 있다. 그 영향력은 사람들이 흔히 이념에 따라 행동하면서 무심코 현실과 이념을 일치시키기 때문에 발생한다."[29]

다른 사람은 기버가 아니라고 가정하면 자신도 모르게 선행을 베풀고자 하는 타인의 마음을 꺾는 방식으로 말하고 행동하며, 이는 결국 자기 충족적 예언이 되고 만다. 호혜의 고리는 하나의 구조화된 베풂 형식으로 이러한 자기 충족적 예언을 무너뜨리고자 고안된 것이다. 그 첫걸음은 도움을 청하게 하는 일이다.

연구 결과 직장에서 서로 베푸는 행동은 대부분 직접 도움을 요청했을 때 나타났다.[30] 관리자들이 언제 남을 돕고 도움을 받는지 조사한 연구에서도 약 90퍼센트가 직접 도움을 요청했을 때 상부상조하는 것으로 밝혀졌다. 물론 도움을 청하는 것이 쉬운 건 아니다. 사람들은 능력이 없거나 궁핍해 보이기 싫어하며 남에게 빚을 지고 싶어 하지도 않는다. 와튼스쿨의 한 학장이 설명했듯 "학생들은 이것을 '운동선수가 경기 중에 짓는 표정'이라고 부른다. 그들은 항상 성공적인 모습을 보여야 한다는 압박감을 느낀다. 갑옷에 빈틈이 있어서는 안 되며 약점을 보였다가는 치명적인 상처를 입을 수도 있다."

호혜의 고리에서는 모든 사람이 도움을 요청하므로 부끄러워할 이유가 거의 없다. 참가자는 분명하고 상세하게 도움을 요청함으로써 잠재적인 조력자에게 어떻게 하면 효과적으로 도와줄 수 있는지 명쾌한 방향을 제시한다. 프리사이클과 마찬가지로 호혜의 고리도 종종 기버가 나서서 역할모델을 해줌으로써 시작된다. 그러나 모든 호혜의 고리에는 다수의 매처와 이기적으로 행동하는 몇몇 사람이 있게 마련이다. 베풂이 일반화된 시스템을 만들고 그것이 지속적인 효과를 발휘하게 하려면, 프리사이클에서와 마찬가지로 매처와 테이커가 무언가 기여를 해야 한다. 그렇지 않으면 기버는 끝까지 모든 사람을 돕기만 하고 얻는 것이 없어서 이용만 당하거나 에너지 소진의 위험에 처한다. 매처와 테이커가 과연 나설까?

호혜의 고리에서는 무언가 의미 있는 요청을 하는 사람들이 적지 않아 매처의 감정이입을 이끌어낸다. 내가 진행한 실험에서 강인한 CEO가 떨리는 목소리로 희귀한 암과 싸우는 사람들을 위해 적절한 조언을 찾는다고 말했을 때 그 장소에 퍼진 동정심이 손에 잡힐 듯했다. 금융 회사의 어느 중역은 다음과 같이 고백했다.

"나는 내가 얼마나 남을 돕고 싶어 하는지 알고 놀랐습니다. 내 직업은 일과 재정적인 측면에 완전히 집중하라고 요구합니다. 내게 그런 동정심이 있는 줄은 몰랐습니다. 그것도 내가 한 번도 만난 적 없는 사람들을 위해서 말입니다. 나는 정말로 그 사람이 처한 어려움을 느꼈고 그에게 무언가 도움이 될 만한 일을 하고 싶었습니다."

매처는 감정이입을 하지 않았을 때도 많은 기여를 한다. 호혜의 고리 속에서 순수한 매처로 행동하기란 매우 어렵다. 자기가 도와준 사람이 자신의 요청을 들어줄 가능성은 크지 않기 때문이다. 그러므로 남들과 똑같은 정도로 기여하는 것이 매처로 행동하는 가장 쉬운 길이다.

호혜의 고리는 판다 애덤이 구축한 인맥의 축소판이다. 우선 참가자가 다른 참가자에게 5분 동안 친절을 보이도록 독려한다. 참가자가 어떤 요청이든 수락될 거라고 확신하게 하려면 여러 사람을 도와줄 필요가 있다. 자신에게 직접 도움을 요청한 사람이 아니더라도 말이다. 참가자들이 얻는 것보다 더 많이 베풀면 판다 애덤이 자신의 인맥에서 설정한 '도움을 받고 또 다른 사람을 돕는다'는 규범에 더욱 가까워져 그룹 전체의 모든 요청을 충족시킬 가능성이 극대화된다.

그렇다면 테이커는 어떨까? 많은 사람이 테이커는 아무것도 기여하지 않으면서 도움을 받는 양만 극대화할 거라고 걱정한다. 웨인 베이커와 나는 그런 위험을 검토하기 위해 우선 100명 이상을 만나 기버인지 테이커인지 조사했다. 이어 그들이 호혜의 고리에서 얼마나 기여하는지 횟수를 세어보았다. 예상했던 대로 기버가 테이커보다 더 많이 기여했다. 기버는 각자 다른 사람을 평균 네 번 도와주었다. 그런데 놀랍게도 테이커 역시 평균 세 번씩 도우면서 상당히 너그러운 모습을 보였다. 테이커는 보통 남을 돕는 것보다 권력이나 성취를 훨씬 더 중요하게 생각하는데도 얻은 것보다 세 배나 많이 베푼 것이다.

호혜의 고리가 테이커도 기버처럼 행동하게 하는 체계를 구성하는 비결은 베풂을 공식화하는 데 있다. 테이커는 공개적인 상황에서 지식과 자원, 인간관계를 동원해 너그럽게 행동하면 좋은 평판이라는 이익을 얻는다는 걸 안다. 아무것도 기여하지 않으면 치사하고 이기적으로 보이며 자신이 무언가를 요청했을 때 큰 도움을 받을 수 없다. 듀크대학의 행동주의 경제학자 댄 애리얼리(Dan Ariely)는 동료 두 사람과 함께 "이타적으로 행동하는 것은 선한 것, 탐욕스럽거나 이기적인 행동은 그렇지 못한 것으로 여겨진다"[31]고 주장하며, 베풂은 "자신이 좋은 사람이라는 신호를 보내는 방법"이라고 말한다.

기버는 보통 공개적이든 사적이든 관계없이 선을 행하지만, 테이커는 공개적일 때 선을 행할 가능성이 더 크다는 연구 결과가 있다. 한 실험에서 테이커는 남들이 결과를 볼 수 있을 때, 가령 회의시간에 상당히 많은 아이디어를 내놓았다.[32] 아이디어를 익명으로 제출할 때는 그다지 기여하지 않았다. 테이커는 남에게 보이려고 친환경적으로 행동한다는 연구 결과도 있다.[33] 그들은 개인적으로 선택할 때는 친환경적인 제품보다 고급 제품을 선호하지만, 결정 내용이 공개될 때는 환경을 보호한다는 평가를 얻으려고 친환경적 제품을 고른다.

와튼스쿨 학생들도 비슷한 경향을 보였다. 나는 일주일에 한 번 몇몇 학생이 전체 학생에게 도움을 요청하는 시간을 마련했다. 한번은 학생 다섯 명이 도움을 요청하자 자신을 테이커로 묘사하던 한 학생이 그중 네 명을 돕는 모습을 보고 깜짝 놀랐다. 친구들 사이에서의 평판이 얼마나 베푸느냐로 결정되자 그도 베푼 것이다. 호혜의 고리는 기여도를 눈에 보이게 만들어 사람들에게 자기 성향에 상관없이 성공한 기버로 행동할 기회를 제공한다. 참가자들은 좋은 일을 하는 동시에 남들 눈에 좋은 사람으로 보일 수 있다.

어쨌거나 친절은 인간의 본성이다

여기서 근본적인 질문이 고개를 든다. 프리사이클이나 호혜의 고리처럼 베풂이 일반화된 시스템은 테이커를 더 뛰어난 사기꾼이 되게 할까? 아니면 테이커가 정말로 기버로 변모하게 할까? 나는 어찌 보면 동기는 문제가 되지 않는다고 생각한다. 중요한 것은 행동 그 자체다. 만일 테이커가 타인을 이롭게 한다면 그 동기가 이타적이라기보다 기본적으로 이기적일지라도 문제될 것은 없다. 그들은 베풂을 일반화해 교환의 형식으로 자리 잡도록 하는 데 기여하는 셈이다. 그래도 동기를 완전히 무시하면 테이커가 다른 사람의 관심에서 벗어나기가 무섭게 베푸는 양을 줄일 위험을 간과하는 것이나 다름없다.

중국의 학자들이 승진 대상자에 속하는 은행원 300명 이상을 대상으로 연구를 진행했다.[34] 그들은 은행원 각자가 과중한 업무에 시달리는 동료를 돕거나 자기 업무에 꼭 필요한 일이 아님에도 자발적으로 나서서 처리하는 등 얼마나 자주 베푸는 행동을 하는지 평가했다. 그리고 경영진은 그 평가를 바탕으로 은행원 일흔 명을 승진시켰다.

흥미롭게도 3개월이 지나자 경영진은 그중 절반 이상에 대해 승진시킨 것을 후회했다. 승진한 은행원 일흔 명 중 서른세 명은 진정한 기버였다. 그들은 승진한 다음에도 베푸는 자세를 계속 유지했다. 나머지 서른일곱 명은 단기간 동안 급격하게 기버로 기울어진 사람들이었다. 승진 3개월 전부터 누군가가 지켜보는 것을 알고 자신을 희생해 남을 돕는 사람인 것처럼 꾸며온 사기꾼이었다는 얘기다. 일단 승진하고 나자 그들은 각각 평균 23퍼센트씩 베푸는 행동이 줄어들었다.

어떻게 하면 사람들을 기버 쪽으로 이끌 수 있을까? 하버드대학 총장 토머스 딩맨(Thomas Dingman)은 학생들이 동정심에 높은 가치를 두면서도 다른 사람은 그렇지 않으리라고 생각하는 것을 보고 어떻게든 손을 쓰기로 마음먹었다. 이후로 하버드대학의 신입생들은 대학 400년 역사상 최초로 사회봉사 서약에 서명하도록 권유받았다. 서약 내용은 다음과 같다.

"우리는 하버드대학 신입생으로서 학교의 명예를 지키고, 학교 전체가 모든 사람이 번영하며 지적인 성취와 동등하게 친절함을 기르는 장소가 되도록 헌신할 것을 약속합니다."

공개적인 약속이 지닌 힘을 믿은 딩맨은 단순히 서약서에 서명하는 것에서 그치지 않고 한 걸음 더 나아가기로 했다. 학생들이 약속을 끝까지 지키도록 독려하는 차원에서 서약서를 액자에 넣어 대학 기숙사 복도에 걸어두려 한 것이다. 즉시 거센 반대의 목소리가 불거졌다. 그중 컴퓨터 사이언스 교수이자 전 하버드대학 총장이던 해리 루이스(Harry Lewis)의 의견이 가장 주목할 만했다. 그는 자신의 블로그에 이런 글을 올렸다.

"친절에 호소하는 것은 전적으로 부적절하다. 나도 우리 사회에 친절을 실천하는 사람이 부족하다는 점에는 동의한다. 그렇지만 하버드대학 학생들에게 친절 서약을 '권하는' 것은 현명한 일이 아니다. 그건 끔찍한 선례로 남을 것이다."[35]

루이스가 옳을까?

뉴욕대학의 심리학자 피터 골비처(Peter Gollwitzer)가 이끈 일련의 실험을 살펴보자.[36] 실험 결과에 따르면 자신의 정체성과 관련된 활동을 하겠다는 의사를 공개적으로 천명한 실험 참가자들은 같은 의사를 마음속에 간직한 참가자들보다 실제로 행동할 가능성이 더 '작은' 것으로 나타났다. 자신의 계획을 남에게 알려준 사람은 실제로 행동하지 않아도 정체성을 주장할 수 있다. 같은 맥락에서 하버드대학 학생들은 친절 서약을 함으로써 실제로 베푸는 행동을 할 필요도 없이 기버라는 이미지를 구축할 수 있었다. 딩맨은 즉시 서약서를 공개적으로 걸어두겠다는 생각을 버렸다.

비공개적으로 친절 서약서에 서명하는 것만으로도 역효과가 날 수 있음을 보여주는 증거도 있다. 노스웨스턴대학의 심리학자들은 실험 참가자들에게 보살핌, 너그러움, 친절 등 이타적인 특징을 담은 용어와 책, 열쇠, 집 같은 중립적인 용어 중 한 범주를 무작위로 할당하고 그 단어들을 이용해 자신에 관해 기술하도록 했다.[37] 실험 참가자가 또 다른 질문지를 작성한 다음, 연구진은 각자 원하는 자선단체를 선택해 기부금을 낼 생각이 있느냐고 물었다. 이때 이타적인 용어를 이용해 자신을 기술한 참가자가 중립적인 용어로 기술한 참가자보다 2.5배나 돈을 더 '적게' 기부했다. 그들은 속으로 생각했다.

'나는 원래 베푸는 사람이야. 그러니 이번에는 굳이 기부할 필요가 없어.'

친절 서약은 하버드대학에서도 비슷한 효과를 낼 수 있었다. 서약서에 서명하면 기버의 자격을 얻는 셈이다. 그것은 더 적게 베풀거나 더 많이 취해도 좋다는 심리적 자격증을 수여하는 것이나 다름없다.

누군가에게 영향을 주려 할 때, 우리는 하버드대학의 서약 같은 방식으로 접근한다. 먼저 상대에게 태도 변화를 권하고 계속 그에 맞춰 걸어 나가기를 기대한다. 앞으로 기버로 행동하겠다는 서약서에 서명을 받으면 그들이 베풂의 중요성을 알고 실천하리라고 생각한다는 얘기다. 하지만 수많은 심리학 연구 결과가 이 추론은 앞뒤가 바뀌었음을 보여주고 있다. 오히려 정반대의 전략이 훨씬 더 강력한 영향력을 발휘한다. 먼저 실천하게 해야 계속해서 그것을 따를 확률이 높다. 테이커를 기버로 변모시키려면 우선 베풀도록 설득하는 것이 필수적이다. 조건이 맞으면 시간이 흐를수록 그들 스스로 점점 기버가 되어가고 있음을 깨닫는다.

그런데 중국의 은행원들에게는 이런 현상이 나타나지 않았다. 그들은 3개월 동안 동료를 도와주었지만 일단 승진하자 베풀기를 그만두었다. 뱃슨과 그 동료들이 지난 35년 동안 연구한 결과에 따르면, 사람들은 자신이 행동하는 이유를 승진 같이 외부적인 데로 돌릴 수 있을 때 스스로를 기버라고 생각하지 않는다.[38] 반면 남에게 무언가를 베푸는 결정을 스스로 반복해서 내리면 베풂을 자기 정체성의 일부로 내면화하기 시작한다.

격렬한 인지적 불협화(cognitive dissonance, 인간 인지 시스템의 일관성을 위협하는 정보-역주) 과정을 경험하는 사람들도 있다. 일단 베풀겠다고 스스로 결정하면 그 행동을 바꾸기 어렵다. 이때는 정말로 기버가 되어 일관성을 유지하며 위선을 피하는 게 가장 쉬운 방법이다. 스스로 자기 행동을 관찰하고 배우는 내면화 과정을 경험하는 사람들도 있다. 영국의 소설가 E. M. 포스터(E. M. Forster)의 말로 바꿔 표현하면, "자기가 무엇을 하는지 알기 전에 어떻게 자신이 어떤 사람인지 알 수 있겠는가?"[39]

자원봉사에 관한 여러 연구도 이 생각을 지지한다. 경력을 쌓기 위해 자원봉사 조직에 가입한 사람은 봉사활동을 오래 할수록 더 많이 베풀며, 자원봉사가 자신의 정체성에서 중요한 일면을 차지한다고 여기기 시작한다. 그러면 자신이 도와주는 사람들과 동질감을 느끼기 시작하고 그 역할 속에서 기버가 되어간다.

회사 내에서도 같은 현상이 일어난다는 연구 결과도 있다.[40] 직책과 상관없이 동료와 고객을 돕겠다고 자발적으로 결정한 사람은 자신을 조직 시민(직무 기술서에 명시하지는 않지만 타인을 배려하는 자세와 조직에 대한 애정에 바탕을 둔 시민의식의 자발적 발현으로 전체를 위해 행동하는 사람-역주)으로 보기 시작한다.•

베푸는 행동을 일반화한 시스템인 프리사이클과 호혜의 고리는 스스로 선택하게 하면서도 베풂을 독려한다는 점에서 대단히 지혜롭다고 할 수 있다. 베풂은 매우 강력한 규범이지만 무엇을 주고 누구를 도울지 결정하는 것은 전적으로 참가자 자신의 몫이다. 내가 와튼스쿨 강의시간에 호혜의 고리를 도입했을 때 학생들은 누구를 어떻게 도울지 스스로 선택하면서 하나의 정체성을 만들어냈고 그것을 공유하기 시작했다. 한 학생은 그 공동체를 '와튼스쿨에서 사람들이 서로 보살펴주는 유일한 집단'이라고 표현했다. 경영 컨설팅과 투자은행이라는 같은 직업을 두고 경쟁을 벌이는 그들은 서로 면접 준비를 도와주고 비법을 공유하며 조언을 해주기 시작했다. 일부 학생은 졸업 후에도 계속 도움을 주고받고자 동문 리스트서브를 만들기도 했다. 한 학생은 이렇게 말했다.

"우리가 함께한 공동체 속에서 서로 돕는 것과 이익 나누기를 강조해서 그런지, 저는 제가 속한 다른 집단보다 이 동문 회원들에게 누구든 저를 좀 도와달라고 말하기가(그리고 부탁받기가) 훨씬 편안하게 느껴집니다."

학기가 끝났을 때 와튼스쿨에 기버는 없다고 말했던 냉소적인 학생이 내게 다가와 조용히 말했다.

"어찌된 일인지 그 수업을 들은 모든 학생이 본질적으로 베풀고자 하는 마음을 먹었고, 그게 우리 모두를 지배했습니다."

● 어떤 호혜 방식을 따르든 기버의 정체성을 내면화할 수 있지만,[41] 그럼에도 기버와 테이커 사이에는 차이가 존재한다는 점도 흥미로운 사실이다. 제인 더턴(Jane Dutton), 브렌트 로소(Brent Rosso)와 함께 〈포천〉 선정 500대 소매회사를 대상으로 연구한 결과, 나는 동료를 도와준 사람은 자신을 더 너그럽고 남을 잘 보살피는 사람으로 여기기 쉽다는 사실을 발견했다. 이것은 진정한 기버에게 나타나는 패턴이다. 자발적으로 베풂을 반복하면 전반적으로 기버의 정체성이 발달한다. 그러나 테이커는 그렇게 발달한 기버의 정체성이 다른 집단이나 역할로 전이되지 않았다. 그들은 프리사이클에서는 기버일 수 있지만, 다른 조직에서는 그곳과의 동질감을 내면화하기 전까지 다시 테이커로 돌아간다는 얘기다. 앞에서 살펴보았듯 조직이 알맞은 차별성을 더 많이 제공할수록 그런 동질감은 더 빨리 생기는 경향이 있다.

9장

차원이 다른 성공
양보하고, 배려하고, 주는 사람이 최고에 오른다

어떤 사람은 누군가에게
호의를 베풀 때마다
항상 대가를 받으려 한다.
또 어떤 사람은
항상 되돌려 받으려 하지는 않지만,
자신이 베푼 것을 절대 잊지 않고
빚을 떠안겼다고 생각한다.
그러나 아예 잊는 사람도 있다.
그들은 포도를 맺는 나무처럼 ……
남을 도와준 다음 ……
아무것도 되돌려 받으려 하지 않으며
…… 다른 일을 시작한다. ……
우리 모두 그런 사람이 되어야 한다.[1]

마르쿠스 아우렐리우스
로마 황제

현명한 행동의 조건

몇 년 전, 풍채 좋은 한 남자가 스포츠 세계에 두각을 나타냈다. 180센티미터를 훌쩍 넘는 키에 몸무게도 90킬로그램에 달하는 데릭 소렌슨(Derek Sorenson)은 상대 선수의 마음에 공포감을 심어주는 강인하고 공격적인 선수였다.[2] 그는 소속 대학팀을 전국대회 결승으로 이끌고 프로로 진출했다. 하지만 그는 부상으로 일찌감치 선수생활을 마감했고 유명 프로팀의 계약 협상가로 스카우트 제안을 받았다. 사실 그는 세계 최고 수준의 팀을 만든다는 희망을 품고 선수와 에이전트를 상대로 수단과 방법을 가리지 않을 만한 사람이었다.

데릭은 협상력을 기르고자 한 명문 경영대학의 협상 수업 과정에 등록했다. 그는 학기마다 제조 공장을 인수하려는 제약 회사 중역부터 목수와 열띤 논쟁을 벌이는 콘도 개발업자에 이르기까지 다양한 역할을 소화하며 협상력을 연마했다. 협상 수업을 받던 초기에 그는 부동산 투자업자 역할을 맡았는데, 그때 가장 뛰어난 테이커가 되어 자기 고객의 이익에 정면으로 배치되는 가격에 매각하려는 상장기업 대리인을 설득했다.

어느 추운 겨울 저녁, 데릭은 서로 치열하게 경쟁 중인 어업 회사 경영자 네 명 중 한 명의 역할을 맡았다. 물고기의 지나친 남획으로 자원이 고갈될 지경이라 상황을 어떻게 타개할 것인지 논의하는 자리였다. 한 사람은 최대 어획량을 공평하게 4등분하자고 제안했다. 다른 사람은 공평성이 아니라 형평성에 따라 나누는 방식을 제안했다. 큰 회사도 있고 작은 회사도 있으므로 각각 50퍼센트씩 어획량을 낮추자는 것이었다. 다들 그것이 가장 공정한 해결책이라는 데 동의했고 잠시 휴식에 들어갔다. 협상 내용을 얼마나 지키고 어획량을 어떻게 조절할 것인지는 협상에 참여한 사람들 각자의 결정에 달려 있었다.

두 명은 약속을 철저히 지켜 어획량을 50퍼센트 줄였다. 또 한 명은 기버로 어획량을 65퍼센트 줄였다. 그들은 모두 자원을 온전히 보존하려 노력했다. 그러나 데릭은 어획량을 조금도 줄이지 않는 쪽을 선택했다. 그는 얻을 수 있을 만큼 얻기로 하고, 오히려 총 어획량을 늘려 다른 사업가 세 명보다 앞서 나갔다. 협상 전에는 데릭의 순이익이 가장 적었지만 협상 이후에는 할당량보다 많은 물고기를 잡아들여 기버보다는 70퍼센트, 나머지 두 명보다는 31퍼센트 더 높은 수익을 올렸다. 동료들이 항의하자 데릭이 대답했다.

"협상에서 승리하고 경쟁자를 무너뜨리고 싶었을 뿐입니다."

그로부터 몇 달 만에 데릭의 경력은 수직으로 상승하기 시작했다.

프로 스포츠팀에 들어간 그는 세계 대회 우승팀을 육성하는 데 중추적인 역할을 하며 뛰어난 협상가로 명성을 쌓았다. 데릭은 이례적일 정도로 빠르게 승진했고 이미 30대에 소속 스포츠 종목에서 가장 영향력 있는 사람 100인 중 한 명으로 인정받았다.

프로 협상가로 처음 일할 무렵 데릭은 예산 관리, 재능 있는 선수 발굴 그리고 에이전트와 계약 협상을 벌여 새로운 선수를 영입하는 동시에 기존 선수를 지키는 일을 맡았다. 자원은 한정되어 있게 마련이므로 테이커처럼 협상하는 것은 그의 장점이 되었다.

재능은 있지만 저평가된 선수를 찾기 시작한 데릭은 2부 리그에서 우연히 보물을 발견했다. 데릭은 그 선수의 에이전트와 만나 계약 협상을 벌였다. 그때 그는 에이전트가 크게 실망할 정도로 선수의 몸값을 아주 낮게 불렀다. 사실은 그 선수와 비교할 만한 여러 선수가 그보다 훨씬 더 많이 벌고 있었다. 에이전트는 데릭이 지나치다고 비난하며 더 많은 돈을 요구했지만 데릭은 그 요구를 무시하고 꼼짝도 하지 않았다. 에이전트는 결국 데릭이 제시한 조건에 동의했고 데릭의 팀은 수천 달러를 절약했다. 그런데 그날 밤 집에 돌아간 데릭은 왠지 마음이 불편했다.

"대화 내내 그 에이전트가 몹시 화가 났다는 걸 느낄 수 있었습니다. 그는 다른 선수들과 비교해서 몇 가지 지적을 했지만 나는 거의 들으려고도 하지 않았습니다. 그는 입맛을 쓰게 다시며 자리를 떠났죠."

데릭은 거래를 그처럼 불쾌한 기분으로 끝내고 싶지 않았다. 그는 계약서를 찢어버리고 에이전트를 다시 만나 선수에게 더 많은 돈을 주는 새로운 제안을 했다. 그건 현명한 결정이었을까? 데릭은 팀의 돈을 낭비했고 이후의 협상에서도 그렇게 할지 모른다는 잠재적 선례를 남겼다. 낮은 액수일망정 에이전트는 동의했고 데릭은 목표를 이뤘었다. 그것을 되돌리는 것은 현명한 행동으로 보기 어렵다.

그렇지만 이것은 처음 생각했던 것보다 훨씬 더 현명한 행동이었다.

영리한 협상가는 지고도 이긴다

밴더빌트대학의 브루스 배리와 레이 프리드먼은 뛰어난 협상가는 정보를 더 많이 수집해 분석하며 여러 사례를 추적해 감춰진 해결책을 찾아냄으로써 보다 나은 결과를 얻으리라고 가정하고 협상에 대한 연구[3]를 시작했다. 연구자들은 먼저 MBA 학생 약 100명의 GMAT 시험 점수를 근거로 지적 능력을 평가했다. GMAT 시험은 경영대학원에서 신입생을 선발할 때 널리 활용하는 것으로 언어와 수리, 분석 능력을 측정한다. 실험 참가자들은 두 명씩 짝을 이뤄 한 명은 새로 들어설 쇼핑몰 개발자 역할을 맡고, 다른 한 명은 그곳에 입주하려는 가게 주인 역할을 맡아 협상을 벌였다. 배리와 프리드먼은 학생들이 협상을 끝내고 제출한 최종 합의 결과를 보고 어느 쪽이 더 큰 이익을 보았는지 검토했다.

예상대로 지적 능력이 뛰어난 사람들끼리 협상했을 때 공동의 이익이 가장 컸다. 배리와 프리드먼은 더 영리한 협상가가 자신에게 보다 유리한 결과를 이끌어냈으리라 기대하며 자료를 세분화했다. 하지만 결과는 그렇지 않았다. 영리한 협상가는 '상대에게' 더 유리한 조건을 이끌어냈다. 배리와 프리드먼의 설명을 들어보자.

"영리한 협상가는 상대에게 진정으로 이익이 되는 것이 무엇인지 이해하는 듯하다. 그들은 자신은 적은 비용을 들이면서 상대가 이익을 얻는 쪽으로 협상을 진행한다."

똑똑한 사람일수록 상대가 성공하도록 더 많이 도와준다는 얘기다. 데릭이 2부 리그 선수의 에이전트에게 더 많은 돈을 준 것도 같은 맥락이다. 이는 자신은 적은 비용을 들이면서 선수와 에이전트에게는 큰 이익을 안겨주는 성공한 기버의 행동이었다. 몇 천 달러 정도는 팀에 아주 적은 돈이지만 선수에게는 거액이다.

무엇이 데릭을 이타적인 방향으로 이끌었을까? 그 에이전트와 협상을 진행하기 얼마 전, 데릭은 평판의 소중함을 깨닫는 경험을 했다. 협상 수업 과정을 마치고 학생들은 자신이 생각하는 최고의 협상가에게 투표해 상을 주었다. 데릭은 '가장 협력적인 협상가' 부문에서 0표, '가장 창의적인 협상가' 부문에서 0표, '가장 도덕적인 협상가' 부문에서 0표를 얻었다. 사실 그가 표를 얻을 수 있는 부문은 단 한 가지뿐이었고, 그는 엄청난 득표수로 그 상을 차지했다. '가장 무자비한 협상가' 부문에서 압도적인 승리를 거둔 것이다.

그 주에 데릭은 그보다 더 기억에 남을 만한 상을 받았다. 그는 경영대학 역사를 통틀어 유일하게 '자기가 한 번도 수강한 적 없는 수업'에서 '가장 무자비한 협상가'로 뽑힌 학생이 되었다. 그가 협상 수업을 수강할 때 다른 협상 수업도 동시에 진행 중이었다. 다른 수업을 듣는 학생들은 데릭과 흥정을 벌인 일도 없었고, 그를 만나본 적 없는 학생도 많았다. 그럼에도 데릭의 평판이 빠르게 퍼져 나가 모두들 그를 '가장 무자비한 협상가'로 뽑은 것이다.

데릭은 합리적인 사람이면 누구나 이기적일 수밖에 없는 세계에서 살아왔고, 그 세계의 룰로 협상을 벌였다. 프로 운동선수로 살아오면서 그는 가급적 많이 쟁취하지 않으면 호구로 전락할 위험이 있음을 배웠다.

"팀과 선수는 언제나 대결을 했습니다. 팀은 늘 내 주머니에서 돈을 꺼내가려 했고, 그런 탓에 나는 협상이란 승자와 패자로 갈리는 일종의 전쟁과도 같다고 생각했죠. 나는 더 많이, 더욱더 많이 얻으려고 노력해야만 했습니다."

학생들 사이에 가장 무자비한 협상가라는 낙인이 찍힌 이후, 데릭은 협상 테이블에서 자신이 취한 호혜 방식을 깊이 생각해보았다.

"테이커 노릇을 하면서 단기적으로는 이익을 얻었지만 장기적으로 보면 손해였습니다. 동료들과의 관계가 무너졌고 내 평판은 바닥에 떨어졌습니다."

데릭은 2부 리그 선수 에이전트와의 협상에서 계약을 뒤집고 돈을 더 많이 준 일에 대해 이렇게 말했다.

"그것은 호의를 낳았습니다. 에이전트는 엄청나게 고마워했지요. 그 선수가 자유계약 선수 자격을 얻었을 때 그 에이전트는 내게 먼저 전화를 걸었습니다. 지금 돌이켜보니 그때 그렇게 하길 정말 잘한 것 같습니다. 우리의 관계는 상당히 좋아졌고 그건 우리 팀에도 도움을 주었습니다. 가장 무자비하던 녀석이 좀 성숙한 모양입니다."

나는 '성숙'은 데릭의 변화를 표현하기에 적합한 말이 아니라고 생각한다. '성숙'은 성장과 발전 과정을 함축하지만, 어떤 의미에서 데릭은 협상 테이블에 앉을 때마다 그가 수년간 품었던 핵심적인 가치에서 퇴보한 셈이기 때문이다. 데릭이 테이커처럼 협상하기 훨씬 이전, 동료들은 그를 너그럽고 기꺼이 남을 돕는 사람으로 보았다. 그는 누구든 도움을 청하면 시간을 내주던 사람이었다. 그는 스포츠 경영에 관심이 있는 동료에게 조언을 해주고, 자신의 발자취를 따르려는 어린 선수들의 멘토 역할을 하는 데 엄청난 시간을 쏟아 부었다. 또한 그는 초등학교부터 고등학교, 대학교를 포함해 그가 뛰었던 모든 팀에서 주장으로 선출되었다. 심지어 그의 첫 프로팀에서 신인의 신분으로 주장이 되기도 했다. 데릭보다 나이가 두 배나 많은 선수들이 팀을 우선시하고 양보하는 그의 헌신에 존경을 표했다.

협상 계약을 뒤집은 데릭의 태도 변화는 새로운 가치를 배운 결과가 아니었다. 그것은 새로운 영역에서 자신의 오랜 가치관을 다시 표현하고 신뢰를 얻은 결과였다. 나는 거의 모든 사람이 직업적으로는 매처처럼 행동한다고 믿는다. 그리고 데릭 같은 사람이 '가장 무자비한 협상가' 상을 받을 때까지 기다리지 말고 직장에서 다른 사람의 이익을 위해 행동할 방법을 찾길 희망한다. 최근 데릭은 상대팀 선수들에 관한 정보를 모으도록 도와준다. 비록 제로섬과 유사한 스포츠 세계에서 서로 경쟁하는 사이지만, 그는 과거에 자기팀에서 뛰었던 선수들에 대해 경쟁팀이 올바른 결정을 내리도록 정보를 공유한다.

"경기장에서 뛸 때는 상대팀을 박살내고 싶습니다. 그러나 경기장 밖에서는 항상 그들을 도와주려 노력합니다."

이제 데릭은 자신이 테이커에서 기버로 바뀐 덕분에 세계 챔피언을 차지한 프로팀을 육성할 수 있었다고 말한다. 하지만 그는 외부인이 자기가 이타적으로 바뀐 것을 알면 어떻게 될지 아직도 걱정하면서 이야기를 들려주기 전에 자기 정체가 드러나지 않게 해달라고 부탁했다. 사실 데릭 소렌슨은 가명이다.

"선수에게 주어야 하는 것보다 더 많은 돈을 주었다는 사실이 팀에 알려지지 않았으면 좋겠습니다."

이러한 두려움은 성공한 수많은 기버 사이에 널리 퍼져 있다. 그들도 어쩔 도리가 없다. 이 책 1장에서 자신의 가장 큰 장점이 친절과 동정심이라는 사실을 숨기려고 애썼던 금융 회사 중역 셰리안 플레세이를 떠올려보라. 그녀에게 자신의 이야기를 들려달라고 청했을 때, 그녀도 데릭처럼 익명성을 보장한다는 약속을 받고서야 허락해주었다. 6개월 후 그녀는 생각을 바꾸었다.[4]

"기버가 벽장문을 열고 밖으로 나오게 하는 운동을 시작했어요. 나는 기버가 됨으로써 개인적으로나 직업적으로 성공을 거뒀지요. 자유롭게 그 사실을 이야기하자는 거예요. 이제 더는 두렵지 않아요."

무엇이 그녀의 마음을 바꿔놓았을까? 셰리안이 처음 자신의 이타적인 성향을 알았을 때는 위험성에만 집중했다. 사람들은 그녀가 강인하고 결과지상주의자이기를 기대했기 때문에 베푸는 행동을 나약함의 상징으로 볼 수도 있었다. 그런데 자신의 주변을 자세히 들여다본 그녀는 직업적 역할모델들이 모두 기버라는 사실을 깨닫고 신선한 충격을 받았다. 그녀의 준거 틀은 갑자기 뒤집어졌다. 기버는 늘 맨 밑바닥에 있다는 편견과 달리 상당히 많은 기버가 정상에 서 있음을 깨달았기 때문이다. 이는 성공한 사람을 멀리서 한 번 바라보기만 할 경우에는 쉽게 눈치 채기 어려운 사실이다. 오히려 성공한 테이커들이 강력한 화법을 구사하고 공로를 인정받으려 노력하는 성향 덕분에 주로 조명을 받게 마련이다.

기버 독식 시대, 기버가 모든 것을 가져간다

나는 당신이 일하는 곳에서 사람들의 호혜 성향에 깊이 주의를 기울이기 시작하면, 언젠가 수많은 기버가 당신이 간절히 원하는 대로 성공을 거두었음을 발견하게 되리라고 믿는다.

성공을 거둔 사람들 중에서 내가 개인적으로 가장 존경하는 이들은 모두 기버다. 나는 그들로부터 배운 것을 실천하고 또 널리 전하는 것이 내 의무라고 생각한다. 와튼스쿨에서 처음 강의를 시작할 때 내 목표는 세상에서 분석력이 가장 뛰어난 사람들을 가르쳐 더 나은 리더, 관리자, 협상가가 되게 하는 것이었다. 나는 그들에게 호혜의 고리 활동을 소개하고, 이 책에서 맨 처음에 던졌던 질문으로 활기를 불어넣으려 했다.

결국 누가 성공 사다리의 밑바닥으로 추락하겠는가?

학생들은 거의 만장일치로 기버를 지목했다. 누가 성공 사다리의 꼭대기에 오르겠느냐고 물었을 때는 학생들의 대답이 테이커와 매처로 반씩 나뉘었다. 나는 다소 이단적으로 들릴 만큼 충격적인 사실을 가르쳐주었다. 학생들에게 모두들 기버의 성공 가능성을 너무 과소평가하고 있다고 말해준 것이다. 아무 대가도 기대하지 않고 끊임없이 남을 돕는 사람들 중 다수가 성공 사다리의 밑바닥으로 추락하는 것은 사실이다. 그러나 이타적인 성향을 보이는 사람의 몇 가지 특징만 조정해주면 그들도 누구나 성공 사다리의 꼭대기로 오를 수 있다. 자신의 에너지를 타인의 삶에 변화를 일으키는 데 주의해서 집중적으로 투자하면 성공은 하나의 부산물로 따라온다. 나도 내가 힘든 싸움을 벌여왔음을 잘 알고 있다. 그래서 그들이 틀렸음을 증명하기로 마음먹었다.

바로 이 책이 그것을 증명한다.

우리 중 많은 사람이 이타적인 성향을 간직하고 있지만 직장에서는 흔히 그것을 표현하길 주저한다. 그러나 협동작업과 서비스 직종이 증가하고 소셜 미디어가 성장함에 따라 기버가 인간관계와 명성을 쌓아 성공을 극대화 및 가속화할 기회의 문이 활짝 열렸다.

지금까지 기버가 놀랍도록 다양한 직업 세계에서 성공 사다리의 꼭대기에 오를 수 있다는 많은 증거를 다뤘다. 투자자문가 피터 오데가 고철상 노동자의 자금관리를 도와주려고 직접 차를 몰고 찾아갔을 때, 그것이 생각과 달리 시간낭비가 아니었음을 기억하는가? 그 고객은 대규모 고철 사업을 하는 부자였고 피터의 회사 수익에 엄청난 기여를 했다. 사실 그 이야기는 거기서 끝난 게 아니다.[5]

피터는 고철 회사 사장이 너무 바빠서 휴가 한 번 갈 틈도 내지 못한다는 걸 알고 어떻게든 도와주고 싶어 했다. 몇 달 후, 자동차 정비소에서 관리자로 일하는 한 여성 고객이 피터에게 자기 일이 싫어졌다는 뜻을 내비쳤다. 피터는 그녀를 고철 회사 사장에게 추천했다. 사장에게는 마침 그녀의 능력이 필요했고 그녀는 고철 회사에서 불과 5분 거리에 살고 있었다. 3주 후부터 그녀가 고철 회사에 출근하자 사장은 아내와 함께 몇 년 만에 휴가를 떠났다. 피터가 웃으며 말했다.

"두 고객 모두 행복해했고 내가 그들의 투자자금뿐 아니라 삶 전체를 생각한다는 점을 고마워했습니다. 내가 남들을 더 많이 도와줄수록 나는 더 큰 성공을 거두었지요. 그러나 성공을 평가하는 내 기준은 내가 주변 사람들을 위해 무엇을 했는가입니다. 그것이야말로 진정한 포상이지요."

　기버의 머릿속에서는 성공 자체가 다른 정의로 자리 잡는다. 테이커는 성공을 남들보다 더 나은 결과를 얻는 것이라고 본다. 매처는 성공을 개인적 성취와 타인의 성취와의 균형으로 판단한다. 하지만 기버는 성공을 피터처럼 정의한다. 그들은 성공을 남에게 긍정적인 영향을 끼치는 개인적인 성취로 특징짓는다. 이러한 정의를 진지하게 받아들이려면 조직의 고용, 평가, 포상, 승진 제도를 완전히 뜯어고칠 필요가 있다. 각 개인의 생산성에만 집중할 것이 아니라, 그 생산성이 타인에게 미치는 파급 효과에까지 충분히 주의를 기울여야 한다는 얘기다.

　우리가 성공에 대한 정의에 개인적인 성취와 함께 타인에 대한 기여를 포함시킨다면, 사람들은 자신의 직업적인 호혜 원칙이 베풂 쪽으로 기울도록 노력할 것이다. 만약 타인을 이롭게 해야 성공을 거둘 수 있다면 테이커와 매처도 자신과 전체의 이익을 모두 높이는 성공한 기버의 행동양식을 따르려 더 많이 노력할 가능성이 크다. 개인과 전체의 성공에 어떤 연관성이 있는가는 이 책에 실린 모든 기버의 성공 이야기에 담겨 있다. 그들은 다른 사람을 밀어 떨어뜨리지 않고 파이를 키우는 동시에 모두에게 이로운 방법을 찾아내 정상에 올랐다. 이기적인 집단에서는 성공이란 제로섬 게임이지만 기버가 모이면 전체가 부분의 합계보다 더 커진다.

　나는 이러한 지식으로 무장하고 자신의 성공에 필수적인 인간관계와 명성을 쌓으려는 희망으로 남을 돕는 등 더욱 전략적인 매처가 된 사람을 여럿 보았다. 뭔가를 얻을 목적으로 베풂을 실천하는 사람들도 성공을 거둘 수 있을까? 나는 이 책을 시작하며 장기적으로 보면 그 대답이 아마 '노'일 것이라고 말했었다.

베푸는 것과 영리하게 타협하는 것 사이에는 분명한 선이 있다. 그 선은 우리가 호혜의 행동양식을 행동 그 자체로만 정의할지, 그 뒤에 숨은 동기로 정의할지 혹은 둘을 적절히 조합해 정의할지에 따라 흐려지기도 한다. 이것은 심오한 철학적 질문으로 전략적인 매처를 다양한 시각으로 바라봄으로써 대답을 더 쉽게 찾을 수도 있다. 한편으로는 비록 동기가 혼재되어 있을지라도 남을 돕는 행동은 사회 전체의 베풂의 양을 증가시키므로 타인을 이롭게 한다. 다른 한편으로는 케네스 레이의 사례에서 보았듯 모든 행동은 그 동기를 흔적으로 남긴다는 점에 주목해야 한다. 우리에게 도움을 받은 사람과 그 광경을 목격한 사람이 우리의 동기가 자기중심적이지 않은지 의심하기 시작하면 그들이 고마워하거나 감정의 고양을 경험할 가능성은 작다.

전략적인 매처가 기본적으로는 자신의 이익을 추구하면서 남을 도우려는 거짓된 노력을 기울일 때, 그들은 스스로 자기가 판 함정에 빠지고 만다. 동료 매처는 그들을 돕지 않고 부정적인 평판이 널리 퍼지며, 심지어 테이커에게 주어지는 것과 유사한 응징을 당한다.

매처가 이러한 결말을 피하려면 수혜자의 행복이 그들 자신에게도 중요한 일이어야 하고, 그들이 거기에서 즐거움을 느낄 수 있는 베풂의 방식을 찾아야 한다. 이런 방식을 택하면 자신에게 직접적 혹은 운명적으로 보상이 주어지지 않을지라도, 자신의 동기가 더 순수해 보이고 또 실제로도 더 순수해지도록 이끌어 이타적인 마음자세로 행동할 수 있다. 전략적인 매처가 타인을 이롭게 하는 행동을 반복적으로 선택하면 궁극적으로 자신에게서 기버의 정체성을 발견할 수 있다. 그 결과 점점 호혜의 스펙트럼 끝에 있는 이타적인 행동 양식으로 옮겨가게 된다.

우리는 깨어 있는 시간의 대부분을 직장에서 보낸다. 이는 직장에서의 행동이 우리가 어떤 사람인가를 결정하는 중요한 부분이라는 것을 의미한다. 만약 당신이 일상생활에서 기버의 가치를 간직하고 있다면 직장생활에서는 무엇을 놓치고 있는가? 조금이라도 이타적인 방향으로 전환하면 우리가 깨어 있는 시간은 더 큰 성공, 풍부한 의미 그리고 지속적인 영향력으로 가득 채워질 것이다.

**기버로
거듭나기 위한
실행 도구**

 이 책에 담긴 원리를 자신의 일과 삶에 적용하고자 하는 독자를 위해 현실에서 실천할 수 있는 행동 목록을 작성했다. 이것은 성공한 기버의 전략과 습관에 기초한 것으로, 각각의 행동에 대해 베풂을 평가하고 조직화 및 확장할 수 있는 자료와 도구를 제공한다. 어떤 단계는 일상적인 행동에서 더 많이 베풀도록 하는 데 초점을 두고 나머지는 베푸는 방식, 동료 기버를 찾아내는 법, 다른 사람이 베풀도록 이끄는 방법 등에 집중한다.

1. **자신의 기버 지수를 평가하라:** 우리는 피드백을 전혀 받지 못해 자신의 행동이 타인에게 어떤 영향을 끼치는지 알지 못하고 사는 경우가 많다. 그래서 나는 누구나 자신의 영향력을 알아보고 자기인식에 도달할 수 있도록 일련의 무료 온라인 프로그램을 고안했다. 웹사이

트 www.giveandtake.com에 방문해 무료 설문 조사와 테스트를 받아보고 자신의 기버 지수를 알아보자. 직접 질문지를 작성하는 동시에 주변 사람들을 초대해 당신의 호혜 방식을 평가하게 할 수도 있다. 당신이 얼마나 자주 기버, 테이커, 매처로 보이는지 평가 자료를 받아볼 수 있을 것이다.

2. 호혜의 고리를 실천하라: 당신이 속한 조직에서 사람들이 매주 한 번 모여 20분씩 서로 도움을 요청하고 도와준다면 어떤 일이 일어날까? 또 어떤 베풂의 규범이 형성될까? 조직에서 호혜의 고리를 실천하는 자세한 방법은 셰릴과 웨인 베이커가 운영하는 회사 휴맥스(www.humaxnetworks.com) 웹사이트에서 조직과 개인에게 제공하는 소셜 네트워크 툴을 이용하기 바란다. 그들은 온라인상에서 사람들끼리 호혜의 고리를 실천하고 파급 효과를 일으키는 프로그램을 개발해왔다. 참가자는 보통 열다섯 명에서 서른 명 정도가 적당하다. 각자가 그룹 전체 구성원에게 한 가지 요청을 하고 나머지가 자신의 지식, 자원, 인간관계를 동원해 그것을 충족시켜줌으로써 전체에 공헌한다. 사람들이 서로 도움을 주고받는 온라인 시장을 창조한 Favo.rs(Http://favo.rs)를 이용하는 것도 또 다른 출발점이다.

3. 남들이 자기 일을 더 잘해내도록 돕거나 스스로 더 많이 베푸는 사람이 돼라: 세상에는 자신의 능력과 관심에 딱 맞지 않는 직업에 종사하는 사람이 많다. 그들이 자신의 일을 더 흥미롭고 의미 있게 혹은 발전적인 것으로 받아들이도록 돕는 것은 강력한 베풂의 방식이다. 2011년, 어느 다국적 기업의 부사장 제이는 직원들에게 이메일을 보내 비밀

임무를 내렸다.[1] 직원들이 꼭 알아야 할 자세한 내용은 직접 만나 전달하는 방식을 택했다. 직원들이 각자 그를 만나러 오자 제이가 비밀 프로젝트의 정체를 밝혔다. 그는 직원들 자신이 즐겁게 할 수 있으면서 타인의 관심도 끌 만한 일이 무엇인지 물었다. 또 직원들의 취미와 개인적인 관심을 묻고 회사에서 어떤 일에 더 많은 시간을 쏟고 싶은지 알아보았다. 그런 다음 대화의 마무리 단계에서 세 가지 규칙을 지키며 각자 임무를 수행하게 했다. 그 규칙은 (1)적어도 한 명의 관심 끌기, (2)비용이 전혀 들지 않거나 적게 드는 일 하기, (3)그 일을 본인이 시작하기였다.

제이는 1년 내내 비밀 임무가 어떻게 진행되고 있는지 점검했다. 직원 중 약 3분의 2는 자신의 비전을 실현하고자 노력했고, 그들 중 절반이 그 일을 시작하는 데 성공했다. 제이를 가장 흡족하게 한 것은 직원들이 자신의 관심 분야나 직업과 관련된 서적을 읽고 토론을 하는 독서 클럽이었다. 제이는 이렇게 말했다.

"내가 일일이 직원들을 만나기 전에도 그들에게는 그 모든 것이 허락되어 있었습니다. 어떤 면에서는 내가 그들에게 질문을 함으로써 직원들이 전에 경험하지 못한 방식으로 자신의 관심 분야를 추구하도록 공식적으로 승인한 셈입니다. 그것이 씨앗을 뿌려 그들 중 몇 퍼센트는 진정으로 적극적인 사람이 되었습니다."

많은 직원이 그 씨앗으로 꽃을 피웠고 제이도 그중 하나였다. 2012년 그는 회사에서 매우 중요한 부서인 인적자원관리부의 부사장이 되어 직원 4만 5,000명을 책임지게 되었다. 제이는 그 비밀 임무에서 직원들이 직무 계획을 실천하도록, 즉 자신의 일을 공들여 개선하도록 독려했다. 직무 계획은 예일대학 경영학과 교수 에이미 프제스니에프스키(Amy Wrzesniewski)와 미시건대학 경영학과 교수 제인 더튼(Jane Dutton)이 도입한 개념으로, 직무 분석표가 개인의 관심과 가치관에 맞도록 직무 및 책임을 창의적으로 더하고 재구성하는 것을 말한다. 이때 사람들이 조직에 기여하지 못하는 방식으로 자기 직무를 재구성할지도 모른다. 나는 이런 일을 예방하고자 에이미, 저스틴 버그와 함께 구글에서 인간과 혁신 연구소를 운영하는 제니퍼 커코스키(Jennifer Kurkoski), 브라이언 벨레(Brian Welle)와 손을 잡았다.[2]

우선 우리는 미국과 유럽에서 영업, 금융, 오퍼레이션스, 회계, 마케팅, 인적자원관리 분야의 직원들을 무작위로 뽑아 직무 계획 워크숍에 보냈다. 그 결과 직원들은 자기가 원하는 대로 각자의 관심과 가치관에 맞게 직무를 더 이상적이면서도 훨씬 실현 가능한 방식으로 계획했다.

6주 후, 그 직원들의 관리자와 동료들은 그들이 전보다 더 행복하고 '효율적으로' 일한다고 평가했다. 수많은 구글 직원이 자신이 흥미를 느끼거나 의미 있게 생각하는 작업을 하며 더 많은 시간을 보내는 방법을 찾아냈다. 어떤 사람은 즐겁지 않은 일을 다른 사람에게 위임했고, 또 다른 사람은 자신이 원하는 새로운 지식 및 능력을 습득하기 위해 직무를 재구성했다. 구글 직원은 모두 자신의 일이 더 즐거워졌고 더 나은 실적을 올릴 동기를 부여받았다고 말했다. 그런 효과가 6개월 동안 지속된 사례도 여러 건 있었다.

직무 계획은 호혜 방식과 관계없이 기버, 테이커, 매처가 더 효율적으로 일하게 해준다. 기버는 직무 계획을 자신의 영향력을 확장할 기회로 보고 다른 사람과 회사에 더 가치 있는 일을 추가하는 방식으로 직무를 재구성한다. 예를 들면 부하직원에게 조언을 하거나 고객을 위해 더 나은 제품을 만들거나 신입사원 교육을 개선하는 일이 있다. 매처는 더 의미 있고 관심이 가는 일을 추구할 기회가 생긴 것에 감사하며 열심히 일하는 것으로 보답한다. 심지어 테이커조차 그것을 자신의 경력을 발전시킬 기회로 받아들이고 자기 직무를 자신과 회사에 이익이 되는 방식으로 계획한다.

저스틴과 에이미, 제인은 사람들이 자기 직무를 개선하도록 돕고자 직무계획연습(Job Crafting Exercise)이라는 툴을 개발했다. 우리는 그 툴을 이용해 구글 워크숍을 이끈다. 여기에서 사람들은 현재 자신의 시간과 에너지를 어떻게 분배하고 있는지 '계획 전 모습'을 그린 다음, 자기 직무를 어떻게 수정하고 싶은지에 따라 직접 눈으로 확인할 수 있는 '계획 후 도표'를 만든다. 관련 소책자를 온라인(www.jobcrafting.org)에서 주문해 팀을 짜거나 개인적으로 친구 혹은 동료들이 자기 직무를 더 의미 있게 개선하도록 도와줄 수 있다.

4. 러브 머신(Love Machine)을 도입하라: 수많은 조직에서 기버를 제대로 인식하지 못한다. 여러 조직이 이 문제를 해결하고자 동료 인식 프로그램을 도입하는 추세다. 이는 경영자나 관리자가 눈치 채지 못하는 방식으로 선행을 베푸는 사람들에게 동료들이 상을 주는 제도다. 컨설팅 회사 머서의 조사에 따르면[3] 2001년에는 대기업 중 약 25퍼센트가 동료 인식 프로그램을 시행했고, 2006년에는 그 비율이 35퍼센트로 늘었다고 한다. 여기에는 구글, 사우스웨스트항공사, 자포스 등 유명 기업도 포함되어 있다.

가상 세계 '세컨드 라이프'를 운영하는 린든 랩(Linden LAB)은 러브 머신이라는 매력적인 접근 방식을 개발했다. 첨단기술 회사에서는 많은 직원이 시간과 지식을 동료들과 나누기보다 자기 시간을 지키고 정보 보안에 철저한 노력을 기울인다. 러브 머신은 동료에게 도움을 받아 고마운 마음이 들 때 '러브' 메시지를 보냄으로써 그런 성향을 극복하도록 고안한 것이다. '러브'는 누구나 볼 수 있기 때문에 베풂이 지위나 평판과 연계돼 보상 및 인정을 얻게 해준다. 내부 관계자 한 명은 이 제도를 '첨단기술에만 몰두하는 사람들이 누가 가장 도움을 주는지 경쟁적으로 찾게 만드는 방법'으로 바라본다. 전 린든 랩 관리자 크리스 콜로시(Chris Colosi)는 러브 머신이 "흔히 무시하고 지나갈 법한 일을 한 사람을 눈에 띄게 해준다. 한 예로 우리 지원 부서가 가장 많은 '러브'를 받았다"고 말하며 다음과 같이 덧붙였다.

"일단 당신의 회사에 테이커가 몇 퍼센트라도 있다면 성과급에 어떤 영향을 줄지 생각해볼 필요가 있습니다. 하지만 나는 누군가의 직무 분석표나 역할 이외의 일에 '러브' 메시지를 보내는 아이디어를 좋아합니다."

당신이 조직에서 러브 머신을 시도하려면 '센드러브(SendLove)라는 새로운 프로그램을 검색해보라. 새로 시작한 프로젝트 러브머신 웹사이트(www.lovemachineinc.com)에서 찾을 수 있다. 이 프로그램은 먼저 평가 기간을 선택하는 것으로 시작한다. 팀 구성원은 누군가의 베풂을 인식했을 때 서로 짧은 메시지를 보낼 수 있고 그 메시지는 누구나 열람이 가능하다.

5. 5분의 친절을 실천하라: 웹사이트 106마일(www.meetup.com/106miles)을 방문하면 판다 애덤을 만날 수 있다. 그는 '5분의 친절' 달인으로 그를 따라 사람들에게 무엇이 필요한지 묻고 최소한의 비용을 들여 그들을 도울 방법을 찾는 요령을 배울 수 있다. 그가 선호하는 방법은 정직하게 피드백을 주는 것과 다른 사람을 소개해주는 것이다. 가령 사람들을 연결해주는 간단한 연습을 해보자. 당신의 인명록, 링크드인, 페이스북 인맥에서 시작하라. 그곳에서 특이한 공통점이 있는 사람을 여러 쌍 찾아본다. 그중 일주일에 한 쌍을 선택해 이메일로 서로 소개해준다. 또 리프킨은 오랫동안 소원한 관계였던 사람에게 다시 연락을 취하라고 권한다. 무언가를 얻기 위해서가 아니라 주기 위해서 말이다. 한 달에 한 번 몇 년간 이야기를 나누지 못한 사람에게 연락을 취해 그들이 요즘 무엇을 하고 지내는지 알아보고, 당신이 무언가 도울 만한 일이 있는지 물어보라. 이와 관련해 벤처블로그(www.ventureblg.com)를 방문하면 데이비드 호닉이 베푸는 방식에서 많은 것을 배울 수 있다.

6. 힘을 뺀 의사소통 방식을 연습하고 다른 사람을 대변하라: 힘을 뺀 의사소통 방식을 더 편안하고 능숙하게 사용하려면 말하기에서 듣기로, 자신을 드러내는 태도에서 조언을 구하는 태도로, 그리고 주장에서 질문으로 말하는 습관을 고쳐야 한다. 딜로이트의 전 CEO이자 현재 이사회장인 짐 퀴글리(Jim Quigley)는 힘을 뺀 의사소통 방식으로 전환하기로 마음먹고, 회의시간의 20퍼센트 이상은 발언권을 행사하지 않는다는 목표를 세웠다. 퀴글리의 말을 들어보자.

"내 목적 중 하나는 다른 사람의 이야기를 경청하는 것입니다. 많은 경우 당신이 무엇을 말해야 할지 알 때보다 무엇을 물어야 할지 알 때 더 큰 영향력을 행사할 수 있습니다. 자신이 말하는 동안에는 아무것도 배울 수 없지요. 나는 남의 이야기를 들으면서 많은 것을 배웠습니다."

대답하는 태도에서 질문하는 태도로 바꾼 퀴글리는 다른 사람에게 무엇이 필요한지 더 깊이 이해하게 되었다.

"이런 태도가 누구에게나 자연스러운 것은 아닙니다. 그러나 이건 하나의 습관입니다. 습관은 누구나 들일 수 있지요."

힘을 뺀 의사소통 방식에 대해 더 알고 싶다면 수잔 케인(www.thepowerofintroverts.com)과 제니퍼 칸바일러(Jennifer Kahnweiler)(www.theintrovertedleaderblog.com)의 웹사이트를 방문해보라.

더불어 힘을 뺀 의사소통 방식을 따르더라도 다른 사람과 자신의 이익을 대변할 때 적극성을 잃을 염려는 없음을 확실히 아는 것도 중요하다. 겟레이즈드(GetRaised)에서 연봉 협상에 관한 무료 조언을 얻을 수 있다. 공동 설립자 매트 발라르트(Matt Wallaert)에 따르면 현재 당신이 적절한 대우를 받지 못한다고 했을 때 평균 연봉 상승액은 6,726달러다. 남성 이용자의 절반 정도가 연봉을 올리는 데 성공했고, 여성은 4분의 3이 더 많은 연봉을 받아냈다(http://getraised.com).

7. 기버의 모임에 참여하라: 다른 기버를 찾아보려면 프리사이클(www.freecycle.org)에 가입해 물건을 무료로 나눠주고 다른 사람에게 무엇이 필요한지 살펴보면 된다. 서비스스페이스(www.servicespace.org)와 니푼 메타(Nipun Mehta)가 시작한 일련의 기프티비즘(Giftivism) 계

획도 매우 활기 넘치는 기버의 모임이다.[6] 캘리포니아 주 버클리에 본사를 둔 서비스스페이스는 회원이 40만 명이 넘고 1년에 5,000만 통 이상의 이메일을 보낸다. 물론 여전히 '직원 없이, 모금활동 없이, 아무 조건 없이' 운영한다는 세 가지 규칙을 지키고 있다. 니푼은 서비스스페이스를 통해 사람들의 기버 지수를 더욱 올려주는 기반을 다졌다. 그것은 '선물 경제 프로젝트, 영감을 주는 콘텐츠, 그리고 자원봉사와 비영리 후원단체'라는 세 가지 범주로 나뉜다. 카르마 키친(Karma Kitchen)은 선물 경제 프로젝트의 하나로 메뉴가 전부 공짜다. 청구서를 받아보면 0.00달러라는 금액 표시와 함께 단 두 문장이 인쇄돼 있다.

"이 음식은 당신보다 먼저 선물을 받은 누군가가 주는 선물입니다. 선물이 계속해서 전해져 당신 다음에도 사람들이 음식을 받을 수 있도록 누군가에게 먹을 것을 보내주세요."

기버로 행동한 사람들의 이야기를 모으는 헬프아더스닷오알지(HelpOthers.org)도 또 다른 선물 경제 프로젝트다. 이것은 누군가를 위해 익명으로 무언가를 해준 다음, 같은 일을 다른 사람에게 해주도록 스마일 카드를 남기는 활동이다. 니푼은 〈포천〉 선정 500대 기업 중 한 곳에서 일하는 한 여성이 자판기에서 음료수를 뽑아 마시려다 겪은 일로 이 활동을 설명한다. 그 여성은 거스름돈을 꺼내다가 음료수 값과 함께 카드 한 장을 발견했다.

"당신의 음료수는 당신이 모르는 누군가가 이미 값을 치렀습니다. 사랑을 퍼뜨려주세요."

그녀는 도넛을 사서 다른 스마일 카드와 함께 놔뒀다. 니푼이 웃으며 말했다.

"누군가가 이런 흐름을 주시하고 건물 전체에 이메일을 보냈어요. 그 사람은 이렇게 썼죠. '이 일이 어디서부터 시작됐는지 오랫동안 추적해보았습니다. 제 생각에는 2층과 3층 사이에서 시작된 것 같군요.' 그러자 모든 사람이 친절한 행동에 주의를 기울이고 많은 사람이 같은 일을 시작했지요."

스마일 카드는 서비스스페이스 웹사이트에서 주문할 수 있는데 이것으로 비영리 후원 단체를 돕고 주간 뉴스레터를 구독할 수 있다. 또 뒤따라오는 차 대신 도로 이용 요금을 내주거나, 사장에게 당신을 도와준 사람을 칭찬하는 메모를 써서 감사를 보내는 등 베풂 목록을 읽어볼 수도 있다. 니푼의 얘기를 들어보자.

"더 많이 베풀수록 점점 더 많이 베풀고 싶어집니다. 당신의 주변 사람들이 그렇듯 말입니다. 이것은 체력 단련과도 같아요. 호의라는 근육을 단련할수록 점점 더 강해지는 거죠."

'너그러운 이방인들이 모여 전 세계에서 긴급한 도움을 필요로 하는 사람들에게 희망을 전하는 장소'로 묘사되는 호프몹(HopeMob)도 또 하나의 인상적인 모임이다(http://hopemob.org). 어떤 친절한 행동을 하는 단체를 직접 조직하고 싶다면 익스트림 카인드니스 인 캐나다(Extreme Kindness in Canand)의 웹사이트(http://extremekindness.com)와 영국의 카인드니스 오펜시브(The Kindness Offensive)의 웹사이트(http://thekindnessoffensive.com)에서 진행 중인 활동을 보고 아이디어를 얻을 수 있다.[5] 카인드니스 오펜시브는 인류가 역사적으로 베풀어온 가장 친절한 행동을 체계화해 남을 적극 도우려고 애쓰는 사람들의 모임이다. 그들은 지금까지 매우 다양한 활동을 해왔다. 예를 들면 런던의 한 병원에 있는 모든 아이에게 장난감 선물하기, 팬

케이크 50만 개 나눠주기, 브리튼 섬에서 열리는 여러 페스티벌에서 몇 톤의 증정품 나눠주기, 가난한 가정에 의약품과 생필품 무료로 제공하기, 노인들을 위한 티 파티 개최하기, 열 살짜리 소년에게 일렉트릭 기타 구해주기, 딸을 깜짝 놀라게 해주려는 아버지의 소망대로 모스크바 서커스단 공연 맨 앞좌석 표와 무대 뒤에서 연습하는 모습을 볼 기회 제공하기 등이 있다. 창립자의 이름이 데이비드 굿펠로(David Goodfellow, '좋은 친구 데이비드'라는 뜻-역주)인 것도 아마 우연은 아닐 것이다.

'주는 자가 얻는다'가 좌우명인 이반 마이스너의 비즈니스 네트워킹 조직 BNI(www.bni.com)에서도 자극을 받을 수 있다. 밥 버그(Bob Burg)와 존 데이비드 만(John David Mann)이 지은 우화 《레이첼의 커피(The Go-Giver)》를 읽고 베푸는 것이 자신의 직업 인생에 큰 도움이 된다고 생각한 사람들의 모임 고-기버 커뮤니티(Go-Giver Community)도 훌륭한 자극제다(www.thegogiver.com/cmmunity).

8. 개인적으로 너그럽게 행동하라: 혼자 베푸는 쪽을 선호한다면 GOOD 30일 도전(www.good.is/post/the-good-30-day-challenge-become-a-good-citizen)을 시도해보라. GOOD은 한 달에 한 번 색다른 방식으로 베풀 것을 제안한다. 친절한 행동의 다양한 예를 보려면 사샤 디처(Sasha Dichter)의 '30일간의 너그러움 체험(http://sashadichter.wordpress.com)'과 라이언 가르시아(Ryan Garcia)의 '1년간 매일 친절한 행동 한 가지씩(www.366randomacts.org)'에서 확인해보라.

어큐먼 펀드의 최고혁신책임자 디처는 한 달 동안 그에게 도움을 요청하는 모든 사람의 부탁을 너그럽게 들어주기로 했다. 작닥

(ZocDoc, 미국 병원 검색 서비스-역주)의 영업부서 중역 가르시아는 멘토로서 부하직원을 이끌어주는 일, 고객서비스센터 직원에게 감사를 전하는 일 등 매일 한 가지씩 친절한 행동을 1년 동안 실천하고 경험담을 블로그에 올리고 있다. 6장에서 살펴보았듯 매주 2~11시간 동안 이런 경험을 했을 때, 그리고 매일 한 가지씩 하는 대신 일주일에 한 번 여러 선행을 한꺼번에 했을 때 정신적으로 가장 큰 보상을 얻는다.

9. **프로젝트의 자금 조달을 도와라**: 어떤 프로젝트를 계획하고 자금 지원자를 구하는 사람이 많다. 창의적인 프로젝트를 위한 최대 투자 플랫폼으로 알려진 킥스타터(Kickstarter)에서 영화, 책, 비디오 게임, 음악, 연극, 회화, 기타 다양한 상품 및 서비스를 고안해 자금 지원자를 구하는 사람들을 찾을 수 있다. 키바의 웹사이트(www.kiva.org)에서는 개발도상국 사업가들에게 25달러 그 이상의 소액을 대출해주는 기회가 기다린다. 두 사이트 모두 당신이 도와준 사람들이 어떻게 해나가고 있는지 진전 상황을 확인하도록 정보를 제공한다.

10. **도움을 더 자주 구하라**: 다른 사람이 기버가 되길 바란다면 직접 부탁하는 것이 가장 쉬운 방법이다. 도움을 요청한다고 해서 늘 빚을 지는 건 아니다. 세상엔 기버도 있고 도움을 청함으로써 그들에게 자기 가치를 표출하고 스스로를 가치 있는 사람으로 여길 기회를 만들어주는 사람도 있다. 5분 동안의 친절을 요구하면 상대적으로 적은 빚을 지는 셈이므로 만일 상대가 매처라도 되갚아줄 기회는 얼마든지 있다. 셰릴과 웨인 베이커는 "다른 사람을 돕는 것만큼이나 도

움을 요청하는 것으로도 호혜의 불꽃을 일으킬 수 있다. 아무 대가도 바라지 말고 남들을 너그럽게 도와라. 또한 당신에게 필요한 것을 자주 부탁하라"[6]라고 강조한다. 누구에게 부탁해야 좋을지 모르겠다면 링크드인 오픈 네트워커(LinkedIn Open Networker)에 문의해 보는 것도 좋은 방법이다. 누구든 사실상 거의 모든 사람과 관계를 맺을 수 있고 또 관계를 맺고 있다(www.cio.com/article/print/470122와 www.linkedin.com/groups/Pay-It-Forward-Open-Networkers-3959173).

감사의 말

이 책은 내 조부모 플로렌스와 폴 보록 두 분께서 심은 씨앗에서 태어났다. 두 분은 아무 대가도 바라지 않고 주변 사람들을 돕는 일에 지칠 줄 모르고 시간과 노력을 쏟아 부었다.

심리학에 관한 관심과 직업적 성공에 대한 열정은 성장 과정에서 내 부모님 수잔과 마크 두 분께서 불붙여주었다. 다이빙 코치 에릭 베스트는 심리학이 성공 이면에 놓인 중대한 힘임을 내게 보여주었고, 다른 사람이 발전하도록 돕는 행동의 힘을 알려주었다. 또 심리학 공부와 저작활동을 병행하도록 용기를 북돋워주었다.

직업적으로는 브라이언 리틀의 지혜와 인품 덕분에 내 인생의 진로가 바뀌었다고 말하고 싶다. 브라이언은 매우 훌륭한 인격자로 그의 심오한 지식과 학생에 대한 헌신, 청중을 사로잡는 능력에 힘입어 내가 교수가 될 수 있었다. 조직심리학을 공부할 때는 제인 더튼과 수 애슈포드, 리처드 해크먼, 엘렌 랭거, 릭 프라이스의 조언 덕분에 큰 도움을 받았다. 특히 제인은 더 깊이 생각하도록 채찍질하고, 차별성 있는 연구를 수행하는 데 전력을 다하게 독려해 폭넓은 사고에 도달하도록 용기를 주었다.

그들은 책을 쓰려면 많은 사람의 도움이 필요하다고 말해주었고 이 책도 예외는 아니다. 이 책의 구석구석마다 우아한 흔적을 남긴 수많은 기버와 함께 작업할 수 있었던 것은 대단한 행운이었다. 저작권 대리업체 잉크웰의 리처드 파인은 저자가 대리인에게 바라는 모든 자질을 갖춘 사람이다. 리처드는 사람과 아이디어의 잠재력을 알아보는 진정한 재능을 타고났으며, 그 둘을 강력하게 하나로 연결해서 쓴 글로 세상을 보다 나은 곳으로 만드는 능력과 열정을 지녔다. 이 책과 내 인생에 크나큰 영향을 준 리처드는 내가 이 책의 주제를 제대로 전하고, 일반 독자가 이 책에서 내 목소리를 들을 수 있도록 도와주었다. 또한 핵심을 꿰뚫어보는 날카로운 통찰력을 더해주는 것은 물론 주변에서 성공한 기버를 찾아주었다.

탁월한 편집자 케빈 도튼은 이 책을 탄생시킨 또 하나의 중요한 힘이었다. 수많은 기여 중에서도 특히 나에게 메이어의 존재를 알려주고, 타인을 끌어올려줌으로써 성공한 독특한 모습을 인식하게 해준 사람이 케빈이라는 점을 꼭 이야기해야겠다. 케빈은 개인적인 경험을 통해 자기가 관리하는 작가에게 성공적인 영향을 미치는 방법을 알고 있었다. 그의 관점과 포괄적인 피드백 덕분에 책의 구조를 다듬고 논증을 강력하게 할 수 있었다. 나아가 풍부한 이야기와 연구들을 다루고 세 개의 장을 처음부터 다시 쓰기로 마음먹을 수 있었다. 케빈은 이 책의 모든 문장을 다듬는 동시에 내가 더 보편적으로 접근하도록 기본적인 수정 방향을 제시해주었다.

처음에 내가 이 책을 쓸 수 있을지 고민할 때 많은 동료가 현명한 조언을 해주었다. 특히 제니퍼 아커와 테레사 아마빌, 댄 애리얼리, 수잔 케인, 노아 골드스타인, 배리 슈워츠, 마틴 셀리그먼, 리처드 셸, 밥 서튼 그리고 대니얼 핑크에게 감사한다. 그들은 그 가치를 매길 수 없는 통찰을 나누어주었을 뿐 아니라 이 책의 제목까지 제시해주었다. 이 책 자체의 아이디어는 제프 재슬로와 의논하던 중에 영감을 얻었고 저스틴 버그(Justin Berg)와 나눈 대화가 이 책에 생명을 불어넣었다. 그들의 선견지명과 전문성이 이 책의 형식과 기능을 크게 향상시켜주었다.

초고를 읽고 식견 있는 피드백을 전해준 앤 댕, 캐서린 딘, 게이브 파커스, 알렉스 피슈맨, 알리샤 겔코프, 켈시 힐브리히, 케이티 이미엘스카, 맨시 제인, 발렌티노 킴, 필 레빈, 패트리스 린, 닉 로부글리오, 미셸 루, 사라 루키안, 린제이 밀러, 스테어리 펭, 앤드루 로버츠, 다니엘 로드, 수루치 스리칸스, 조 테넌트, 라이언 빌라누에바, 가이 바이너, 베키 월드, 테레사 왕, 캐서린 웨이 그리고 토미 인에게도 고마움을 전한다. 이야기를 이끌어주고 인터뷰 상대와 연결해준 분들께도 도움에 감사드린다. 캐머런 앤더슨, 데인 반스, 르네 벨, 제시 베이루티, 그레이스 첸, 크리스 콜로시, 안젤라 덕워스, 빌 피스, 줄리엣 겔디, 톰 게리티, 레아 헤임슨, 데이브 헤크먼, 다라 크리처, 애덤 래신스키, 로렌스 르메르, 매트 마룬, 케이드 매시, 데이브 마자, 크리스 마이어스, 매레디스 마이어스, 진 오엘왕, 밥 포스트, 존 리프킨드, 가빈 릭갤, 클레어 로버트슨-크래프트, 스콧 로스너, 탈 벤 샤하르, 보비 실튼, 매트 스티븐스, 브랜든 스터트, 마이크 유심, 제레미 윈드,

에이미 프제스니에프스키, 조지 쳉 그리고 라일리 프로덕션(www.rileyprods.com)에서 일하는 익명의 놀라운 기버가 바로 그들이다.

인터뷰 중에 지혜와 지식, 경험을 나누어준 분들께도 감사를 전한다. 이 책에 소개한 분들과 함께 앤토안 앤드루스, 피터 애비스, 버니 뱅크스, 콜린 바렛, 마고 베르겐, 밥 브룩스, 라노 버크하노버, 짐 카날레스, 버지니아 카니노, 밥 카퍼스, 브라이언 추, 밥 코글란, 매트 콘티, 마리오 디트라파니, 아툴 더비, 니콜 두프레, 마크 엘리엇, 실라 엘워시, 마크 팰런, 마이크 파인버그, 크리스티 플래너건, 마이크 포사체카, 안나 고티에, 제레미 길리, 케이시 구바니치, 미셸 자일스-맥도너휴, 크리스틴 홀덴, 비크 하웰, 톰 제리, 다이앤과 폴 존스, 릭 존스, 멜라니 카츠먼, 콜린 켈턴, 리처드 랙, 래리 라베리, 에릭 리프턴, 테레사 로스, 닉 럼프, 댄 라이언스, 세르지오 마기스트리, 수잔 매튜스, 팀 맥코넬, 데이비드 맥멀렌, 데비 맥휘니, 릭 밀러, 로이 네프, 랜디 넬슨, 스콧 오닐, 제나 오스본, 찰스 펜시그, 밥 포스트, 래리 파월, 케이트 리치, 맨프레드 리츠, 존 리프킨드, 래리 로버츠, 클레어 샌더슨, 레베카 슈로더, 론 스코타르차크, 빌 셔먼, 스콧 셔먼, 존 사이먼, 마레인 스필레빈, 데이비드 스튜어트, 크레이그 스톡, 수잔느 셔터, 팻 스위니, 비베크 티와리, 비키 톨리버, 애슐리 발렌타인, 토니 웰스, 매튜 윌킨스, 야이르 요람, 조켄 자이츠 그리고 파티마 조르자토가 그들이다.

레이첼 카펜터와 에리카 코넬리는 이 책에 대한 이야기를 널리 알릴 혁신적인 아이디어를 수없이 제공했고 앨리슨 블룸-프레시바흐, 조 엡스타인, 션 그리핀, 아드리아 후, 케서린 하웰, 이언 마르티네스, 스콧 맥널티, 애니 마이어 그리고 베키 월드는 친절하게 참여해 생산적인 관념들을 정리해주었다.

그밖에도 샘 앱저그, 밥 애들러, 세바스찬 아퀼라, 태너 아몬드, 마이클 알도프, 댄 베이커, 랑겔 바르보사, 도미니크 바실, 디파 바트, 빌 보로호프, 앤드루 브로드스키, 아니타 버타니, 루이스 정, 콘스탄티노스 코파리스, 코디 다실-이어프, 캐스린 데카스, 알렉스 에드먼스, 메디 엘 하조위, 마크 엘리엇, 케로드 엔젤버그, 다프나 에일런, 재키 플리시먼, 마이클 가스터, 크리스티나 길러틴, 기예모 기서먼, 로스 글래서, 매트 고라시, 브렛 라베리 그레고르카, 댄 그루버, 셰이나 하킴, 하워드 히브너, 그레그 헤네시, 데이브 호프먼, 빅토리아 홀캠프, 릭 호건, 존 슈, 데이비드 자폐, 아만다 제퍼슨, 니케미아 카게단, 델리 키, 조너선 카멜, 제프 킨더먼, 아누 콜리, 멜리사 카민, 벤 크루치나, 아민 라카니, 체스터 리, 아만다 리베라토르, 니콜 림, 린지 매튜스 파드리노, 에이미 마츠노, 로렌 밀러, 자크 밀러, 조세핀 모겔로프, 로렌 몰로니-이그나티오스, 데이비드 몰츠, 브라이언 네미로프, 셀레스트 엔지, 댄 오페디사노, 매트 폴슨, 호르헤스 포트보로스키, 데릭 프레스턴, 비아스 라마난, 데이비드 라이더, 데이비드 로버츠, 제레미 로스너, 후안 파블로 살다리아자, 프랜시스 스켄들, 크리스틴 슈미트, 마고 리 시모라크, 스콧 소넨샤인, 아리 슈웨이더, 커트 스미스 마이크 타오르미나, 팔머 트루엘슨, 조너선 터그맨, 에릭 툴라, 마이크 반 펠트, 제이미 월리스, 마이클 울프, 라니 야다프, 로렌 야페, 앤드루 야킨드 그리고 애슐리 유키 등 수많은 친구·동료·학생·가족이 이 책의 구조와 내용을 머릿속으로 정리하는 데 큰 도움을 주었다.

오랫동안 용기를 준 조부모 제이와 매리언 그랜트, 장인 장모 닐과 아드리안느 스위트, 누이 트레이시 그리고 '임팩트 연구소'에도 고마움을 전한다. 무엇보다 내 아내 앨리슨의 지원이 없었다면 이 책을 쓰지 못했을 것이다. 아내는 아이디어를 내고 읽어주고 토론하고 자료를 찾는 데 셀 수 없는 시간을 헌신해주었다. 아내의 사랑이 나에게 어떤 의미인지는 어떤 말로도 표현할 수 없다. 글을 쓸 때마다 그녀가 제시한 예시에 의지했다. 가족이라는 범주 안에서 베푸는 행동을 이야기하자면 그녀가 궁극적인 역할모델이다. 딸 조안나와 엘레나는 내 삶의 가장 큰 의미와 기쁨의 원천이다. 그 아이들이 정말 자랑스럽다. 이 책이 그 아이들 세대에 성공의 의미를 바라보는 새로운 시각을 전해주길 희망한다.

주석

1장 투자 회수

1) Samuel Clemens (aka Mark Twain), "At the dinner to Joseph H. Choate, November 16, 1901" (1911, 로토스 클럽 연설)

2) 대니 셰이더(February 13, 2012), 데이비드 호닉(January 30 and March 12, 2012)과 진행한 인터뷰

3) Edward Miles, John Hatfield와 Richard Huseman이 공동 집필한 "The equity sensitivity construct: Potential implications for worker performance"(1989, Journal of Management)

4) Margaret Clark and Judson Mills, "The difference between communal and exchange relationships: What it is and is not" (1993, Personality and Social Psychology Bulletin)

5) Alan Fiske, 《Structures of Social Life: The Four Elementary Forms of Human Relations》(1991, Free Press)

6) Frank Flynn, "How much should I give and how often? The effects of generosity and frequency of favor exchange on social status and productivity" (2003, Academy of Management Journal)

7) Filip Lievens, Deniz Ones, and Stephan Dilchert, "Personality scale validities increase throughout medical school" (2009, Journal of Applied Psychology)

8) Adam Grant and Dane Barnes, "Predicting sales revenue" (2011, working paper)
9) Timothy Judge, Beth Livingston, and Charlice Hurst, "Do nice guys—and gals—really finish last? The joint effects of sex and agreeableness on income" (2012, Journal of Personality and Social Psychology)
10) Robert Homant, "Risky altruism as a predictor of criminal victimization" (2010, Criminal Justice and Behavior)
11) Nir Halevy, Eileen Chou, Taya Cohen, and Robert Livingston, "Status conferral in intergroup social dilemmas: Behavioral antecedents and consequences of prestige and dominance" (2012, Journal of Personality and Social Psychology)
12) Eugene Kim and Theresa Glomb, "Get smarty pants: Cognitive ability, personality, and victimization" (2010, Journal of Applied Psychology)
13) 랜디 코미사르와 진행한 인터뷰(March 30, 2012)
14) 에이브러햄 링컨에 대한 내 설명은 기본적으로 Doris Kearns Goodwin의 매력 넘치는 책,《Team of Rivals: The Political Genius of Abraham Lincoln》(2006, Simon & Schuster)에 근거한다.
15) Max Skidmore,《Presidential Performance: A Comprehensive Review》(2004, McFarland&Co.), and Steven Rubenzer and Thomas Faschingbauer,《Personality, Character, and Leadership in the White House: Psychologists Assess the Presidents》(2004, Potomac Books)
16) 칩 콘리(February 24, 2012), 보비 실튼(February 9, 2012)과 진행한 인터뷰
17) Paul Osterman, "Work reorganization in an era of restructuring: Trends in diffusion and effects on employee welfare" (2000, Industrial and Labor Relations Review), and Duncan Gallie, Ying Zhou, Alan Felstead, and Francis Green, "Teamwork, skill development and employee welfare" (2012, British Journal of Industrial Relations); see also www.eurofound.europa.eu/surveys/ecs/2009/hrpractices.htm
18) Adam Grant and Sharon Parker, "Redesigning work design theories: The rise of relational and proactive perspectives" (2009, Academy of Management Annals)
19) 스티브 존스(July 13, 2011), 피터 오데(December 12, 2011, and January 19, 2012)와 진행한 인터뷰
20) Shalom Schwartz and Anat Bardi, "Value hierarchies across cultures: Taking a similarities perspective" (2001, Journal of Cross-Cultural Psychology)

21) 셰리안 플레세이(October 21, 2011)와 진행한 인터뷰
22) Dale Miller, "The norm of self-interest" (1999, American Psychologist)
23) Jeffrey Sanchez-Burks, "Protestant relational ideology: The cognitive underpinnings and organizational implications of an American anomaly" (2005, Researchin Organizational Behavior), and "Protestant relational ideology and (in)attention to relational cues in work settings" (2002, Journal of Personality and Social Psychology)
24) Robert Frank, 《Passions Within Reason: The Strategic Role of the Emotions》 (1988, W. W. Norton)

2장 공작과 판다

1) Coretta Scott King, The Words of Martin Luther King, Jr. (1983, New market Press)
2) Bethany McLean and Peter Elkind, 《The Smartest Guys in the Room: The Amazing Rise and Scandalous Fall of Enron》 (2004, Portfolio), Mimi Swartz and Sherron Watkins, 《Power Failure: The Inside Story of the Collapse of Enron》 (2004, Crown), and Judy Keen, "Bush, Lay kept emotional distance" (February 26, 2002, USA Today)
3) Brian Uzzi and Shannon Dunlap, "How to build your network" (2005, Harvard Business Review), and Ronald Burt, 《Structural Holes: The Social Structure of Competition》 (1995, Harvard University Press)
4) Reid Hoffman, "Connections with integrity" (May 29, 2012, strategy+business)
5) Mitja Back, Stefan Schmukle, and Boris Egloff, "Why are narcissists so charming at first sight? Decoding the narcissism-popularity link at zero acquaintance" (2010, Journal of Personality and Social Psychology)
6) Serena Chen, Annette Lee-Chai, and John Bargh, "Relationship orientation as a moderator of the effects of social power" (2001, Journal of Personality and Social Psychology), and Katherine DeCelles, D. Scott DeRue, Joshua Margolis, and Tara Ceranic, "Does power corrupt or enable? When and why power facilitates self-interested behavior" (2012, Journal of Applied Psychology)
7) Daniel Kahneman, Jack Knetsch, and Richard Thaler, "Fairness and the assumptions of economics" (1986, Journal of Business)
8) Matthew Feinberg, Joey Cheng, and Robb Willer, "Gossip as an effective and low-cost form of punishment" (2012, Behavioral and Brain Sciences); Matthew Feinberg,

Robb Willer, Jennifer Stellar, and Dacher Keltner, "The virtues of gossip: Reputational information sharing as prosocial behavior" (2012, Journal of Personality and Social Psychology)

9) Wayne Baker, 《Achieving Success Through Social Capital: Tapping Hidden Resources in Your Personal and Business Networks》 (2000, Jossey-Bass)

10) Arijit Chatterjee and Donald Hambrick, "It's all about me: Narcissistic chief executive officers and their effects on company strategy and performance" (2007, Administrative Science Quarterly)

11) Benjamin Crosier, Gregory Webster, and Haley Dillon, "Wired to connect: Evolutionary psychology and social networks" (2012, Review of General Psychology)

12) Laura Buffardi and W. Keith Campbell, "Narcissism and social networking websites" (2008, Personality and Social Psychology Bulletin)

13) 하워드 리와 진행한 인터뷰(December 11, 2011)

14) Jessica Shambora, "Fortune's best networker" (February 9, 2011, Fortune)

15) 애덤 리프킨(January 28, 2012), 제시카 샘보라(February 9, 2012), 레이먼드 루프(February 16, 2012), and Eghosa Omoigui(March 14, 2012)와 진행한 인터뷰; 106마일 방문(May 9, 2012); 브라이언 노가드와 진행한 인터뷰(http://namesake.com/conversation/brian/like-welcome-ifindkarma-namesake-community); 그리고 애덤 리프킨의 웹사이트(http://ifindkarma.com/)

16) Robert Cialdini, 《Influence: The Psychology of Persuasion》 (2006, Harper Business)

17) Keith Ferrazzi, 《Never Eat Alone: And Other Secrets to Success, One Relationship at a Time》 (2005, Crown Business)

18) 댄 웨인스타인과 진행한 인터뷰(January 26, 2012)

19) 워런 카스의 가이 가와사키 인터뷰: www.youtube.com/watch?feature=player_embedded&v=_OsWvp2X8gk

20) Mark Granovetter, "The strength of weak ties: A network theory revisited" (1983, Sociological Theory)

21) Fred Goldner, "Pronoia" (1982, SocialProblems)

22) 브라이언 리틀과 진행한 인터뷰(January 24, 2011)

23) Daniel Levin, Jorge Walter, and J. Keith Murnighan, "Dormant ties: The value of reconnecting" (2011, Organization Science), and "The power of reconnection: How

dormant ties can surprise you" (2011, MIT Sloan Management Review)

24) Rob Cross, Wayne Baker, and Andrew Parker, "What creates energy in organizations?" (2003, MIT Sloan Management Review)

25) Robert Putnam, 《Bowling Alone: The Collapse and Revival of American Community》(2000, Simon & Schuster)

26) James Fowler and Nicholas Christakis, "Cooperative behavior cascades in human social networks" (2010, PNAS)

27) J. Mark Weber and J. Keith Murnighan, "Suckers or saviors? Consistent contributors in social dilemmas" (2008, Journal of Personality and Social Psychology)

28) Frank Flynn, "How much should I give and how often? The effects of generosity and frequency of favor exchange on social status and productivity" (2003, Academy of Management Journal)

3장 공유하는 성공

1) John Andrew Holmes, 《Wisdom in Small Doses》(1927, The University Publishing Company)

2) David Owen, "Taking humor seriously: George Meyer, the funniest man behind the funniest show on TV" (March 13, 2000, The New Yorker); Simon Vozick-Levinson, "For Simpsons writer Meyer, comedy is no laughing matter" (June 4, 2003, Harvard Crimson); Eric Spitznagel, "George Meyer" (September 2004, Believer); Mike Sacks, And Here's the Kicker: Conversations with 21 Top Humor Writerson Their Craft (2009, Writers Digest Books); 메이어(June 21, 2012), 팀 롱(June 22, 2012), 캐롤린 오마인(June 27, 2012) 그리고 돈 페인(July 12, 2012)과 진행한 인터뷰

3) Liz Wiseman and Greg McKeown, 《Multipliers: How the Best Leaders Make Everyone Smarter》(2010, HarperBusiness)

4) Donald MacKinnon, "The nature and nurture of creative talent" (1962, American Psychologist), and "Personality and the realization of creative potential" (1965, American Psychologist); see also Raymond Neutra, "Neutraterritory" (2007, Dwell)

5) Gregory Feist, "A structural model of scientific eminence" (1993, Psychological Science), and "Ameta-analysis of personality in scientific and artistic creativity" (1998, Personality and Social Psychology Review)

6) Roger Friedland and Harold Zellman,《The Fellowship: The Untold Story of Frank Lloyd Wright and the Taliesin Fellowship》(2007, HarperCollins)

7) Ed de St. Aubin, "Truth against the world: A psychobiographical exploration of generativity in the life of Frank Lloyd Wright" (1998, Generativity and Adult Development: How and Why We Care for the Next Generation)

8) Christopher Hawthorne, "At Wright's Taliesin, maybe the walls can talk" (September 3, 2006, Los Angeles Times)

9) Brendan Gill,《Many Masks: A Life of Frank Lloyd Wright》(1998, De Capo Press)

10) Robert Huckman and Gary Pisano, "The firm specificity of individual performance: Evidence from cardiac surgery" (2006, Management Science)

11) Boris Groysberg, Linda-Eling Lee, and Ashish Nanda, "Can they take it with them? The portability of star knowledge workers' performance" (2008, Management Science)

12) MarYam Hamedani, Hazel Markus, and Alyssa Fu, "My nation, my self: Divergent framings of America influence American selves" (2011, Personality and Social Psychology Bulletin)

13) Nathan Podsakoff, Steven Whiting, Philip Podsakoff, and Brian Blume, "Individual- and organizational-level consequences of organizational citizenship behaviors: A meta-analysis" (2009, Journal of Applied Psychology), and Philip Podsakoff, Scott MacKenzie, Julie Paine, and Daniel Bachrach, "Organizational citizenship behaviors: A critical review of the theoretical and empirical literature and suggestions for future research (2000, Journal of Management)

14) 제프 아슈비(July 9, 2012), 존 카넨기터(July 13, 2012)와 진행한 인터뷰. John Gookin and Shari Leach, "NOLS leadership educator notebook: A toolbox for leadership educators" (2008, National Outdoor Leadership School)

15) Eugene Kim and Theresa Glomb, "Get smarty pants: Cognitive ability, personality, and victimization" (2010, Journal of Applied Psychology)

16) Edwin Hollander, "Conformity, status, and idiosyncrasy credit" (1958, Psychological Review); see also Charlie Hardy and Mark Van Vugt, "Nice guys finish first: The competitive altruism hypothesis" (2006, Personality and Social Psychology Bulletin)

17) Robb Willer, "Groups reward individual sacrifice: The status solution to the collective action problem" (2009, American Sociological Review)

18) Adam Grant, Sharon Parker, and Catherine Collins, "Getting credit for proactive behavior: Supervisor reactions depend on what you value and how you feel" (2009, Personnel Psychology)

19) Matej Cerne, Christina Nerstad, Anders Dysvik, and Miha Škerlavaj, "What goes around comes around: Knowledge hiding, perceived motivational climate, and creativity" (2012, manuscript under review)

20) David Oshinsky, 《Polio: An American Story》 (2005, Oxford University Press)

21) Douglas Heuck, "A talk with Salk sheds wisdom" (Winter 2006, Pittsburgh Quarterly)

22) Academy of Achievement, "Jonas Salk interview" (May 16, 1991), and Paul Offit, 《The Cutter Incident: How America's First Polio Vaccine Led to the Growing Vaccine Crisis》 (2005, Yale University Press)

23) Luis Fábregas, "Salk's son extends olive branch to polio team" (April 13, 2005, Pittsburgh Tribune)

24) Michael Ross and Fiore Sicoly, "Egocentric biases in availability and attribution" (1979, Journal of Personality and Social Psychology)

25) Mark Peters and Daniel O'Brien, "From cromulent to craptacular: The top 12 Simpsons created words" (July 23, 2007, Cracked.com), and Ben Zimmer, "The 'meh' generation: How an expression of apathy invaded America" (February 26, 2012, Boston Globe)

26) Eugene Caruso, Nicholas Epley, and Max Bazerman, "The costs and benefits of undoing egocentric responsibility assessments in groups" (2006, Journal of Personality and Social Psychology)

27) Michael McCall, "Orientation, outcome, and other-serving attributions" (1995, Basic and Applied Social Psychology)

28) Amy Edmondson, "Learning from mistakes is easier said than done: Group and organizational influences on the detection and correction of human error" (1996, Journal of Applied Behavioral Science), and "Psychological safety and learning behavior in work teams" (1999, Administrative Science Quarterly)

29) David Obstfeld, "Social networks, the tertius iungens orientation, and involvement in innovation" (2005, Administrative Science Quarterly)

30) Loran Nordgren, Mary-Hunter Morris McDonnell, and George Loewenstein,

"What constitutes torture? Psychological impediments to an objective evaluation of enhanced interrogation tactics" (2011, Psychological Science)

31) Robert Burton, "Pathological certitude" (2011, Pathological Altruism), Natalie Angier, "The pathological altruist give still someone hurts" (October 3, 2011, NewYork Times), 그리고 버튼(February 23, 2012)과 진행한 인터뷰

32) Adam Grant and Jim Berry, "The necessity of others is the mother of invention: Intrinsic and prosocial motivations, perspective-taking, and creativity" (2011, Academy of Management Journal)

33) Francesca Gino and Frank Flynn, "Give them what they want: The benefits of explicitness in gift exchange" (2011, Journal of Experimental Social Psychology)

34) C. Daniel Batson, Shannon Early, and Giovanni Salvarani, "Perspective taking: Imagining how another feels versus imagining how you would feel" (1997, Personality and Social Psychology Bulletin)

35) Betty Repacholi and Alison Gopnik, "Early reasoning about desires: Evidence from 14- and 18-month-olds" (1997, Developmental Psychology)

36) Beatrice Whiting and John Whiting, 《Children of Six Cultures: A Psycho-Cultural Analysis》 (1975, Harvard University Press), David Winter, "The power motive in women-and men" (1988, Journal of Personality and Social Psychology), Frank Sulloway, 《Born to Rebel: Birth Order, Family Dynamics, and Creative Lives》 (1997, Vintage Books), and Paul van Lange, Wilma Otten, Ellen DeBruin, and Jeffrey Joireman, "Development of prosocial, individualistic, and competitive orientations: Theory and preliminary evidence" (1997, Journal of Personality and Social Psychology)

4장 만들어진 재능

1) 레지 러브와 진행한 인터뷰(May 28, 2012). Peter Baker, "Education of a president" (October 12, 2010, NewYork Times), David Picker, "Amazing ride near send for 'First Brother' Reggie Love" (November 22, 2011, ABC News), Jodi Kantor, "Leaving Obama's shadow, to cast one of his own" (November 10, 2011, NewYork Times), and Noreen Malone, "Obama still hasn't replaced Reggie Love" (February 16, 2012, NewYork Magazine)

2) C. J. 스켄더(January 16 and April 30, 2012), 베스 트랜햄(May 4, 2012), 마리 머큐리

(May 5, 2012) 그리고 데이비드 몰츠(May 10, 2012)와 진행한 인터뷰. Megan Tucker, "By the book, sort of……" (2006, Business Week), Kim Nielsen, "The last word: C. J. Skender, CPA" (April 2008, Journal of Accountancy), Patrick Adams, "The entertainer" (March 4, 2004, Duke Magazine), and Nicki Jhabvala, "Road trip: UNC" (November 8, 2006, Sports Illustrated)

3) Dov Eden, "Pygmalion without interpersonal contrast effects: Whole groups gain from raising manager expectations" (1990, Journal of Applied Psychology), and "Self-fulfilling prophecies in organizations" (2003, Organizational Behavior: State of the Science)

4) Robert Rosenthal and Lenore Jacobson, "Teachers' expectancies: Determinants of pupils' IQ gains" (1966, Psychological Reports), and 《Pygmalion in the Classroom: Teacher Expectation and Pupils' Intellectual Development》 (2003, Crown)

5) Lee Jussim and Kent Harber, "Teacher expectations and self-fulfilling prophecies: Knowns and unknowns, resolved and unresolved controversies" (2005, Personality and Social Psychology Review)

6) D. Brian McNatt, "Ancient Pygmalion joins contemporary management: A meta-analysis of the result" (2000, Journal of Applied Psychology)

7) Jennifer Carson Marr, Stefan Thau, Karl Aquino, and Laurie Barclay, "Do I want to know? How the motivation to acquire relationship-threatening information in groups contributes to paranoid thought, suspicion behavior, and social rejection" (2012, Organizational Behavior and Human Decision Processes), and Detlef Fetchenhauer and David Dunning, "Why so cynical? Asymmetric feedback underlies misguided skepticism regarding the trustworthiness of others" (2010, Psychological Science); see also Fabrizio Ferraro, Jeffrey Pfeffer, and Robert Sutton, "Economics language and assumptions: How theories can become self-fulfilling" (2005, Academy of Management Review)

8) D. Brian McNatt and Timothy Judge, "Boundary conditions of the Galatea effect: A field experiment and constructive replication" (2004, Academy of Management Journal)

9) Raymond Cattell, 《Abilities: Their Structure, Growth, and Action》 (1971, Houghton Mifflin), and 《Intelligence: Its Structure, Growth, and Action》 (1987, North-Holland); see also Frank Schmidt, "A theory of sex differences in technical aptitude and some supporting evidence" (2011, Perspectives on Psychological Science)

10) Benjamin Bloom, 《Developing Talent in Young People》 (1985, Ballantine Books)

11) Daniel Coyle, 《The Talent Code: Greatness Isn't Born. It's Grown. Here's How》 (2009, Bantam)

12) Malcolm Gladwell, 《Outliers: The Story of Success》 (2008, Little, Brown and Company)

13) K. Anders Ericsson and Neil Charness, "Expert performance: Its structure and acquisition" (1994, American Psychologist)

14) Angela Duckworth, Christopher Peterson, Michael Matthews, and Dennis Kelly, "Grit: Perseverance and passion for long-term goals" (2007, Journal of Personality and Social Psychology)

15) George Anders, 《The Rare Find: Spotting Exceptional Talent Before Everyone Else》 (2011, Portfolio)

16) Wayne Thompson, 《Blazer mania: This Is Our Story—The Official History of the Portland TrailBlazers》 (2010, Insight Editions), and "My memories of Stu Inman" (2007, NBA.com), Jack Ramsay, "Stu Inman was an old-school pro" (2007, ESPN), Steve Duin, "Stu Inman: The ultimate class act" (January 30, 2007, The Oregonian), Mandy Major, "Dr. Ogilvie was an acclaimed pioneer in sportspsychology" (July 23, 2003, Los Gatos Weekly Times), Chris Tomasson, "LaRue Martin's story proves one of redemption, success" (January 25, 2011, AOL News), and "Ultimate rebound: Draft bust LaRue Martin lands NBA gig" (February 21, 2011, AOL News), Jerry Sullivan, "NBA scouts are learning to think small" (March 11, 1989, Los Angeles Times), Stats LLC, "Stu Inman, architect of TrailBlazers' title team, dies at 80" (January 31, 2007, Associated Press), Rob Kremer, "Stu Inman, RIP" (January 31, 2007, Blogspot: http://robkremer.blogspot.com/2007/01/stu-inman-rip.html), Dwight Jaynes, "Pioneer Blazer won with character" (February 2, 2007, Portland Tribune), Tommie Smith and David Steele, 《Silent Gesture: The Autobiography of Tommie Smith》 (2007, Temple University Press), Filip Bondy, 《Tip-off: How the 1984 NBA Draft Changed Basketball Forever》 (2007, Da Capo Press), Frank Coffey, 《The Pride of Portland: The Story of the Trail Blazers》 (1980, Everest House), Chris Ballard, Chuck Wielgus, Clark Kellogg, and Alexander Wolff, 《Hoops Nation: A Guide to America's Best Pickup Basketball》 (2004, University of Nebraska Press), 그리고 톰슨과 진행한 인터뷰(May 14,

2012)

17) Barry Staw and Ha Hoang, "Sunk costs in the NBA: Why draft order affects playing time and survival in professional basketball" (1995, Administrative Science Quarterly); Colin Camerer and Roberto Weber, "The econometrics and behavioral economics of escalation of commitment in NBA draft choices" (1999, Journal of Economic Behavior and Organization)

18) Dustin Sleesman, Donald Conlon, Gerry McNamara, and Jonathan Miles, "Cleaning up the big muddy: A meta-analytic review of the determinants of escalation of commitment" (2012, Academy of Management Journal)

19) Barry Staw, Sigal Barsade, and Kenneth Koput, "Escalation at the credit window: A longitudinal study of bank executives' recognition and write-off of problem loans" (1997, Journal of Applied Psychology)

20) Henry Moon, "The two faces of conscientiousness: Duty and achievement striving in escalation of commitment dilemmas" (2001, Journal of Applied Psychology)

21) Bruce Meglino and M. Audrey Korsgaard, "Considering rational self-interest as a disposition: Organizational implications of other orientation" (2004, Journal of Applied Psychology), and M. Audrey Korsgaard, Bruce Meglino, and Scott Lester, "Beyond helping: Do other-oriented values have broader implications in organizations?" (1997, Journal of Applied Psychology)

22) Laura Kray and Richard Gonzalez, "Differential weighting in choice versus advice: I'll do this, you do that" (1999, Journal of Behavioral Decision Making), Laura Kray, "Contingent weighting in self-other decision making" (2000, Organizational Behavior and Human Decision Processes), and Evan Polman and Kyle Emich, "Decisions for others are more creative than decisions for the self" (2011, Personality and Social Psychology Bulletin)

23) Wayne Thompson, "Bob Gross: Moving without the ball" (2008, NBA.com), Kyle Laggner, "Former Blazers' forward Bobby Gross leaves a lasting impression" (December 17, 2008, The Oregonian), and Jews in Sports profile: www.jewsinsports.org/profile.asp?sport=basketball&ID=358

24) Adam Grant, "Does intrinsic motivation fuel the prosocial fire? Motivational synergy in predicting persistence, performance, and productivity" (2008, Journal of Applied

Psychology); Adam Grant and Justin Berg, "Prosocial motivation at work: When, why, and how making a difference makes a difference" (2011, Oxford Handbook of Positive Organizational Scholarship)

25) 러셀 시몬스와 진행한 인터뷰(June 26, 2012)

26) Russell Simmons and Chris Morrow, 《Do You: 12 Laws to Access the Power in You to Achieve Happiness and Success》 (2008, Penguin)

27) Clyde Drexler and Kerry Eggers, 《Clyde the Glide: My Life in Basketball》 (2011, Skyhorse Publishing)

28) Michael Leahy, 《When Nothing Else Matters: Michael Jordan's Last Come back》 (2005, Simon & Schuster); Sam Smith, 《The Jordan Rules》 (1993, Mass Market); Jack McCallum, 《Dream Team: How Michael, Magic, Larry, Charles, and the Greatest Team of All Time Conquered the World and Changed the Game of Basketball Forever》 (2012, Ballantine Books); ESPN Chicago, "Charles Barkley critical of Jordan" (March 1, 2012), and Rick Reilly, "Be like Michael Jordan? No thanks" (September 19, 2009, ESPN)

29) Bondy, Tip-off, 크리스 그레인저와 진행한 인터뷰(June 26, 2012)

5장 겸손한 승리

1) Theodore Roosevelt, "Letter to Henry R. Sprague" (January 26, 1900, American Treasures of the Library of Congress)

2) Hayes Hunt, "The King's Speech: A trial lawyer's stutter" (March 3, 2011, From the Sidebar) 그리고 월튼과 진행한 인터뷰(September 6 and December 15, 2011, and March 9, 2012)

3) Nir Halevy, Eileen Chou, Taya Cohen, and Robert Livingston, "Status conferral in intergroup social dilemmas: Behavioral antecedents and consequences of prestige and dominance" (2012, Journal of Personality and Social Psychology)

4) Susan Cain, 《Quiet: The Power of Introverts in a World That Can't Stop Talking》 (2012, Crown)

5) Michael Ashton and Kibeom Lee, "Empirical, theoretical, and practical advantages of the HEXACO model of personality structure" (2007, Personality and Social Psychology Review), and M. Audrey Korsgaard, Bruce Meglino, and Scott Lester, "Beyond

helping: Do other-oriented values have broader implications in organizations?" (1997, Journal of Applied Psychology)

6) Elliot Aronson, Ben Willerman, and Joanne Floyd, "The effect of a pratfall on increasing interpersonal attractiveness" (1966, Psychonomic Science), and Robert Helmreich, Elliot Aronson, and James LeFan, "To err is humanizing—sometimes: Effects of self-esteem, competence, and a pratfall on interpersonal attraction" (1970, Journal of Personality and Social Psychology)

7) Robert Frank, "What price the moral high ground?" (1996, Southern Economic Journal)

8) Daniel Pink, 《To Sell Is Human: The Surprising Truth About Moving Others》 (2012, Riverhead)

9) 빌 그럼블스(October 4, 2011), 킬데어 에스코토(August 23 and 28, 2011) 그리고 낸시 펠프스(August 23, 2011)와 진행한 인터뷰

10) James Pennebaker, 《Opening Up: The Healing Power of Expressing Emotions》 (1997, Guilford Press)

11) Adam Grant and Dane Barnes, "Predicting sales revenue" (2011, manuscript in preparation)

12) Neil Rackham, "The behavior of successful negotiators" (2007, Negotiation: Readings, Exercises, and Cases)

13) Philip Podsakoff, Scott MacKenzie, Julie Beth Paine, and Daniel Bachrach, "Organizational citizenship behaviors: A critical review of the theoretical and empirical literature and suggestions for future research" (2000, Journal of Management)

14) Carl Thoresen, Jill Bradley, Paul Bliese, and Joseph Thoresen, "The Big Five personality traits and individual job performance growth trajectories in maintenance and transitional job stages" (2004, Journal of Applied Psychology)

15) Fernando Jaramillo and Douglas Grisaffe, "Does customer orientation impact objective sales performance? Insights from a longitudinal model in direct selling" (2009, Journal of Personal Selling & Sales Management)

16) Anthony Greenwald, Catherine Carnot, Rebecca Beach, and Barbara Young, "Increasing voting behavior by asking people if they expect to vote" (1987, Journal of Applied Psychology)

17) Marian Friestad and Peter Wright, "The persuasion knowledge model: How people cope with persuasion attempts" (1994, Journal of Consumer Research), Jack Brehm, 《A Theory of Psychological Reactance》 (1966, Academic Press), and John Biondo and A. P. MacDonald Jr., "Internal-external locus of control and response to influence attempts" (1971, Journal of Personality)

18) Elliot Aronson, "The power of self-persuasion" (1999, American Psychologist)

19) Patti Williams, Gavan Fitzsimons, and Lauren Block, "When consumers do not recognize 'benign' intention questions and persuasion attempts" (2004, Journal of Consumer Research)

20) 돈 레인과 진행한 인터뷰(December 16, 2011, and March 30, 2012)

21) Alison Fragale, "The power of powerless speech: The effects of speech style and task interdependence on status conferral" (2006, Organizational Behavior and Human Decision Processes)

22) Amani El-Alayli, Christoffer Myers, Tamara Petersen, and Amy Lystad, "I don't mean to sound arrogant, but ⋯⋯ The effects of using disclaimers on person perception" (2008, Personality and Social Psychology Bulletin)

23) Uma Karmarkar and Zakary Tormala, "Believe me, I have no idea what I'm talking about: The effects of source certainty on consumer involvement and persuasion" (2009, Journal of Consumer Research)

24) 바튼 힐과 진행한 인터뷰(March 19, 2012)

25) Cameron Anderson and Gavin Kilduff, "Why do dominant personalities attain influence in face-to-face groups? The competence-signaling effects of trait dominance" (2009, Journal of Personality and Social Psychology)

26) Barbora Nevicka, Femke Ten Velden, Annebel de Hoogh, and Annelies Van Vianen, "Reality at odds with perception: Narcissistic leaders and group performance" (2011, Psychological Science)

27) Adam Grant, Francesca Gino, and David Hofmann, "Reversing the extraverted leadership advantage: The role of employee proactivity" (2011, Academy of Management Journal)

28) Katie Liljenquist, "Resolving the impression management dilemma: The strategic benefits of soliciting others for advice" (2010, doctoral dissertation, Northwestern

University), and Katie Liljenquist and Adam Galinsky, "Turn your adversary into your advocate" (2007, Negotiation)

29) Ithai Stern and James Westphal, "Stealthy footsteps to the boardroom: Executives' backgrounds, sophisticated interpersonal influence behavior, and board appointments" (2010, Administrative Science Quarterly)

30) Gary Yukl and J. Bruce Tracey, "Consequences of influence tactics used with subordinates, peers, and the boss" (1992, Journal of Applied Psychology), and Gary Yukl, Helen Kim, and Cecilia Falbe, "Antecedents of influence outcomes" (1996, Journal of Applied Psychology)

31) Arie Nadler, Shmuel Ellis, and Iris Bar, "To seek or not to seek: The relationship between help seeking and job performance evaluations as moderated by task-relevant expertise" (2003, Journal of Applied Social Psychology)

32) Jon Jecker and David Landy, "Liking a person as a function of doing him a favour" (1969, Human Relations)

33) Benjamin Franklin, 《The Autobiography of Benjamin Franklin》 (1966, Forgotten Books)

34) Walter Isaacson, 《Benjamin Franklin: An American Life》 (2004, Simon & Schuster) and "Poor Richard's flattery" (July 14, 2003, New York Times)

6장 이기적인 이타주의자

1) Herbert Simon, "Altruism and economics" (1993, American Economic Review)

2) Jeremy Frimer, Larry Walker, William Dunlop, Brenda Lee, and Amanda Riches, "The integration of agency and communion in moral personality: Evidence of enlightened self-interest" (2011, Journal of Personality and Social Psychology)

3) Barbara Oakley, 《Pathological Altruism》 (2011, Oxford University Press)

4) Adam Grant and David Mayer, "Good soldiers and good actors: Prosocial and impression management motives as interactive predictors of affiliative citizenship behaviors" (2009, Journal of Applied Psychology), Adam Grant and Jim Berry, "The necessity of others is the mother of invention: Intrinsic and prosocial motivations, perspective taking, and creativity" (2011, Academy of Management Journal), and Carsten De Dreu and Aukje Nauta, "Self-interest and other-orientation in organizational behavior:

Implications for job performance, prosocial behavior, and personal initiative" (2009, Journal of Applied Psychology)

5) Bill Gates, "Creative capitalism" (January 24, 2008, World Economic Forum)
6) Steve Volk, "Top 10 drug corners" (May 2, 2007, Philadelphia Weekly), and Ledyard King, "Program to identify most dangerous schools misses mark" (January 18, 2007, USA Today)
7) 콘리 캘러핸과 진행한 인터뷰(January 26, 2012)
8) Christina Maslach, Wilmar Schaufeli, and Michael Leiter, "Job burnout"(2001, Annual Review of Psychology)
9) Adam Grant, Elizabeth Campbell, Grace Chen, Keenan Cottone, David Lapedis, and Karen Lee, "Impact and the art of motivation maintenance: The effects of contact with beneficiaries on persistence behavior" (2007, Organizational Behavior and Human Decision Processes), Adam Grant, "The significance of task significance: Job performance effects, relational mechanisms, and boundary conditions" (2008, Journal of Applied Psychology), and "Employees without a cause: The motivational effects of prosocial impact in public service" (2008, International Public Management Journal)
10) Olga Klimecki and Tania Singer, "Empathic distress fatigue rather than compassion fatigue? Integrating findings from empathy research in psychology and social neuroscience" (2011, Pathological Altruism), and Richard Shultz et al., "Patient suffering and caregiver compassion: New opportunities for research, practice, and policy" (2007, The Gerontologist)
11) Adam Grant and Elizabeth Campbell, "Doing good, doing harm, being well and burning out: The interactions of perceived prosocial and antisocial impact in service work" (2007, Journal of Occupational and Organizational Psychology); Adam Grant and Sabine Sonnentag, "Doing good buffers against feeling bad: Prosocial impact compensates for negative task and self-evaluations" (2010, Organizational Behavior and Human Decision Processes)
12) Yehonatan Turner, Shuli Silberman, Sandor Joffe, and Irith Hadas-Halpern, "The effect of adding a patient's photograph to the radiographic examination" (2008, Annual Meeting of the Radiological Society of North America)
13) Nicola Bellé, "Experimental evidence on the relationship between public service

motivation and job performance" (forthcoming, Public Administration Review)
14) 벤 소코시와 진행한 인터뷰(January 10, 2012)
15) 빌 조지와 진행한 인터뷰(March 9, 2010)
16) Ellen Langer, 《Mindfulness》 (1990, Da Capo Press)
17) Vicki Helgeson, "Relation of agency and communion to well-being: Evidence and potential explanations" (1994, Psychological Bulletin), Heidi Fritz and Vicki Helgeson, "Distinctions of unmitigated communion from communion: Self-neglect and over-involvement with others" (1998, Journal of Personality and Social Psychology), and Vicki Helgeson and Heidi Fritz, "Unmitigated agency and Unmitigated communion: Distinctions from agency and communion" (1999, Journal of Research in Personality)
18) Mark Bolino and William Turnley, "The personal costs of citizenship behavior: The relationship between individual initiative and role overload, job stress, and work-family conflict" (2005, Journal of Applied Psychology)
19) Madoka Kumashiro, Caryl Rusbult, and Eli Finkel, "Navigating personal and relational concerns: The quest for equilibrium" (2008, Journal of Personality and Social Psychology)
20) Sonja Lyubomirsky, Kennon Sheldon, and David Schkade, "Pursuing happiness: The architecture of sustainable change" (2005, Review of General Psychology)
21) James Pennebaker, 《The Secret Life of Pronouns: What Our Words Say About Us》 (2011, Bloomsbury)
22) Leslie Perlow, "The time famine: Toward a sociology of work time" (1999, Administrative Science Quarterly)
23) Timothy Windsor, Kaarin Anstey, and Bryan Rodgers, "Volunteering and psychological well-being among young-old adults: How much is too much?" (2008, The Gerontologist)
24) Ming-Ching Luoh and A. Regula Herzog, "Individual consequences of volunteer and paid work in old age: Health and mortality" (2002, Journal of Health and Social Behavior); see also Terry Lum and Elizabeth Lightfoot, "The effects of volunteering on the physical and mental health of older people" (2005, Research on Aging)
25) Jonathan Booth, Kyoung Won Park, and Theresa Glomb, "Employer-supported volunteering benefits: Gift exchange among employers, employees, and volunteer

organizations" (2009, Human Resource Management)

26) Netta Weinstein and Richard Ryan, "When helping helps: Autonomous motivation for Prosocial behavior and its influence on well-being for the helper and recipient" (2010, Journal of Personality and Social Psychology)

27) Sabine Sonnentag and Adam Grant, "Doing good at work feels good at home, but not right away: When and why perceived prosocial impact predicts positive affect" (2012, Personnel Psychology)

28) Adam Grant, "Does intrinsic motivation fuel the prosocial fire? Motivational synergy in predicting persistence, performance, and productivity" (2008, Journal of Applied Psychology)

29) Jonathon Halbesleben and Wm. Matthew Bowler, "Emotional exhaustion and job performance: The mediating role of motivation" (2007, Journal of Applied Psychology)

30) Jonathon Halbesleben, "Sources of social support and burnout: A meta-analytic test of the conservation of resources model" (2006, Journal of Applied Psychology)

31) Shelley Taylor, "Tend and befriend: Biobehavioral bases of affiliation under stress" (2006, Current Directions in Psychological Science); see also Bernadette von Dawans, Urs Fischbacher, Clemens Kirschbaum, Ernst Fehr, and Markus Henrichs, "The social dimension of stress reactivity: Acute stress increases prosocial behavior in humans" (2012, Psychological Science)

32) Dirk van Dierendonck, Wilmar Schaufeli, and Bram Buunk, "Burnout and inequity among human service professionals: A longitudinal study" (2001, Journal of Occupational Health Psychology), and Nico Van Yperen, Bram Buunk, and Wilmar Schaufeli, "Communal orientation and the burnout syndrome among nurses" (1992, Journal of Applied Social Psychology)

33) Elizabeth Seeley and Wendi Gardner, "The 'selfless' and self-regulation: The role of chronic other-orientation in averting self-regulatory depletion" (2003, Self and Identity)

34) Roy Baumeister and John Tierney, 《Willpower: Rediscovering the Greatest Human Strength》 (2011, Penguin)

35) Jon Huntsman, 《Winners Never Cheat》 (2008, Pearson Prentice Hall), and Steve Eaton, "Huntsmans urge strong work ethic" (May 8, 2011, KSL)

36) Arthur Brooks, 《Who Really Cares》 (2006, Basic Books), "Does giving make us prosperous?" (2007, Journal of Economics and Finance), and 《Gross National Happiness》 (2008, Basic Books)
37) Paul Piff, Michael Kraus, Stéphane Côté, Bonnie Hayden Cheng, and Dacher Keltner, "Having less, giving more: The influence of social class on prosocial behavior" (2010, Journal of Personality and Social Psychology)
38) Elizabeth Dunn, Lara Aknin, and Michael Norton, "Spending money on others promotes happiness" (2008, Science)
39) James Andreoni, William Harbaugh, and Lise Vesterlund, "Altruism in experiments" (2007, New Palgrave Dictionary of Economics)
40) William Harbaugh, Ulrich Mayr, and Daniel Burghart, "Neural responses to taxation and voluntary giving reveal motives for charitable donations" (2007, Science), and Jorge Moll, Frank Krueger, Roland Zahn, Matteo Pardini, Ricardo de Oliveira-Souza, and Jordan Grafman, "Human fronto-mesolimbic networks guide decisions about charitable donations" (2006, PNAS)
41) Peggy Thoits and Lyndi Hewitt, "Volunteer work and well-being" (2001, Journal of Health and Social Behavior)
42) Yunqing Li and Kenneth Ferraro, "Volunteering and depression in later life: Social benefit or selection processes?" (2005, Journal of Health and Social Behavior)
43) Marc Musick, A. Regula Herzog, and James House, "Volunteering and mortality among older adults: Findings from a national sample" (1999, Journal of Gerontology: Social Sciences), and Stephanie Brown, Randolph Nesse, Amiram Vinokur, and Dylan Smith, "Providing social support may be more beneficial than receiving it: Results from a prospective study of mortality" (2003, Psychological Science)
44) Tiffany Field, Maria Hernandez-Reif, Olga Quintino, Saul Schanberg, and Cynthia Kuhn, "Elder retired volunteers benefit from giving massage therapy to infants" (1998, Journal of Applied Gerontology), Roy Baumeister, Kathleen Vohs, Jennifer Aaker, and Emily Garbinsky, "Some key differences between a happy life and a meaningful life" (forthcoming, Journal of Positive Psychology)
45) Sigal Barsade and Donald Gibson, "Why does affect matter in organizations?" (2007, Academy of Management Perspectives), Sonja Lyubomirsky, Laura King, and Ed

Diener, "The benefits of frequent positive affect: Does happiness lead to success?" (2005, Psychological Bulletin), and Timothy Judge, Carl Thoresen, Joyce Bono, and Gregory Patton, "The job satisfaction—job performance relationship: A qualitative and quantitative review" (2001, Psychological Bulletin)

46) Carlos Estrada, Alice Isen, and Mark Young, "Positive affect facilitates integration of information and decreases anchoring in reasoning among physicians" (1997, Organiza-tional Behavior and Human Decision Processes).

47) Richard Branson, 《Losing My Virginity: How I've Survived, Had Fun, and Made a Fortune Doing Business My Way》(1999, Three Rivers Press), and 《Business Stripped Bare: Adventures of a Global Entrepreneur》(2011, Penguin)

48) Adam Grant and David Mayer, "Good soldiers and good actors: Prosocial and impression management motives as interactive predictors of affiliative citizenship behaviors" (2009, Journal of Applied Psychology)

7장 호구 탈피

1) 릴리안 바워와 진행한 인터뷰(January 15, 2012)

2) Diane Bergeron, Abbie Shipp, Benson Rosen, and Stacie Furst, "Organizational citizenship behavior and career outcomes: The cost of being a good citizen" (2011, Journal of Management)

3) 제이슨 겔러와 진행한 인터뷰(December 14, 2011)

4) 피터 오데와 진행한 인터뷰(December 12, 2011, and January 19, 2012)

5) Robert Homant, "Risky altruism as a predictor of criminal victimization" (2010, Criminal Justice and Behavior)

6) Malcolm Gladwell, 《Blink: The Power of Thinking Without Thinking》(2007, Back Bay Books)

7) Stephen Leider, Markus Mobius, Tanya Rosenblat, and Quoc-Anh Do, "What do we expect from our friends?" (2010, Journal of the European Economic Association)

8) Lauri Jensen-Campbell, Jennifer Knack, and Haylie Gomez, "The psychology of nice people" (2010, Social and Personality Psychology Compass)

9) Colin DeYoung, Jacob Hirsh, Matthew Shane, Xenophon Papademetris, Nallakkandi Rajeevan, and Jeremy Gray, "Testing predictions from personality neuroscience: Brain

structure and the Big Five" (Psychological Science, 2010)

10) Thomas Bouchard, Jr., and John Loehlin, "Genes, evolution, and personality" (2001, Behavior Genetics)

11) Colin DeYoung, Lena Quilty, and Jordan Peterson, "Between facets and domains: 10 aspects of the Big Five" (2007, Journal of Personality and Social Psychology); on compassion connecting more strongly to honesty and humility than agreeableness, see Michael Ashton and Kibeom Lee, "Empirical, theoretical, and practical advantages of the HEXACO model of personality structure" (2007, Personality and Social Psychology Review); on distinguishing agreeableness from giver values, see Sonia Roccas, Lilach Sagiv, Shalom Schwartz, and Ariel Knafo, "The Big Five personality factors and personal values" (2002, Personality and Social Psychology Bulletin)

12) 대니 셰이더와의 인터뷰(February 13, 2012)

13) 그렉 샌즈와의 인터뷰(March 5, 2012)

14) Dawne Vogt and C. Randall Colvin, "Interpersonal orientation and the accuracy of personality judgments" (2003, Journal of Personality)

15) Harold Kelley and Anthony Stahelski, "The inference of intentions from moves in the Prisoner's Dilemma game" (1970, Journal of Experimental Social Psychology)

16) William Fry, Ira Firestone, and David Williams, "Negotiation process and outcome of stranger dyads and dating couples: Do lovers lose?" (1983, Basic and Applied Social Psychology)

17) Adam Galinsky, William Maddux, Debra Gilin, and Judith White, "Why it pays to get inside the head of your opponent: The differential effects of perspective taking and empathy on negotiation" (2008, Psychological Science). For evidence that takers respond to self-interested persuasive pitches, see E. Gil Clary, Mark Snyder, Robert Ridge, Peter Miene, and Julie Haugen, "Matching messages to motives in persuasion: A functional approach to promoting volunteerism" (1994, Journal of Applied Social Psychology)

18) Jennifer Chatman and Sigal Barsade, "Personality, organizational culture, and cooperation: Evidence from a business simulation" (1995, Administrative Science Quarterly), and Paul van Lange, "The pursuit of joint outcomes and equality in out-comes: An integrative model of social value orientation (1999, Journal of Personality and Social

Psychology)

19) Martin Nowak and Roger Highfield, 《SuperCooperators: Altruism, Evolution, and Why We Need Each Other to Succeed》(2011, Free Press)
20) Randy Pausch and Jeffrey Zaslow, 《The Last Lecture》(2008, Hyperion)
21) Doris Kearns Goodwin, 《Team of Rivals: The Political Genius of Abraham Lincoln》(2006, Simon & Schuster)
22) Linda Babcock and Sara Laschever, 《Women Don't Ask: The High Cost of Avoiding Negotiation—and Positive Strategies for Change》(2007, Bantam), Deborah Small, Michele Gelfand, Linda Babcock, and Hilary Gettman, "Who goes to the bargaining table? The influence of gender and framing on the initiation of negotiation" (2007, Journal of Personality and Social Psychology)
23) Alice Eagly and Maureen Crowley, "Gender and helping behavior: A meta-analytic review of the social psychological literature" (1986, Psychological Bulletin)
24) Emily Amanatullah, Michael Morris, and Jared Curhan, "Negotiators who give too much: Unmitigated communion, relational anxieties, and economic costs in distributive and integrative bargaining" (2008, Journal of Personality and Social Psychology)
25) Timothy Judge, Beth Livingston, and Charlice Hurst, "Do nice guys—and gals—really finish last? The joint effects of sex and agreeableness on income" (2012, Journal of Personality and Social Psychology)
26) Lilach Sagiv, "Vocational interests and basic values" (2002, Journal of Career Assessment), Idit Ben-Shem and Tamara Avi-Itzhak, "On work values and career choice in freshmen students: The case of helping vs. other professions" (1991, Journal of Vocational Behavior), Jeylan Mortimer and Jon Lorence, "Work experience and occupational value socialization: A longitudinal study" (1979, American Journal of Sociology), and Robert Frank, "What price the moral high ground?" (1996, Southern Economic Journal)
27) Hannah Riley Bowles, Linda Babcock, and Kathleen McGinn, "Constraints and triggers: Situational mechanics of gender in negotiation" (2005, Journal of Personality and Social Psychology)
28) Emily Amanatullah and Michael Morris, "Negotiating gender roles: Gender diff-

erences in assertive negotiating are mediated by women's fear of backlash and attenuated when negotiating on behalf of others" (2010, Journal of Personality and Social Psychology)

29) Bruce Barry and Raymond Friedman, "Bargainer characteristics in distributive and integrative negotiation" (1998, Journal of Personality and Social Psychology)

30) Hannah Riley Bowles and Linda Babcock, "Relational accounts: A strategy for women negotiating for higher compensation" (2011, working paper)

31) Carsten De Dreu, Laurie Weingart, and Seungwoo Kwon, "Influence of social motives on integrative negotiation: A meta-analytic review and test of two theories" (2000, Journal of Personality and Social Psychology)

32) Brian Little, "Free traits, personal projects and idio-tapes: Three tiers for personality research" (1996, Psychological Inquiry), and "Free traits and personal contexts: Expanding a social ecological model of well-being" (2000, Person-Environment Psychology)

8장 호혜의 고리

1) Adam Smith, 《The Theory of Moral Sentiments》 (1759, A. Millar)

2) Jenna Lloyd and Sherry Kinkoph Gunter, craigslist 4 everyone (2008, Pearson Education)

3) 데론 빌과의 인터뷰(June 19, 2012). Richard Jerome, "Free for all" (May 10, 2004, People); Deron Beal and S. James Snyder, "Power of One" (November 30, 2009, Time); and Carol Brennan, "Deron Beal" (2005, Encyclopedia of World Biography)

4) Robb Willer, Frank Flynn, and Sonya Zak, "Structure, identity, and solidarity: A comparative field study of generalized and direct exchange" (2012, Administrative Science Quarterly)

5) C. Daniel Batson, "How social an animal? The human capacity for caring" (1990, American Psychologist), and "Altruism and prosocial behavior" (1998, The Handbook of Social Psychology)

6) Robert Cialdini, Stephanie Brown, Brian Lewis, Carol Luce, and Steven Neuberg, "Reinterpreting the empathy-altruism relationship: When one into one equals oneness" (1997, Journal of Personality and Social Psychology), and Jon Maner, Carol Luce, Steven Neuberg, Robert Cialdini, Stephanie Brown, and Brad Sagarin, "The effects of

perspective taking on motivations for helping: Still no evidence for altruism" (2002, Personality and Social Psychology Bulletin)

7) Frans de Waal,《The Age of Empathy》(2009, Crown)

8) Oded Nov, "What motivates Wikipedians?" (2007, Communications of the ACM); see also Joachim Schroer and Guido Hertel, "Voluntary engagement in an open web-based encyclopedia: Wikipedians and why they do it" (2009, Media Psychology)

9) Mark Levine, Amy Prosser, David Evans, and Stephen Reicher, "Identity and emergency intervention: How social group membership and inclusiveness of group boundaries shape helping behavior" (2005, Personality and Social Psychology Bulletin)

10) John Dovidio, Samuel Gaertner, Ana Validzic, Kimberly Matoka, Brenda Johnson, and Stacy Frazier, "Extending the benefits of recategorization: Evaluations, self-disclosure, and helping" (1997, Journal of Experimental Social Psychology)

11) 판다 애덤(January 28, 2012), 할리우드 애덤(February 2, 2012)과 개인적으로 만나 진행한 인터뷰. 두 애덤 리프킨을 만난 자세한 사연은 웹사이트 www.ifindkarma.com/attic/local/realadam.html과 www.ifindkarma.com/attic/local/denial.html에 자세히 기록되어 있음.

12) Brett Pelham, Matthew Mirenberg, and John Jones, "Why Susie sells seashells by the seashore: Implicit egotism and major life decisions" (2002, Journal of Personality and Social Psychology), John Jones, Brett Pelham, Matthew Mirenberg, and John Hetts, "Name letter preferences are not merely mere exposure: Implicit egotism as self-regulation" (2002, Journal of Experimental Social Psychology), Brett Pelham, Mauricio Carvallo, and John Jones, "Implicit egotism" (2006, Current Directions in Psychological Sci-ence), and Ernest Abel, "Influence of names on career choices in medicine" (2010, Names)

13) John Jones, Brett Pelham, Mauricio Carvallo, and Matthew Mirenberg, "How do I love thee? Let me count the Js: Implicit egotism and interpersonal attraction" (2004, Journal of Personality and Social Psychology)

14) Jeff Galak, Deborah Small, and Andrew Stephen, "Microfinance decision making: A field study of prosocial lending" (2011, Journal of Marketing Research)

15) Uri Simonsohn, "Spurious? Name similarity effects (implicit egotism) in marriage, job, and moving decisions" (2011, Journal of Personality and Social Psychology), Leif

Nelson and Joseph Simmons, "Moniker maladies: When names sabotage success" (2007, Psychological Science), Ernest Abel and Michael Kruger, "Symbolic significance of initials on longevity" (2007, Perceptual and Motor Skills), and "Athletes, doctors, and lawyers with first names beginning with 'D' die sooner" (2010, Death Studies), and Nicholas Christenfeld, David Phillips, and Laura Glynn, "What's in a name: Mortality and the power of symbols" (1999, Journal of Psychosomatic Research)

16) Jerry Burger, Nicole Messian, Shebani Patel, Alicia del Prado, and Carmen Anderson, "What a coincidence! The effects of incidental similarity on compliance" (2004, Personality and Social Psychology Bulletin)

17) Marilynn Brewer, "The importance of being we: Human nature and intergroup relations" (2007, American Psychologist), and Kennon Sheldon and B. Ann Bettencourt, "Psychological need-satisfaction and subjective well-being within social groups" (2002, British Journal of Social Psychology)

18) Jonathan Haidt, "Elevation and the positive psychology of morality" (2003, Flourishing: Positive Psychology and the Life Well-Lived) and Sara Algoe and Jonathan Haidt, "Witnessing excellence in action: The 'other-praising' emotions of elevation, gratitude, and admiration" (2009, Journal of Positive Psychology)

19) Leif Nelson and Michael Norton, "From student to superhero: Situational primes shape future helping" (2005, Journal of Experimental Social Psychology)

20) Robert Cialdini and David Schroeder, "Increasing compliance by legitimizing paltry contributions: When even a penny helps" (1976, Journal of Personality and Social Psychology); for a recent extension, see Sachiyo Shearman and Jina Yoo, "Even a penny will help! Legitimization of paltry donation and social proof in soliciting donation to a charitable organization" (2007, Communication Research Reports)

21) Jessica Nolan, P. Wesley Schultz, Robert Cialdini, Noah Goldstein, and Vladas Griskevicius, "Normative social influence is underdetected" (2008, Personality and Social Psychology Bulletin), P. Wesley Schultz, Jessica Nolan, Robert Cialdini, Noah Goldstein, and Vladas Griskevicius, "The constructive, destructive, and reconstructive power of social norms" (2007, Psychological Science), and Hunt Alcott, "Social norms and energy conservation" (2009, MIT Center for Energy and En-vironmental Policy Research)

22) Charles Darwin, The Descent of Man and Selection in Relation to Sex}} (1871, Murray)

23) Frank Flynn and Vanessa Lake (now Bohns), "If you need help, just ask: Underestimating compliance with direct requests for help" (2008, Journal of Personality and Social Psychology)

24) Dale Miller, "The norm of self-interest" (1999, American Psychologist)

25) Alexis de Tocqueville, Democracy in America (1835/1969, Anchor Press)

26) Robert Wuthnow, Acts of Compassion (1993, Princeton University Press)

27) David Krech and Richard Crutchfield, 《Theory and Problems of Social Psychology》 (1948, McGraw-Hill)

28) Stephanie Garlock and Hana Rouse, "Harvard most values success, 2014 says" (2011, Harvard Crimson), and "Harvard College introduces pledge for freshmen to affirm values" (2011, Harvard Crimson), and Hana Rouse, "College to remove signatures from freshman kindness pledge" (2011, Harvard Crimson)

29) Barry Schwartz, "Psychology, idea technology, and ideology" (1997, Psychological Science)

30) Wayne Baker and Adam Grant, "Values and contributions in the Reciprocity Ring" (2007, working paper)

31) Dan Ariely, Anat Bracha, and Stephan Meier, "Doing good or doing well? Image motivation and monetary incentives in behaving prosocially" (2009, American Economic Review)

32) Harry Wallace and Roy Baumeister, "The performance of narcissists rises and falls with perceived opportunity for glory" (2002, Journal of Personality and Social Psychology)

33) Vladas Griskevicius, Joshua Tybur, and Bram Van den Bergh, "Going green to be seen: Status, reputation, and conspicuous conservation" (2010, Journal of Personality and Social Psychology)

34) Chun Hui, Simon Lam, and Kenneth Law, "Instrumental values of organizational citizenship behavior for promotion: A field quasi-experiment" (2000, Journal of Applied Psychology)

35) Harry Lewis, "The freshman pledge" (2011, Blogspot: http://harry-lewis.blogspot.

com/2011/08/freshman-pledge.html)

36) Peter Gollwitzer, Paschal Sheeran, Verena Michalski, and Andrea Seifert, "When intentions go public: Does social reality widen the intention-behavior gap?" (2009, Psychological Science)

37) Sonya Sachdeva, Rumen Iliev, and Douglas Medin, "Sinning saints and saintly sinners: The paradox of moral self-regulation" (2009, Psychological Science)

38) C. Daniel Batson, Jay Coke, M. L. Jasnoski, and Michael Hanson, "Buying kindness: Effect of an extrinsic incentive for helping on perceived altruism" (1978, Personality and Social Psychology Bulletin), and Ziva Kunda and Shalom Schwartz, "Undermining intrinsic moral motivation: External reward and self-presentation" (1983, Journal of Personality and Social Psychology)

39) E. M. Forster, 《Aspects of the Novel》 (1927/2005, Penguin Classics)

40) Adam Grant, Jane Dutton, and Brent Rosso, "Giving commitment: Employee support programs and the prosocial sensemaking process" (2008, Academy of Management Journal)

41) Marcia Finkelstein, Louis Penner, and Michael Brannick, "Motive, role identity, and prosocial personality as predictors of volunteer activity" (2005, Social Behavior and Personality), and Adam Grant, "Giving time, time after time: Work design and sustained employee participation in corporate volunteering" (2012, Academy of Management Review)

9장 차원이 다른 성공

1) Marcus Aurelius, 《Meditations》 (1909 – 14, Harvard Classics)
2) 데릭 소렌슨과 진행한 인터뷰(January 11, 2012)
3) Bruce Barry and Raymond Friedman, "Bargainer characteristics in distributive and integrative negotiation" (1998, Journal of Personality and Social Psychology)
4) 셰리안 플레세이와 진행한 인터뷰(April 13, 2012)
5) 피터 오데와 서신 교환(July 1, 2012)

기버로 거듭나기 위한 실행 도구

1) 제이(April 19 and May 10, 2012)와 그의 비서(May 3, 2012)와 진행한 인터뷰

2) Amy Wrzesniewski, Justin Berg, Adam Grant, Jennifer Kurkoski, and Brian Welle, "Job crafting in motion: Achieving sustainable gains in happiness and performance" (2012, manuscript under review)

3) www.performancesolutions.nc.gov/motivationInitiatives/RewardsandRecognition/docs/CLC-Rewards&Recognition.pdf.

4) 크리스 콜시(March 20, 2012), 짐 퀴글리(August 23, 2011), 매트 월러트(February 8, 2012), 니푼 메타(March 23, 2012) 그리고 이반 마이스너(January 31, 2012)와 진행한 인터뷰

5) 카인드니스 오펜시브 관련 인터뷰는 로렌스 르메르와 매트 스티븐스가 창립자인 데이비드 굿펠로, 베니 크레인, 제임스 헌터, 그리고 로브 윌리엄스를 만나서 진행했다(March 3, 2012). 라이언 가르시아 인터뷰는 발렌티노 킴이 진행했다(March 20, 2012).

6) Wayne and Cheryl Baker, "Paying it forward: How reciprocity really works and how you can create it in your organization" (2011, University of Michigan newsletter)